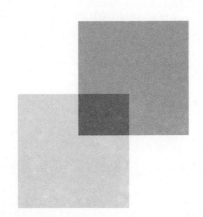

黄匡宇 黄雅堃◎著

当代电视新闻语言学

华南理工大学研究生重点课程建设项目
新闻与传播学科系列教材
"985工程"三期建设经费资助项目

中国社会科学出版社

图书在版编目（CIP）数据

当代电视新闻语言学/黄匡宇、黄雅堃著．—北京：中国社会科学出版社，2011.4

ISBN 978 - 7 - 5004 - 9516 - 1

Ⅰ．①当…　Ⅱ．①黄…②黄…　Ⅲ．①电视新闻—新闻语言—研究　Ⅳ．①G222.1

中国版本图书馆 CIP 数据核字（2011）第 020882 号

责任编辑　李炳青
责任校对　韩天炜
封面设计　回归线视觉传达
技术编辑　张汉林

出版发行　**中国社会科学出版社**
社　　址　北京鼓楼西大街甲 158 号　　　　邮　编　100720
电　　话　010—84029450（邮购）
网　　址　http://www.csspw.cn
经　　销　新华书店
印　　刷　北京新魏印刷厂　　　　　　　　装　订　广增装订厂
版　　次　2011 年 4 月第 1 版　　　　　　印　次　2011 年 4 月第 1 次印刷
开　　本　710×1000　1/16
印　　张　20.5　　　　　　　　　　　　插　页　2
字　　数　315 千字
定　　价　46.00 元

总　序

华南理工大学为了提高研究生培养质量，推进研究生课程与教学改革，从 2006 年起开展研究生重点课程建设工作，新闻与传播学院亦从这一年开始传播学研究生教育。承蒙学校特别支持以及国际教育学院的加盟，学院研究生教育发展迅速，于 2008 年获得两个重点课程建设项目的立项，其中"华南新闻与传播学科系列教材"项目含著作 8 本。

这一套书的作者，均为资深人士，其中教授 7 位，在大众传播媒体从业多年的 5 位，还有 2 位在欧洲获得博士学位。作者们所着力的教学与研究方向和学院在学科与学位点建设上所努力的重点，可从以下书目（按出版日期先后）略见一斑——

《视听传播史论》（李幸）

《跨文化需求与适应》（安然）

《网络传播学导论》（苏宏元）

《传播哲学导论》（曹智频）

《电视新闻语言学》（黄匡宇）

《当代品牌传播理论研究》（段淳林）

《当代传媒管理学》（朱剑飞）

《媒介品牌传播学》（赵泓）

华南理工大学的新闻与传播学科建设，重点在影视新媒体、品牌传播与传媒管理以及跨文化传播。这是根据国际、国内以及华南新闻与传播教育的实际和人才集聚的情况，集思广益深思熟虑后的行动。我们相信，传统影视与网络新媒体的结合，品牌传播与传媒管理、新媒体的结合，跨文化传播研究与教育国际化的实践结合，将使学院形成自己的办学特色。

华南理工大学以工学见长、多学科协调发展的发展战略决定了新闻与传播学院还将在传播科技研究方面有更大的发展，这一套书里亦有多本涉及，此后会继续予以强化。

华南理工大学新闻与传播学院院长、教授

华南新闻与传播学科系列教材主编　李幸

目　　录

引论

电视新闻语言必须遵循符号科学的逻辑规范

科学方法是通向绝对知识或真理的唯一入口。

——［英］卡尔·皮尔逊①

任何一个新学科成熟的标志之一就是对本学科研究方式方法、成就和缺点的清醒认识。

——［美］C. 艾伦、道格拉斯·戈梅里②

批判是科学的生命。

——［法］库辛③

一 语言觉醒:电视新闻终于纳入符号科学的逻辑规范

言及"语言觉醒",是因为笔者也曾满口是"电视语言",将"画面"的表现力、穿透力之价值抬举到无以复加的地步。这种对"画面语言"无限崇尚的言行,与笔者 20 世纪 60 年代十多年的新闻摄影、电视新闻工作生涯密不可分。所以笔者完全理解从业人员对画面无比挚爱的那份情感。进入大学教学多年之后,愈来愈发现在新闻从业过程中积累的经验与认识以及诸多

---

① ［英］卡尔·皮尔逊:《科学的规范》,李醒民译,华夏出版社 1999 年版,第 4 页。
② ［美］罗伯特·C. 艾伦、道格拉斯·戈梅里:《电影史:理论与实践》,李迅译,中国电影出版社 1997 年版,第 1 页。
③ 库辛,法国哲学家、教育改革家和历史学家。

书刊中有关电视语言对电视实际的描绘，实在不能自圆其说，于是在读书研究与批判中始与"恋画情结"背离，有了寻求符号逻辑规范的动因。

（一）《电视新闻学》牵引学界渐入符号学规范的佳境

追寻符号科学的规范，是本书写作的主旨。1990 年笔者就电视新闻传播研究写出了自己的第一本专著《电视新闻学》①。如果要说该书有什么特色的话，那就是表白了笔者关于语言的觉醒——开始运用基础学科理论语言学、符号学去规范尚不规范的"电视语言"，表白了对"电视语言"的彻底反叛。

说"电视语言"的不规范，是因为它没有科学的概念，无法系统地描述电视节目的内部结构和外部传播状况。本书研究的对象是电视新闻及其相关的专题片、纪录片等纪实性节目。这类节目，我们只有用语言符号学才能准确地阐述它的基本结构、传播特性及其传播效益。这是因为"语言是表达和传递意义的主要工具，但除了语言之外，还有其他手段可用来表达和传递意义，如手势、面部表情、数字、公式、图形、各种讯号、音乐、绘画等等，它们跟人类自然语言有共同点，也有不同点。它们都是任意的和约定俗成的。但语言表达和传递意义的能力较之其他符号和讯号要强得多"②。当今的电视新闻尚在规范过程中，其"任意性"在世界各国的电视新闻中随处可见，电视新闻语言成为"表达和传递意义的工具"尚有较大差距。

最具有说服力的例子莫过于许多电视机构对 1999 年 3 月北约集团进犯南联盟"首天战况"报道的失败。笔者当天收录了美国 ABC、CBS、CNN、中国香港本港台、翡翠台、凤凰卫视及 CCTV 等八家电视台的"首天战况"报道。诸台平均约 10 分钟的报道中，涉及战况实景的镜头只有三个，这本是可以原谅的，毕竟是战况突发，难以取得第一手资料。然而，各电视台为了渲染战争气氛，不问青红皂白地将来源不明、目标不明的飞机起落、导弹飞行的画面粘贴在播音稿所需的时段中。更不可原谅的是，有的电视台竟然将人群参观火箭发射的镜头也贴在其中。这一无法解释的实例，可谓是世界各主流电视台乱贴画面的大会演，充分揭示了"画面崇拜"这一幽灵对电视从业人员（记者、编辑）的影响与侵害。与之相映成趣的是，在这近十分钟

---

① 黄匡宇：《电视新闻学》，华东师范大学出版社 1990 年版。
② 卫志强：《当代跨学科语言学》，北京语言学院出版社 1992 年版，第 3 页。

的"首天战况"报道中，各台除了以文字播音贯穿首尾之外，在其乱贴的画面中也穿插进不少"动画地图＋屏幕文字＋电话采访"的画面。这一操作行为又表明了他们对语言文字（语言符号）的依赖。时下世界各地许多电视记者就是生活在这种崇拜画面、漠视语言但又不得不时时依靠语言作完整报道的尴尬之中。欲求解脱，就需要我们去追寻电视新闻语言科学的规范，从基本观念上确立对电视新闻语言构成关系的科学认识。

（二）电视新闻语言符号"双主体"构成体现了语言首尾一贯的科学性

电视新闻语言研究需要我们追寻什么样的科学呢？关键是概念必须准确可靠。卡尔·皮尔逊说："为了概念可以具有科学有效性，它必须是首尾一贯的，是能够从正常人的知觉中演绎出来的。"[①]　本书所研究的电视新闻语言符号"双主体"构成可用下列模型表示：

<u>图像符号：播音员＋新闻人物＋新闻现场＋屏幕文字</u>
声音符号：播　音＋同 期 声＋播　　音＋音　　响

以上模型的概念组合，不再会产生"声画构成"的主次之分；以上模型还准确地表明了语言符号（播音、同期声、屏幕文字）在新闻中的"叙述主体"功能；同时也表明了非语言符号（新闻人物、新闻现场、音响）在新闻中的"证实主体"功能。这个模型适用于新闻节目（短新闻、长新闻及专题纪录片），这一描述与判断体现了语言首尾一贯的科学有效性和方法论的普遍性[②]。

笔者研究的电视新闻语言符号"双主体"构成理论历时 25 年，这一理论模式在电视新闻界引起过争论，当"画面崇拜"思潮实在自愧于"画面"无法完整叙事时，有专家又提出"声画同构"为"画面"张目。"声画同构"的观念有其存在的狭小空间，比如用全程同期声可以报道有典型意义的突发事件，在电视频道中可以偶尔为之，因节目时段所限，"声画同构"毫无实施的普遍性可言。"声画同构"论的不科学就在于它以偏赅全，漠视了

---

①　［英］卡尔·皮尔逊：《科学的规范》，李醒民译，华夏出版社 1999 年版，第 52 页。

②　王晖在《方法论新编》中认为：方法论的普遍性是指，从它应用范围的广度来看，它对于社会、自然和思维领域都是适用的；从它应用范围的深度来看，既可应用于日常的认识和实践，也可应用于科学的认识和实践。

"时间概念"在节目时段中的质量作用。规范概念是进行理论研讨和实务操作的前提，没有规范的概念，便不可能有观念的趋同。以"电视画面"为例，何谓"电视画面"？用镜头、画面之类的行业概念已不敷阐述，惟有在语言符号学的科学轨道上，方能寻得共识。在此需要说明的是，本书的主体性研究是将电视语言的构成因素整合为"语言"与"非语言"两大块，有时为了照顾习惯用法，也使用"声画"概念，如果此时不是批判"声画"论，则文中的"画"纯指非语言符号的"画"。总之，"双主体"符号结构语言首尾一贯的科学性，完全可以满足业者驾驭"电视语言"的需要。

"批判是科学的生命"，本书立足于追寻电视新闻语言科学的规范，祈望在理论与实践、文化与现象的复合层面上为"电视新闻语言"学科的建设做些探索；在这个过程中，难免触及并否定人们习以为常的一些概念与操作，其中就含有批判的意味。正因为本书是逆电视新闻从业界、理论界习以为常的"声画关系"认识而动，所以书中的诸多观点就难免引起争议。为此，"我们必须再次重申：批判是科学的生命。科学的最不幸（并非不可能如此）的前途也许是科学统治集团的成规，该集团把对它的结论的一切怀疑、把对它的结果的一切批判都打上异端的烙印"[①]。本书将会被打上什么烙印呢？但愿我们在批判中建立起科学实用的电视新闻语言规范。

二　语言认知：电视新闻语言符号结构
　　研究的逻辑思路

如何做出合乎新闻传播规范的电视新闻？尊重事实，如实报道是根本。本书在此基础上提出语言规范的论题，认为在恪守事实真相的基础上，通过语言规范下的能指、所指对应关系研究，剖析电视新闻作假的缘由是当代电视新闻传播不可回避的新问题。

笔者十分欣赏索绪尔有关语言学的研究思路，是他率先将语言学研究定位在"应用工具层面"，索绪尔注重的是语言科学的工具性，这样，就使得其研究不必纠缠于社会思潮的纠葛而趋于宁静、单纯、实用。索绪尔将语言作为一个符号系统来看待，其意义在于既可以对语言内部结构进行分析，使语言学的研究走上科学的道路，同时也为大量的非语言活动整理出一种内在

---

① [英]卡尔·皮尔逊：《科学的规范》，李醒民译，华夏出版社1999年版，第54页。

的秩序。

　　作为电子声像媒介的后起之秀，电视正是一个借助多种符号进行传播的综合符号体系，其中包括了文字、影像、音响、色彩等。符号学方法的引入为电视研究者提供了一种有效的研究路径，电视理论家约翰·费斯克在其代表作《解读电视》一书中就曾对电视符码进行过研究。美国学者伯格指出摄影机运动、剪辑技巧等都是电视的文法，在他看来，电视表现中的每个因素都体现了符号关系。对于电视新闻传播而言，采访、编辑造型的过程就是新闻内容形象化的具象传播过程，也是为新闻所指的意义构建能指对应关系、显示新闻现实图景的意指过程，其目的是使新闻概念（内容、意义）得以具象准确的传播。其逻辑理路一一阐释如下：

（一）实践规范：电视新闻恪守事实真实的叙述须通过能指、所指的对应得以成真

　　其实践规范可从两个维度切入：

　　从"意义理论"① 层面探究，其核心要义的"元命题"就是寻求对新闻"意义真实"的认知。尽管任何新闻的"真实意义"都是被建构过的"意义"，但依然保有对"新闻意义"真实认知的"原初意义"，即事实原生态的"本质真实性"。新闻传播的本义是要达求媒介认定的事实与受众通过媒介获知的事实的"意义共享"，如何实现共享，关键在于媒体对于事件"原初意义"的主观驾驭。鉴于主观条件（诸如权力、记者编辑的认知能力、媒介生存的经济状况等）的制约，"媒介事实"总是与"原初事实"保有一定差距，由此可知，客观的新闻价值与主观的事实取舍的博弈是扩大或缩小"媒介事实"与事件"原初意义"差距的关键所在。鉴于电视新闻语言的双主体结构特性，播音语言、屏幕文字构成"所指性"叙事文本，"元命题"涉及的"真实意义"在新闻文本中表现为"所指意义"，这一结构特性又是所有新闻媒体的"所指意义"文本结构的共性，国内重大问题均采用新华社"通稿"便是典型例证。"通稿"发在报纸上是"消息"，配上相关镜头便是"电视新闻"，电子媒体、纸质媒体的"所指文本"完全一致。鉴于此，报纸、电视、广播三大媒体的"媒介事实"与事件"原初意义"的差距并无

---

　　① 意义理论（Theory of Meaning）是语言哲学的中心问题之一，语言的核心问题是语言的意义，本书从语义学的角度切入到新闻传播的"意义真实"的"元命题"，即新闻真实性的研究。

二致，"意义理论"层面所指文本导致的失实显现为"权力性失实"，属于传播形式无可逆转的"所指性"本质失实①，不在本文研究的内容之列，此为"实践依据"之一。

从语言学的角度来看，新闻"真实意义"的诉求，无不是在能指、所指语境下对事实"原初意义"的重构，由于时间、空间的变异，所指意义能否复原为"原初意义"，又取决于语言重构主体（记者、编辑）在语言运行中努力寻求能指与所指的完美对应，以达主观与客观的平衡。平衡是个变量，平衡总是在暂时的静态中谋求新的发展与平衡。在平衡发展的过程中，电视新闻语言的双主体结构中的"画面元素"往往显现出能指图景巨大的实证力量。在大多数情况下，电视新闻的能指性画面总是用来证实所指文本所携带的"真实意义"的准确无误，导致观众对"媒介事实"与"原初事实"的"意义共享"。然而，电视新闻的能指性画面也可能反证"所指文本"的虚假，通过画面本身的能指性微观真实反驳电视所指文本的宏观有意失实，或曰权力性失实，这便是电视新闻能指元素对所指元素的反证特性。2008 年 3 月 14 日、15 日，拉萨市部分地区和达孜县发生打砸抢烧严重暴力事件，中央电视台第一时间播出《不法分子打砸抢烧　无辜民众受到伤害》的新闻节目，美国 CNN、英国 BBC 等西方电视主流媒体出于政治偏见却做出《西藏示威爆发冲突　武警镇压死亡人数攀升》之类颠倒黑白的报道，这类报道反复使用的画面均来自中央电视台新闻，画面中只见被"暴徒点燃的房屋"、"暴徒毁坏房屋"等几个镜头，完全不见武警的踪影，更无镇压与死亡的现场，能指现场图景与其报道的所指文本完全不相对应，稍有良知的观众都知道 CNN、BBC 在撒谎、在愚弄民众。

鉴于电视新闻能指元素对所指元素的反证特性（即画面的真实能够反证文本叙事的失实），本书将研究重点定位于研究"符号结构语境下电视新闻事实能指所指的对应与背离"，其问题的新颖性也就凸显无疑了，此为"实践依据"之二。

电视新闻失实较之于报刊广播媒体，因其视听一体，其社会公害有过之而无不及，电视新闻报道中能指图景因摆拍、导演、虚构造成的失实趋于普遍，皆因当事人未能悟及能指、所指语境的对应要求，鉴于此，本书探讨符

①　中国尚无新闻法，社会所生新闻事实媒体报与不报，大凡均遵照相关管理部门的权力决策行事，遵旨瞒报就属于权力性失实范畴。

号结构语境下电视新闻事实能指、所指的对应与背离也就具备了理论与实务相结合的重要价值。

（二）理论规范：索绪尔的符号结构主义为电视符号研究提供可资借鉴的理论范式

索绪尔语言理论的重要贡献是他将语言学纳入符号学的范畴来研究，他说："如果我们能够在各门科学中第一次为语言学指定一个地位，那是因为我们已把它归属于符号学。"① 索氏在其语言学理论中提出了一系列对符号学同时也对整个 20 世纪的哲学思潮影响深远的命题或范畴，包括语言（langue）与言语（parole）、能指（signifiant）与所指（signifie）、纵组合轴与横组合轴等。结构主义的符号学基本上就是沿着索绪尔的思路发展起来的，它的核心是结构主义的语言学。索绪尔对传媒批判理论最大的贡献就在于"划分了能指和所指，并认为二者之间的联系是任意的、不自然的，可变的。能指与所指之间存在着不确定的张力空间"。②

几乎与索绪尔同期，美国哲学家、逻辑学家查尔斯·皮尔士也独立提出了符号学理论，"逻辑学在一般意义上只是符号学的别名，是符号的带有必然性的或形式的学说"。③ 皮尔士的符号学是在实用主义哲学基础上的范畴学和逻辑学，皮尔士符号学的符号由符号代表物（representamen）、所指对象（object）和解释者（interpretant）构成，他在索氏二元符号观的基础上注入了"解释者"的成分，从而将人文的因素导入符号分析之中，强调符号的认知性、动态性和互动性。

到了 20 世纪下半叶，符号学的兴盛与哲学上的结构主义以及相关的后结构主义的发展互为支撑。特伦斯·霍克斯在《结构主义和符号学》一书中说道："符号学的疆界（如果它有的话）和结构主义接壤，两个学科的兴趣基本上是相同的"，"从长远看来，两者都应被囊括在第三个容量很大的学科内，它简单的叫做传播学"。④ "符号学与结构主义之间的联系如此紧密，以

---

① ［瑞士］费尔迪南·德·索绪尔：《普通语言学教程》，高名凯译，商务印书馆 1980 年版，第 38 页。

② 潘知常主编：《传媒批判理论》，新华出版社 2002 年版，第 239 页。

③ ［英］特伦斯·霍克斯：《结构主义和符号学》，瞿铁鹏译，上海译文出版社 1987 年版，第 126 页。

④ 同上书，第 127 页。

至于可说两者之间是互相重叠的——符号学是个自成一体的研究领域，而结构主义则是经常用于符号学的一种分析方法。"① 符号学与结构主义的相同旨趣主要体现为对于"结构"的兴趣，即关注一个系统内部各元素之间的关系，并在此关系的基础之上探讨事物内部的运行规律。将这样一种研究路径引入到对电视新闻语言的研究中来无疑是非常合适的，"在对电视的研究中，业已证明结构主义是一种十分有用的工具，这是因为作为一种方法，结构主义的特别之处就是将各种审美价值问题搁置一边，以便集中讨论产生电视意义的内在规律"②。从结构意义上看，意义的表达需要借助各种形式载体，其中就包括了符号结构形式、一定的叙事模式以及有效的修辞方法。格雷马斯认为，任何叙事除了用自然语言表达意义外，也会借用其他"语言"形式，这些"语言"形式其实包含语言、图像、声音符号系统，符号是叙事得以展开的基础和前提，因为"符号一方面是思维的工具，表达对象的手段，另一方面又是思维的方式——人类最基本的精神表达原则"③。索绪尔认为，只要人类活动是传递意义的，只要这些活动起着符号的作用，那就一定存在着一套惯例体系，否则就失去交际意义，这就是符号学的全部基础。"哪里有符号，哪里就有系统。这也是一切指示信号的共同特征。把一切类似活动都看成符号学的一部分，把非语言指示信号看作'语言'，就可以挖掘迄今被忽略的一切关系。"④

李幼蒸在《理论符号学导论》一书中将极为庞杂的当代符号学划分为语言符号学、一般符号学与文化符号学三类⑤。语言符号学是对语言结构、语义结构和话语层面分析的各种符号学理论，这是一种对语言符号进行微观剖析的理论，其代表性论点是索绪尔关于语言两个维面的理论；从语言符号扩展到非语言符号的分析，即形成一般符号学，这是一个居于各门类符号学之上的较为宏观的领域；此外，运用符号学观点、方法分析社会文化中各种物质、精神和行为的现象，包括各种门类的符号学，如建筑、电影、戏剧、仪式符号学，等等，都属于文化符号学的范畴。莫里斯将符号学分析概括为语

---

① 转引自艾伦·塞特《符号学、结构主义和电视》，载［美］罗伯特·C. 艾伦编《重组话语频道：电视与当代批评》，麦永雄等译，中国社会科学出版社 2000 年版，第 2 页。

② 同上书，第 24 页。

③ 孟华：《符号表达原理》，青岛海洋大学出版社 1999 年版，第 3 页。

④ 刘润清编著：《西方语言学流派》，外语教学与研究出版社 1995 年版，第 101—102 页。

⑤ 参见李幼蒸《理论符号学导论》，社会科学文献出版社 1999 年版。

法学、语义学和语用学三个部分：语法学是研究符号与符号（能指与能指）间的关系；语义学是研究符号与它代表的意义（能指与所指）间的关系；语用学是研究符号与符号使用者之间的关系。

综上所述，从索绪尔到皮尔士、霍克斯、李幼蒸，他们研究的共同特性都是趋同于语言结构科学的工具特点，其中索绪尔率先发端的能指、所指结构主义理论更为本书展开电视符号研究提供了可资借鉴的理论范式。

（三）将符号学引入电视新闻语言符号结构研究的可能与必要

符号学作为极具洞察力的研究方法之一，在 20 世纪的学术版图中占有重要的一席，近年来符号学研究已在国际范围内展开其势不可当的空间蔓延。约翰·费斯克在《关键概念：传播与文化研究辞典》中对"符号学"的界定是："符号学与其说是一种学术性学科（discipline），不如说是一种理论取向（approach）及其相关的研究方法。"[1] 美国符号学者裴特（J. Peters）1978 年在题为《符号学：一种批判的研究范式》的报告中也指出："符号学既是一种批判研究的洞察力，又是一种方法论，在这个意义上，符号学完全可以作为检验我们的宇宙以及我们对这宇宙的理解方式的一种架构。通过从一般的分解的观点来重新考察我们以往的研究，以一种打破学科界限的眼光重新看待我们的世界，我们将发现，我们彼此之间毕竟比曾经想象的要接近得多。"[2] 符号学方法被用于电影研究，约起于 20 世纪 60 年代，符号学家罗兰·巴尔特的学生克里斯蒂安·麦茨 1964 年撰写的《电影：语言还是言语活动》一书的问世，标志着电影符号学的诞生。鉴于电影、电视语言结构的相似性，又考察到麦茨研究电影语言的依据正源自索绪尔的符号结构模型，且学路广阔，本书从学理源头——索绪尔的"能指"（signifier）、"所指"（signified）视阈进入便门正路宽。电视新闻的符号系由具象符号与抽象符号两大部分构成，与索绪尔选定的能指和所指结构原理有其天然的契合性，将其作为本研究的基本理论、基础结构依据也就顺理成章。我们研究"符号结构语境下电视新闻事实能指所指的对应与悖逆"，正是力图在索绪尔结构语言的核心成分能指所指语境下，在事实论、过程论及技术论的观照中，探索

---

① ［美］约翰·费斯克等编撰：《关键概念：传播与文化研究辞典》，李彬译注，新华出版社 2004 年版，第 254 页。

② 转引自刘智《新闻文化与符号》，科学出版社 1999 年版，第 197 页。

电视新闻能指、所指对应与悖逆的动因之所在。

培根在《新工具》一书中说过："在机械力的事物方面，如果人们赤手从事而不借助于工具的力量，同样，在智力的事物方面，如果人们也一无凭借而仅靠赤裸裸的理解力去进行工作，那么，纵使他们联合起来尽其最大的努力，他们所能力试和所能成就的东西恐怕总是很有限的。"① 根据培根有关工具论的观点，将符号学作为一种满足人们理解力需求的工具，去超越前人"所能力试"和"所能成就"的局限，透视用能指与所指、符号与代码、意义和文化所结构的看似被熟视无睹的世界，无疑是一种认识手段和方法的拓展与提高。从各类学术成果来看，符号学分析已被广泛应用于人文社会科学领域的研究，而将符号学引入电视新闻研究可被看作是满足理解力需求而寻求帮助的一种工具。

（四）还原新闻事实的能指时间与空间，是电视新闻传播理论与实践的终极命题

电视新闻传播集多种语言符号于一体，电视传播符号的构成机制要比其他媒介形式复杂得多，电视通过画面、声音、文字等语言符号与非语言符号的共同作用形成声画一体、视听一体的叙事形态，为受众带来丰富而多元的信息体验。电视传播以多种语言符号同时进行，电视新闻语言的声画结构，是它拥有的语言符号和非语言符号综合运用的总体形式。从系统论角度看，电视语言无疑是一个二元平行的表征系统，如何认识诸多电视节目共同使用的"画面"、"声音"等符号概念的结构差异，深入研究电视新闻的视听（声画）语言叙述的双系统构成学理，是电视新闻语言应用与研究的一场思维革命。基于符号学视野下的引导，我们能够客观透视电视新闻语言的声画关系，清楚认识画面与声音在电视新闻传播中所发挥的主体双重结构功能。信息总是通过特定的符号形式向受众传递意义，媒介形态不同，其表征的符号也会有所差异，对语言符号与非语言符号的系统研究是电视媒介特别是电视新闻传播所无法回避的问题。

对于大众传播而言，语言符号已经不能完全胜任传播过程中表情达意的全部内容，而需要借助自然界更加丰富的非语言符号进行信息的传递，对于电视新闻的语言结构而言，其中非语言符号的运用直接关联着"电视新闻事

---

① ［英］培根：《新工具》，许宝騤译，商务印书馆1984年版，第2—3页。

实能指所指的对应与悖逆"这一"真"与"假"的核心论题，处于"能指"地位的非语言符号又是这一核心论题的核心元素，对这些元素的了解与运用，直接制约着电视新闻传播反假求真的质量。对于电视新闻传播而言，采访、编辑造型的过程就是新闻内容形象化的具象传播过程，也是为新闻所指的意义构建能指对应关系、显示新闻现实图景的意指过程，其目的是使新闻概念（内容、意义）得以具象准确的传播。本书在后续章节将从基础性能指符号、应用性能指符号和特殊性能指符号三个层面来阐释具象能指符号在电视新闻传播中的作用。

电视新闻的传播过程是时空合一的过程，关于时空的学理概念哲学家、物理学家、艺术家等见解各异，不尽相同。本书的研究重点并非落脚在探寻何谓时间、空间这一终极命题上，而是关心最适合本研究对象——电视新闻中时间、空间能指所指结构因素的有机对应及其显现。不言而喻，对于强调"物质现实复原"、"照相本性"的"近亲性"的电视新闻而言，还原新闻事实的能指时间与空间，是电视新闻传播实践与理论的终极命题。

第一章

电影、电视语言解构史论

电影、电视，这一对现、当代人们精神、文化生活中的宠儿，自诞生以来，一直因其魅力非凡而吸引着人们对它的关注与研究。其中，电影、电视自诞生之日起所带来的"语言结构"方面的话题，一直是专业人士研究的热点、重点和难点。为了阐述的方便，依照电影、电视诞生时间的先后，我们从电影切入正题。

第一节　电影的发明和默片语言的形成

一种语言的形成与发展，离不开它所处的社会历史环境和它所依赖的物质条件，研究电影默片的语言，不能不关注当时的科学技术背景和电影发明的艰辛过程。

1895 年 12 月 28 日，这是电影史学家一致认同的电影诞生的日子。这一天，法国人士卢米埃尔兄弟在巴黎卡普辛路大咖啡馆的印度厅里，用他们自己研制的电影放映机公映了自己摄制的 12 部影片，虽然每部影片只有一分多钟的放映时间，但是从这一天开始，一种新的影像语言样式开始浸润大众生活，人们的视听状况进入了一个崭新境界。在此之前，美国人爱迪生发明的"电影视镜"（国人称之为"西洋镜"）已经风靡四方，尽管这种由"木箱＋可转动的图像胶片＋透镜"的"电影视镜"（图 1－1）一次仅能供一人观赏，但它为生动影像进入公众场合、走向银幕放映（即电影的发明）提供了思路，亦为电影默片的语言结构提供了借鉴。

一　爱迪生和卢米埃尔在电影发明期（1832—1895 年）的语言建树

研究电影的历史，必然会涉及历史阶段的划分问题。尽管电影自发明迄今只有百余年的历史，但是其长足的进步与发展依然为我们提供了丰富、明晰的研究时段。法国人乔治·萨杜尔在其《世界电影史》、《电影通史》等鸿篇巨制中把电影的发展分为六个时期（见表 1-1），这一划分得到电影研究工作者的普遍认同。

图 1-1　电影视镜（街头铜塑）

表 1-1　　　　　　　　　　　电影发展历史时期划分

序号	期别	时间
1	发明期	1832—1895 年
2	奠基期	1896—1907 年
3	成型期（企业化、艺术化）	1908—1918 年
4	无声期	1918—1927 年
5	有声期	1929—1939 年
6	战时和战后期	1937—1955 年

爱迪生和卢米埃尔的电影无疑是处在发明期。

1. 爱迪生的伟大发明与贡献

19 世纪后半叶，是个涌现科学发明的时期，爱迪生继发明了电灯、留声机之后，又关注到了电影。此前的百余年间，视觉暂留的光学现象一直吸引着众多科学家的注意（图 1-2）。

图 1 - 2 　"电影视镜"的发明人爱迪生①

　　从 17、18 世纪牛顿和达赛爵士对挥动一块燃烧木炭可以变成一条光带的现象进行研究起，到 1832 年比利时年轻物理学家约瑟夫·普拉托和奥地利教授斯丹普弗尔同时发明的"旋盘"（Phenakistiscope），这期间，无论是 1825 年费东和派里斯博士发明的"幻盘"（Thaumatrope），还是 1830 年英国著名的物理学家制成的"法拉第轮"；无论是 1834 年英国霍尔纳发明的"走马盘"，还是中国古代的"走马灯"，它们共同的特点都是运用绘画这一手段，利用人的视觉暂留原理所产生的动的幻觉而进行试验。因此最先出现了动画片。这些动画片虽然可以实现对于物体运动的模拟，但无法做到像照相获得的影像那样，与客观物体外形的酷似。

　　然而普拉托在制造"旋盘"中确立的理论，为引进"照相术"，制造真正的电影开辟了道路。1845 年普拉托曾预言，要想创造真正的电影还必须利用照相。照相术的引入决定了电影影像所独具的客观性、纪实性和逼真性，也决定了电影的照相本性，因为照相与绘画相比更能如实地再现现实。电影

---

① 　照片系本书作者翻拍自嘉善孙道临电影艺术馆。

摄影的问世，不仅满足了人们与时间抗衡的心理需要，而且对认识世界、促进科学和艺术的发展都有着不可估量的作用。

从照相术引入电影试验以来，人们又经过近三十年的艰苦探索，才完成了电影摄影的试验阶段。开始只是做分解式的照相摄影，比如拍摄抬手的动作。从手开始抬起拍第一张，然后抬起一点儿拍一张，一直拍到手完全抬起为止。这些照片连接起来，就形成动的感觉。1872 年英国人慕布里奇在加利福尼亚的一位富商利兰德·斯坦福特的支持下，作了拍摄跑马的试验。沿着马跑的道路设 24 个小暗室，利用马跑起来时马蹄踢断跑道上的绳子，依次使相应暗室里的底片曝光，把马跑的姿态摄入镜头。试验整整进行了 6 年，1878 年才公之于众，引起强烈反响。这期间马莱创造了"照相枪"，雷诺改进了霍纳的"活动视盘"，制造了一架用 9 面镜子拼成圆鼓形的"活动视镜"。

与此同时，1887 年爱迪生创造了一格凿有四个小孔的 35 毫米胶片，使电影达到近于完成的阶段。但由于他希望与留声机一起制成有声电影而告失败，未能及时将此重大研究成果公诸于世。直到 1894 年才决心将他的"电影视镜"（Kinetoscope）公开（图 1－2）。当时"电影视镜"虽不能像后来的电影那样投射到银幕上，但它已经完全可以通过镜头看到活动影像了。①

1893 年爱迪生公司为它的电影视镜摄制了一部有代表性的影片《苏格兰玛丽女王的死刑》，之后又用该公司的维太放映机放映。这部影片既表现了早期电影的长处，也暴露了它的弱点。这部影片放映的时间不到一分钟，它再现了现实的幻影（玛丽被砍头），并立即向公众证明了电影模拟这种类型的动作要优于那个时候演出的舞台剧。但是那部影片只不过相当于舞台的一景而已，而且固定的摄影机并没有突出在场的任何人。在真正的叙事中，真正的戏剧性并不在于处决，而在于导致处决的事态发展。在早期的电影中还没有找到真正的电影表现手法，叙事只能取得图画的效果。在 1893 的时候，电影还只不过是摄影术和舞台演出混合的产物，因为固定的摄影机只不过是罕见事件的消极记录工具。②

不管爱迪生在此期间的创造发明有多么粗陋，我们应看到的是：发现视觉暂留的原理之所以引起几代人的艰苦探索，是因为这一原理所引导制作的

---

① 电影发明简史一段，参见葛德《电影摄影艺术概论》，中国电影出版社 1995 年版。

② 参见 ［美］斯坦利·梭罗门《电影的观念》，齐宇译，中国电影出版社 1983 年版。

图1-3　电影发明人卢米埃尔兄弟①

活动画像可以极大地满足人们对一种新的视觉样式的欲求。爱迪生发明的"电影视镜"为活动影像语言的确立与应用做出了奠基性的贡献。

2. 卢米埃尔兄弟的创造与贡献②

法国人士路易·卢米埃尔（1864—1948年）是个照相器材商，1894年底，他在前人研究的基础上，找到一种新的胶片传动方式，即在胶片上打两个洞，解决了拍摄与放映电影过程中胶片的连续传动问题，从而完成了活动电影机的发明。1895年2月，卢米埃尔和他的兄弟奥古斯特·卢米埃尔（1862—1954年）一起获得了"摄取和观看连续照相试验用的机器"的首项专利权。一个多月以后，这台经过了改进和完善的机器被定名为"电影放映机"。

1895年3月，在巴黎召开的振兴法国工业的会议上，卢米埃尔用短片《工厂的大门》在现场演示了他的发明。6月，在里昂的摄影会议上又进行了操作表演。这时他把参加会议的人乘汽船到达河岸码头下船的情景也摄入镜头，天文学家强森也在人群之中。在第二天的会议上，他让与会者看到了他们自己下船的场面。这些再现在他们眼前的情景，唤起了他们的惊奇之感。

1895年6卢米埃尔兄弟（图1-3）去参加一个照相会议，他们把会议的情况拍摄了下来，24小时后就让人们看了影片《代表们的登陆》。当银幕上出现讨论的场面时，卢米埃尔请参与讨论的人到银幕后面去把当时的发言

---

① 照片系本书作者翻拍自嘉善孙道临电影艺术馆。

② 关于卢米埃尔的史料，参见［美］埃里克·巴尔诺：《世界纪录电影史》，张德魁等译，中国电影出版社1992年版；邵牧君：《西方电影史概论》，中国电影出版社1982年版；张健主编：《声电光影里的社会与人生：影视艺术导论》，中国人民大学出版社1999年版。

重复了一遍，以便加强影片的真实感。可以说这既是世界上第一次拍摄新闻纪录片的尝试，也是对有声电影的第一次开创性模拟。

卢米埃尔兄弟虽然计划公开放映，但直到 1895 年下旬才实现。1895 年 12 月 28 日在巴黎放映后，一举成名，这一天，被定为电影的诞生日而载入史册。

图 1 - 4　世界最早的电影《火车进站》的镜头①

卢米埃尔在 1895 年制作的影片多达几十部，每部能放映一分钟左右，这是当时一本②影片的最大长度，其中有几部后来成为举世闻名的影片。最受欢迎的是卢米埃尔在法国南部肖塔火车站拍摄的《火车进站》（图 1 - 4），它是这种"到站"类型影片的先驱。列车由远及近，从全景到特写的场面，是摄影机摆在靠近路轨的月台上拍摄的。列车进站时几乎是"朝着摄影机"而来，使观众惊叫躲闪。下车的乘客中，有人若无其事地从摄影机旁走了过去。把景物由远方推向观众的手法，以及使人惊讶的大景深，让观众感到这

---

①　照片系本书作者截图于 CCTV1995 年播出的专题片《跨世纪的和声》。

②　本，电影行业的计量单位，相当于量词"卷"、"盘"之意，现在行业约定一本影片可放映十分钟左右。

与在剧场看戏有着本质上的区别，和爱迪生的那种"电影视镜"中的表演也有着天壤之别。今日从技术与语言的角度分析，《火车进站》的镜头景深变化已经具有了现代蒙太奇的成分。

《水浇园丁》尽管缺少《火车进站》那样在技术上的优点，但它的剧情却相当成功。简单明快而又富有趣味，是其情节上的主要特点，一个儿童踩住了一根胶皮水管，园丁以为龙头出了毛病，于是解开捆绑好的龙头检查，谁知水此时突然从龙头里喷射出来，溅了他一脸，这一最早用电影叙述故事的成功尝试为其后电影语言的创新提供了启迪。同时，这部短片也为后来喜剧电影的出现开创了先河。

就电影技术技巧而言，卢米埃尔等人的重要贡献在于：正是他们最早运用蒙太奇、特技摄影和移动摄影等手法，为电影语言表现力的完善做出了示范。

在一些早期的影片中，卢米埃尔没有仿照戏剧去拍摄影片，而是随着时代的前进，把日益生动有趣的法国生活的花絮展现在观众面前：渔夫和网、划船、海水浴、消防队员、在街上卖劈柴的人、练习骑自行车、拆墙、海边的孩子们、铁匠、卢米埃尔的工人们在郊游时的套袋赛跑，如此等等。

卢米埃尔还拍过四本描写消防队员生活的影片，即《水龙出动》、《水龙救火》、《扑灭火灾》和《拯救遭难者》。这四本影片，每本大约可以放映一分钟，由于当时放映机的改善，已能将其连接成为一组影片，由此便形成了最初的蒙太奇。这组影片在《拯救遭难者》中达到了戏剧性的高潮。《拆墙》使用了特技摄影，然后再将影片倒过来放映，使墙好像突然之间被修好似的，从一片尘埃中竖立起来。以后的影片《迪安娜在米兰的沐浴》也使用了同样的摄影手法，让跳水者先把脚从水里面伸出来，然后再很快地跳上跳板。这种技巧在重要性上虽比不上移动摄影，但对电影的发展仍然具有不可小觑的积极意义。移动摄影，旨在利用移动的摄影机使静物产生动感。于是，电影摄影机第一次开始活动起来，把人们在火车、爬山车、热气球以及巴黎埃菲尔铁塔升降梯上所看到的风景拍摄了下来。

在电影发明的初期，用电影来记录真实生活的场景，只是在观众被这种新鲜玩意儿的奇异效果所强烈吸引时才愿意看下去。卢米埃尔兄弟当年拍出电影史上最早的 12 部短片时，尽管影片的内容平淡无奇，甚至枯燥乏味，工厂工人下班，火车到站等，都毫无矛盾冲突或壮观奇特可言，但观众都为之发狂，原因即在这是人们第一次在幕布上看到能活动的画面，感到特别新鲜，而忽视了内容是否有趣。然而，从学术层面观照卢米埃尔的创造与贡献，除了摄制与放映技术上的突破，我们还应看到这些粗陋的影片已经为我们建立了记录的概念和语言的范式。20 世纪 90 年代我国一些专家多次论及的纪录片《望长城》中就有不少这类原始记录语言的影子。

二　乔治·梅里爱和格里菲斯在电影奠基期（1896—1907 年）的语言贡献

爱迪生、卢米埃尔在电影发明期所拍摄的都是角度单一、机位恒定、场面刻板的纪实性影片，观众在满足了对电影技术所带来的新奇感后，很快就厌弃了这种原始的视觉记录，电影摄制技术的原始，必然带来发明期电影的没落。观众期待着电影人寻找到新的语言表述方式。

1. 乔治·梅里爱的开创性贡献

1896 年，35 岁的梅里爱对刚刚问世的电影机产生了兴趣，经潜心研究，于 1897 年初终于制成了电影机，并且在经营木偶剧场的同时又新建起了制片厂。

梅里爱拍片初期，一味模仿爱迪生、卢米埃尔的方法，有的干脆就是抄袭，他开局拍的 80 多部影片被法国电影史学家乔治·萨杜尔批评为"毫无一点创造性可言"的平庸之作。卢米埃尔在临终前还念念不忘批评梅里爱抄袭他的作品。

梅里爱的创造性贡献完全出于偶然：有一次他拍摄街景时，他的手摇摄影机突然发生了故障，使机器停转了几分钟。当他事后观看那天拍下的影片时，发现银幕上的一辆街车突然变成了一辆枢车，男人突然变成了女人。这个偶然的发现使他从此醉心于利用摄影机来制造种种魔法。他用手摇摄影机制造了慢动作、快动作、停机再拍、叠化等一系列原始的技巧镜头，用在他的一大批神话片和科幻片里。这一偶发性成果，开始从根本上改变电影语言的叙述方法，濒于死亡的发明期电影就此重获新生。

梅里爱的另一大贡献是，他最先将戏剧艺术引入电影制作范畴，较系统地把舞台表演的程式搬上了银幕，拍摄了一大批戏剧化影片。这些作品虽然有人批评"刻板"，但它为电影借鉴戏剧语言丰富自己做出了示范性建树。

梅里爱的衰落，可谓是步了卢米埃尔的后尘。不过，卢米埃尔短暂辉煌的终结是恪守原始记录一端之故；梅里爱则是因为沉醉于戏剧记录一端而遭观众冷漠。电影语言运用的不成功，是他们失败的共同原因。

2. 格里菲斯的永恒性贡献

简单来说，格里菲斯对电影艺术的贡献主要在于改变了影片的构成单位。在格里菲斯之前，构成影片的单位是场景——摄影机方位固定不变的场景。一般的影片是一部片子一个场景，长一点的影片可能会有若干个场景。例如在 1904 年美国的埃德温·鲍特拍摄的《火车大劫案》已经有 14 个场景，并且用了剪接，用了特写。但是这些东西并没有使电影同舞台演出分家，剪和接无非是幕落和幕启的同义词。由于电影语言的特有元素是摄影机的运动性，即各个镜头或同一个镜头内拍摄方位和距离的或快或慢的变化，所以从历史发展的角度来看，朝着电影叙述的独立性迈出的第一步，便是影片构成单位的变更：从场景变为镜头，由若干镜头构成一个场景，再由若干场景构成一部影片。所以不妨说，格里菲斯的贡献即在于奠定了电影作为一门独立的艺术的基础，这也就决定了他在电影史上的巨匠地位。

正是由于他把镜头作为影片构成单位，才产生了蒙太奇的手法。格里菲斯著名的"最后一刻的营救"，就是通过平行的蒙太奇来制造紧张效果的。但是格里菲斯的蒙太奇只是一个不自觉的手段，他只是注意到如何利用蒙太奇来处理场面和两个戏剧性场面之间的关系，只是作为一种更加戏剧化、对观众更有吸引力的技巧。从严格的意义上说，蒙太奇和剪辑是两回事。当年格里菲斯基本上是创造了剪辑，而不是严格意义上的蒙太奇。蒙太奇理论的真正确立和深化，要到苏联导演爱森斯坦和普多夫金手里才告完成。所以既要看到格里菲斯作为先驱者、创新者的巨大功绩，又要看到他同后来的蒙太奇理论和实践的巨大差距，这样才是恰如其分地估计了格里菲斯的贡献。① 从语言建树的角度评价梅里爱和格里菲斯的贡献，其特点也是十分显著的；前者对舞台表演与电影的联姻提供了加强语言表现力的启迪，这对卢米埃尔刻板的"记录"形成了一种观念性的冲击，当然，他对戏剧的崇拜，也造成了他在电影事业上的衰落。电影毕竟不应是戏剧的记录与翻版，它必须要有自己的表叙语言，才有可能获得发展。总之格里菲斯的"镜头构成观"为默片语言的表现力大增光彩，至今这一观念依然是电影语言研究与运用中一个永恒的话题。

三　卓别林在电影无声期（1918—1927 年）的语言成就

研究无声电影时代的杰出人物，当推美国的查理·卓别林，在美国电影

---

① 参见邵牧君《西方电影史概论》，中国电影出版社 1994 年版。

史上，任何演员、导演、制片人都不能和这位伟大的人物相提并论，他的电影作品，特别是默片，至今还被全世界的男女老少所喜爱。

卓别林于 1889 年 4 月 16 日出生在英国一个民间歌唱艺人家庭。卓别林的童年时代是极其困苦的，其父因病无钱医治，死在演出途中，孤立无援的母亲无奈之下，只好将他和哥哥送进贫民院。由于演艺家庭的渊源，卓别林很小就学会了演戏，他年仅 10 岁就进了一个滑稽剧团当演员。卓别林在 1912 年随他当时所在的卡尔诺剧团赴美国巡回演出，被一位美国电影导演看中，邀请他去好莱坞演电影，此时的卓别林还留恋着舞台演出，认为电影不过是种杂耍而已（事实上当时的电影大都内容贫乏，充满了无聊的逗趣），直到电影公司以剧团三倍的工资才打消了他的后顾之忧，1913 年底，卓别林终与厂方签约，正式步入影坛。伟大的艺术创造有时是出于偶然的机缘，这在电影史上并不鲜见。在卓别林艺术生涯的开始时刻，同样也发生过这种有趣的事情。他到好莱坞基斯顿电影公司后拍的第一部影片《谋生》并没有给观众任何关于流浪汉即将出现的启示。当他应召去拍第二部影片的时候，他接到通知说洛杉矶正在举行一场汽车比赛，要他设法搞一身滑稽打扮，扮演一个在现场拍摄影片的摄影师。卓别林在匆忙的化妆过程中顺手抓过一位以"胖哥"闻名的丑角的一条裤子和他的假发假髯。破皮靴是一位大个子演员扔下的东西，尺寸也明显过大。礼帽、手杖和过于窄小的西服都是那天上午随手捡拾的。在拍摄的过程中，卓别林想起了伦敦街头一个老摊贩横着走路的滑稽步法，本能地借用了过来。这一切都不是出于事先的精心设计，而是偶然的凑合，然而却在不知不觉中创造了不朽的流浪汉形象。

在以后的演出中，卓别林对服饰不断调整，最后形成了他那套有名的化装——一顶圆顶帽，狭小的旧西服，灯笼裤，大皮鞋，以及一根手杖。这一身略带夸张的打扮，将一个讲究礼仪却又不识时务的流浪汉的憨态表露无遗。卓别林的银幕形体语言从此便成了不变的范式。

1915 年卓别林进入重视人物形象塑造的艾塞奈公司工作，经过一年的演出，才发现了他所创造的流浪汉形象的深远意义。公司给了卓别林极大的自由选择权，卓别林在这家公司一年合同期内所拍的 14 部影片，几乎完全抛弃了当时流行的低级趣味式的滑稽表演，代之以辛辣的嘲讽和交织着哀愁的幽默感。他的哑剧天才在这些影片中得到充分发挥，他不放过任何细小的动作，哪怕是整整领带，掸掸上衣的灰尘，或者舞动一下手杖，都能体现出人物的内心世界。他利用一切到手的小道具，或者身边的任何物体来自然地宣泄人物此时此刻的感情。

1919 年卓别林 30 岁，这年开始自行斥资建厂，成了好莱坞第一个真正独立制片的艺术家。他创立了电影史上空前的先例：一身兼任制片人、编剧、演员、作曲。从 20 世纪 20—40 年代，卓别林在好莱坞拍出了他一生中最杰出的作品：《淘金记》（1925）、《城市之光》（1931）、《摩登时代》（1936）和《大独裁者》（1940）。透过卓别林艰难成长和富于创造性成功的历史，我们不能忘记这位伟大的艺术家在电影语言上开拓性的建树：其一，他凭借一成不变的礼帽、手杖和窄小的破西服等几件道具，创造出遭遇相似但性格各异的流浪汉形象，彻底改造了早期电影的杂耍品性，使电影具有了公众认可的形象语言和情节语言，将电影的发展引上了"讲故事"的健康发展轨道；其二，从人物形象塑造上看，面对大同小异的"流浪汉"，卓别林依靠对生活的正确理解和深刻把握从画面细节上成功地做到了人物言行举止的千差万别。卓别林以无声的画面语言为人类留下了一笔宝贵的精神财富，他的大量默片杰作在人们今天看起来依然津津有味，这就是卓别林不朽的贡献。

第二节　电影默片语言构成的特征

就图像语言而论，在电影术发明之前，绘画、舞蹈、戏剧、摄影等具象语言样式都已具有自己悠久或成熟的历史，这些语言样式，为电影术的发明和电影语言的形成、发展都产生过一定程度的影响。这种影响，对处于发明期和奠基期的电影默片来说就显得愈加浓重。电影默片是如何从传统的图像语言中汲取营养而形成自身的语言风格的？本节从电影默片画面语言的纪实性、画面语言的绘画性、画面语言的依赖性三个方面的特征展开阐述。

一　画面语言的纪实性

电影确切地纪实和再现现实生活的能力乃是它的一个最根本的优势。这种纪实与再现优势在 1839 年摄影术发明不久就开始显露，到了"19 世纪末（此时正是电影的发明期），因社会上需要形象性的报道，各种画报得到蓬勃发展的时候，人们开始认识到摄影确切地记录生活的惊人能力。摄影成了一种无可比拟的形象而具体的报道事件的形式"①。基于这种社会需要，以活动的摄影画面为基础的"电影视镜"出现了，继而便有了电影术的发明。电影以"纪实"和"活动"两大固有的优势，以"照相的本性"极大程度满足了人们对于现实和自身观看的欲求。诚如美国电影理论学者劳拉·穆尔维运用弗洛伊德的精神分析原理与符号学分析"视觉快感与叙事性电影"的关系所言："电影提供若干可能的快感。其一就是观看癖（Scopophilia），在某些情况下，看本身就是快感的源泉，正如相反的形态，被看也是一种快感"，"电影满足观看的快感的原始愿望，但它还进一步发展了观看癖的自恋一面。看的好奇心和愿望是与对类似和识别的入迷交织在一起的：人脸、人体以及人形及其周围环境之间的关系，人在世界中的可见的存在"②。处于发明期的电影虽然粗陋、短小，但它在纪实叙事的能力和满足人们"看"的欲求方面却毫不逊色，诸如：《火车进站》（1895 年）中，由远而近，呼啸而来（当然没有声音）的列车，吓得观众纷纷躲闪，人们在惊叹中第一次从活动影像中看到了人与自然的关系。

《工厂的大门》（1895 年）中，从厂门打开，工人们涌出后，到大门复又关上，人们对此看得津津乐道并非是对工人下班这件事情过程本身有多大兴趣，而是银幕上的纪实影像"发展了观看癖的自恋一面"，这正如某人拿到了别人给他拍摄的照片后他会反复观看、品味那样"自恋"。

这时期摄影纪实语言的特点为③：

1. 正面角度表现所有拍摄对象。

2. 主要是满足看得全，拍摄者最感兴趣的是记录对象及其运动。

3. 摄影机固定在一个位置，从头拍到尾。

4. 用大全和小全景别，以便看全；或在"乐队指挥"位置，和对象保持一定距离，构成单镜画面的舞台演出场面。

5. 摄影机放在人的视线等高角度，对象只有方位、朝向的变化。

6. 对象高度是平面的只有左右，没有纵深，故缺少透视感。

7. 每一个镜头画面都拍下一个完整的活动，完成对一个事件的记录。

从叙事角度看，"电影最初是一种机械装置，用以记录现实活动的形象，

---

① ［苏］A. 瓦尔坦诺夫：《摄影的特性与美学》，罗晓风译，中国摄影出版社 1992 年版，第 1 页。

② 《视觉快感与叙事电影》，见张红军主编《电影与新方法》，中国广播电视出版社 1992 年版。

③ 参见郑国恩《影视摄影构图学》，北京广播学院出版社 1998 年版。

而不是一种叙事手段"①。

从构图角度看，"在电影初创时期，当摄影机是固定着摄录'乐队指挥'的视点时，画面构图并无任何实际特色，因为这种构图只限于确定一个意大利式舞台而完全一致的空间而已"②。

从发明期的电影只有一分钟左右的放映时间，到后来卓别林的默片长达几十分钟，虽然长短有别，但它们都充分地体现出以画面记录事态发展进程为共同的特征，充分地体现了"照相的本性"。

这种特性是由摄影机的性能及其摄影师的观念决定的。德国电影理论家克拉考尔在考察摄影的审美特性时说："照相跟未经改动的现实有着一种明显的近亲性。使我们感到真正有照相特质的照片，似乎都是旨在再现纯粹的自然（自然的独立于我们而存在的形态）的。"③ 他甚至把"电影的本性"，看成是"物质现实的复原"④。这些话确实讲出了一个浅显而重要的道理：电影艺术的本性与照相是不可分割的。无论是一般摄影机所拍摄的单一画面，还是电影摄影机所完成的活动照相，都是客观世界中某种物象（包括未经改动的客观物象，也包括经过选择、加工、改造过的物象）的真实记录。电影默片纪实性画面语言的形成与发展，为后世的有声电影和电视片叙事风格的确立提供了宝贵的思路。

与叙事风格紧密相关的是长镜头的运用，这也是电影默片语言构成的特色。1895 年卢米埃尔兄弟拍摄的 12 部影片每部时间长度仅一分来钟（当时胶片的极限长度），全都是一个镜头，我们不妨将其称之为自然属性长镜头。尽管《火车进站》、《水浇园丁》等 12 部影片都真切地记录了当时的人与事，带给观众极大的视觉快感，但这一切都是卢米埃兄弟在摄影术影响下的没有主观意志参与的"被动作品"，然而"长镜头语言"确实是从此步入银幕。在卢米埃尔的"原始长镜头语言"启迪下，伴随着机器、胶片等摄制工具性能的改进，特别是电影人运用镜头语言的成熟，进入 20 世纪初，默片已能熟练地运用长镜头叙事和讲故事了。默片喜剧大师卓别林的诸多作品，正是默片语言不断发展完善和纪实叙事的生动证明。

---

① ［美］斯坦利·梭罗门：《电影的观念》，齐宇译，中国电影出版社 1983 年版，第 91 页。

② 马赛尔·马尔丹语。

③ ［德］齐格弗里德·克拉考尔：《电影的本性——物质现实的复原》，邵牧君译，中国电影出版社 1981 年版，第 24 页。

④ 克拉考尔给他的重要著作《电影的本性》拟定的副题是："物质现实的复原。"

　　论及默片的纪实性特征对后来电影理论研究形成的影响，我们不能不关注到巴赞的长镜头理论成果。20世纪40年代末，法国电影理论家巴赞和德国电影理论家克拉考尔提出并建立了纪录学派美学理论。巴赞在"摄影的美学特性在于它能揭示真实"的美学原则下，极力抨击蒙太奇理论，认为"蒙太奇"是一种人为创造的方法（在卓别林早期的默片故事中，蒙太奇手法已被频频使用），它依靠分切、组合，割裂完整的时空，破坏电影的时空真实；巴赞还认为，蒙太奇融进了导演的主观色彩，干预了现实生活，带有强制性和思想含义的单一性，观众得不到更多自我感受和独立思考的机会，违反了现实生活本身所蕴含的暧昧性和多义性，也违反了观众的审美心理规律，剥夺了他们参与银幕生活创作的心理欲求，在历数蒙太奇种种弊端的同时，巴赞借鉴早期电影长镜头技法经验以及后来人们成功运用长镜头的范例，提出了与蒙太奇理论赫然对峙的"长镜头"理论。

　　具体来讲，"长镜头"理论的核心是认为电影是通过摄影机记录下来的艺术，是照相的延伸。巴赞认为别的艺术都是人为干预形成的，只有照相和电影不是这样。电影的巨大威力在于拍摄的形象崇尚自然和绝对真实，所以他批评分解现实的蒙太奇方法不真实，违反电影的基本特性。在他看来，电影的特性就其纯粹状态而言，"正在于摄影上严格遵守空间的统一性"，体现这种自始至终保持空间统一的方法就是运用长镜头。他觉得一个高明的导演创造的长镜头能够"让人明白一切，而不必把世界劈成一堆碎片，它能揭示出隐藏在人和事物之内的含义而不打乱人和事物所原有的统一性"。除了时空统一的特征，巴赞还强调保持人物动作含义的某些暧昧性，他认为影片应使观众自己看出人物动作的含义，同时留下一些暧昧的地方让人思索。他觉得蒙太奇严格控制观众的情绪，缺少含蓄和令人回味的效果。巴赞还提出应该为从多种角度观察动作提供可能性，他认为蒙太奇把视线的角度限制得太死，而人们欣赏的习惯总是喜欢不断地移动视线，随时变换欣赏的角度。时空的完整，含义的暧昧，从多种角度观察动作的可能性，这三个方面构成了巴赞理论的基本内容。

　　早期的默片虽然粗陋，表现出来的纪实性特征也不具有深刻的美学意义，但它在语言（电影语言与非电影语言）方面的开创性却是最宝贵的，只有观照到现今的电影理论成果，我们方能深刻体会卢米埃尔、卓别林等前辈创造性劳动价值之所在。这是我们在研究默片的纪实性时所应得到的启迪。

二 画面语言的绘画性

摄影术和电影术发明时期，正是绘画艺术各种流派发展的鼎盛年代，年轻的摄影术、电影术无可避免地打上了绘画的烙印。就早期的电影来说，固定不变的角度，不能变焦的距离，促使摄制无可选择地（自觉或不自觉地）套用绘画的经典技法，诸如画框的黄金分割控制，画内诸因素的配制（涉及构图形式、光线处理、三维空间营造、角度选择等）。默片的画面语言绘画性特征，恰好吻合当时广大观众的审美心理需求。《圣女贞德》、《战舰波将金号》等经典影片中充分说明了这一点。《圣女贞德》这样的片子简直就是特写的艺术，即肖像的艺术，它使我们联想到不少画家的名作。电影艺术家用光影塑造的人物形象酷似画家们笔下的素描作品。影片用造型说话，人物形象的性格化取得了动人的艺术效果。当时，在电影的艺术语言还不丰富，电影的技术条件还不能使拍摄对象自然运动的情况下，注重造型形象的绘画性是带有普遍意义的。

默片画面语言的绘画性，不仅使自身在早期得以顺利发展，而且为电影后来的发展提出了实践与理论、历史与现实多方面的话题，美国电影学者 V.F. 帕金斯在他的《早期电影理论的批评史》中对电影画面语言的绘画性就有这样的评述[①]：画面的神话部分是在电影问世之前发展起来的，早就有人敦促照相师创造出可以用绘画同样的准则来衡量的作品。纽哈尔所著《摄影史》一书中报道了威廉·牛顿勋爵于 1858 年提出的建议，他认为摄影师必须把他们的相片改变到符合"美术的公认原则"[②]。林赛遵循着同样的论据，他写了题为"动作的雕刻"这样的一章，要求读者："考虑：首先出现了照相。然后照相加上了动作。我们必须依照这个顺序来进行判断。如果它要演变成一种大众的艺术，那么它首先应当是一种好照片，然后才谈得上好动作。"[③] 林赛得出结论说，最有资格来制作"更高级的影戏"的是画家、雕刻家和建筑学家。林赛一味强调电影画面的装饰性质，正是他那个时代的反映。这是一个时代的残存物，在那个时代里"一切对美学的探讨都是不厌其烦地围绕着美的性质的问题……我们在艺术中

---

① 参见张红军主编《电影与新方法》，中国电影出版社 1992 年版。

② 波芒·纽蒙尔：《1839 年至今日的摄影史》，现代艺术博物馆，纽约，1949 年版，第 17—18 页。

③ 瓦切尔·林赛：《电影的艺术》，纽约，1970 年版，第 135 页。

和自然界寻找美的标准"①。电影正统理论也吸收了画面美的标准。这一观点在他们较近的宣言中被加以强调，罗吉·曼维尔在他的《电影》一书中写道："构图是极其重要的：一切被拍摄下来的东西都变成二维的图案。"② 这是从阿恩海姆对"艺术地运用缩小的纵深"的论述中引申出来的："每一个优秀的电影镜头从纯形式上来说是地地道道的线条构图。这些线条是相互谐调的，并且和四框也是谐调的。镜头中光与影的分布是匀称的。"③

但是阿恩海姆更重视的并非是装饰性的要求，而是意义深远的画面组织。林赛之后的理论家们继续要求摄影机创造出美来，但是受到绘画、评论和电影制作（林赛却回避了它们的影响）发展的影响，更着重要求它创造出意义来。贝拉·巴拉兹在其标题就说明问题的章节《创造性的摄影机》里写道，摄影角度"是电影所拥有的描绘人物性格的最强有力的手段；并且这不是再现而是真正的创造"。把画面神秘化的人坚持认为必须富有表现力地来运用摄影机的特性，他们赞成那种滥用摄影的选择与变形的手法，认为这是对摄影对象和事件表态的办法。如果把摄影机主要当作是一个可靠的记录工具，或者主要想从它的产品中得出现实主义的面貌，那就被认为是非电影特性的，是对这一表现手段的忽视。

因此，虽然阿恩海姆很推崇卓别林，却不得不承认他的影片"不是真正的'电影'（因为他的摄影机主要是当作记录机械来用的）"④。而罗沙对于罗勃特·韦恩的表现主义影片《卡里加里博士的实验室》获得如此深刻的印象（"在电影中第一个真正艺术的前进……第一部真正富有想象力的影片……第一次尝试运用这种新的表现手段来表达一个创造性的头脑"）⑤，以至他对逼真的布景完全失去了兴趣。他认为《一个国家的诞生》（1915 年）的"主要缺陷"之一就是"阿伯拉罕·林肯书斋里的真实的复制品以及他被刺杀的那个剧院"⑥。之所以会出现有关画面的神话，是因为把电影划归为视觉艺术。问题并不在于电影画面能够吻合绘画的一些准则；有一大批导演已从实践经验中解决了这一问题。这就是通过"动"这一特有的平面视觉因

---

① 罗杰·弗莱：《幻象与设计》，企鹅出版社 1937 年版，第 229 页。

② ［美］鲁道夫·阿恩海姆：《电影作为艺术》，杨跃译，中国电影出版社 1986 年版，第 56 页。

③ 同上书，第 93 页。

④ 同上。

⑤ 保罗·罗沙：《至今为止的电影》，伦敦，1949 年版，第 93 页。

⑥ 同上书，第 1 页。

素来保持电影特有的表现力。

李泽厚认为："动的视觉形象的画面才是电影本身所在。"① 电影的"动"，使画面具有空间的流动性（这是舞剧和戏剧所不具有的特性），使得综合了多类表现手法的画面的时间特质、构图、用光等基本造型因素均在运动过程中得到深刻的表现与动态的平衡。作为艺术形态的电影，它的"动"的本质作用是什么呢？就是表达创造者对于那些直接的感情和情绪活动所具有的概念，换言之，它的作用就是直接展示情感活动的结构模式。我们知道，艺术品本身也是一种包含着张力和张力的消除、平衡和非平衡以及节奏活动的结构模式，它是一种不稳定的然而又是连续不断的统一体，而用它所标示的生命活动本身也恰恰是这样一个包含着张力、平衡和节奏的自然过程。不管在我们平静的时候，还是在我们情绪激动的时候，我们所感受到的就是这样一些具有生命的脉搏的自然过程，因此，用艺术符号是完全可以把这样一些自然过程展示出来的。在艺术品中，也就像在概念之中一样，感情的所有方面都被巧妙地安排在一起，以便使它们极为清晰地呈现出来。②

默片画面语言靠"动"的本性全方位地汲取着传统艺术中有益自身发展的营养，但它绝不会让达·芬奇的蒙娜丽莎一扫神秘的微笑，嘻嘻哈哈地走上银幕。透过默片画面语言的绘画性，我们不难深刻认识电影强劲的综合力量，就是这一综合力量保证了它的辉煌前景。法国电影学者阿倍尔·甘斯1927 年对电影有过这样的预言：

> 电影，是由许多互相冲击、彼此寻求着心灵的结晶及由视觉上的和谐、静默本身的特质形成的音乐；是由画面形成的绘画和雕塑；是由戏剧结构和表现顺序形成的建筑；是由一些从人和物的精神中攫取得的梦幻形成的诗；是由那种与心灵交流的、使你的心灵出来和剧中演员融为一体的内在节奏形成的舞蹈。一切都汇合了。这是一部伟大的影片么？这是各种艺术的汇合点！这些艺术经过光的熔炼已经和以前不同，但它的渊源是无法否定的。这是一部伟大的影片吗？这是未来的福音！这是从一个时代到另一个时代的幻想的桥梁！这是一种点金术，为我们的眼

---

① 李泽厚：《美学论集》，商务印书馆 1980 年版，第 414 页。
② 参见 ［美］苏珊·朗格《艺术问题》，中国社会科学出版社 1983 年版，第 8 页。

睛而作的伟大的作品！画面的时代来临了。①

甘斯的预言早已变为现实，这里我们要说的是，电影默片画面语言的绘画性，是电影走向综合性道路的第一个脚印。

三 画面语言的依赖性

以上我们已经看到"纪实性"和"绘画性"是如何使默片画面拥有一种比简单（或静态）再现更有效的信息价值。尽管电影画面忠实地再现了摄影机所摄录的事件，可是它本身并未向人们揭示其所记录的信息的意义，它只是肯定它所再现的原始事件是一种具体存在罢了，"电影画面本身是展现，它并不论证"②。因此，用解说词和画面文字对画面信息做出明晰的说明就在所必然（否则，人们可以用完全矛盾的观念去理解同一段画面而得出截然相反的结论），这就是画面语言对文字话语的依赖性。就画面的含义看，电影画面具有一种模棱两可的特性，也就是说，同一幅或同一组画面可以有好几种解释。另一方面，我们可以看到，单是画面并不能使我们看到剧情在其中展开的时间。基于上述认识，我们再来考察当时的现实情况：

卢米埃尔在放映他的《水浇园丁》等影片时，就有专门的解说先生向观众们介绍影片涉及的人物、时间、地点、经过等。卢米埃尔甚至还请过影片中的当事人到银幕后面作"现场配音"解说。到了卓别林年代，无论是摄制手段还是摄制观念都大有长进，影片已从简单的纪实跃向了"讲故事"阶段，蒙太奇意识在镜头的组接上也有了充分显现（当然蒙太奇理论是出现在后）。此时，卢米埃尔的现场解说方式已不敷应用了。于是，画面文字便充当了默片中解说（交代情节）和"对话"的角色。表1-2是卓别林有代表性的12部默片使用画面字幕的情况。

表1-2　　　　　　　　　卓别林默片运用画面字幕统计

片　名	片长时间	镜头个数	交代性字幕	对话性字幕
摩登时代	86′22″	431	49	91

---

① 转引自〔法〕亨利·阿杰尔《电影美学概述》，徐崇业译，中国电影出版社1963年版，第21页。

② 〔法〕马赛尔·马尔丹：《电影语言》，何振淦译，中国电影出版社1980年版，第7页。

续表

片　名	片长时间	镜头个数	交代性字幕	对话性字幕
淘金记	71′10″	583	49	72
城市之光	80′	272	22	71
小孩	52′06″	279	35	28
狗的生涯	40′	263	10	6
大兵日记	44′31″	145	22	18
大马戏团	70′	566	24	120
光明面	33′24″	224	19	12
快乐的一天	20′	138	13	6
无业游民	25′10″	202	17	9
发薪日	25′25″	186	10	6
伪牧师	47′	296	17	48

统计说明：时间计量单位为"分/秒"；屏幕文字计量为"段"；镜头数为"个"。

通过上述统计，我们可以做出如下分析：

1. 卓别林早期的默片对画面字幕的运用较少。如 1918 年上映的《狗的生涯》，交代性字幕用了 10 段、对话性字幕用了 6 段，总共只用了 16 段（条）字幕。这一现象说明卓别林已意识到解释性文字的作用。

2. 卓别林中、晚期的默片使用画面字幕的次数大增，这表明卓别林在摄制中已充分认识到了解释性文字的重要性。他于 1928 年（中期）出品的《大马戏团》中交代性字幕用了 24 段，对话性字幕用了 120 段，总共使用了 144 段（条）字幕。他的另一部中期作品《淘金记》（1925 年）中有交代性字幕 49 段，对话性字幕 72 段，合计是 121 段（条）；在他晚期的作品《摩登时代》中，交代性字幕和对话性字幕合计为 140 段（条）。表 1-2 的统计结果表明了文字语言在电影画面中必不可少的地位，充分说明了从默片时代开始，画面对文字就有着无法割舍的依赖。

3. 镜头的数量都是数以百计，这除了表明摄影、剪辑的技法有了质的变化外，还表明画面对文字说明的依赖。摄制者不惜将"故事过程"剪断，是为了在"故事"之中插进"交代性文字"和"对话性文字"，否则几十分钟一则的"画面故事"就难以为继。

4. 卓别林 12 部电影平均片长 42′40″，平均镜头数为 263 个，这个数字对于风行"长镜头"拍摄的早期默片来说，卓别林已在用相对的短镜头组成蒙太奇镜头"讲故事"，这表明卓别林已看到了蒙太奇叙述能力本质之所在：通过画面的组接，调动观众思维想象的积极性，借助观众思维系统中的"词"，克服默片画面叙述能力的断缺性。

关于电影、电视语言符号的构成，本书在后续章节中还有详细论述。此节不再赘述。

第三节　声音进入电影的美学价值

在电影开创辉煌的百年历程中，每一项震撼人心的美学革命都与科学技术发明有着密切的关系，电影美学的大部分问题，都有其电子学、物理学的背景，录音技术的发明与完善，使电影真正拥有了源自胶片且声像同步的声音，是电影经历的第一次大革命。1927 年 10 月 6 日，由美国华纳公司摄制的完全有声片①《爵士歌王》在纽约市百老汇剧院公开上映②。历经 32 年之久"伟大哑巴"生涯的电影终于开口说话，放声唱歌了。从此，电影跨进了声像并茂的美学新纪元。

一　声音进入电影，全新叙述样式引发意义深刻的美学革命

如上所说，声音的出现是电影经历的第一次大革命，"伟大哑巴"的早期电影开口说话，这就使得电影的美学定义和创作上的许多金科玉律必须被修改，它的语言运用及话语方式必须有根本的改变。我们不能视无声电影和有声电影为一脉相承的同一类电影，有声电影从根本上改变了电影的美学特征。

声音进入电影之初，由于受制于录音技术，摄影镜头只能对准说话的角色，使得在默片中开始成熟起来的镜头多方位切换手法变得机械刻板，一度导致电影造型技巧的倒退。对此，引起了电影美学史上的第一次大分歧。卓别林、金·维多等电影大师极力反对有声片，他们认为声音对电影是一种破坏。如前所述，因录音需要造成场景调度的刻板，必然会制约习惯于喜剧表

---

①　完全有声片，系指含有对白的有声片。在此之前已出现只有音乐与音响的影片，这类影片以记录舞台演出的内容为主。

②　据［美］罗伯特·C. 艾伦的《电影史：理论与实践》（中国电影出版社 1997 年版）一书的资料称："到底是 10 月 5、6 日，还是 24 日，说法不一。"

演的卓别林等人的即兴创作。"在卓别林看来，一个会讲话的流浪汉是完全不可想象的，所以他在《城市之光》和《摩登时代》里便对程式化的对话进行了嘲讽。"[①] 但是，一些有远见的电影理论家面对粗陋的声音对默片美学规律的破坏这一现象，对有声片的命运发表了自己独到的见解与预测。

苏联的爱森斯坦 1928 年在一个与普多夫金和亚历山大洛夫联名发表的声明中认为："声音在电影中的出现，是一个历史的必然性，因为它是出现在电影手段将由此而得到进一步发展的时刻。由于情节正在变得规模愈来愈大、内容愈来愈复杂，只有语言才能把无声片从愈来愈多的累赘的字幕和为说明情节纠葛而必不可少的解释性画面中解救出来。"[②] 匈牙利电影艺术家贝拉·巴拉兹在《电影美学》一书中预言："对电影来说，声音还不是一个收获，而是一个任务，这个任务一旦完成，便将得益匪浅。但这要等到电影里的声音有一天能像电影里的画面那样成为一种可以驾驭自如的手段，等到声音有一天能像画面那样从一种复制的技术转变成一种创造的艺术。"[③]

以上电影大师、艺术家、理论家对待声音的不同观念与态度，反映了电影美学范畴对声音最初的价值取舍，这一矛盾的美学价值观为电影声音的发展与完善作出了有益的引导。

事实上，人对声音的需求是与生俱来的天性。电影既然是由于人们想要重现生活景象的一种愿望而诱发的，那么，人们在享受到默片带来的乐趣时，怎么会不为"伟大的哑巴"寻求开口发声的良方呢？所以，声音进入电影"是一个历史的必然"。

有声电影相对于默片来说，是一个全新的叙述样式，这迫使所有的艺术家们必须重新寻找自己新的位置。卓别林在这场大浪淘沙的声音革命中，经受着被淘汰的恐慌。长于肢体语言喜剧的卓别林深知，他在默片中创造的"流浪汉"开口说话将是怎样一种尴尬？所以他说："如果我想扮演'说话的'角色，那么，我就要改变我所创造的形象。"[④]

面对电影声音的巨大推动力，卓别林顺应而进，在声音进入电影的第 13 个年头（1940 年）卓别林在《大独裁者》中终于开口说话了，真是"不鸣

① ［德］齐格弗里德·克拉考尔：《电影的本性——物质现实的复原》，邵牧君译，中国电影出版社 1981 年版，第 130 页。
② 同上。
③ ［匈］贝拉·巴拉兹：《电影美学》，何力译，中国电影出版社 1986 年版，第 180 页。
④ ［苏］A. 库尔金：《卓别林评传》，黄鹤九译，中国电影出版社 1984 年版，第 186 页。

则已，一鸣惊人"，卓别林在该剧中扮演的理发师角色，一口气竟讲了一段长达六分钟的台词，这在当时流行百分之百对白的电影中也是首开先例。遗憾的是，卓别林未能在有声电影中重振默片雄风，他留给世界电影宝库的财富还是他在默片期间的贡献。卓别林的引退也是一种历史的必然，因为卓别林的天才是善于用他的形体语言表演，开口说话就使他的艺术风格荡然无存。诚如电影理论家巴拉兹所言："但当这些优秀的无声演员真的开始说话的时候，可怕的事情便发生了。他们的平庸得出奇的言谈损害了他们的深有感情的目光和手势。因为，现在来向我们讲话的已不是那些使用手和眼睛的语言的优秀艺术家，而是电影剧作家了！一个美妙的幻想破灭了。"①

语言是"自古以来对人的束缚"②，电影自 1927 年选择了语言的"束缚"始，就旷日持久地产生了"束缚"与"反束缚"的美学抗争，抗争的结果是：语言进入电影的价值得到了充分肯定。当时电影业务与理论界的共识是，光有不能直接表述观念的声音（背景声、音乐等）进入电影，还不能称之为完全有声片，只有语言（对白、独白、旁白）全方位进入电影方能称之为完全有声片。声音进入电影后，引发了一场深刻的观念革命，为电影脱胎换骨嬗变出一个全新的叙述样式、谱写出电影全新的美学定义和金科玉律做出了开拓性的建树，此为价值一。

二　声音进入电影，开拓了电影声音叙述的传播魅力

电影是产生在文艺复兴以后的欧洲，此时相对成熟的绘画、雕塑、舞蹈、戏剧、建筑等造型艺术已深入人心，这些高品位的艺术形式培养出了高品位、高要求的欣赏对象，诞生在这个文化底蕴深厚背景下的电影，必然会时时受到严酷的精神拷问。所以，电影问世之初在人们心目中只不过是令人好奇开心的"杂耍"，它只能生存在供社会底层人们聚集消闲解闷的咖啡馆，以至达官绅士欲一睹电影的新奇时不得不压低帽檐悄悄溜进去。生活在这种贫贱环境下的默片，其简单的记录和粗浅的逗乐显然无法长期（默片已问世了 32 年）维持人们的观看欲望，惨淡的世道，微薄的收入，默片难以为继走向消亡是势在必然。在电影诞生 100 周年的 1995 年，中央电视台播出的

① 克莱尔：《电影随想录》，第 141 页，转引自克拉考尔《电影的本性——物质现实的复原》，邵牧君译，中国电影出版社 1981 年版，第 130 页。
② ［匈］贝拉·巴拉兹：《电影美学》，何力译，中国电影出版社 1986 年版，第 210 页。

专题片《跨世纪的和声》中这样描述声音对电影生命的挽救：

> 在一种艺术形式发展到巅峰的时候，它面临的必定是盛极而衰。卓别林也无法挽救电影所濒临的危机，是声音的出现，再度把观众吸引到电影院，使电影渡过了它的第一个难关。①

声音的出现帮助电影渡过难关的本质所在是它使电影更接近生活。自此以后，电影不仅可以反映生活中的视觉世界，并且也可以同样直接地反映生活中的声音世界，使它显得更为逼真。声音所具有的丰富的表现力，给电影带来了一种和谐美。我们无法想象当时的电影观众是如何捱过 32 年缺失声音的煎熬。好莱坞编剧埃德蒙·古尔丁早在电影开口说话之先就深味缺声之苦："由于缺少声音，电影失去的岂止是它的制片人或观众已经意识到的东西。无声意味着观众损失百分之五十合乎逻辑的情感反应。电影深受无声之苦，恰如广播现在深受无画面之苦一样。"② 古尔丁的高见一语中的：因缺少声音，电影观众便缺少百分之五十的精神享受。

声音进入电影能带给人们以音像兼备的信息享受还因为：声音"也是画面的一项决定性元素，它补充了画面的表现，重现了我们在现实生活中看到的人和物的环境。事实上，我们的听觉在任何时间都容纳着我们周围的全部空间，而我们的视觉每次却只能波及 60 度，甚至在我们的注意力集中时，只有 30 度"③。声音的立体环绕包围现象，它不仅仅是物理性的，更是心理性的，"一个完全无声的空间……在我们的感觉上永远不会是很具体、很真实的；我们觉得它是没有重量的、非物质的，因为我们看到的仅仅是一个视像。只有当声音存在时，我们才能把这种看得见的空间作为一个真实的空间。因为声音给它以深度范围"。④ 声音对电影的加盟，从根本上改变了电影结构的秉性。声音，不只是一个令人们好奇的因素，更重要的是它为有限的银幕带来了无限的空间与时间，带给观众以新的信息感悟与审美方式，因为声音，电影的品格得到了质的提升，观众的审美得益也就在所必然了。"正如古尔丁对有声电影的评价："眼睛不可欺。耳朵不知迷。现在，视听在错

---

① 本书作者根据《跨世纪的和声》录像整理。
② 《好莱坞大师谈艺录》，郝一匡等译，中国电影出版社 1998 年版，第 148 页。
③ ［法］马赛尔·马尔丹：《电影语言》，何振淦译，中国电影出版社 1980 年版，第 2 页。
④ ［匈］贝拉·巴拉兹：《电影美学》，何力译，中国电影出版社 1986 年版，第 216 页。

觉幻想中给合在一起，贝多芬与莎士比亚和伦勃朗的灵魂一起提供完整的戏剧。"① 通过以下两个片例，我们可以进一步领悟声音进入电影后，所带来的提升电影品格的价值。

随着时代的进步，电影生产者和消费者已经不再满足电影对本土语言的表述或是外来语言的翻译，一种与画面情节唇齿相依般的虚拟天籁语音开始受到青睐，人们不在乎虚拟语言本身的叙述内容，而是通过"听觉"去体味画声一体的虚拟快感。《阿凡达》（2010 年）中"那威人"的语言是马歇尔商学院语言学家保罗·弗洛莫创造的，这种语言是一种黏着语，即将具有一定语法意义的附加成分直接接在词根或词干后形成，"那威人语言"与波利尼西亚人语言极其相似。《阿凡达》已不是第一次引发虚拟语言热潮，约翰·罗纳德·瑞尔·托尔金的《指环王》（2004 年），《星际迷航》（2009年）中的"克林贡语"等，也曾在全世界许多国家引发过语言热。虚拟语言热的典型案例是，美国明尼苏达州的语言学家阿尔蒙德·斯比尔斯，竟然对着自己的儿子说了三年"克林贡语"，在虚拟技术大举进入电影影像生产的当今时代，虚拟语言的出现带给人们与时俱进的精神快乐。

三　声音进入电影，降低了故事传播的智力门槛

语言的力量是巨大的，"言语具有解释概念的力量和追忆过去、预测未来的能力，因而在有声片里，人们就没有必要采取无声片的各种迂回曲折的手法（包括画面的和音响的）"。② 声音进入电影后，它使人类心灵产生远非旧式的无声影片可以比拟的生动性，不用费力去揣测某些蒙太奇所产生的多义现象。因为音像的交织，人们的情感和心灵反应，每一个戏剧性细节——紧张、悸动、崇高的情操和极端的卑劣——都不再是无力的模仿了，而是包括声音在内的实实在在的再现。③ 智力门槛是指"进门"的费力程度。对于默片来说，因为没有语言的全方位指引（虽然也有字幕），观众付出的精力必然要大，"纯视觉的艺术需要有更高文化修养的观众，优秀的默片都是富有视觉诗意的。《战舰波将金号》（1925 年）、《圣女贞德》（1946

---

① 《好莱坞大师谈艺录》，郝一匡等译，中国电影出版社 1998 年版，第 150 页。
② ［匈］贝拉·巴拉兹：《电影美学》，何力译，中国电影出版社 1986 年版，第 224 页。
③ 参见《有声电影琐谈》，载《好莱坞大师谈艺录》，郝一匡等译，中国电影出版社 1998 年版，第 149 页。

年）能吸引多少观众呢？正如，诗集哪里会像小说那样畅销呢？"① 相对有声片来说，许多优秀默片的"智力门槛"显然是高过前者。

声音进入电影是全方位的，音响、对白、独白、画外解说，等等，声音元素和视觉元素各有侧重、各司其职。在众多声音元素中，"对白"是帮助观众理解情节、降低观赏难度的重要元素。尽管对于使用"对话"的"度"的把握有多种观念与流派，但它最基本的作用"与画面交织为一体讲故事"的价值判断还是一致的。聪明的制片人都知道"对话"在影片中举足轻重的地位，他们深味通过"对话"帮助观众看懂、看好影片的传授规律和市场价值。《唐山大地震》（2010 年）是一部对话率和上座率均高的故事片，元妮拼命救助被地震埋在废墟下的丈夫，突然，余震又来了，眼看着丈夫被压死，故事主人公元妮对着天空大喊"老天爷，你王八蛋！"类似个性道白贯穿全篇，极显语言魅力；而《一个都不能少》（1999 年）则是一部对话率甚少且获国际大奖的叙事故事片，两部语言观不尽相同的影片，都找到了各自的位置。

因为声音进入电影，才有一系列不可思议的深度故事叙述的产生。至此，语言加盟电影，在丰富电影的情节、降低故事的智力门槛诸方面产生了重大作用毋庸赘言。

第四节　电影、电视语言研究的缺省与错位

什么是电影语言？这是个借代性的行业用语，在《辞海》、《电影艺术词典》等工具书中都找不到这个概念。在《银色的梦——电影美学百年回眸》一书的"'电影语言'的诞生"一节里，它虽然没有为"电影语言"给出概念，却也为其勾画出所涵括的内容。该书认为："电影语言"应该具有以下三个因素："1. 任何一个电影场景可以由若干个镜头组合而成；2. 这些若干镜头可以运用不同景别摄取；3. 两个相互不同的场景是可以转换的。这一转换意义的非凡之处，在于它创造了电影艺术的时间与空间的绝对自由变换。因为有了这一转换，蒙太奇才得以萌发。"原来，所谓的"电影语言"系指镜头运用、镜头组接等蒙太奇手法而言，与"语言"的本义没有多少关联。本书所涉及的"语言"概念则是从符号学的基础上引申出来的，包括语

---

① 　周传基：《电影中的声音》，中国电影出版社 1985 年版，第 267 页。

言符号和非语言符号两部分，本节语言概念涉及的主要是"语言符号"。

一　语言研究在电影发展进程中的缺省

语言在电影发展进程中潜在的作用是重要的，从默片时代起字幕被大量运用就是很好的说明。但是，由于电影诞生在一个工业正处于发展时期的欧洲，崇尚技术的风潮为电影烙下了深刻的印记，这种风潮转化在电影中便是对画面技巧的致力追求；另一个主要的因素是，电影草创期，语言文字除了简要补充画面情节的叙述力之外，默片的即兴创作要求编、导、演合一的电影制作人在画面驾驭上有相当的功力，无形中就进一步强化了关注画面情节构成、冷落文字运用的观念。这一观念对后来的电影人影响十分深远，注重画面几乎成了一种经久不变的电影外观，今日电影理论研究借用的"电影语言"这一概念中的语言，与真正的语言并无多少关联，"电影语言"描述的是电影构成形式，而文字语言在电影形式与内容上的核心价值被漠视，这就是语言在电影中缺省的生动说明。

早期电影曾走过一段模仿戏剧（特别是话剧）的弯路。当时的电影只是生吞活剥地将戏剧搬上银幕，百分之百对白的电影，形式上酷似话剧，它非但未能汲取话剧运用对白讲故事的精华，反倒将刻板的"电影对白"的出现怪罪于话剧。话剧从实践到理论都十分注重对语言的研究，翻开任何一本话剧理论著作都会有关于"剧本"的章节，从语言到结构都有详尽论述，充分表现了话剧界对"一剧之本"重视语言文化的远见。这一语言文化现象在电影界尚难见到。

电影的语言文化研究也曾进入过符号学学者的视野。符号学或符号论（本义为对信号的科学研究）力图理解在各种视听再现形式中含义是如何获得的。它提出的问题是，我们赖以理解绘画、服从交通信号、从马戏表演中取乐或阐释电影影像和声音的过程是怎样的？正如我们所看到的，符号学本身并不是一种电影理论，但它作为一种普通电影理论而为电影学者们所接受。这一点对于电影理论研究具有深远的含义。

在20世纪60年代，符号学首先被法国学者克里斯丁·麦茨用于电影研究。电影符号学寻求解释含义是如何具体化于一部影片之中的，这一含义又是如何传达给观众的。一个符号学家会试图断定含义赖以产生的布光方式或确定布光在给定影片中所起的作用。麦茨早期的电影符号学研究主要是一种类型学，它包括对影片中镜头之间和镜头与镜头段落之间各种结合的可能性，以及对用来连接镜头和镜头段落的电影化"标点"（无技巧切换、化、划）的研究①。麦茨的研究从符号学上看有其一定的新意，遗憾的是麦茨的研究成果走的是"电影语言"的老路，其成果价值被"电影语言"的成果所淹没也就在所必然了②。

电影理论对语言文化研究的缺省现象是明显的，2000 年笔者对案头的 50 本电影著作统计（见表 1 - 3）的数字就是个很有力的说明。

表 1 - 3 　　　　　　　　　　50 本电影著作语言研究缺省现象统计

作者	书名	全书字数（万字）	涉及语言论述的字数（万字）	出版社	出版时间
克拉考尔［德］	《电影的本性》	34.5	1.95	中国电影	1982
马尔丹［法］	《电影语言》	18	0.5	中国电影	1982
阿里洪［乌拉圭］	《电影语言的语法》	25	无	中国电影	1981
梭罗门［美］	《电影的观念》	36.5	0.6	中国电影	1986
林格伦［英］	《论电影艺术》	21	0.5	中国电影	1993
波布克［美］	《电影的元素》	19	0.6	中国电影	1986
巴赞［法］	《电影是什么》	26.5	无	中国电影	1987
颜纯均［中］	《电影的解读》	21	无	中国电影	1995
合编［中］	《电影艺术讲座》	41	无	中国电影	1985
贾内梯［美］	《认识电影》	44	0.6	中国电影	1997
张健［中］	《影视艺术概论》	28	无	人民大学	1999
王心语［中］	《电影电视导演艺术概论》	25	无	科技文献	1993
王祖光［中］	《影视艺术教程》	33.3	无	高等教育	1992
石城［中］	《电影基础理论》	34.8	无	东北师大	1985
李维品［中］	《电影学概论》	15.6	无	西南师大	1987
朱静［中］	《电影摄影师的创作》	10	无	中国电影	1964
汪流［中］	《为银幕写作》	11	0.14	中国电影	1994
郑国恩［中］	《电影摄影造型基础》	30	无	中国电影	1992

---

① 参见［法］克里斯丁·麦茨《电影语言：电影符号学》（纽约，牛津大学出版社 1974 年版），特别是第五章"虚构电影的外延问题"。

② ［美］罗伯特·C. 艾伦、道格拉斯·戈里梅：《电影史：理论与实践》，李迅译，中国电影出版社 1997 年版，第 102 页。

续表

作者	书名	全书字数（万字）	涉及语言论述的字数（万字）	出版社	出版时间
郑雪来〔中〕	《电影学论稿》	36.6	无	中国电影	1986
葛德〔中〕	《电影摄影艺术概论》	37.4	无	中国电影	1995
张红军〔中〕	《电影创作过程差》	28.5	无	中国广电	1992
张红军（译）	《电影与新方法》	42.2	0.4	中国广电	1992
郝一匡（译）	《好莱坞大师谈艺术》	50	0.3	中国电影	1998
劳逊〔美〕	《电影的创作过程差》	30	无	中国电影	1985
编委会〔中〕	《电影艺术词典》	70	0.23	中国电影	1986
茂莱〔美〕	《电影化的想象》	22	无	中国电影	1989
谭霈生〔中〕	《电影美学基础》	37.5	无	江苏人民	1984
李幼蒸〔中〕	《当代西方电影美学》	23.3	1.2	中国社科	1986
皇甫可人〔中〕	《电影美学思考》	18.6	无	花城	1988
徐甡民〔中〕	《审美的银幕》	16.1	无	上海百家	1997
巴拉兹〔匈〕	《电影美学》	21	1	中国电影	1986
陈培湛〔中〕	《电影美学教程》	20	无	中山大学	1996
王志敏〔中〕	《现代电影美学基础》	30	无	中国电影	1996
朱小丰〔中〕	《现代电影美学导论》	27	无	四川社科	1987
李厚基〔中〕	《电影美学初探》	16	无	江西人民	1985
孟涛〔中〕	《电影美学百年回眸》	25.4	无	复旦大学	1998
W.舒里安〔德〕	《影视心理学》	19.2	无	四川人民	1998
多宾〔苏〕	《电影艺术诗学》	18.3	无	中国电影	1986
李冉苒〔中〕	《电影表演艺术概论》	26	无	中国电影	1995
林洪桐〔中〕	《银幕技巧与手段》	27	无	中国电影	1993
邵牧君〔中〕	《西方电影史概论》	10	无	中国电影	1996
C.艾伦〔美〕	《电影史：理论与实践》	26	无	中国电影	1997

续表

作者	书名	全书字数（万字）	涉及语言论述的字数（万字）	出版社	出版时间
山本喜久男［日］	《日美欧比较电影史》	44	无	中国电影	1991
袁华清［中］	《意大利电影》	12	无	中国电影	1996
巴尔诺［美］	《世界记录电影史》	18.2	无	中国电影	1992
邓烛非［中］	《世界电影艺术史纲》	18.8	无	中国广电	1996
王云缦［中］	《中国电影艺术史略》	10	无	国际广播	1989
王瑾［中］	《电影欣赏》	17	17	浙江大学	1988
叶永烈［中］	《电影的秘密》	11	11	上海少儿	1978
吴培民［中］	《电影百题》	8	8	湖南人民	1984

透过表 1－3 我们再作以下分析与说明：

1. 18 本外国著作中，涉及语言文字研究的有 9 本，占 18 本中的 50%；18 本著作的总字数为 495.73 万字，研究语言文字的字数为 6.45 万字，占总字数的 1.3%。从数字统计看其总体研究是缺乏深度的。但从个案看克拉考尔对电影的语言文字研究是既有宽度又有厚度的。克拉考尔的研究不仅对声音进入电影有其高度的评价，而且对"说白的方式"以及"以语言为主体将导致成问题的配音方法"、"画面的优势有利于电影化的配音方法"提出了独到的见解，为语言真正进入电影的可行性做出了充分的论证。遗憾的是人们在援引克拉考尔的成果时都是偏取他关于画面的研究成果，很少涉及他在语言上的建树。

2. 32 本国内著作中，涉及语言文字研究的有 6 本，占 30 本中的 19%；32 本著作的总字数为 714.13 万字，研究语言文字的字数为 2.97 万字，占总字数的 0.042%，这是一个十分苍白可怜的数据。这组统计数字中有美学理论学者李幼蒸约 1.2 万字，还有三本科普读物 1.4 万字，如果除去这 2.6 万字，真正的电影理论著作中涉及语言文字研究的字数只有 3700 字。以这样的数字分析判断我国电影界对语言文字研究的缺省应该是不会有何异议的。

3. 在 32 本国内电影著作中，有近 10 本是专业院校的教材，它们都未涉及语言文字的研究，在这种观念性缺省理论环境下培养出来的学生还可能关注语言文字在电影中的地位吗？值得一提的是 3 本电影科普读物都对电影中的语言文字有所论及。专业教材和科普读物所形成的反差值得深思。

4.50 本著作中有 10 本电影美学专著。作为电影美学从语言符号切入研究电影的"语言"（语言的与非语言的语言）是它的根本任务之一。而 10 本美学著作涉及语言文字研究的只有 2 本，这两位作者就是人们熟知的匈牙利电影理论学者贝拉·巴拉兹和我国美学学者李幼蒸。他们的研究颇具力度。巴拉兹对"镜头与言语"、"言语是可以听见的手势"、"言语作为一种非理性的声音效果"阐述了诸多高见，既有指导性又有实践性；李幼蒸则从符号学的理论层面切入，以史的角度梳理有关结构主义和符号学电影理论的基本概念和主张，系统介绍了电影本文研究的理论走向，给人们以清晰的语言符号的理性引导。

5. 本书第一版（2000 年）出版后，涉及影视语言学的成果面世渐多，《当代电视新闻语言学》保留 2000 年以前的影视语言著述状态，旨在凝固一段学术历史的现实。

二 语言研究在电视里的错位

在上一节里，我们了解到录音技术使电影脱胎换骨获得了新生，声音进入电影后重新塑造了电影的美学品格，进入电影的声音本是包括对白、旁白、音响等多个元素。可是，在众多电影研究者的眼中（笔下）却只有"音响"，他们分析音响在影片中的某一作用时，可以妙笔生花，洋洋洒洒数千言，而对声音中的语言却是"充耳不闻"或是语焉难详，造成这种重具象轻抽象的声音缺省（语言）现象，与一味地"崇拜画面"不无关系。

如果说电影中的语言缺省现象可以宽容的话，是因为在电影故事片中语言（对白、旁白）只占其叙事成分的百分之三十五左右，另有百分之六十五左右的成分是通过假定的（导演、摆布）画面承担着叙事的任务。

电视呢？虽然它在对光影构图等基本要素的依靠上类似电影，但有着明确的类别问题。作为大众传媒的主要工具，它除了摄制类似电影故事片的电视剧等假定性的娱乐节目之外，还承担摄制新闻片等纪实性节目的任务。由于"电影语言"观念的影响，便引发了电视节目中假定性语言和纪实性语言交叉混淆的现象，电视语言的错位就不可避免地发生了。"电影语言"观念影响还缘于电视从业人员的构成和摄制工具的运用。中国最早一批电视摄影记者都是从新影厂、八一厂抽调来的纪录影片摄影师。后来，电视台选送业务骨干到北京电影学院进修摄影、导演专业，同时也接纳电影学院的本科毕业生。这些人的电影观念往往压倒电视观念，艺术素质常常超过新闻素质。许多人后来改行去搞艺术性的电视纪录片，成了优秀的编导，称他们是"摄影师"似乎比"电视记者"更合适。电视片的拍摄便是以"摄影师"为中心。这些摄影师一度每月要完成"两长八短"（电视片）的高定额，还要转播政治性集会及文艺演出的实况，甚至拍摄早期的直播电视剧，他们哪里有工夫去分清新闻记者与摄影师、新闻工作与一般宣传工作的区别。而以新闻纪录影片的观念看来，的确差别也不大。

虽然电视片用的是 16 毫米胶片，与使用 35 毫米胶片的电影不同，但创作手法却如出一辙。电视片在业务上是向电影片靠拢的。中国的电视新闻片继承电影端庄、严谨、规范、干净的优点，也传染上了纪录影片面面俱到，千篇一律的公式化弊病。为了追求艺术效果，补拍、摆布甚至导演都是经常采用的手法。①

电视从业人员语言运用的错位，使得电视理论人员也观点各异、争纷不休。其中最关键的是对假定性电视语言和纪实性电视语言理解的分歧，这必然地造成了电视语言的错位，不分青红皂白地套用传统的电影语言。以电视新闻研究为例，从 1990 年至 2010 年 20 年间，全国关于电视新闻的专著不下百本，但从语言学、符号学角度切入研究语言的并不多，截至 2000 年只有三本：一本是 1990 年华东师范大学出版的《电视新闻学》（黄匡宇著）、一本是 1996 年四川人民出版社出版的《现代广播电视新闻学》（张骏德著），其电视新闻语言章节的内容援引自黄匡宇的《电视新闻学》；2001 年复旦大学出版社出版张骏德的《当代广播电视新闻学》和 2001 年新华出版社出版李元授的《新闻语言学》，关于电视新闻语言章节的内容也是援引自黄匡宇《电视新闻学》。

再以人们耳熟能详的一个概念"解说词"为例，电视新闻中完完整整的文字播音（或同期声结合）稿，还有几千字的专题片的文字稿，电视台上上下下就是称之为"解说词"。"解说"的操作样式起源于卢埃米尔（1895 年）和卓别林（1902 年）的默片，有声电影仿效默片的解说作为旁白。有声电影的仿效没错，而电视新闻这样生搬硬套就错位了。

电视台照搬电影的原始概念将"文字稿"称之为"解说词"仅仅是概

---

① 郭镇之：《中国电视史》，中国人民大学出版社 1991 年版，第 13 页。

念歧义问题，在实际操作中他们使用的还是完整的文字稿。不可忽视的是，在个别大学教材中还有不顾电视新闻传播的实际情况对电视新闻的"声音"作这样脱离电视新闻传播实际的"阐述"[①]：

作为表达思想内容的手段，从电视机喇叭中传送出来的音频信号，统称电视声音。

电视声音主要由解说、同期声（含现场音响）、音乐与音响效果三大部分组成。它们都是电视新闻的表现要素，与电视图像共同承担传播新闻事实的功能。

声音在电视新闻中的主要作用是：延伸画面，补充画面在表意上的不足，并充分挖掘和拓展画面内涵，既扩大新闻信息量，又提炼升华主题，以完整、准确、深刻地传达新闻事实，此外，声音还具有结构功能，能顺畅地联结转换画面，具有起承转合的作用。

一、解说

电视新闻中的解说，是一种附加于视像之外的声音成分。它是经新闻记者通过对客观事件进行主观描绘、处理和提炼加工后，形成文字稿，并由播音员播报出来的有关新闻内容的有声元素，是构成电视新闻的主体要素之一。

解说，是记者理性思维的直接外化，它在电视新闻中主要起补充作用和升华作用。

（一）补充作用

交代、补充画面无法说明的内容。一般而言，形象画面长于动作性，疏于情绪性；长于外在，疏于逻辑。因此，在电视新闻中，画面更多地是为了表现现场实况，展示事件发展的原始面貌，它难以表现内在的东西，抽象的。这样，一旦出现新闻画面难以圆满回答内容时，解说就要作补充说明。比如，解答新闻要素、交代新闻背景、解释画面深层含义等，以完善画面形象的传播功能。

（二）升化作用

画面无法表述的内涵，可由解说揭示出深刻含义，深化新闻主题思想，拓展画面的意义。

二、同期声

所谓同期声，通常是指拍摄电视画面时，同时记录的与画面有关的人物

---

① 参见朱菁《电视新闻学》，杭州大学出版社1999年版，第46—50页。

或环境的声音。它包括记者和采访对象的谈话、人物的讲话和现场的各种实况音响。

同期声的运用，使电视摆脱新闻电影的模式，走上自己的路子，从而使电视新闻产生质的飞跃。因此说，同期声在电视新闻中有着重要的地位，发挥着重要的作用。

（一）运用同期声，能增强电视新闻的真实性和可信性；

（二）运用同期声，能增强电视新闻的现场感和感染力；

（三）运用同期声，能增强观众的参与感；

（四）运用同期声，能弥补画面形象的不足

三、音乐与音响效果

……

根据以上关于"声音"的"阐述"内容我们怎么去制作一条新闻因素齐全的新闻？"解说"的作用是"补充"和"升华"，同期声的作用也仅是"增强"和"弥补"，完整的新闻内容由谁来叙述呢？该书的作者就是不认同文字稿和同期声的完整叙述功能，这种失之偏颇的"阐述"思路，可谓是电视语言中语言符号缺省的典型现象。

第二章

关于对符号学引入电视新闻的研究

上一章言及电影中的语言缺省现象延续至今无甚改观，在理论研究上亦无系统建树，导演临场拍着脑袋加减情节的无语言导戏现象仍然无处不在，电视新闻类节目显然无法像电影那样随意操作，它需要通过语言系统规范它的传播内容与形式，引入符号学对电视新闻的研究也就无可回避了。

第一节 对现代符号学理论流派的述评

电视新闻拥有人们所熟悉的全部传播符号。运用符号学原理深入研究电视新闻语言的构成，在学界、业界已经成为共识。为厘清理论脉络，笔者针对当代电视新闻语言构成影响最为深刻的现代符号学理论流派，简作述评，以期为电视新闻语言的系统构建梳理出更明晰的理论依据；亦为学者、业者深入研究电视新闻语言的结构提供相关的理论参照。

一 现代符号学理论学派渊源

1. 索绪尔①和结构主义语言学

索绪尔所提出的符号学概念（Semiology）同皮尔士的概念（Semiotics）

---

① 瑞士语言学家费尔迪南·德·索绪尔（Ferdinand de Saussure，1857—1913）被誉为"现代语言学之父"，他在语言理论方面的创见深刻影响了现代语言学的发展历程。《普通语言学教程》是索绪尔的学生沙·巴利和阿·薛施蔼根据课堂上的笔记和索绪尔的部分手稿编辑整理而成。该书超越传统语言学的一个重要方面，即提出了全新的语言理论及具有结构主义倾向的一系列原则和方法，为语言的研究和语言学的发展奠定了科学的基础，其中关于能指与所指的区分为后来结构主义揭示意义产生的过程（即意指实践）奠定了重要的基础。此书开启了语言整体结构研究的新阶段，其后涌现的各种语言学流派都直接或间接地在不同程度上受到《普通语言学教程》的影响。

异名同实，在时间上索氏比皮氏早大约 3 年（1894 年）。法国结构主义者因此视索绪尔为符号学之父。在索绪尔之前，符号这一概念本身并无从语言学层面出发的定义，因此，符号便有时用来表明心理范畴（观念），有时用来作为事物和现象的代替物，有时甚至和语言形式等同起来。这个问题直到 20 世纪最著名、影响最深远的索绪尔的《普通语言学教程》一书问世以后，才开始得到逐步解决。

索绪尔是作为语言学家而不是作为哲学家给符号学以影响的。他期望建立一种符号学，以便使语言在其中得到科学的描述。索绪尔说："语言是一种表达思想的符号系统，因此它可以与书写系统相比，与聋哑人的字母表相比，与象征性仪式相比，与礼节形式相比，与军事信号相比，等等。在这一切系统中，只不过语言是最重要的。因此，研究社会上的符号之生命的一种科学是可以想象的……我称它为符号学。这门科学将告诉我们符号如何构成，其中有什么规律。因为它现在还没有问世，我们无法说出它将是什么样子。但是，这门科学完全有权利存在，它的地位已事先得到保证。语言学只是这门科学的一部分。符号学中所发现的规律一定适用于语言学，这样语言学将属于人类社会现象中界说分明的领域。"①

在这里，索绪尔把语言学归入"研究社会生活中符号生命的科学"，即符号学。他强调："语言学家的任务是要确定究竟是什么使得语言在全部符号事实中成为一个特殊的系统。"② 通过研究语言符号，可以揭示出人类其他符号系统（例如打手势、指示实物、比画实物或进行其他动作等）与语言符号共有的规律。总之，"区分符号系统和其他制度的特点只有在语言中表现得最清楚，可是呈现这种特点的东西人们研究得最少。对符号科学的必要性和确切意义还没有清楚的认识。但我认为，语言问题主要是符号学问题，一切语言学的进步之所以有价值都是由于这个重要事实。如果要想发现语言的本质，就必须知道语言与其他符号系统有什么共同特点。乍看起来似乎十分重要的语言力量（如发音器官的作用），当它只用来区分语言与其他系统时，就只居次要地位了。这一个过程不仅能澄清语言问题，而且会有更大意义。我相信，把仪式、习惯等当作符号来研究可以得到新的启示，还会表明，必

---

① 转引自刘润清《西方语言学流派》，外语教学与研究出版社 1995 年版，第 101 页。
② ［瑞士］费尔迪南·德·索绪尔：《普通语言学教程》，高名凯译，商务印书馆 1980 年版，第 38 页。

须把它们包括在符号科学之中，并用符号学的规律加以解释"。①

他还说，只要人类活动是传递意义的，只要这些活动起着符号的作用，那就一定存在着一套惯例体系，否则就会失去交际意义。这就是符号学的全部基础。"哪里有符号，哪里就有系统。这也是一切指示信号的共同特征。把一切类似活动都看成符号学的一部分，把非语言指示信号看作'语言'，就可以挖掘迄今被忽略的一切关系。"②

《普通语言教程》于1916年出版之后，并没有引起语言学界的很大注意，到了20世纪五六十年代，当代语言学家才重新发现索绪尔。现在，社会科学界普遍认为，索绪尔是这个时期最伟大的语言学家。公认他是结构主义的创始人。他的学说标志着现代语言学的开端，它在不同程度上影响了20世纪各个符号学流派。本书深入对电视新闻语言系统分类阐述的自信心主要来自索绪尔对符号学的论述，及后人应用这理论于学术研究的成功范例。从表2-1的栏目互相关联的要素中，我们不难领悟"二分法"的实践价值。

表2-1　　　　　　　　索绪尔的"二分法"和电视新闻镜头

镜头景别（能指）	播音或同期声（能指）	信息意义（所指）
人物特写	哭、笑或播音	兴奋、关切、同情
人群中近景	交谈	人际关系
远、全景	有或无	人与环境、社会的关系

从表2-1可看到，有些外部要素并不只和言语运用有关，比如在语言系统中，就有不少民族文化的积淀。又比如，强调"二元对立"的绝对化，造成了不承认中间状态的存在。一切要求泾渭分明，结果难免曲解事实，或削足适履。关于这两点，笔者将在文后加以阐述。

2. 皮尔士的符号学分类法简说

皮尔士并没有系统阐述自己符号学观点的完整著作，他的贡献主要在于符号概念的研究和对符号种类的描述。皮尔士认为，无论任何事物，只要它独立存在，并且和另一种事物有联系，同时可以被"解释"，那么它的功能

---

① 索绪尔语，转引自刘润清《西方语言学流派》，外语教学与研究出版社1995年版，第102页。

② 同上书，第101—102页。

就是符号，皮尔士强调了符号的"三合一"关系：图像、标志和象征。图像是由其客体本质决定的符号。尽管符号可以是图像，但是完美的图像并不存在。图像符号和它的客体之间总是存在着一定的差距；标志是与其客体有着某种事实或者因果关系的符号；象征则是代表超过自身含义的、由同一个社会圈里的人默认的符号或者行为。

皮尔士根据作为符号学结构基础的能指和所指之间表现出的各种各样的关系，提出了复杂的符号分类法。从"符号是逻辑本身的基础，而逻辑独立于推理和事实而存在，它的基本原则不是公理而是'定义和划分'"这一点出发，皮尔士把符号或表现体看成是"某种对某人来说在某一方面或以某种能力代表某一事物的东西"，它是"确定另一事物（它的解释者）去特指一个它所指的对象（它的对象）的任何事物"。因此，符号代表某一事物（对象）；它对某人（它的解释者）来说代表某一事物；最后，它在某一方面（这方面称为它的场所）对某人来说代表某一事物。

应该说，皮尔士为现代符号学理论基础的奠定作出了独特的贡献。他的学说对我们在正确界定各类电视符号对新闻传播的作用的过程中有指导意义。

3. 卡西尔符号形式的哲学及其学生苏珊·朗格的符号论美学

卡西尔在其《人论》的哲学著作中，一反亚里士多德关于人的定义而主张："我们应当把人定义为符号的动物来取代把人定义为理性的动物。只有这样，我们才能指明人的独特之处，也才能理解对人开放的新路——通向文化之路。"① 在卡西尔那里，符号超越了理性的地位成了哲学首先关注的对象，人首先应该是符号的动物而不是理性的动物，这是因为人类知识的普遍性根源并不全是理性。至少在神话领域、在艺术领域、在人文科学领域、在丰富多彩的人类行为领域，理性无能为力。理性逻各斯在人类的这些非理性领域面前往往束手无策。按照卡西尔的说法，这些领域的研究，"在哲学中仿佛一直处于无家可归的状态"。

卡西尔借助于语词和人类古老神话与宗教的原初联系来说明语词逻各斯的本原性：

　　　　语言意识和神话——宗教意识之间的原初联系主要在下面这个事实

---

① ［德］恩斯特·卡西尔：《人论》，甘阳译，上海译文出版社 1985 年版，第 33 页。

中得到体现：所有的言语结构同时也作为赋有神话力量的神话实体而出现；语词（逻各斯）实际上成为一种首要的力，全部"存在"（BEING）与"作为"（DOING）皆源于此。在所有神话的宇宙起源说中，无论追根溯源到多远多深，都无一例外地可以发现语词（逻各斯）至高无上的地位。普罗斯在尤多多印第安人那里收集到的文献中，有一篇他认为与《约翰福音》的起首一段颇为相似，他的译文也确实与之完全吻合："天之初，语词给予天父以其初。"①

卡西尔对于我们的普遍启示主要在于这样两点："1. 语言的功用不仅仅是交际工具，不仅仅是给一个预先存在的现实加以命名，而是给它以明晰的声音，使之概念化。这是人异于动物所独有的符号化功能。2. 语言绝不能等同于符号，它只是符号系统中的一个子系统，只有从包括神话、宗教、艺术、历史等在内的符号系统出发，才能真正洞悉语言的由来及奥秘。"② 对于电视新闻的传播来说，卡西尔的"只有把一般符号和特殊符号结合起来，才能表达一个公式"的论断，为电视新闻语言结构的研究，提供了厚实、可行的理论依据，这也是我们借鉴前人的现实意义所在。

苏珊·朗格的符号论美学，在 20 世纪中叶影响非凡。美国评论家理查德·科斯特拉尼茨说过："战后十年，在美国几乎没有一种艺术哲学比苏珊·朗格所阐述的理论占据更大的优势。"③ 这一影响是如此持久，直到 20 世纪六七十年代，朗格著作的某些结论和研究方法还为人所津津乐道。在符号理论上，朗格可谓继承卡西尔的衣钵，她本人的贡献主要体现在对不同的符号方式加以确定，从而给符号创造活动和理解活动打下了更为清晰的印记。朗格的艺术理论是其整个符号理论的重要组成，"一方面，她以符号行为这样一个人类特有的基本活动为支点，详细地解析了艺术活动的各个方面，另一方面，又试图通过对艺术现象，这种无比绚丽多彩、无比神奇美妙的人类活动的展示，进一步揭开人类心灵的奥秘"。④ 她说："一个符号总是以简化的形式来表现的意义，这正是我们可以把握它的原因。不论一件艺术

---

① ［德］恩斯特·卡西尔：《语言和神话》，于晓等译，三联书店 1988 年版，第 70 页。

② 俞建章、叶舒宪：《符号：语言和艺术》，上海人民出版社 1988 年版，第 22 页。

③ 参见理查德·科斯特拉尼茨《美国当代美学》，1979 年纽约版。

④ 参见［美］苏珊·朗格《情感与形式》中文版"译者前言"，刘大基等译，中国社会科学出版社 1986 年版，第 4 页。

品（甚至全部的艺术活动）是何等的复杂、深奥和丰富，它都远比真实的生活简单，因此，艺术理论无疑是建立一个有效于生动的现实的心灵概念这样一个更伟大事业的序言。"①

朗格指出，符号活动所得到最惊人的成果就是语言。它是一种具有典型意义的符号体系列化，一种在各个方面都符合符号本质规定的"纯粹符号"。因此，人们运用语言不仅能够表达感觉世界中的一切现实存在，表达某些隐蔽起来的事实，甚至可以表达那些无法感觉的无形观念。正是凭借语言，人类才能进行思维、记忆，才能描绘事物，再现事物间的关系，揭示各类事物间相互作用的规律。然而，语言绝非人类唯一的表达工具，既然语言能指能完成情感的表达，人类的符号能力，就必然创造出服务于情感表现的另一种符号，艺术应运而生。它必然是一种非推论的形式，遵循着一套完全不同于语言的逻辑。"语言能使我们认识到周围事物之间的关系以及周围事物同我们自身的关系，而艺术则使我们认识到主观现实、情感和情绪……使我们能够真实地把握到生命运动和情感的产生、起伏和消失的全过程。"②

苏珊·朗格的论述有助于我们理解电视新闻传播中抽象语言和具象语言的结构关系。

4. 莫里斯的现代逻辑学语言基础

莫里斯的《符号理论基础》、《符号、语言和行为》以及《意谓和意义》等著作为符号学理论的体系化做出了重要的贡献。他曾在《意谓和意义》一书中做过如下表白："多年来的工作是受这样一种信念的推动，即深信关于人性的一种新的重要看法正在出现，并深信这种看法随着对符号和价值在人类生活中起作用的方式有了更好的理解而将得到大大的澄清。"③

莫里斯区分了纯粹的符号学和描述的符号学，他认为，一般而言，符号学中讨论数学和逻辑学部分可以看作纯粹符号学的范围，而讨论这两个领域之外的部分则大体属于描述符号学的范围。他的论述给予我们的启示主要有：首先，符号学是所有语言学研究的基础。符号学为语言学提供元语言，语言学家可以在符号学术语的基础上定义出语言学的术语。这就使人们能够

---

① 《心灵：论人类情感》第 1 卷，载［美］苏珊·朗格《情感与形式》，刘大基等译，中国社会科学出版社 1986 年版，第 244 页。

② ［美］苏珊·朗格：《艺术问题》，滕守尧译，中国社会科学出版社 1983 年版，第 66 页。

③ 参见［美］查尔斯·莫里斯《意谓和意义》（*Signification and Significance*）序言，麻省理工学院出版社 1964 年版。

用一种统一的术语来描述世界上所有的语言，从而使一种科学的比较语言学的建立成为可能；其次，符号学在促成科学统一的两个方面都产生作用，既提供一种丰富的语言来讨论人类科学中的每一个领域，又提供一种工具来分析那些表达各种科学的语言之间的关系。符号学是一门几乎沟通人类所有科学的科学，"因为，我们的讨论已经把哲学家、逻辑学家、语言学家、美学家、社会学家、人类学家、心理学家和精神病学家的孤立地研究的那些材料统一起来了，从而我们的讨论表明，至少在原则上表明，在关于行为的普遍理论的共同术语下这些材料是怎样组织起来的"。①

对于电视新闻的语言研究来说，莫里斯的研究更大的意义还在于他对符号学的"三分法"，瑞士逻辑学家鲍亨斯基曾这样描述莫里斯的基于逻辑学的符号学理论：

"符号学的主要观点——它也是符号学分门别类的基础——可以简述如下：当一个人向另一个人说些什么的时候，他所用的每个词都涉及三个不同的对象：

"首先，这个词属于某个语言，这表明它同该语言中其他词处于某种关系之中。例如，它可以处于句中的两个词之间，或处于句首，等等。这些关系叫做句法关系，它们把词与词连接起来。

"其次，这个人所说的话具有某个意义：他的那些词都有所意谓，它们要向别人传递某些内容。这样，除了句法关系之外，我们还得研究另一种关系，即那个词同它所要意味的东西之间的关系。这种关系叫做语义关系。

"最后，这个词是由一个特定的人和另一个特定的人说的，因此，存在着第三种关系，即该词与使用它的人之间的关系。这些关系叫做语用关系。"②

考察莫里斯的符号学可以发现，莫里斯在 20 世纪 30 年代的著作《符号理论的基础》，是基于著名的分析哲学家卡尔纳普的论述。他对符号学的划分几乎等同于卡尔纳普在其《语义学引论》中对符号学的描述。这就使我们看到"具有分析哲学背景的逻辑学家，大都把符号学看作统一逻辑学三大领域：语形学、语义学和语用学的一种元语言理论。符号学不过是对于人工语言，至多还包括自然语言，进行语形、语义和语用分析的综合性框架而

---

① ［美］查尔斯·莫里斯：《符号、语言和行为》，罗兰等译，上海人民出版社 1989 年版，第 269 页。

② ［德］鲍亨斯基：《当代思维方法》，童世骏等译，上海人民出版社 1987 年版，第 35 页。

已"①。这就是说，我们可以利用符号学方法精确化的对作为人类传播信息之特殊语言的电视新闻语言进行语形、语义、语用分析，这种方法即使最初难免幼稚，但肯定不失为一种有益的探索。

一般认为，符号学的发展脉络有两条主线：一条是欧洲的人文传统，另一条是英美的分析传统。这两大传统的符号学演变到今天，虽然符号学的一般理论还未定型，但是，它们分别构成了对符号研究的不同范式。"英美传统的符号学研究被看作逻辑学范式；欧洲大陆传统的哲学，在符号学中最有影响力的范式则是现象学范式，它从现象学的角度来考察符号的意义空间，形成当代符号学的新分支，即所谓话语符号学。"② 因此，尽管符号学的一般理论并未成型，却并不妨碍我们对于符号对象的探索和思考。恰恰相反，这种未成型的学科为我们的电视新闻语言研究创造提供了广阔的想象空间。

二　现代符号学理论与电视新闻语言研究的关联

从符号学的视角观照电视，不难看到电视新闻和符号学原理有着最密切的关联。无论是索绪尔的"能指"、"所指"符号两分法，还是皮尔士的"图像"、"标志"、"象征"三合一关系论，抑或是卡西尔和莫里斯的语言符号哲学观，在电视新闻的语言符号领域都可以找到它的理论起点和实践归宿。毋庸置疑，电视新闻的语言符号最为丰富，它可以使所指（概念）和能指（声画）的结构关系得到较和谐的统一，从而显现出符号"三合一"（语义）的深刻性及其语形、语用的逻辑性。表 2-2 简明扼要地列述了现代符号学的主要理论流派与电视新闻语言研究的关系。

表 2-2　　　　　　　现代符号学理论流派与电视新闻语言研究

学人与学派	主要理论建树	可供电视新闻语言研究之借鉴
索绪尔：欧美结构主义语言学	提出符号学概念，定义符号、能指与所指，开欧美结构主义之先河。	对电视新闻符号系统进行分析研究。
皮尔士：符号学开创者	给符号概念以确切定义并对符号实行3大类别和66个种属的明晰划分，其作品使符号学获得了独立的学科地位。	精确细分各类电视新闻符号。

① 周祯祥：《现代符号学理论源流浅探》，《现代哲学》1999 年第 3 期。

② 同上。

学人与学派	主要理论建树	可供电视新闻语言研究之借鉴
卡西尔、苏珊·朗格等：符号形式的哲学	卡西尔：解决哲学层次上的符号概念内容问题； 苏珊·朗格：建立符号主义美学。	强化对电视新闻具象语言的表现因素研究。
莫里斯等：逻辑学家的符号学	加速20世纪西方哲学的语言论转向。	对电视新闻语言进一步实现"三分"，即进行语形、语义和语用研究。

第二节 索绪尔语言符号理论对电视新闻语言的结构性牵引

　　基于上一节对现代符号学理论流派的述评，我们看到了索绪尔及其弟子的语言研究成果有助于电视新闻语言系统创建的可能，"大约从二十世纪二十年代起，符号学方法已被用于文学研究，但直到六十年代它才被用于电影研究……巴尔特的学生麦茨成为电影符号学的第一位创始人"。[①] 鉴于电影、电视语言结构的相似性，又考察到麦茨研究电影语言的依据正源自索绪尔的符号结构模型，且学路广阔，本书的讨论从学理源头——索绪尔的能指、所指视域进入便也门正路宽。诚如罗兰·巴尔特在《符号学原理》中所指出的："在索绪尔找到能指和所指这两个词之前，符号这一概念一直含混，因为它总是趋于与单一能指相混淆，而这正是索绪尔所极力避免的。经过对词素与义素、形式与理念、形象与概念等词的一番考虑和犹豫之后，索绪尔选定了能指和所指，二者结合便构成了符号。"[②] 电视新闻的符号系由声音与画面两大部分构成，与索绪尔选定的能指和所指结构原理有其天然的契合性，将其作为本书讨论的基础依据也就顺理成章了。

一　符号的复合结构及能指、所指的本质内涵

　　在索绪尔的结构主义语言学思想中，语言学和符号学彼此渗透，他认为："语言的问题主要是符号学的问题，我们的全部论证都从这一重要的事实获得意义。要发现语言的真正本质，首先必须知道它跟其他一切同类的符

[①] 李幼蒸选编：《结构主义和符号学》，三联书店1987年版，第1页。
[②] ［法］罗兰·巴尔特：《符号学原理》，王东亮等译，三联书店1999年版，第28—29页。

号系统有什么共同点。"① 而其中一个非常重要的共同点就是索绪尔指出任何语言符号②都由"能指"（signifiant）、"所指"（signifie）构成（能指、所指的英文译名分别为 signifier 和 signified），语言符号的能指是一个由声音引发联想的形象（或曰声音意象），而所指是指语言所反映的事物的概念（或曰观念/意义）。语言发出的声音代表一个事物的概念，听者在听到这个声音概念后在心里留下一个印迹，引起反应并联想到记忆中的某一个事物。索绪尔将符号概念化，认为符号由能指与所指这两个明显的部分构成，虽然仅从理论上说，这两个部分是可以区分的，但在实际的交际过程中，能指与所指的表意是不可分割的符号结构整体。下文引述是索氏对能指、所指、符号三个概念的阐释：

> 语言符号连结的不是事物和名称，而是概念和音响形象。后者不是物质的声音，纯粹物理的东西，而是这声音的心理印迹，我们的感觉给我们证明的声音表象。它是属于感觉的，我们有时候把它叫做"物质的"，那只是在这个意义上说的，而且是跟联想的另一个要素，一般更抽象的概念相对立而言的。
>
> ……
>
> 因此语言符号是一种两面的心理实体，我们可以用图表示如下：

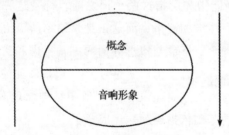

> 这两个要素是紧密相连而且彼此呼应的。很明显，我们无论是要找出拉丁语 arbor 这个词的意义，还是拉丁语用来表示"树"这个概念的词，都会觉得只有那语言所认定的联接才是符合实际的，并把我们所能想象的其它任何联接都抛在一边。

---

① ［瑞士］费尔迪南·德·索绪尔：《普通语言学教程》，高名凯译，商务印书馆 2007 年版，第 39 页。

② 本文所提到的符号、记号、符码、代码等概念均指涉"符号"一词。

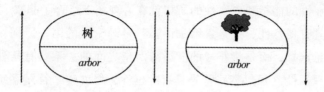

　　这个定义提出了一个有关术语的重要问题。我们把概念和音响形象的结合叫做符号，但是在日常使用上，这个术语一般只指音响形象，例如指词（arbor 等）。人们容易忘记，arbor 之所以被称为符号，只是因为它带有"树"的概念，结果让感觉部分的观念包含了整体的观念。

　　如果我们用一些彼此呼应同时又互相对立的名称来表示这三个概念，那么歧义就可以消除。我们建议保留用符号这个词表示整体，用所指和能指分别代替概念和音响形象。后两个术语的好处是既能表明它们彼此间的对立，又能表明它们和它们所从属的整体间的对立。①

　　对索绪尔的表述可以通俗理解为：语言符号的能指是具有"心理印迹"的"音响形象（image acoustique）"，是作为物而显现的符号形式，即心理图景的符号外化；所指即作为事物而显现的符号背后的意义，所指不是"一个事物"，而是这个事物被符号化的心理概念。索氏以"树"为例阐释三者的复合关系：树的能指是某一音响形象，例如从口语发音来看，汉语是"shu"，拉丁语是"arbor"，英语是"tree"，它的所指是木本植物总称的内涵与外延，即概念，人们根据"树"这一概念而区别于草本植物和蔬菜等植物形象。"概念和音响形象的结合叫做符号"，符号是以能指与所指的两面性作为表里一体的一个心理意义与心理图景而存在的。"语言的实体是只有把能指和所指联结起来才能存在的，如果只保持这些要素中的一个，这一实体就将化为乌有。"②

　　索绪尔认为符号是一种双面的心理实体（two-sided psychological entity）。"能指与所指各属不同的存在域，前者为知觉音像，后者为意念心像，尽管声音知觉和内心观念都属于心理范围，前者却被认为是直接和物理世界相关

---

　　① ［瑞士］费尔迪南·德·索绪尔：《普通语言学教程》，高名凯译，商务印书馆 2007 年版，第 101—102 页。

　　② 同上书，第 146 页。

的。于是外在性的能指和内在性的所指就在心理场上结合了起来。"① 能指与所指的结合具有任意性，这是索绪尔语言符号理论中的第一原则，这种任意性并不是任意选择，而是指符号的能指与所指之间的关系具有某种社会契约性而不具有理据性（虽然某些符号具有理据性，但就整个符号系统而言，仍然是任意性的），能指、所指只有按照社会约定（即一定的社会文化习惯）结合起来并代表一定的意义才能成为一个符号，这也说明了索绪尔语言符号学所强调的符号的系统性和社会性。比如玫瑰花，社会意义视之为爱情的表白，可是玫瑰花作为植物本身是没有社会含义的，只有在相爱的男女需要通过玫瑰花来表达爱意的境况下它才具有符号的意义，这里的能指是玫瑰，所指是爱情的意念，二者结合才能构成表示爱情的社会符号。又如不同颜色的玫瑰也会有不一样的花语象征意义，如红玫瑰代表热情真爱、黄玫瑰代表珍重祝福、白玫瑰代表纯洁的爱情，不同朵数的玫瑰亦有各种寓意。这些含义都是人为赋予的，是在一定的社会习俗下产生并被大众所广泛理解、接受和沿用的。

关于语言符号的任意性，美国学者萨姆瓦等人在《跨文化传通》一书中有相关阐述："从最基本的意义上说，语言是一种有组织结构的、约定俗成的习得符号系统，用以表达一定地域社群和文化社群的经验。各种文化都给词语符号打上了自己本身的和独特的印记。事物、经验和感情之所以都有着某种特定的说法和名称，只是因为一定的群体任意地予以命名。这样，由于语言是一种代表客观实在的非精确的符号系统，因而词语的含义受各种各样不同解释的影响和制约。实际上，常有人指出，语词的意义在于人而不在于词语本身。"② 在传播符号中，一个能指可以有多个所指的内容，一个所指也可以有多个能指的实体与之对应，因此能指和所指的结合并未穷尽全部语义行为，符号的意义完全受制于环境的制约。索氏提出的能指与所指概念也"可以应用于视觉文化、视觉符号"③，能指可以被看作"任何已被赋予一种意义的有形自然物"，或被视为"是意义的物质形式或物质载体"④，"从这

---

① 李幼蒸：《理论符号学导论》，社会科学文献出版社 1999 年版，第 129 页。

② ［美］拉里·A. 萨姆瓦、理查德德·E. 波特、雷米·C. 简恩：《跨文化传通》，陈南等译，三联书店 1988 年版，第 63 页。

③ ［英］马尔科姆·巴纳德：《理解视觉文化的方法》，常宁生译，商务印书馆 2005 年版，第 203 页。

④ 同上。

个方面来考虑，能指就是符号的形象，正像我们能够在视觉上感受到它那样：它能够通过姿态、素描、彩绘、摄影、电脑生成等方式表现出来"。① 与抽象的语言符号不同，能指性的影像符号写真于物质世界的现实，"它无需任何想象上的努力就可以从符号向现实的图景飞跃"②，这种能指性的"图景飞跃"还将与之相生的所指意义视像化、浅表化，从而实现影像传播的能指、所指低智力门槛（或曰施拉姆所言的低费力程度）复合阅读的诉求。

二　罗兰·巴尔特③对索绪尔能指、所指的认识与完善

索绪尔对能指、所指概念的划分对 20 世纪的西方思想家产生了重大影响：阿尔都塞借鉴索绪尔的语言符号任意观，指认社会的构成性，阐释意识形态，认为意识形态就是"符号所指"，即一整套再现系统；列维－斯特劳斯认为，社会生活中各种要素形式与内容的关系都如同语言符号中的符号的所指与能指的关系，而每一个要素都有区别于其他要素的特征。而罗兰·巴尔特是最终对索绪尔的设想做出回应的人，在《符号学原理》一书中，他为符号学这一学科勾勒出一个轮廓：符号学的对象是任何符号系统，无须考虑它的实质或是边界（不管它是东西还是事物）——形象、举止、有旋律的声音、物体，以及这些东西的组合，比如仪式、礼仪或景观等，虽然不一定构成"语言"，但至少构成意义系统。巴尔特总结了这些事物的基本要素，这些要素适用于语言学和以语言学为基础的相关学科：语言和言语、所指和能指、系统和组合段、直接意指和含蓄意指④。其中，已经证明能指与所指、直接意指与含蓄意指这两对概

---

① ［英］马尔科姆·巴纳德：《理解视觉文化的方法》，常宁生译，商务印书馆 2005 年版，第203 页。

② ［美］威尔伯·施拉姆、威廉·波特：《传播学概论》，陈亮等译，新华出版社 1984 年版，第 139 页。

③ 罗兰·巴尔特（Roland Barthes，1915—1980）是法国著名的语言学家、符号学家、结构主义文学理论家与文化评论家。他在法国开创了研究社会、历史、文化、文学深层意义的结构主义和符号学方法，1953 年发表的《写作的零度》一书被认为是他符号学思想的萌芽，并对后人了解其结构主义语言学思想大有帮助；1964 年出版了《符号学原理》(Elements of Semiology 的中译本名为《符号学原理》，但有学者认为这本书还未系统构成对符号原理的理论建构，故译为《符号学入门》、《符号学手册》更为贴切）深入发展了索绪尔的语言符号理论；此外他的论著还有《神话集》、《S/Z》、《符号帝国》、《文本的快乐》、《批评与真理》等，这些著述始终贯穿着对语言、代码、符号、文本及其内在意味的关注。罗兰·巴尔特创造性地将索绪尔的符号学理论引入文学领域，同时吸收了叶尔姆斯列夫、列维－斯特劳斯等人的思想，建立了自己的理论体系，并形成了独到的关于文本的分析方法——解构主义，对法国以致欧美的文学批评影响颇深。

④ ［法］罗兰·巴尔特：《符号学原理——结构主义文学理论文选》，李幼蒸译，三联书店 1988年版，第 115 页。

念对媒介话语研究具有特别重要的意义。

1. 巴尔特对能指、所指符号模型理论的实用性开拓

巴尔特在符号理论研究上的最大进展是秉承了索绪尔的能指、所指符号模型理论并对其进行了实用性的有效开拓，对能指、所指对应的"意指"意涵进行了充分发掘与应用，这是"巴尔特符号学实践的根本"。巴尔特在索绪尔能指、所指符号系统（即巴氏的第一级符号系统）的基础上明确注入了"意指"阐述：E 即表达（能指），R 即关系，C 即内容（所指），在解读过程中，第一级符号系统中能指与所指的整合（$E_1 + R_1 + C_1$）在第二级符号系统中仅仅成为一个能指，即第二级符号系统的能指 E_2（$E_1 + R_1 + C_1$），也就是说第一级符号系统成为另一个更加复杂的符号系统的成分之一（能指）；当第一级符号系统中能指、所指产生的符号成为第二级符号系统中的能指（E_2）时，与之对应的概念、意义（所指 C_2）及其"意指"过程便产生了。如此递进深入，巴尔特心仪的"神话"表意系统便油然而生，索绪尔能指、所指模型中的"意指"过程便更显符号的人文应用价值。巴尔特在索绪尔能指、所指基础上发展起来的符号结构系统如图 2-1 所示。

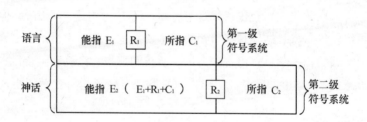

图 2-1　语言与神话的二级符号系统

巴尔特在《神话集》一书中把第二级符号系统中的隐藏意义称为神话："神话是一个奇特的系统，它从一个比它早存在的符号学链上被建构：它是一个第二秩序的符号学系统。那是在第一个系统中的一个符号（也就是一个概念和一个意象相连的整体），在第二个系统中变成一个能指。"① 巴尔特所谓的神话不是古典神话学，而是"指一个社会构造出来以维持和证实自身的

---

① ［法］罗兰·巴尔特：《神话——大众文化诠释》，许蔷蔷等译，上海人民出版社 1999 年版，第 173 页。

存在的各种意象和信仰的复杂系统"①，后来他又把这种隐藏意义称为意识形态。他认为神话的意义不是停留在符号表意系统的第一层次，即索绪尔定义的"符号＝能指＋所指"上，而是在符号的第二系统中发挥作用，符号的第二系统是渗透着意识形态的符号文本。

　　笔者认为巴尔特将"神话"概念置于索绪尔的能指、所指纯符号框架中，只不过是希望运用能指、所指任意对应的过程（即意指过程）注入"社会神话学"的方法来分析文学作品，在蒋孔阳主编的《二十世纪西方美学名著选》中对巴尔特有这样的评价："他采用符号学和结构主义语言学的方法，把文学作品看成是完全独立自主的一个符号系统，把文学语言视为由各种能指结构按照约定俗成的传统和习惯组成的一个整体。他认为文字本身并没有自然而然的意义，它们的意义即'所指'具有人为性乃至随意性，取决于约定的传统和习惯，后者可以称为符号的'密码'。批评家的任务就是分析把各种符号组织在一起的'语言规则'，从而了解，掌握这些'密码'，以便'破译'符号，明了它们的意义。"② 这段述评表明巴尔特的符号理念已经有其浓厚的人文社会色彩，即巴氏自己为"意指"过程注入的"神话"色彩。

　　就电视新闻传播的符号解读来说，本书看重的是索绪尔的能指、所指符号模型及巴尔特的"意指"演绎形式，巴尔特醉心探索的"神话"议题不是本书研究的重点，笔者借用的仅是他对符号"意指"探寻的思路与方法。

　　2. 符号的意指过程

　　语言是一种经过组织的符号系统，每一种符号都有两个要素：一个是可感的和听得见的，即能指；另一个是被前者所包含和携带的，即所指。这两个要素被意义关系联结在一起。意指是以整体的方式来看待能指与所指二者之间的关系，所谓"意指"，是研究能指、所指相互关系的思维认知对应的"符号化过程"③，也是人们在物质世界为万事万物（多为物质性视像图景）寻找概念、观察事物的能指、所指隐含的所指意义的对应过程；反言之，或曰为人们面对所指的概念文本联想到能指的物质世界的万事万物。这样一个

---

①　［英］特伦斯·霍克斯：《结构主义和符号学》，瞿铁鹏译，上海译文出版社 1987 年版，第 135 页。

②　蒋孔阳主编：《二十世纪西方美学名著选》（下），复旦大学出版社 1988 年版，第 398 页。

③　"符号化过程"是对巴尔特"意指作用"阐述的概念性引用，巴氏认为："意指作用（signi-fication）可以被看成是一个过程，它是一种把能指和所指结成一体的行为，这个行为的结果就是记号。"参见［法］罗兰·巴尔特《符号学原理——结构主义文学理论文选》，李幼蒸译，三联书店 1988 年版，第 140 页。

符号对应的过程，我们可谓之为"意指"或"意指的符号化过程"。由于人们学识、阅历的文化差异，同一个"能指"图景可能衍生出万千种所指意义，"一千个观众眼中有一千个哈姆雷特"就是最生动的注脚，这便是意指过程的多义性。值得指出的是，能指、所指对应过程（意指）虽然呈现出多义性，但依然有其主题的归属性（或曰能指意义的趋同性），在莎士比亚的《哈姆雷特》中，"悲"是该剧的"主题意义"（所指）之所在，观众差异性再大（诸如观众内心世界的复杂和个性各具特点），《哈姆雷特》对所有观众来说绝不会在"意指"的多义过程中衍生出"喜剧"的意义（所指）来。所以，能指、所指符号的任意性总是在人们相似、相近的认知平台上得以趋同，如若甲乙二者的阅历差若天地，能指与所指间便无契合认知规律的意指可言，当然亦无符号的趋同性、任意性可言，这也是符号研究的基本规范与出发点。

3. 符号意指的类别

能指与所指的关系模式主要表现为直接意指、含蓄意指和互动意指三个层面。就电视新闻而言，涉及的意指表现方式主要有直接意指（denotation）和含蓄意指（connotation）。直接意指是符号本身所承载的直接的、特定的形貌与意义，是对能指的根本描述，诸如文字的"海"与画面的"海"，都是对能指的"海"的根本描述。含蓄意指的能指或所指除了负载、蕴含了直接意指之外，它还涉及文化意义，蕴含着意识形态中的"神话"，诸如"海"所含蓄表达的博大、辽阔、深邃、永恒等社会意义。也就是说，含蓄意指是透过表层符号的心理图景或物质图景再深及各种图景承载的意义表征，在电视新闻语言结构中直接意指和含蓄意指实际上是同一个符号解读过程中的两个时空层面。

在电视新闻的声画对应结构中，画面总是以直接意指的方式浮现电视播音所指的意义内涵，证明"此话当真"。与此同时，电视画面背后的所指、播音语言隐含的能指往往因受众的经验差异而呈现丰富的意涵。图2-2 CCTV开始曲《国歌》中的标志性画面便生动表征了镜头含蓄意指的丰富性：能指影像视阈下雄狮、华表、国旗战士、国徽、天安门、火箭、蓝天白鸽、田野车间……都在《国歌》的旋律意象牵引下幻化出国家强盛、民族团结、社会康泰、人民幸福等神圣的所指意义，这便是《国歌》的影像能指魅力之所在。

图 2-2　CCTV 开始曲《国歌》主要镜头的含蓄意指意义简析①

第三章

电视新闻的语言符号结构系统

施拉姆认为符号是"人类传播活动的要素（诸如声音、语言、文字、图画、手势、姿态、表情等符号都可被视为在传播中能够还原成'意思'的要素）"①，在大众传播领域，符号是传递信息、生产意义的工具。对以电视媒介为载体的叙事行为的研究，首先必须面对的一个基础载体问题，即电视叙事所运用的语言体系是什么？它与其他媒介形式的叙事特征有何区别？能指、所指与电视新闻语言的逻辑对应又是如何体现的？电视新闻的符号系由声音与画面两大部分构成，与索绪尔选定的能指和所指结构原理有其天然的契合性，它们的融合关系如图 3－1 所示。

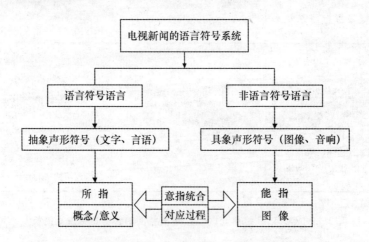

图 3－1　电视新闻语言符号系统能指、所指结构融合关系图示

---

① ［美］威尔伯·施拉姆、威廉·波特：《传播学概论》，陈亮等译，新华出版社 1984 年版，第 67 页。

我们为什么要从符号学角度来研究传播？罗兰·巴尔特在 1964 年发表的《符号学原理》中有中文版译者王东亮十分精妙的阐述："可以肯定的是，大众传播的发展在今日使人们空前地关注意指的广泛领域，而与此同时，语言学、信息学、形式逻辑以及结构人类学等学科所取得的成就，又为语义分析提供了新的手段。符号学在此种情势下呼之欲出，就不再是几个学者的异想天开，而是现代社会的历史要求。"①

电视新闻，可以图文相织，可以声画并茂，具有最丰富的符号形式，从符号学的角度入手研究电视新闻语言的构成，有助于电视新闻从业者全面把握住电视新闻中的多类符号现象，是提高电视新闻信息含量和传播质量的重要途径。学者也好、业者也罢，学会用符号学研究、制作、传播电视新闻"是现代社会的历史要求"。如果脱离符号学系统就电视新闻研究电视新闻，则很难避免片鳞只爪、瞎子摸象之类的困惑。

第一节　语言符号系统构成总说

语言学者索绪尔从"所指"、"能指"两大系统阐释"意义"与"现实"的关系，并把符号分为语言符号与非语言符号——文字、聋哑人的字母、象征仪式、礼节形式、军用信号、习惯，等等②。符号学者苏珊·朗格则认为，人类使用的传播符号可分成两类：一是推理的符号；二是表象的符号。参照前人的论述，我们从意义、推理与现实、表象两大层面切入对电视新闻语言符号的研究。

一　语言符号语言系统

语言符号语言（抽象语言符号）是信息传播的主要载体，是人特有的形声符号集合和符号系统，它涵括了书写符号（文字）和声音符号（语言）这两大系统，是人们表述意义进行逻辑推理的一种符号形式。

从语言的功能看，语言符号语言是人际间进行传播、交流的重要工具。人们借助语言符号表达思想、传达感情，共享各种信息。从哲学意义看，语言是思维的"外壳"，思维是语言的"内核"，内核的有序排列，形成了推

---

①　［法］罗兰·巴尔特：《符号学原理》，王东亮等译，三联书店 1999 年版，第 1—2 页。

②　俞建章、叶舒宪：《符号：语言与艺术》，上海人民出版社 1988 年版，第 24 页。

理的模式（外壳），人们的思想得以进行完整的逻辑表述。

语言符号语言较之其他符号，最大的特征是：以时间顺序为思维脉络，形成一种推理模式的陈述，而且顺应人们的思想要求，可以产生一种陈述驳倒另一种陈述的效应。语言符号的陈述是清晰的，但往往又是抽象的，所以又常被称为语言符号语言，或抽象语言符号。

二 非语言符号语言系统

非语言符号语言（具象语言符号）是指信息传播不以有声语言和书面语言为载体，而借助直接打动人心的感觉器官的各类符号。"传播不是全部（甚至大部分不是）通过言辞进行的。一个姿势、一种面部表情、声调类型、响亮程度、一个强调语气、一次接吻、把手搭在肩上、理发或不理发，八角形的停车标志牌，这一切都携带着信息。"① 非言语传通包括传通情境中除却言语刺激之外的一切由人类和环境所产生的刺激，这些刺激对于信息发出者和信息接受者具有潜在的信息价值②。

非语言符号的主要特征是，其意义即在符号自身，难以语言复述，它的语义模糊但又具体。它所传递的信息，许多来自内心深处，难以抑制，有的人在重大灾难中，口里一个劲儿地说"不怕"，可他颤抖的手脚却生动地表述着内心惊恐，这就是非语言符号的不可抑制性。非语言符号语言的传播是多通道、无序交叉传播的，给人们的控制带来一定的难度，人们常说某人"口是心非"，便是指非语言符号语言对语言符号语言的否定。

非语言符号的含义是"无穷尽性的"，并不能完全等同于语言复述，这是拥有大量非语言符号的电视媒介较之其他媒介形式的突出优势。有关电视媒介中的非语言能指符号元素及其传播功能将在本书第四章予以详细阐述。

三 电视新闻语言符号构成关系的模型创建

"电影的能指是'知觉的'（视觉与听觉）。文学的能指亦如是，因为写下的链条必须被'读'，而且，它还包含一个更加受限制的知觉范畴：只是字母，书写。绘画、雕塑、建筑、摄影的能指也是如此，而且仍然受到限

---

① ［美］威尔伯·施拉姆、威廉·波特：《传播学概论》，陈亮等译，新华出版社1984年版，第4页。

② ［美］拉里·A. 萨姆瓦、理查德德·E·波特、雷米·C. 简恩：《跨文化传通》，陈南等译，三联书店1988年版，第203页。

制，不同的是听知觉的缺席，视觉本身中的某些重要维度如时间和运动的缺席（很显然存在着看的时间，但是，被看对象不是被嵌入一个明确的时间段落从外部强加给观众的）。音乐能指也是知觉的，但是它像其他能指一样，比电影能指的'外延'少：这里它缺的是视觉，即使是在听觉上它还缺少言语（歌唱除外）。总之，引人注目的是，和其他表达手段相比，电影有着'更多的知觉'，如果这种说法是可以允许的话，它调动起数目众多的知觉轴。"① 电影与电视"两者之间，有相当可观的串位重叠之处"②，后者也同时包含着视觉、语言和非语言的听觉、运动以及真实的时间进程。对于大众传播而言，语言符号已经不能完全胜任传播过程表情达意的全部内容，而需要借助自然界更加丰富的非语言符号进行信息传递，在各种媒介载体中，电视具有最丰富的符号形式，其中电视新闻的传播也因其拥有多类符号现象而被认为是认知世界最普遍和最忠实的信息来源。

电视传播符号的构成机制要比其他媒介形式复杂得多，电视通过画面、声音、文字等语言符号与非语言符号的共同作用形成声画一体、视听一体的叙事形态，为受众带来丰富而多元的信息体验。由于电子视听语言在陈述能力上，既能形象直观地描述对象，又能深入地抽象分析和概括，以及进行内在的心理展示；在对认知主体的信息供给上，既能提供生动具象的视觉信息，又能提供丰富多样的听觉信息；在传播性能上，既能无限地（或准无限地）超越空间局限，又能在相当大的程度上超越时间局限，其主要功能相对于传统语言来说，已经相当全面了，因而这种语言可以认为是一种"全能语言"③。根据房德里耶斯关于"人们对语言所能下的最一般定义是一种符号系统……符号可以有不同的性质，因此，语言也有好几种，任何感觉器官都可以用来创作一种语言，有嗅觉语言、触觉语言、视觉语言和听觉语言等"④的论述，借鉴人们对于影像语言的多维度认知，本书将其集合于能指、所指语境的牵引下进行解读，力图建立起更为实用、更易于操作的语言模型，图3－2是本书展开研究的电视新闻语言符号系统的结构图示。

---

① ［法］克里斯蒂安·麦茨：《想象的能指：精神分析与电影》，王志敏译，中国广播电视出版社 2006 年版，第 39—40 页。

② 转引自潘秀通、潘源《电影话语新论》，中国电影出版社 2005 年版，第 377 页。

③ 崔文华：《全能语言的文化时代——电视文化研究》，北京师范大学出版社 1998 年版，第 5 页。

④ ［法］约瑟夫·房德里耶斯：《语言》，岑麒祥等译，商务印书馆 1992 年版，第 10 页。

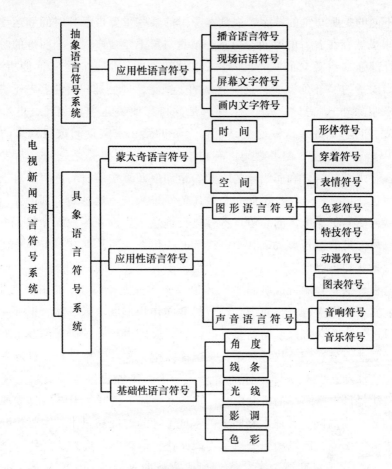

图 3 - 2 电视新闻语言符号构成系统模型

在图 3 - 2 中，抽象语言与具象语言的区别，读者一目了然，需要解释的是客观性具象语言和主观性具象语言。在电视新闻中，客观性具象语言是指由所有被摄人物的体态语言及其环境因素所构成的非语言符号。体态语言主要指人的形体动作、面部表情、服饰穿着等；环境因素包括空间、音响、色彩等。这类符号所具有的最大特点就是"客观性"，它是必须被尊重的客观存在，记者只能在新闻现场去捕捉、发现和选择，而不应加以任何主观干涉。其中的特技语言、动漫语言、图表语言则是对视觉事实的缺失所进行的间接补充；主观性具象符号是指镜头运用技巧与造型语言密切相关的诸如线条、光线、色彩、影调、角度、景别等基础元素和用蒙太奇语言的逻辑性整合，形成的隐性表达方式。所谓隐性表达，是说线条、色彩等基础主观性语言符号所传递的信息都是隐含在具象的人形物状之中，受众视觉所及首先是触及具体的人与事物，次后解读（或曰深层解读）才会触及线条、光影等基础细节元素。

前文已经就电视新闻语言符号的能指、所指逻辑对应做过这样的阐述：电视新闻图像能指与播音所指的统合过程就是新闻声画合一的过程，电视新闻语言符号的所指文字文本以新闻概念、意义构成叙事主体，这个叙事主体实质包含着索绪尔语言符号中的能指与所指的复合，也包含着巴尔特的"意指"结果，是一个完整抽象新闻事实的"所指性"叙事文本，这个"所指性"文本在电视新闻传播实践中被称为"用文字叙述"；新闻事实的物理性图景（即能指文本）隶属于电视新闻非语言符号，是"物质现实复原"的画面证实主体，画面文本在电视新闻传播实践中被称为"用画面证实"。基于上，不难看出能指、所指结构成分（元素）在电视新闻语言构成中的重要性，分析电视新闻能指、所指元素的形态是研究电视新闻语言能指、所指结构规律的起点。

第二节　电视新闻语言符号的所指元素分析

一　播音语言符号的所指逻辑性陈述功能

播音语言系指新闻主播朗读文字稿件、传播新闻内容的声音语言，是电视新闻"用语言叙述"的主体结构形式，是电视新闻所指文本核心之所在。听，是人们认识事物的重要方式之一。具象性声音使人们感受到世界万物的真切存在；抽象性声音则以历时的逻辑排列，超越时空制约，自由地表述人们对世界万物的认识，具有独特的系统叙述能力。电视新闻的声音，正是运用其具象与抽象两方面的特征，通过与画面的对应与证实，形成能指与所指合一、视听一体的新闻空间，从两个感知通道消除人们对事物认识的不确定性，进而获得确信无疑的信息。尽管电视新闻汲取了报纸、广播等媒介所指文本的精华，但它的声音所指文本是在双通道的传播中显示其优势的。电视新闻声音的主体性作用，在于它的所指逻辑表述力，可以使无序的能指物象图景形成一个有序的佐证系统，伴随物象的同期声音，则使本为真实的新闻空间更具可感气氛，将与之对应的面面语言符号赋予更明确的含义，从而使这种语言符号（画面）所指示的物象也具有了"能指"的性质。电视新闻的声画融合，为人们塑造了一个真正完整（双通道的完整）可感的物质世界，这便是播音在电视新闻中的主体性作用。

近年来，各电视台播出的报摘及电视快报节目均采用播音与文字摘要联袂传送的方式，充分发挥了报纸与广播的传播优势，让观众在较短时间里获得较密集的信息，这种快餐式新闻正是契合了当代生活节奏快捷的需要。电视跨媒体运作、电视新闻部分栏目（节目）"广播化"等发展趋势进一步强化了电视对播音语言的依赖。在系列报道或专题新闻中，播音语言同样充当着传播大部分内容的主要角色，进而视画面情况阐述新闻诸要素，或传播新闻的背景材料，或揭示新闻的主题思想，或评论新闻的社会价值和意义。

能指与所指，声音与图像，孰轻孰重？面对电视新闻"广播化"现象，面对电视所指的抽象文本意义功能的日益强化和图形的能指证实功能的削弱，如何实现能指、所指元素的双信道平衡结构，以保持电视新闻"看"的功能不被过分弱化，是电视业界、学界值得在实践中探索研究的论题。

"读报节目"是当今电视台早新闻的重点栏目，其形式大同小异，大都是对着报纸版面"说三道四"，有的甚至无异于电台的早新闻，"广播化"形态被电视"弘扬"到极致。其实，"读报节目"大可不必简单地"广播化"，依然是可以保持"电视化"的本我特色。如台湾的无线卫星电视台（TVBS）、中天电视台、东森电视台等电视台的晨早读报节目就力求"好看、好听"。他们的"读报"并不依赖报纸新闻本身，不是拿来就读，其读报形式只是以报纸新闻为"由头"、为"导语"，引发受众对信息的"联动关注"，节目在从报纸的新闻标题或导语切入之后，紧接的是电视台相同内容的视频新闻（其实各报纸涉及的国内外新闻及本地新闻大部分发生在"昨天"，都是有视频新闻可用的，问题是用不用、怎么用），台湾同行的"电视早新闻"借"纸媒早报"做大做强电视早新闻的敬业、守业思路值得借鉴。

二　现场话语符号的所指叙述与能指证实功能

现场话语是指新闻现场有实质内容的语言声音（音响），包括记者在现场的报道，与被采访者的对话，新闻现场人物的讲话、发言，以及现场的效果声等，均属于声音形象的能指元素，具有新闻现场的能指实证功能。记者在现场的叙述及与被采访者之间的对话在新闻报道中是准确传达信息的重要渠道，效果声也是再现现场真实情况、还原现场环境必不可少的因素。现场语言的成功运用，可以形成与观众面对面交流的亲切感和现场感，从而提高观众对新闻传播的心理参与性。现场语言的运用，确定了画面的时空位置，不仅加强了新闻的地位感、真实感，而且可以防止随意挪动画面所产生的失实，这便是现场话语符号的所指叙述与能指证实功能的具体体现。

在实际应用中，现场语言和具象音响语言是紧密结合在一起的，统称为同期声。同期声（现场声），系指在拍摄人物或环境时所录下的讲话声或背景声，包括现场效果同期声（伴随新闻事件的发生而同时产生的各种音响）和现场采访同期声（新闻现场中采访对象说话的声音）两种。生动、典型的现场同期声特别是人物富有个性的语言和其他典型性的背景声，能充分体现出电视新闻的整体性，使之收到声画互补、水乳交融的完美宣传效果。它在视听手段上、在时空连续性上同步对位于现实环境，直接、客观、准确、生动地记录下现场发生的种种事件，从而构成综合、立体、多通路的信息传递动态能指画面。

同期声是新闻事实的一部分，给节目带来了亲耳所闻的真实感。生活本身是有声有色有形的，人物讲话、环境音响都直接构成了新闻事件的核心事实。这些声音有远近高低的不同，有喜怒哀乐的感情色彩，光依靠新闻稿播音难以准确描绘现场的情状和气氛，只依赖画面也无力表达清楚特定的情境和感情。如果还生活以本来面目，让声音加入画面，共同承担传播功能，那电视带给观众的就是完整、真实、朴素的视听信息。在朱镕基总理 1999 年 4 月访美的电视报道中，CCTV－1 对该则新闻的报道几乎是仅有播音员朗读的文字稿，观众只能看到朱总理讲话的形象，而听不到讲话的声音和内容，朱总理担心自己的"new face"有朝一日会变成"blood face"的风趣设想，以及重申国庆阅兵武器"not from USA，made in China"的坚定语气等，诸如此类最能反映个人气质、风度、才智的生动事实都因缺乏同期声而丧失，令观众不无遗憾。表 3－1 是凤凰卫视 1999 年 4 月 6 日对朱镕基访美的电视新闻报道，该报道就充分利用了朱总理演讲时的同期声：

表 3－1　　　1999 年 4 月 6 日朱镕基出席洛杉矶市市长欢迎午宴并会见

华侨及留学生

（分镜头文字稿本）

镜号	画面内容	播音稿、同期声语言与字幕内容
1	吴小莉近景（演播室）	播音：中国总理朱镕基 6 日在访美第一站洛杉矶出席了该市市长举行的午宴，朱镕基在宴会上讲话表示，中美就中国加入世界贸易组织谈判已经在农业开放和市场准入等问题上达成协议。

镜号	画面内容	播音稿、同期声语言与字幕内容
2	宴会厅全景至中近景	旁白：朱镕基在午餐后的致辞中，首先以天气暗喻此次访美可能出现的暗礁，随后他又以加州州长问他中美贸易逆差问题，洛杉矶市市长问他人权问题，他花时间解释，使他赴午宴迟到表示抱歉，他说此次在麻省理工学院演讲时尽量解释所有问题，希望取得全美国人的理解和谅解，他还会努力地保持笑容。
3	朱镕基近景	朱镕基讲话同期声：大使先生给我一个忠告，就是你在美国的时候，要 always keep smiling face（字幕译文：永远保持笑容），我说这个对我太困难了，因为香港人给我起了个绰号，叫做朱铁面，这个脸是铁的，因此它是 always is long face（字幕译文：永远是长脸，愁眉苦脸），但是，在今天的宴会上，我这个 long face 也是越来越 shorter and shorter（字幕译文：我的长脸已越来越短），尽管还是 far from smiling face（字幕译文：虽然与满脸笑容还差得远）。
4	朱镕基近景	朱镕基讲话同期声：我说，我们今年将要有一个盛大的阅兵式，这个阅兵式将要展出中国最新式的武器，但是这个武器是中国制造的，不是从美国偷来的。尊敬的市长夫人建议："那么你应该在导弹武器上贴一个广告：It's made in China, Not from USA（字幕译文：是中国制造而不是美国制造）。"
5	主席台全景	旁白：对 WTO 的入会谈判，朱镕基表示，在美方一再要求的农产品和市场准入方面已经作了最大的让步。
6	朱镕基近景	朱镕基讲话同期声：我现在要向大家宣布一个好消息，就是我刚才得到的消息，今天上午，中国和美国在农业问题上已经达成了协议，而这个协议是中国进入 WTO 的最重要的一部分，中国允许美国的七个州解除他们向中国出口小麦的限制（掌声），中国也解除了美国的四个州（包括加利福尼亚）向中国出口柑橘的限制，你们加利福尼亚的参议员麦因斯坦老太太，每年到中国去都要跟我谈加州向中国出口柑橘的问题，谢天谢地，从今以后不要再谈了，我想我们在农业的协议，在市场准入的协议方面，我们基本上都已经达成协议了，有一些问题经过双方的努力，我们完全有可能在 WTO 的问题达成协议。
7	宴会厅全景	旁白：在第一场公开致辞中，朱镕基开宗明义指明了中美之间存在分歧的许多问题，也赢得了首场与美国人士聚会的阵阵掌声，下午朱镕基在接见华侨和留学生时，为侨民们打气。
8	朱镕基与侨民合影，吴小莉提问	吴小莉同期声：总理，侨民们对您期望很大，有没有什么话对他们说？
9	朱镕基近景	朱镕基讲话同期声：我到美国，给一部分对中国有误会的美国人消消气，给华侨打打气。
10	侨民合影全景推至朱镕基中近景	旁白：随后他会见了挚友阿莫森夫人和迪斯尼公司董事长埃斯纳一行，不过他不肯为迪斯尼到底在香港兴建还是上海兴建表态。 ——凤凰卫视吴小莉在洛杉矶的报道

同期声的使用能够增加新闻的准确性与权威性。记者、编辑对信息的提炼、加工往往在取舍和转述的同时携带上主观观察角度、立场观点、表现手段等附加信息，这种附加信息越多，新闻的可信程度就越小。同期声可以把事件现场的音响及人物的讲话直接传递给观众，减少记者、编辑转述的层次和报道的不确定性，甚至可以把某些文字难以勾勒描绘的信息也原原本本地传递给观众，从而增强信息传播的准确性和可信性。同样，重要的新闻事实通过新闻人物直接向观众讲述，未经任何扭曲或加工，就会更加真实，更具有说服力。

同期声交代事实发生的背景和气氛，刻画描写人物的心理，能够扩大信息量，烘托环境气氛要比播音、旁白更具有丰富性与客观性，使电视新闻更具魅力。如《"挑战者"号航天飞机升空后爆炸》中的同期声就运用的非常成功，当"挑战者"升空爆炸时，在场人先是呆若木鸡、鸦雀无声，进而是哭泣声、叹息声。在这则报道中，寂静得异乎寻常的环境信息，以及观众哭泣叹息的情感信息、心理信息等，共同构成了立体的视觉和听觉冲击波，观众的情绪在不知不觉中达到了高潮……

同期声利用"面对面的传播"引导观众的参与意识和介入性。传播学认为，最有效的传播途径是"面对面的传播"，它有可能刺激所有的感官并使交流双方同这种全身心的交流相呼应，使得人们高度注意，乃至引起心理和观点的变化，从而达到宣传所期望达到的最佳效果。同期声正是利用这一优势把信息有效地传递给观众，观众不是被动地接受信息，而是由记者"带领"主动"参与"到新闻的"能指场域"里，做到信息与观众观念上和情感上的交流与呼应。

同期声的采用突破了画面影像的局限，大大增强了二维结构的立体感，同期声电话采访更使得采访空间感向画外延伸。"一对一"的电话采访以视听感知的屏幕形式出现，电话采访的镜头声画同步地出现在屏幕上，虽然看不到被采访者的面孔，但他的声音被扩大传出，他的名字用字幕注明，背景上往往还伴有现场照片或历史资料的特技抠像，由此把"封闭式"空间（电话机房）变成了"开放式"的空间（天涯海角），把"听不到"的声音（电话私语）扩展到了"屏幕实况"的声音中（扬声器效果），把播音员"代劳"、编辑"转述"还原为记者电话"报道"、编辑同期声"采访"，把大空间（事件）、小空间（电话室）和远声音（记者）、近声音（编辑）融合成同时共感的电视语言。这就造成"第一手"消息来源的印象，获得了一定程度的声音现场感。

同期声还能增强画面的运动感、速度感。带有活动画面的电视新闻，记录了现实生活中有新闻价值的动态事物，物体的运动发生在空气中，必然会引起空气的震动并产生声音。既然物体的运动伴随着声音的存在，那么真实地记录这种运动的电视新闻，就应客观地再现物体运动所产生的声音，以达到最真实的传播效果。体育新闻中的滑雪、冲浪、赛车等场面配以同期声，可以突出物体的速度感、运动感，带给观众强烈的视觉、听觉冲击。

正是由于同期声具有上述特点，使得它更贴近观众对"能指场域"的向往，增加了新闻的易受性，也正因为如此，对同期声的运用要特别注意自然精当。同期声中讲话人的神态要自然，现场环境气氛要真实，不应人为地制造同期声。记者应该提前做好采访准备，做到心中有数，以便能在新闻采访中得心应手、自信从容；应该赋予采访对象最大的发挥空间，能够按自己的性格去说话，去表现；拍摄时，镜头不宜切割太碎，景别、角度不宜变化太多太快，以免造成讲话人紧张，这样才能生动地表现人物的个性。那种讲话人按记者的意图背稿甚至念稿的"导演同期声"与"表演同期声"，是电视新闻的一大忌讳，势必令人生厌，导致新闻黯然失色。利用好同期声采访，让当事人直接面对观众讲述新闻事实和背景，是电视新闻中一贯采用的方法，当事人说话的场合、神态及与记者的交流构成一个生动的能指图景。在新闻报道中，动态新闻一般都应包含有对当事人的采访，如果采访不到直接的当事人，对新闻事实的报道只有记者的转述，这样的新闻就有可能被认为不客观、不真实，新闻报道就不能算作成功。

三 屏幕文字符号对新闻所指意义的牵引

屏幕文字是电视新闻画面上用以提示新闻要点，介绍新闻人物、与播音同步叙述新闻内容的书写性所指文本。屏幕文字表义清晰，是超历时性的（抽象音响语言是历时性的、顺时传播的），具有空间上的广延性。屏幕文字分为画面内文字和编辑制作时叠加上去的文字。屏幕文字与播音文本同时推进，有效地降低了"听"的费力程度，从而保证所指内容的准确传达。随着人们对电视画面"看"的观念的变化，其兴趣不再是锁定在单一的图像上，对出现在新闻画面上的文字因素有了新的认识与需求；新闻从业者则在新闻屏幕文字运用中使尽招数，从新闻标题、新闻内容提要、口播新闻文字显现、随时插播动态新闻多个方面发掘它的使用功能，为广大观众提供既形象又清晰的信息享受。不用好屏幕文字的电视新闻，已被人们视为制作粗糙的新闻。

屏幕文字在新闻传播中有着不可忽视的功能，总括来说可从以下五方面进行认识：

1. 文字提要，"视、听、读"三位一体，加强信息记忆深度。电视新闻节目"声画结合、视听兼备"的双通道传播形式，比之单通道传播的报纸（看的通道）和广播（听的通道），已经具有明显的记忆优势。传播学界研究人士对于信息的接受能力进行研究时指出："阅读文字能记住 10%，收听语言能记住 20%，观看画图能记住 30%，边听边看能记住 50%。"视听结合，两个通道各自汲取信息互不干扰、且加强记忆深度的原理是不言而喻的。问题是，在"看"的单一通道里，屏幕文字与画面是两种类别的语言符号，能否做到兼容输入而不顾此失彼，产生"互抵效应"？美国哈佛大学心理学名誉教授鲁道夫·阿恩海姆在论述视像编码的生理机制特点时指出："在视觉感知过程中，对语言符号（文字、语言）信息的感知是左脑占优势，而对非语言符号（图像、姿势语）信息的感知，则是右脑占优势，即便是同时出现多类符号交叉映像，视神经也会筛选、分类编码成神经活动（连续的电脉冲）的信号，送进大脑相关部位，产生明晰的神经语汇、大脑语言，最终在视中枢同一区域产生融合，认知外界物体。"[①] 这段论述告诉我们：人类视知各种语言（语言的与非语言的）符号，是编码式的信息输入，同时输入不同语言符号信息时，各自有其"存储库"。这种各行其道、兼收并蓄的认知，并不存在"互消"之虞。所以，两类多种（图像、声音语言、屏幕文字）符号指向同一传播内容时，则形成"视、听、读"三位一体的同向多维感知通道，同瞬间对大脑相关神经中枢冲击，必然明显地加深"记忆痕迹"。

2. 插入告知，保持了新闻的时效性，节目的完整性和传受双方的融洽关系。随着节目编排管理的严密与科学化，各级电视台大多做到了节目准时播出，为各阶层观众计划收看提供了极大方便。然而，在信息密集的当今，重大新闻层出不穷，电视台视不同情况，或要立即在节目中插入播出、或要预

---

① ［美］鲁道夫·阿恩海姆：《符号心理学》，章谓言译，香港五洲出版社 1986 年版，第 146 页。

告播出时间、或要预报节目更改计划……如何避免发生观众最为讨厌的节目临时中断现象，又能及时将有关内容传递给观众？途中插入告知的屏幕文字是最理想的方式。其功能表现为：即时预告节目播放程序的更改，可以消除观众无端等待耗费时间的烦恼与责怪；即时预报重要节目的播出，提高了节目传播的收视率；随时插播重要新闻，争得优于其他新闻媒介的第一时效。

3. 整屏文字，形成听读一体的轻易性。每逢播发重要会议公报、政令、名单，电视台采用"声画合一"手法，声音文字同步播出，观众且听且读（心读），很是轻松，比之聚神的"听"（广播）和费力的"看"（报纸），整屏文字听读一体的轻易性就显而易见。目前这种仅局限于传播政令、公报、名单等内容的传播形式，还只是电视听读一体传播的初级阶段。随着社会文化水准的提高，人们的电视文化观念将发生质的变化（即从喜好浅显的形象传播向喜好思辨的理性传播），整屏文字阅读式传播，将成为人们接受密集信息的重要方式。届时，"听读一体"将迈向高级阶段，这便是图文电视和电视报纸的普及。以文字语言符号构成为主要内容的电视报纸，具有大容量、快传递、易取存等特点，将充分体现"整屏文字听读一体"的轻易性。

4. 当代报纸超大标题给电视新闻的启迪与借鉴。随着人们生活节奏的提高、随着报纸白热化竞争推出的厚报时代的到来，报纸版面杂志化、报纸内容分叠化、新闻标题大字化等方便受众选择、阅读的版面形式亦随之到来。其中标题大字化又推动了读者"标题阅读、形式阅读、选择阅读"习惯的养成。一份几十版的报纸，有的读者十几分钟就可"扫描"完毕，通过十几个标题，一天中国内外重要信息尽收眼底，在大字标题带来的注目性、呼唤性、驱动性等一系列视觉心理快感演绎下，读者的信息享受甚是惬意。图3－3为两家报纸对"陈良宇一审被判十八年"的图文报道，其中以广州的《南方都市报》版面最具视觉冲击力，《新民晚报》的全文字报道形式其视觉注目性、呼唤性如何，读者尽可在三报的对比中体味大字标题的视觉魅力和版面结构价值。

值得令人深思的是，报纸版面及其标题在竞争中日臻完美的当下，怎么就丝毫影响不了中国内地电视新闻版面与标题的嬗变呢？2009年8月3日中央电视台新闻频道的早新闻改版变脸，开始启用大字标题，仅此微微一举，报界就惊呼连连，其中中央电视台改版当日的《北京晚报》对中央电视台改版形式的报道最具代表性：

大图大字标题，信息醒目　　　　　　小字标题无图，信息被淹没

图 3 - 3　同一新闻事件的标题字号视觉冲击力比较

"《朝闻天下》打响了改版的第一枪，外形时尚靓丽的胡蝶取代李梓萌坐上了主播席，而节目的整体包装也发生了不小变化。屏幕最下方的滚动字幕块明显加大，滚动新闻由原来的一行变为三行，从上到下分别是新闻发生地、新闻标题和其他滚动新闻。改版后，字幕的颜色和字体都有了调整。时间为红底白字，新闻标题为蓝底黄字，滚动条黑底白字。红、黑、蓝、黄的配色方案加上明显加大的字号，让观众看得更加清晰……虽然中央电视台此次改版进行的颇为低调，但作为国内影响力最大、观众最多的电视台，中央电视台的微小变化都足以引起巨大回应。《朝闻天下》改版当日即有网站开展调查，过半网友对改版持赞赏和支持态度，认为中央电视台的改革是在向国际化大台的新闻栏目靠拢。但也有很多观众表示，中央电视台的新包装总让人觉得眼熟，'如果忽略左上角台标，还真以为自己看到了 TVBS'。也有观众认为，新版节目滚动字幕的设计和 CNN 如出一辙。"

综观全球的电视新闻版面与标题，CNN、BBC 等西语国度的版面与标题因单词字母普遍过长，无法在一个屏幕宽度中用大字号展现完整的标题，因而谈不上什么国际特色，倒是用方块字的港台和日本、韩国等地区（国家）的电视新闻无不受报纸版面与标题的影响，将电视新闻的视觉冲击力提升到前所未有的强度。

5. 形式是金，变体大字号屏幕文字为提升版面信息吸引力和穿透力添金加彩。近十年来，大众媒体白热化竞争由最初的内容比拼跃升到内容与形式并重的角力，笔者 2005 年初曾就此态势发表题为《形式是金，电视语言模型的寻找》提出了"内容为王，形式是金"的论断。"内容为王"是前人对事物核心内容的强调，"形式是金"是笔者对电视外在传播样式的强调，两"强"合一，便化解了传播过程中"画面与声音孰重孰轻"的争拗。"内容为王，形式是金"是制作人对电视节目制作、分析、评价应有的双重价值标准，它可以解决电视节目制作过程中的一系列观念性、操作性难题。电视节目语言传播模型的建立，可以为节目制作整合思路、规范程序、指引步骤，是制作人必须认真熟悉掌握的思维工具。语言模型的可行性节奏控制要素的具备与否和具备程度，决定着节目"好看"、"好听"的程度，实践表明，"好看"、"好听"的节目必须具备话题的针对性、内容的深刻性、制作的技巧性三个方面的要素。① 其中"制作的技巧性"涉及的主要形式就是大字标题带动的版面整体性变化。

从"制作的技巧性"上讲，采用美术体并加大现有屏幕文字的字号，是整体改变现今电视新闻版面信息传播单一，版面可读性差的重要技巧。诸如稳重厚实的黑体、俊秀清丽的楷体、古朴飘洒的隶书等字体。从汉字的字词及形体结构上讲，方块字结构虽然复杂，但字词形体空间占位最少，辨识率高。更值一提的是，方块变体字"大字化"后，其字义虽然未变，但字形会随其增大而呈现出图形的趣味，这便是方块字变体后的大字图形化。在计算机 Word 界面"主题字体"的 20 种字体中，即便是人们常用的宋体、楷体等字体，只要它们的字号达到"初号"以上，其字形便具有"美术"的意味，人们的关注度即陡然倍增。大字图形化，其审美实质是因为被充分放大的字体笔触个性各异，所产生抽象性图形传播张力会带给人们多维情感认同和审美享受，进而将人们对信息的关注度牵引到最佳状态。

方块变体大字图形化的另一个不可忽视的功能便是版面结构定位功能。实践运用中，方块变体大字在电视新闻的屏幕中都置于画面低端，具备承载

---

① 黄匡宇：《形式是金，电视语言模型的寻找》，《现代传播》2005 年第 2 期。

各样图形的基础重力，能使画面中的诸多活动因素动而不乱，显现出结构定位的功力。图3-4是台湾与大陆四个电视台对2009年8月8日至10日"莫拉克台风"过境的报道，表述准确的大字标题及导语文字，无疑给了观众准确的信息，而文字跟进缓慢或不到位的画面，必然加高受众的视听门槛。至于不同文字标题对版面结构的影响，不妨请读者做一回"哈姆雷特"式的观众，各自解读其中的美学特性。

新闻标题醒目，背景文字信息清晰

导语画面信息准确，新闻标题信息指向到位

导语画面具象但信息模糊，标题文字缺位

导语画面信息概括，标题文字时间模糊

图3-4 电视新闻同题材《莫拉克台风》报道的标题运用界面列举

在媒介形式不断融合的时代，屏幕文字符号如何对新闻所指意义实现有效牵引，还有待我们整理文化、调整观念，努力探索开发。

从文本结构的逻辑关系而言，本章应顺势阐述"电视新闻非语言符号的能指元素分析"的相关内容，考虑到这一内容的丰富与篇章庞大，为方便读者检索内容方便，故在下一章独立阐述。

第四章

电视新闻非语言符号的能指元素分析

电视新闻传播集多类语言符号于一体，其中非语言符号的运用直接关联着"电视新闻事实能指所指的对应与悖逆"这一"真"与"假"的核心论题，处于"能指"地位的非语言符号又是这一核心论题的核心元素，对这些元素的了解与运用直接制约着电视新闻传播反假求真的质量。

电视传播非语言符号的能指元素系指电视画面构成所需的基础元素，它们是电视新闻具象性能指符号成型的物质材料，诸如线条勾勒物种的轮廓图形，光、声、色为其丰以层次、情调，等等。具象性能指符号是指与抽象性能指符号两相对应构成具象图像的基础性能指符号，具象性能指符号包括客观性具象能指符号和主观性具象能指符号。

对于电视新闻传播而言，采访、编辑造型的过程就是新闻内容形象化的具象传播过程，也是为新闻所指的意义构建能指对应显示新闻现实图景的意指过程，其目的是使新闻概念（内容、意义）得以具象准确的传播。本章将从基础性能指符号、应用性能指符号和特殊性能指符号三个层面来阐释具象能指符号在电视新闻传播中的作用。

第一节　基础性能指符号的图景显形价值

电视通过视觉能指影像、声音来重述物质现实世界，是动态的时空合一的符号物化过程。对电视新闻能指符号的分析需从视觉语言的各种基础结构元素入手，本书指涉的基础性能指符号主要包括参与画面构图的角度、线条、光线、影调、色彩等主观性具象能指符号。所谓主观性具象能指符号是指传播主体（记者）在结构画面的过程中经由主体意识驾驭诸基础能指符号投射至客体（新闻事实图景）之中的某种情感或思想，换言之，这一类的符号经由作为主体的人采用后，由于出发点、立场、情感等潜隐因素的差异而会产生不同的能指形态与所指意义。

一　角度（方向、距离、高度）语言的能指意蕴

所谓角度语言，系指记者在物质现场为新闻事实所指获取能指影像图景立足点的总称，角度涵括画面生成的方向、距离、高度三大要素。在电视新闻的影像能指图景中，其画面构成，都是通过拍摄角度的选择来实现的。拍摄角度决定着画面各能指元素的安排，选择拍摄角度来解决图景构成，是能指影像物化的起点与终点。

在选择拍摄位置时，记者的首要任务是为摄影机找出最佳安放地点，为摄影机面对能指图景生成的物质对象——被摄体找出这样的相应位置，以便在影像的能指图景中最真实、最富有表现力和最动人地再现出实际现实中的能指事件、现象和被摄体。因此，拍摄位置的选择是画面构图中极其有效的一个因素，它给电视记者提供了巨大的实现画面能指与播音所指相互对应的可能性。其中包括方向、距离、高度三个能指意蕴向度。电视新闻能指画面的构成大都是以确立摄影角度来实现的，摄影角度决定着画面能指元素的安排，有着"牵一发而动全身"的驾驭效果，方向、距离、高度三个能指意蕴向度就是记者观察能指图景构成的三个坐标。

记者从不同的方向、距离、高度取景，由于画面中的主体、陪衬体和环境背景关系的变化，而产生不同的能指意蕴效果，从而给受众以不同的意指联想而悟及所指的本质差异。北宋苏轼的《题西林壁》堪称为画面构成诠释"角度语言"能指意蕴任意性的经典案例。前两句"横看成岭侧成峰，远近高低各不同"从方向、距离、高度实写游山所见，此为能指图景；庐山丘壑纵横、峰峦起伏，游人所处的方向、距离、高度位置不同，看到的景物也各不相同，这两句概括而形象地写出了步移景易、山貌多姿的庐山能指形态，为意指迁移引发下两句所指意义进行视像物质铺垫。后两句"不识庐山真面目，只缘身在此山中"，是意指感叹，构成该诗的所指意义，其阐释的所指内涵是：缘何难辨庐山的真实形貌？实因庐山峰峦万千，人们视野所及仅为庐山众多峰、岭、丘、壑之微，视觉图景难免挂一漏万。游山所见如此，观察万象事物亦然，从游山引发处世间事须得全面、不得盲人摸象狭隘片面的哲学道理，游山的所指因庐山峰峦万千而意义万千。

1. 角度语言能指意蕴的"方向"元素解读

所谓角度的方向，系指记者立足（摄影机定位）后，视觉（镜头）指向与被摄对象之间的方位关系，包括正面角度、正侧角度、斜侧角度、背面角度四类，它们的指称意蕴如表4－1所示。

表4－1　　　　　　　　角度语言能指意蕴的"方向"元素表

角度名称	角度能指的内涵	角度能指的所指意蕴
正面角度	展现能指对象0°正面的全貌，指称对象缺乏空间深度	传达庄重、稳定、严肃的意蕴，兼具主次难分、呆滞等弊端
正侧角度	展现能指对象90°正侧面形貌，指称对象方向、动态鲜明	传达平等、真诚、活泼的意蕴，兼具空间厚度不足的弊端
斜侧角度	展现能指对象45°斜侧面形貌，指称对象纵深感突出	传达活泼、快速、动荡的意蕴，兼具欠稳定的弊端
背面角度	展现能指对象0°背面的全貌，指称对象背景空间深度突出	传达神秘、参与、身临其境的意蕴，兼具意蕴模糊的弊端

①正面角度：系指记者立足（摄影机定位）后，视觉（镜头）指向被摄对象的正面。在作正面的构图时，观众只能看到位于画面中心的物体形状的一个平面，这个正对镜头的画面空间的纵深感受到极度压缩，物体的立体形状显得很单薄，因而整个画面看起来扁平无层次感。正面的画面构图会使能指图景缺乏总的方向性，画面中的各个部分都有着同等的意义。在这种情况下，构图手法照例都不可能在画面中把单个的能指元素突出为主体，不可能把观众的注意力集中在所指文本认为重要的那个能指上面。这样的能指图景多半都是被摄体的概貌，因此只能向观众一般地介绍被摄体的全貌。正面角度构图，画面表达的是静态感觉，传达出安静而严肃的所指意义。显然，由于正面构图具有这样一些特点，它不能对应于与运动相关的所指意义。正面角度多半用于表现横线条突出的能指对象，这种能指图景最适宜表现所指意蕴中的对称性的安静与庄严，如故宫太和殿、天安门等只有正面角度才能表现它们宏伟壮丽的所指意义。正面角度的能指图景最适合于电视新闻所指意义的总起对应，即导语中涉及的事件"地点"要素等能指、所指的有效对应。

②正侧角度：系指记者立足（摄影机定位）后，视觉（镜头）指向被

摄对象的正侧面。当镜头从正面角度由正对被摄体正面移置向 90°一侧时，就可以看到组成被摄对象的物体和人物的体积的侧面。由于在所指图景中可以看到物体的两个面和这些面的接合线，即物体的棱轮廓线（如人头正侧角度的鼻子的轮廓），它们的体积和形状就显得较为充分。在运用侧面拍摄角度时，画面中就会出现线条引向侧面的交会点，引导观众的视线进入了能指图景的深处，因此画面便具有一定的所指意义的空间感和纵深度，而且拍摄角度移开中心位置愈大，所产生的这种空间感和纵深度也愈大，因此，记者在现场便可以把所指意涵中重要的、应使观众注意到的那些意义配置在画面的深处，以实现能指、所指的最佳对应。

③斜侧角度：又称对角线角度。当镜头从正面角度由正对被摄体正面移置向 45°一侧时，便是对角线构图。对角线构图由于画面中有明晰的线条透视会合点而具有显著的方向性，因此就产生动势。当需要在画面中再现运动时，一般都采用这种决定着对角线构图的拍摄角度，用画面中主线的对角线方向来强调运动的方向。许多表现体育的能指图景都是依据对角线构图的这些特点来实施的。

④背面角度：是记者超过主要人物活动的中心和轴线，镜头正对人物背面的角度。背面角度被摄对象的能指图景信息最少，观众的视知能动性由背面主体引向画面背景，从而引导观众关注、解读背景图景的所指内涵。新闻人物采访常用的反打过肩镜头是介乎背面角度与斜侧角度的谈话镜头，是交叉展示记者与被采访关系的最佳角度。

以上是摄像机围绕被摄体产生的"方向"变化。

2. 角度语言能指意蕴的"距离"元素解读

所谓角度的距离，系指摄影机与被摄对象之间的距离变化（或记者不动而镜头焦距变化），距离的变化表现为能指对象在图景中所占面积大小的变化，称之为景别变化，拍摄位置移近能指对象时影像就增大，反之就缩小，包括远景角度、全景角度、中景角度、近景角度、特写角度五类，它们的指称意蕴如表 4 - 2 所示。

表 4 - 2　　　　　　　　　　角度语言能指意蕴的"距离"元素

角度名称	角度能指的内涵	角度能指的所指意蕴
远景角度	展现能指对象远距离形貌，指称对象生存于广阔空间，融于环境中	传达深邃、抒情的意蕴，兼具层次模糊、难以浏览等弊端

续表

角度名称	角度能指的内涵	角度能指的所指意蕴
全景角度	展现能指对象形貌高度的全部，指称对象与生存环境的关系	传达结构完整、叙事清晰的整体意蕴
中景角度	展现能指对象形貌高度的3/4，指称对象的人际关系与情感表露	传达连贯、亲近、友好、敌对等意蕴
近景角度	展现能指对象形貌高度的1/2，指称对象的情感、行为关系	传达亲近、友好、信任等意蕴
特写角度	展现能指对象的局部细节，指称对象细节放大	传达压迫、细腻、强烈、夸张、描绘等意蕴

拍摄时距离远近的选择关系到能指图景大小的选择，记者在选择能指图景大小时就限定了所表现的能指空间的大小，这是记者从面前现有的全部能指材料中只选取一部分决定性的、应当引起观众注意的材料。确定能指影像景别的大小，对图景的所指主题、内容是一种行之有效的造型处理方法。如果由拍摄位置至被摄体的距离，以及由这个距离直接决定的能指影像景别的大小确定得不够恰当，能指图景在失去构图的完美性的同时，所指意义的浮现也将受到损害，也就是说，一旦失去能指图景景别的明确性和确定性，电视新闻画面所要传达的所指意义就将模糊。

①远景和全景：远景是表现广阔场面的画面，它是从远离被摄体的视点上拍摄，包括极大的景物范围；全景则是表现成年人的全身或场景全貌的画面，所包括的景物范围比远景要小。远景、全景能使观众一般性地认识被摄体，能鲜明而确切地表现出总的面貌，能够清楚的看出人与广阔的空间环境、自然景色的关系，是环境对人的精神上的影响。这类镜头，渲染气氛与意境，对于传达所指的宏观意义最为有效，如国庆阅兵、各种集会的远景、全景能指镜头。

②中景和近景：中景能指图景包括成年人膝盖以上或场景局部；近景能指图景则是指成年人腰部以上或场景局部。它们是从较近的距离并以较大的规模来表现被摄体的，从而仿佛使观众去接近所发生的事件，使他们集中注意力于被摄体的特定部位上，或事件的特定瞬间上，只是环境气氛不及远景和全景。这两个景别能很好地描绘出人物的姿势和手势，或同其他人物的相互作用，或同周围的劳动工具、日常用具、环境的相互关系。它既能表现一定的环境气氛，又能表现人物之间的关系；既能表现外部动作，又能适当表

现人物内心活动和人物之间的感情交流。中近景是以大部分画面来安排人物形象为前提的，它是电视新闻报道摄影中异常重要的及普遍采用的景别。

③特写和大特写：摄像机前移（或是镜头放大）被摄体的细部，画面中非能指空间就进一步缩小，能指影像细部相应增大，从而构成能指图景的特写。特写是表现成年人肩部以上的头像或某些被摄对象细部的画面，特写还包括一部分近景。匈牙利电影理论家巴拉兹这样评价特写的功能："它不仅使我们看到某些前所未见的物体和事件：昆虫在宽阔的叶子上的冒险旅行，初生的小鸡在鸡舍的角落里经历的悲剧，花的爱情行为和纤细风景画里的诗意。摄影机不仅带给我们新的题材，它在无声片时代借助于特写，还给我们揭示了我们自以为早已熟悉的生活中的潜在基因。我们对生活面貌认识模糊不清，这主要是因为我们的感觉迟钝、眼力短浅和观察不深。我们只是滑行在生活的表层。摄影机已经为我们揭示出作为一切重大事件产生根源的各个重要问题的内核：因为最重大的事件只不过是各个微小因素的运动的最后结合。一连串特写可以使我们看到一个整体变成各个个体的那一刹那间。特写镜头不仅扩大了而且加深了我们对生活的观察。"[①]

特写这一概念通常和肖像能指影像相关。在以特写表现人物时，他的面孔实际上占据了几乎整个画面。特写可以详尽地、高度个性化地再现出人物的能指风貌，可以再现出人物面部丰富而多样的表情，从而能够在图景上生动地表达出人物的性格和内在本质。手势的特写能积极地协助人表达所指范畴的情感和内心状态，表现手势可以提高肖像能指的情绪表现力，因此可用特写镜头把所指的意蕴充分传达出来。能指肖像图景中的动势是由被摄人物的姿势、手势、转身姿势组成，这种动势是通过画面中的构图手法、线条描绘、主线的方向而强调出来的。拍摄角度、明暗光斑的配置将有助于体现这种动势。

特写镜头的局限性是不能表现出广阔的周围环境，在这里，环境只能通过其个别部分、个别细节表达出来。这些细节往往是安排在总的构图内，配置在画面的主体后面，即配置在被摄人物后面的画面深处。大特写则是拍摄位置再进一步移近被摄体，而使画面范围限于所表现的空间的极小部分之内，结果就成了被摄体的个别部分的大特写，观众的注意力随之集中于最重要的能指部位上。

应当指出的是，在上面所列举的各种大小不同的景别之间，并没有非常

---

① ［匈］贝拉·巴拉兹：《电影美学》，何力译，中国电影出版社 1986 年版，第 39—40 页。

清楚而明确的界限。电视新闻也不讲究每一种景别都是通过一些中间过渡景别而转入另一种景别的，如全景画面与特写画面的对接，中间并不需要中景画面过渡，例如新闻人物作为主要表现对象，在画面中常用特写来表现，而人物的活动环境则以全景表现出来，这样的两极（特写与全景）画面结构可以表现出人物与其周围环境的相互关系。特写角度在电视新闻画面中有着十分重要的作用，无论是揭示新闻人物的内心世界，还是展现新闻事物的内在特征，抑或是展示新闻事件的真实性，通过特写能指细节的展示，更能以最为肯定能指内容对应新闻所指意义的内涵，从而消除信息的不确定性。

3. 角度语言能指意蕴的"高度"元素解读

所谓角度的高度，系指记者立足（摄影机定位）后，视觉（镜头）水平线指向与被摄对象水平中分线之间的高低关系，包括平角度、俯角度、仰角度三类，它们的指称意蕴如表4-3所示。

表4-3 角度语言能指意蕴的"高度"元素

角度名称	角度能指的内涵	角度能指的所指意蕴
平角度	展现能指对象平角度正面形貌的指称对象	传达平和、自然、安详等意蕴
俯角度	展现能指对象俯角度形貌的指称对象	传达渺小、微弱、压缩等意蕴，兼具变形的弊端
仰角度	展现能指对象仰角度形貌的指称对象	传达权力、威严、颂扬、夸张等意蕴，兼具变型的弊端

①平角度：是摄像机镜头的纵轴点与被摄物体高度中分点水平吻合的角度。平角度镜头因接近观察物体的水平视角，人物或建筑物很少变形，产生画面平稳的效果。镜头前的两岁小孩，身高不足90厘米，若欲拍摄描述其正常高度的能指影像，镜头水平纵轴线必须降至与小孩身高90厘米的1/2（即45厘米）处成水平指向才行。然而，在绝大多数情况下，大人们拍小孩总是以大人的站立高度取景（这实际已是俯角度），结果得到的都是小孩被压缩变矮的图景。平角度的另一常用方式是地平线横贯画面中央，中分画面，这一分割线视角下的陆地实像与水中倒影、蓝天与草原平分秋色等能指图景传递的是对称性的审美所指效应。

②俯角度：又称高角度，是指摄像机视轴指向视平线下方的拍摄方式。这个角度的特点一是画内地平线移至画外，画内景物的层次、数量及分布情

况一目了然，展现出完整的能指布局，传递宽广、气势宏伟的所指意涵；二是拍摄人物与环境关系时，可以造成孤单、渺小、茫然、压抑等所指效应。

③仰角度：又称低角度。从低角度拍摄时，前景和远景中的物体在高度上惯常的对比产生变化，前景中甚至是不高的物体往往也会投影在天空的背景上，或显得同远景中的高大建筑物一般高。这样的影像给观众以一种特殊的印象，因为生活经验和视觉感受心理会使他们觉得前景中的物体是这么高大、宏伟而庄严的所指意蕴，即使实际上并非如此。可见，低角度拍摄手法包含着巨大的表现能力，这种造型处理有助于表现主题，如果应当使观众的注意力集中于前景，而前景中这种被放大突出了的高度又有利于观众正确地评价影像能指的内容和被摄体的性质，那么低角度的应用就是正当的，而且从低角度拍摄也就会产生有趣的、有效的结果。值得指出的是，如果单纯从形式着眼而脱离内容来运用低角度拍摄，只是想拍下所谓构图新颖的能指图景，影像就会失去生活的真实性。因为这种对被摄体的不为人所习惯的、毫无根据的视点，往往会使影像上所表现出来的对象显得异乎寻常，而有悖于电视新闻能指图景的真实性原则。

二　线条语言的能指意蕴

空间定向和平衡轮廓中各种千变万化的能指形态，无不发端于线条，线条是能指影像结构中的一个基础因素，线条和线条的有机结构是能指影像结构成型的重要手段。世间万物造就的线条种类繁多，粗细、平直、曲斜各异，线条具有概括可见对象的轮廓层次以及反映对象立体形貌的作用。尽管从理论上讲，抽象的线条本没有什么能指的含义，但由于生活经验的积累，人们对各类线条的能指意蕴还是形成了某些约定俗成的认识定式，认为能指状态的线条具有某种"所指"的象征联想意义和心理感受，比如直线给人挺拔、宁静之感，曲线让人体会柔和、流动之态等。

当然，线条本身不可能单独在画面中产生主导作用，需同物质现实中的能指对象形貌相结合，从而传达特定的含义，如平静的海面，外形线条是平的，产生安定、流畅和开阔的感觉；有风浪的海面，海水的外形呈锯齿状的线条，形成汹涌澎湃、动荡不安的气势。若抽离这些背景，单纯的线条却并无什么所指含义。如弯曲的线条，若理解为温柔、幽美，那么火车奔驰在曲线的铁路上则是万马奔腾、气势雄伟之感，与前者是完全相反的感觉，每一种形式的线条在特定的能指语境中都能产生一定的视觉印象和心理情绪，而这种印象和情绪的感受必须由画面的所指内容来决定。掌握线条的特点，正确地使用线条，满足意义所指与线条能指符号的逻辑对应关系，可引导观众的视线集中注意于能指图景中的主体，产生与内容意义一致的情绪。线条的客观存在为能指现象由心理意指转向直接意指、实现图形物化奠定了基础，线条的抽象所指也因线条能指的物化而产生约定俗成的意义，相关内容见表4－4。

表4－4　　　　　　　　　　　　线条语言的能指意蕴

线条名称	能指描述	所指意义解读
垂直线条	直线自下而上构成的图景	产生生活中所常见的大树或高耸雄伟的建筑物一样的感觉，给人以庄严、高大、昂扬、岿然不动、严肃、端庄等感觉，有代表尊严、永恒、权力的意味；也有自上而下地运用垂直线条的，造成深不可测、一落千丈之势
水平线条	平行的线条，图景引导视野向左右延拓	图景传递宽广开阔的气势。大海的平静、无垠的大地和天空的寂静与安定，常给人以平静和安宁的所指意义联觉，水平线的局限是缺少动势
斜视线条	世间物体大都由直线构成，诸如桥路房屋等，因"远小近大"视觉收缩使然，平行线结构的能指图景结果均为视知觉虚体性斜视线条	斜视线条是视觉虚体性线条，可引发心理动势。能指图景空间的平行构成在视知觉的过程中均有远小近大的变化，结果产生斜视线条，过程瞬息间就产生一种所指意味的动势，动势结果产生所指意义。如果结合了物体的运动姿态，斜线更有助于运动的强化。人们通过长长的走廊时，两旁所构成的斜线，将我们的视线导向画面的深处；当一个人从远处走来时，平行路面形成的斜视线条使得他的神情姿态给人以强烈的感受。斜线蕴含着危险、行动、崩溃、无法控制等感情，产生跳跃的所指意义上的感觉
放射形线	线条由一点成喇叭状扩散	云隙中的阳光产生光芒四射的力量意义，爆炸和喷泉现象传递奔放、豪迈、威力的感觉，这便是由放射形线条构成的能指图景产生的所指意义
锯齿形线	锯齿形线构成的能指物理图景往往杂乱无序	因为锯齿形线构成的能指物理图景大都杂乱无序，受众的心理图景必然跌宕难宁，因而产生所指意义上的不安定、不均匀、紊乱和动摇的感觉
弯曲线条	弯曲线条、垂直线条、水平线条均为实体性线条	弯曲线条造成柔和优美、迂回曲折的所指感受，诸如河道、海岸、垂柳等能指图景中的弯曲线条结构变化总是引发人们万千所指意义的联想

三　光线影调语言的能指意蕴

光与影，是能指图景生成的重要物质基础，因为有光才有形、有光才有影。光是视觉能指符号重要的造型元素之一，如同画家手中的调色板，光是电视媒介图像生成的前提。所谓影调，是指不同亮度的景物所形成的有明暗差别的影像，浓淡阶调的配置，使画面因黑、白、灰所占的面积大小差异而形成各种能指"调子"。不同的光线造成的影调效果，会营造出不同的所指情绪和气氛，从而引发人们不同的心理感知效应。一般来讲，强光能给人以开朗、乐观、积极向上的心理感受，而暗光则使人陷入悲伤、忧郁、低沉的情绪。光能产生诸如高调、低调、中间调及硬调、软调、平淡调等各种形式的影调。画面上黑色影调占的面积大，称为低调；白色或浅色占的面积大，称为高调；各影调配合和谐，中间层次丰富，称为正常调子。在画面中低调宜于表现深沉、忧郁、沉重的情绪，高调宜于表现明朗、欢快等情绪；软调常用于表现回忆的、温馨的、浪漫的、诗情画意等题材的内容，而中调则富有安定、温和的含义，适合表现严谨、庄重的题材内容。影调是保证电视画面影像质量的关键因素，通过浓淡不一的影调可以形成层次丰富的空气透视，从而在二维的画面中展现多维的立体效果。在电视新闻的画面中，可运用影调明暗对比映衬的方法来突出主题。随着科技的发展以及传播理念的更新，现代电视媒介中所提到的"光"，已不再仅仅是原始意义上的照明，而是一种媒介信息的延伸和情感思想的流露，光影语言已逐渐凸显出在影像叙事中的重要作用。光的能指结构作用离不开画面内容，光的最佳运用取决于具体内容在光的方向、强弱作用下所产生的视觉冲击效果（表4-5）。

表4-5　　　　　　　　　　摄影用光角度的能指意蕴

角度光名称	角度光的能指内涵	角度光能指的所指意蕴
正面角度光	被摄者面对光源，即由摄影机后面射来的光线，亦称顺光	传达坦荡、光明的意蕴，兼具缺乏影调层次、呆滞等弊端
正侧角度光	光源的照射方向与摄影机拍摄的方向成90°左右水平角度照射被摄体，称为侧光照明。使用辅助光照射暗面，获得内容需要的光比	传达被摄对象的轮廓线条和立体形态、表面粗糙物体的质感、人物内心激烈的矛盾等意蕴，兼具反差大、空间厚度不足的弊端

角度光名称	角度光的能指内涵	角度光能指的所指意蕴
斜侧角度光	光源的照射方向与摄影机拍摄的方向成45°用辅助光对被摄体的阴影部进行补光，减小直射光造成的强烈明暗反差可丰富能指内涵	传达层次丰富，生动鲜明，立体效果和空间效果俱佳的意蕴
背面角度光	光源照射的方向与摄影机拍摄方向成180°水平角度照射被摄体，此为逆光照明。用辅助光对被摄体的逆光部进行补光，减小直射光造成的强烈明暗反差，可丰富能指内涵	传达被摄体与背景分开、画面空间感强的独立且引人关注的意蕴
低角度脚光	光源从被摄体的下方往上照射被摄体（灯光布光、水面反射光）	传达反面人物或心态变异人物的反常意蕴

另有辅助光、背景光、装饰光、轮廓光、效果光、眼神光等不一一涉及，读者可在实践中视需要再寻求专业补充。影调随光而生，同样得从使用实践中寻求其能指意蕴。

四　色彩语言的能指意蕴

阿恩海姆在《艺术与视知觉》一书中阐述："严格说来，一切视觉表象都是由色彩和亮度产生的。那界定形状的轮廓线，是眼睛区分几个在亮度和色彩方面都截然不同的区域时推导出来的。组成三度形状的重要因素是光线和阴影，而光线和阴影与色彩和亮度又是同宗。"[①] 色从光来，又由光变，色彩的本质是波长不同的光，色彩由明度、色调和色饱和度三要素构成，这是色彩的物理属性。"色彩即思想"（列宾），色彩被当作一种叙事语言来表达人们的思想情感古来有之，色彩的感觉是一般美感中最大众化的形式之一，色彩在电视画面造型诸元素中是视觉反应最敏感的一种。电影和电视诞生之初都是黑白影像，而彩色片的诞生为影像的表现力增加了更多的维度，赫伯特·泽特尔认为色彩具有信息功能、构图功能和表述功能[②]。色彩的表现力

---

① ［美］鲁道夫·阿恩海姆：《艺术与视知觉》，滕守尧等译，四川人民出版社1998年版，第451页。

② ［美］赫伯特·泽特尔：《图像　声音　运动：实用媒体美学》，赵淼淼译，北京广播学院出版社2003年版，第63页。

与合理搭配是电视画面情绪渲染的重要视觉元素，色彩所传达的感情内涵有时往往是语言所无法企及的。在《兴安岭发生特大森林火灾》的画面里，那铺天盖地的红色烈焰，不仅准确地反映了火场的危难情景，还以其色彩所传递的令人焦灼的情感，动员了全国上下对于事态发展的高度关注，为灭火救灾造成了广泛的舆论。这种调动情感、集中舆论的力量，是文字描述所无法比拟的。

1. 色彩的象征寓意

色彩文化学认为：色彩本身并无什么抽象含义，人们对色彩的运用，都是致力发掘它的象征寓意。人们公认的一些色彩的象征寓意如表 4 – 6 所述[①]：

表 4 – 6　　　　　　　　　　色彩的象征意义

色别	象征意义
红色	热烈、喜悦、勇敢、斗争
黄色	醒目、庄重、高贵、光辉
蓝色	安静、深远、幽清、阴郁
绿色	生意、健康、活泼、平和
白色	清洁、坦率、朴素、单调
紫色	柔和、优婉、华贵、娴静
品红	秀丽、鲜艳、飘逸、悦目
黑色	沉着、恐惧、严肃、神秘

2. 色彩意义形成探渊

色彩感觉的一个重要理论"小海尔姆霍兹理论"认为人有三种色彩感受元，每一种感受元分别对红、绿、蓝敏感，被称为"三元理论"，一切其他色彩的知觉都被看成是这三种色彩元混合作用的结果。选择红、绿、蓝作为三基色是因为人眼的三种感光细胞对这三种颜色的反应最为灵敏，它们在相应色光刺激下会产生兴奋，并通过视神经将接收的色光信息传递到大脑，形

①　色彩的象征意义众说纷纭，本书根据朱静编写的《电影摄影师的创作》（中国电影出版社1964 年出版）相关内容制表。

成一定的色彩感觉。三种感色纤维接受相应色光刺激时，产生的兴奋程度是不同的，其中感绿纤维最大，感红纤维次之，感蓝纤维最小。这种兴奋程度的差异，是人类在适应以生存的自然环境的过程中，经过长期进化、遗传所形成的。人类在进化的历史过程中，为了适应自然条件求得生存，逐渐形成了能够感觉与区分色彩的视知能力。当人类还完全依赖自然条件生存的时候，所处的基本环境是阳光、野火、蓝天、江河湖海、冰雪以及绿色植物。如果不能感觉与区分这些自然现象，便无法寻找食物、水源以及栖身场所，也无法逃脱危险，避开严寒。火红的太阳带给人们光明与温暖、炽红的野火带来烤熟兽肉的甘美、红熟的野果带来鲜甜、森林大火带来死亡与恐惧，由于这一类外界条件的长期影响，在人眼的视网膜上就逐渐形成了一种对红光敏感的感红纤维（红色觉）。人们最初对色彩形成恒常反应，是以自然现象和生理现象为基础的，随着社会的进化，部落的斗争，流血现象又表明着胜利和喜庆以及残酷和失败，同样是红色，于是又有了社会现象和人为现象的反应。这是红色感觉的形成和发展。同样的道理，感蓝纤维（蓝色觉）的形成，与原始生活中的蓝天、蓝天映照的江河湖海、呈蓝青色调的冬雪寒月有着密切关系，沉寂、冷清、安静之类的心理感觉亦由此生成。感绿纤维（绿色觉）的形成，则是因为广袤的大自然中的绿色植物为人们的衣、食、住等生存需求提供了丰厚的条件，引起人们常年关注生存和向往的结果。虽然感绿纤维最易兴奋，但也最易抑制，这是远古的原始绿色教人们敏锐地从绿色的大自然中寻找生存条件，和绿色给人们以庇护和享受所形成的。所以，绿色在心理上影响包含着动与静的融合，且以静为终结的特点，产生清新、明快、宁静的感觉。比如，绿色的群山使人心旷神怡；绿色的田园使人感到清新明快；绿色的地毯使居室显得宁静平和。整个人类以绿色象征安全与和平。

色彩，作为一种物质现象，其本身的色相特质几乎是恒定不变的。色彩所形成的感觉多变性，实质上是反映色彩与自然现象、生理现象、人为现象和社会现象的复杂关系。红、绿、蓝三色光是构成影视画面万千色彩的基础色相，图4－1、图4－2、图4－3以红、绿、蓝三个基础色相为例，表述红、绿、蓝三种颜色与自然、生理、人为、社会四类现象的多种象征意义的变量关系（即三种颜色的所指意义），概括性地说明了色彩形成诸多感觉的依据和规律。

人们对色彩的能指感觉最初源于对自然现象的体验和生理现象的有机融合，色彩伴随着现实生活，色彩所指意义的心理层次、感情层次和审美层次

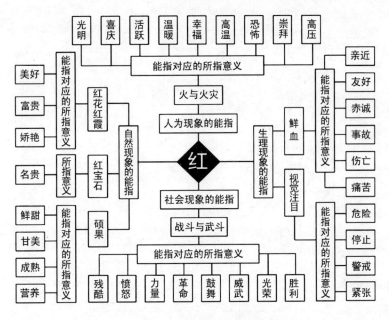

图 4 - 1　红色相象征意义图示

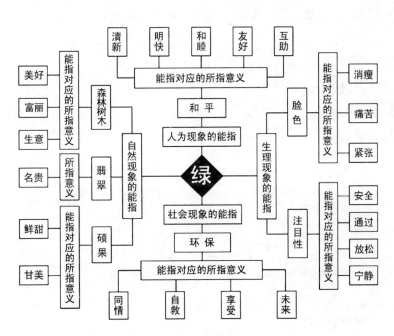

图 4 - 2　绿色相象征意义图示

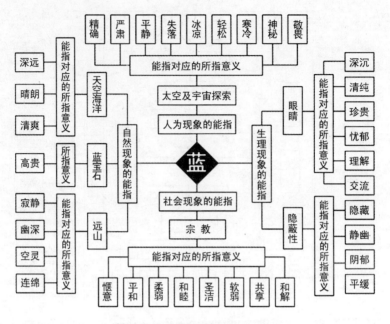

图 4 - 3 蓝色相象征意义图示

与人为现象和社会现象有着千丝万缕的联系，色彩能指、所指的意指感觉是
一种实实在在的哲学现象。在艺术类的电视画面中，制作者可以不遗余力地
去发掘色彩的能指表现力和感染力，而在电视新闻画面中，并不苛求色彩的
完美造型，新闻现场的拍摄不应该为了追求光影色彩能指的完美造型效果而
违背新闻真实性去随意"化妆"新闻人物，最终造成能指图景失实而伤及所
指的本真意义。

第二节 应用性能指符号

如果说基础性能指符号是结构能指图景画面的细胞，那么应用性能指符
号则是结构能指图景画面的骨骼与血肉，它们是记者所指诉求的视觉能指的
物化形象，以具象符号证实所指内涵存在的合理与真实。

一 图形能指符号

1. 体态符号

在电视新闻真与美的互动中，人是第一视点，人类从幼年时期对人的面孔的自然认知，使得电视新闻中人的身影、面貌、姿势、神情等体态形象成为观众注意和记忆的主体。电视传播的体态符号主要体现为形体符号、表情符号和服饰符号。所谓体态符号是指人际传播中，通过脸谱表情、肢体行为所表现出来的有一定所指意义的能指符号。这些符号承载着人际传播约定俗成的所指意义，因而便具备了非语言符号的传播特质，诸如对握拳竖起拇指表示夸赞、食指中指展示的 V 表示胜利等非语言符号携带的所指意义的解读。心理分析的创始人西格蒙德·弗洛伊德认为："只要一个人用眼睛去看，有耳朵去听，就没法保守秘密。即使他嘴唇不动，也可能会下意识地与他的指尖聊天；每一个小细节都出卖了他。"① 举止神态学（kinesics）——通常被称为身体动作或身体语言——最典型的包括面部表情（特别是眉毛、前额、眼睛和嘴的表情）、姿势和手势。人的身体是一个信息载体，人们内心深处的情感、态度、需求和心理意向都会及时地经由体态语言表露出来，面部表情、行为举止、衣装饰物、与对方保持的距离等都在传递多种信息，体态语言是非语言传播中非常重要的一种形式，电视媒介无疑是展现人物体态语言最直观的载体。1994 年 5 月 15 日台湾《华视新闻》播出国民党代表和民进党代表为选举席位的一次由磋商引发的争斗，第一个画面是两双相互指责的手的特写，第二个画面拉开至近景，依然是强调手的动作表现双方激昂的情绪，一反以往他们报道党派斗争时常用手法，因而使画面颇具"手是行为的焦点"的新意。传播学家们还认为，形体语言还涵括了眼神的接触所产生的语言，一些目光交流包括了困窘、敌视、猜疑、镇静、命令等多个信息；还有人们熟知的哑语。这诸多形体语言，都是需要我们致力去发现和控制的内容。

在人的体态语言中，脸部表情是信息的一个重要来源。在某种程度上来说我们是通过面部肌肉来传达信息的，通过面部表情我们可以传递情感，亦可以分析他人的情绪表现，这在电视的特写镜头中表现得尤为突出。我们可以努力控制自己的行为举止或话语表达，可是对于控制面部情感的外泄却要困难得多。有这样的镜头：艰苦的体力劳动场面中劳动者满脸微笑。显然，人物的表情语言和背景发生矛盾，这是记者摆布导演造成的失实。有外国人不谙我们记者的摆布"技巧"，持疑相问："他们干这么重的活怎么还笑得

---

① ［美］特里·K. 甘布尔、迈克尔·甘布尔：《有效传播》，熊婷婷译，清华大学出版社 2005 年版，第 113 页。

如此轻松呢?"表情语言是细节,细节运用靠捕捉,再高明的"导演",也往往因细节失实而致"马脚"毕露。人是新闻事件的主体,表情符号是人物在新闻画面中所体现出的精神面貌,一颦一笑、一举一动、喜怒哀乐等面部运动和表情语言这些无意识行为看似微不足道,但却是新闻现场重要的细节表现,真切的感情表达是新闻事实的重要组成部分。

服饰符号是通过人的衣着、妆容、发型及佩戴的首饰等穿衣打扮来传递信息的,这些服饰符号都透视着人的某些情绪和意图。记者对被采访对象服饰的悉心观察和细微刻画,有利于揭示被采访者的性格特征或精神风貌。保罗·埃克曼在《病态心理学和社会学杂志》上撰文说:"自然流露的体态和面部表情并非毫无规律的活动……而是具有与言语行为相关的独特的传播价值。"① 记者对体态符号的把握和描摹要比吃力的抽象描写来的更加直观和易于理解。

2. 环境符号

人的一切传播行为都是在一定的时空环境下进行的,人类信息传播的发展历程,从某种程度上说就是不断克服环境的障碍,突破时空的限制,以寻求更自由、快速、便捷、准确传递信息的过程。电视新闻叙事的时空性体现为被采访者的形象、声音、环境背景同时出现在电视画面的二维空间中,这是报纸的扁平化传播和广播的声音线性传播所无法企及的。新闻现场、人物所处的时间与空间环境都涵括着各种信息,对于环境符号的把握,可进一步烘托气氛、展现人物关系以及揭示新闻主题。对于电视新闻记者而言,深入事件现场采访、摄影、记录,目的就在于将新闻现场的环境、气氛、细节直观地展现在观众眼前,满足观众的视听心理认同,充分发挥电视新闻现场感的优势。

3. 特技的符号意义与叙事价值

这里的特技特指电视新闻镜头转换技巧,有些著作中称之为纯技巧转换——是指这样一些镜头转换方式,它们并不完全依靠镜头的内部因素,如事物发展变化的连贯性,事物间的相似性,或者一些过渡缓冲因素等来承启镜头。在外在特征上,它与切换的区别在于,它不是瞬间转换镜头,而存在一个延时的过程。其主要职能就是使观众明确意识到镜头与镜头、场景与场景间、节目与节目间的间隔、转换或停顿,以及使转换平滑并制造一些切换

---

① [美] 约翰·布雷迪:《采访技巧》,范东生等译,新华出版社1986年版,第251页。

不能产生的效果。常见的手法有：

①淡入淡出：也叫渐隐渐显。两段画面相接时，前一个镜头的结尾，画面从有到无的过程叫渐隐，在后一个镜头的开头，画面从无到有的过程叫渐显。两段画面最初相接时有一段黑场（黑画面），淡入淡出属于明显的转场设计，用于大段落转换，指明时间连贯性上有一个大的中断。

②化入化出：两段画面相接时，前一镜头以渐隐结束，后一个镜头以渐显开始，两段画是在重叠的情况下完成交接的。效果是后一个镜头融化前一个镜头，速度可快可慢。化在较长的新闻专题片中，主要用于较小段落的转场，或表示一个在时间或空间上的较小转变，或表示在两个地方同时发生的事情。

③叠化和叠印：叠化是指用一幅新出现的画面叠在即将消失的画面上来转换镜头的方式。与化的区别是，有渐隐但没有渐显。叠化主要用于表明时间转移，通常描述同一人物或事物在不同时间内的表现。叠化的另一个作用，就是在需要连续采用表现同一主体的一系列镜头时，为避免过于跳而用它代替直接分切。

这里要注意区分叠化与叠印的区别。叠印是将两条或两条以上不同片子叠合在一起，通过一个镜头可以看到其他镜头，用以表现回忆、想象、梦幻以及时间流逝，同时构成的并列形象能使观众产生联想。它没有渐隐的过程，也没有渐显的过程。

以上三种过渡技巧只适用于时间节奏较慢的新闻专题片、纪录片使用。

④划：这种技巧转换原来是指将一幅新的画面逐渐划过屏幕，以取代原有的画面，两个画面之间存在一条明显的界线，当新的画面完全取代原有画面时，划的过程结束，界线消失。在今天的电视时代，先进的特技发生器可以提供无限多的划的组合形式。譬如，电视新闻节目中经常用的"软切格"技术，画面之间的转换是以画面的扩散、渐变为特征的，它减低了硬划的触目程度，看起来更像叠化而不像传统上的划了。又如，当划的过程在中途停顿时，可创造出分割屏幕的效果，即在同一个屏幕上出现多个画面，可以用来表现同时发生的几个事件和动作，也可以用来从不同视点、不同距离表现同一个事件和动作。

相对而言，划是人工痕迹最明显的一种转换方式，但当一位电视新闻节目的编辑需要唤起人们对转换的注意时，划是很有用的，很容易吸引观众的注意力。

⑤定格：定格就是画面静止，从视觉效果上看是摄像机镜头不动，被摄对象也不动。在电视新闻纪录片中由动而静的定格用于段尾和片尾，由静而动的定格则用于段头和片头。也有用于段落中间的定格形式，如静止的相片变活，可引出回忆或进行倒叙。

⑥翻转：就是画面在屏幕上进行旋转，旋转中换成新的镜头。这一转换技巧电影极少用，但是先进的电视特技机却可以运用自如。翻转适宜连接对比画面和变换时空。

4. 图表语言

电视新闻的镜头既不能伸向未来，也无法回顾历史，只能记录实实在在的现在。然而当许多材料涉及"过去"时，除了活动的、静态的影像资料，留存的图表资料也是十分可贵的造型语言，因为它们毕竟是历史的见证。这类图表有时失之粗陋，但比之"重演"，却有无可比拟的佐证价值。

5. 动漫语言

当今电视新闻中空镜头多、重复镜头多、虚假扮演镜头多、准确叙事镜头少，能指、所指严重脱节（甚至背离）的"三多一少"现象与新闻事发第一时间，记者大多不在现场不无关系。如何化解这一尴尬局面？当代计算机动漫（动画或漫画）传播的形式成果开创了电视新闻节目运用"动漫"能指图形叙事以虚拟情境还原新闻事件发生、发展、结局全过程的新格局。动漫（动画或漫画）作为一种有别于传统新闻叙事的叙事形式被引入电视新闻叙事当中，其信息含量和叙事模式都呈现出崭新的传播叙事价值，从内容上看，回述时政经济科技大事、描摹市井民众生活情态、凸显突发事件关节要点等无所不包；从形式上看，有真人头像漫画、漫画描摹、漫画文字组合、动画连环叙事等多种组合。本书第八章第四节将对该部分内容展开详细论述。

6. 视频语言

随着视频科技的发展和社会安全管理的需要，视频监视系统开始遍布街头、社区担当起市民安居乐业、守护安全的卫士。基于街区视频所拥有的丰富的原始事实图景资料，电视业者同时转变观念，以真实为第一要义，不计较视频影像像素的低劣，用其所记录的突发事件的影像，做出了备受观众欢迎、专家认可的新闻。视频监视系统的图像逐步进入电视新闻领域的深入论述详见本书相关论述。

二　声音能指符号

声音和画面是电视新闻叙事主体的两个重要组成部分，其中，听觉能指符号主要是指由副语言及现场音响与音乐语言合成的效果声。

副语言（paralanguage）又被称作类语言，是指超出言语交际和分析范围的各种不同性质或种类的伴随言语语言的声音，可概括为两种类型：一种是功能性发声，功能性发声是指有声音但无固定意义的非语言符号系统，它没有词语那样分明的音节和特定的声调，是不分音节的、功能性的发声，如笑声、哭声、叹息声、呻吟声、咳嗽声以及因惊恐而发出的喊叫声等；另一种是伴随有声语言出现的语音特征，如语音、语调、语速、语顿、音质、音高、音量、停顿等，有声语言中的语音、语调等造型元素的各种变异和组合，会暗示出对同样言语信息的不同含义[①]。副语言的最大特征是与声音有关，它伴随语言出现，是语言的附加，在信息的传递中起辅助作用，语言的言词表达意义明确，但若是掺糅上不同的语音、语调、音高、音色等副语言语音就会演绎出各种不同的情感所指意涵。

电视传播的音响符号可以分为抽象音响符号和具象音响符号，抽象的音响语言包括播音、解说、旁白、采访、独白等，而具象音响语言则是指现场音响及后期的效果音响（包括音乐语言的合成效果声），具象的音响符号是电视传播中重要的能指符号。希区柯克说："音响效果应该当对话来处理，对话可以当音响效果来处理。人的喊叫和笑同样可以传达重要的涵义。"[②] 早期的无声电影被称为"伟大的哑巴"，电影从无声到有声、从单声道录音到多声道立体录音，从普通光学录音到磁性录音再到数字录音，从长波、中波、短波到调频、调幅，从平面的声音到立体声……技术的革新使声音的记录越来越保真，越来越接近生活的真实。"电影媒介与文字媒介不同，它的特殊性在于能够将声音磁道与形象磁道异步化和并置。'画内音'和'画外音'是对声音的两种异步用法，前者指属于故事世界但是在屏幕上看不见声源的那些声音，后者指声源既不在可见的故事世界里，也不在镜头旁边的故事世界里的那些声音。"[③] 音响语言的类别与

---

① 宋昭勋：《非言语传播学》，复旦大学出版社 2008 年版，第 70—78 页。
② 转引自周传基《电影·电视·广播中的声音》，中国电影出版社 1991 年版，第 160 页。
③ ［美］戴卫·赫尔曼主编：《新叙事学》，马海良译，北京大学出版社 2002 年版，第 21 页。

作用分述如下：

1. 音响语言的类别

①自然音响：风雨声、雷鸣、浪涛呼啸。

②动物音响：各种动物的鸣啼、行走声。

③机具音响：各种机器、车辆及船只、飞机发动工作声音。

④人声音响：现场人物的说话声，喊叫声，这些声音不直接说明新闻内容，只是在背景状态中以嘈杂的音响形态表明其人的存在。

⑤音乐音响：新闻现场的音乐，不是后期配乐。

2. 音响语言的作用

电视的发展由电影脱胎而来，电视传播中的音响作用不言而喻。就电视新闻而言，客观环境中存在的自然音响是指随电视画面采集录制的带有纪实性和临场感的新闻现场声音，现场音响重在写真，本身没有什么抽象意义，在电视新闻中大多处于背景的地位，是证明一种现场的存在，虽然这些自然音响没有新闻主播或者是画面内新闻人物的声音那样突出，但其作用却是十分显著的。具体表现为：

①渲染气氛、点染画面，使新闻内容更具真情实感。电视传播的优势是声画兼备，将人们带到一个视听完整的感觉境界，给人以充分的信息享受。音响的运用，使原本真实的新闻画面具有了更为丰富的表现力，无论是巨音轰鸣，还是纤声微颤，人们可以从音响的变化中，进一步感悟到事实的存在和发展。音响，使观众的心理与新闻贴得更近。人们笑言那些只见动嘴没有声音的新闻人物为"超级哑巴"，人们还戏称那些寂无声息的车间、码头是"真空世界"。不少记者也许尚未意识到，音响的丢失，在观众接受心理上会造成如此深重的逆反情绪。

②延展画面内容，扩大信息容量。电视摄影虽然拥有时空自由，但画面本身的包容量总是有限的，音响则可突破画面容量的限制，扩大信息的总体容量，延伸画面，从而带来一个新的空间。浩大的群众场面，因为有了鼎沸的欢呼声、呐喊声，观众因此拥有更为浩大的心理视像场面。二维画面因音响渗入而具多维特质。

③音响可以形成画面之间时间上的联系感，使画面语言更为流畅。新闻画面因受时间所限，不似艺术类画面可以随意地运用过渡镜头。新闻画面多用"切"的方式组接，少有过渡镜头，必然产生应该忌讳的"跳跃现象"。音响的加入，可以使画面的跳跃现象得以大大减弱，背景音响的连

续，使断续的画面，现出新的时间联系，进而形成视像传播的和谐性和同一性。

④音乐的作用。音乐，在电视新闻节目中和其他音响处于同等地位，发挥同样的作用。我国早期的电视新闻曾仿效纪录电影的手法，专门配乐，其效果是大大削弱了新闻的真实性而被舍弃。作为背景音响的音乐，除了上述三方面音响功能外，它对画面有更为突出的解释、烘托功能。画面所再现的是视觉可及的客观现实，音乐却是"心灵的直接现实"。就两者形象的本性来说，是直接对立的。然而，人们的视觉和心灵并不是毫不相关的对立物。我们看电视，所得到的主要是视觉信息，所获取的似乎只是对具体的视觉形象的直观感觉。可是，就在经历这种视觉感受的时候，总会在心灵深处激起某种反映，在思想上、感情上和心理情绪上，与"画面的灵魂"产生共鸣。而音乐的作用正在于，它能通过音调与旋律创造出"情感的形象"，直接打动人心，直接唤起观众思想、感情和心理情绪上的反应和共鸣。正因为此，电视新闻的背景音乐如果采录得当，就可以对画面的情感和情绪效果起到重要的辅助作用。诸如盛大节目场面中节奏明快的进行曲、音乐会上经典的协奏曲、追悼会上哀婉低垂的葬礼曲等现场背景音乐，都能将观众的情绪牢牢地锁定在特定的感情环境之中。1996年第26届奥运会我国运动健儿夺得16块金牌，金牌总数名列第四的好成绩。1996年8月5日奥运会闭幕，中央电视台《新闻联播》发表综述消息，在历数16位金牌得主名单时，运用大会升国旗的画面逐一"化"出运动员在领奖台上的头像，现场音乐是国歌旋律贯彻始终，特定的环境、雄壮的乐曲、可喜的战绩、感人的画面，使观众感到格外振奋，充分体现了背景音乐的作用。遗憾的是，在2008年北京奥运中国获得金牌总数第一时，没有看到比这更好的报道技巧出现。

直接配上音乐，播放花展、龙舟赛的新闻是多年来广州、香港、台湾一些电视台的常见做法。这种新闻一般都放在一节新闻的最后一条，播音员只播报一句导语："今天×××有场××××，我们一块去看看……"接着便是配乐加上有关画面。

顺便提及的是新闻性、纪实性专题片的音乐。这类音乐同样是作为背景角色而存在的。这类音乐必须依附于画面体系而存在，它的作用是使视觉形象原有的感情、情绪力量能够更快、更强地发挥出来。所谓"更强"，指的是前文谈到的烘托、揭示作用；所谓"更快"，是因为音乐直接拨动心弦，加快了人的视觉对于画面意义的理解速度。这类专题片的音乐应该专门谱写，这样才能真正与画面的本义合拍。一些选用"好听"音乐拼凑的背景配乐，往往喧宾夺主，难得有理想效果。务必注意的是：好的背景音乐，应该使观众并不意识到它的存在。著名的电影作曲家赫尔曼说："音乐实际上为观众提供了一系列无意识的支持。它不总是显露的，而且你也不必知道它，但是它却起到了它的作用。"这是说，在电影中，听不见的音乐才是最好的音乐。这一观念，是完全适用于这一类电视新闻片的。

第三节 特殊性能指符号(蒙太奇语言符号)

"一切存在的基本形式是空间和时间。"（恩格斯语）时间和空间是两个哲学概念，恩格斯的话可以理解为世间各种现象与结构都是基于时间、空间符号来展开的。电视新闻中的时间表现为物理时间、屏幕叙述时间与观众的心理时间：物理时间是事件本身发生、发展的时间；屏幕叙述时间是经由记者、编辑后期制作而呈现在电视屏幕上的一条新闻所占用的时间；受众心理上的时间体验是经由对外界和内心诸般情况的各种不同感知，比如细胞级、机体级、生理级、反射级、情感行为方式和体验方式的感知而完成的。电视新闻中的空间表现主要体现在画面图像的结构之中，电视新闻叙事是由线性的时间延展与跳跃的空间画面共同完成，时空结合令受众对现场有"介入"的快感。虽然时间空间来无影触无形，它们一旦融入事态就显现的特别具体，所以，我们认定时间、空间构成的蒙太奇为电视新闻语言结构中的特殊性能指符号。

蒙太奇（Montage），系指将相当数量的镜头（各种景别、拍摄角度、气氛色调等）按照一定的时空逻辑关系组合材料，反映现实的独特的结构方法，蒙太奇的本质就是剪裁时空构成具体的能够承载所指内涵的能指形式。根据剪裁方式，蒙太奇可分为叙事蒙太奇与表现蒙太奇两大类。叙事蒙太奇是指按照情节发展的时间顺序、逻辑顺序、因果关系，通过分切组合镜头完成对一段情节或一系列事件的简单说明，引导观众理解所要反映事情的所指内容。而表现蒙太奇是以加强内涵表现力和情绪感染力为主旨，重新组接排列各种内容来暗示、比喻新的概念和内容，它不注重时间的连贯性和事件的逻辑性，这种表现手法的目的不是为了叙述情节，而是表达情绪、暗示思想、揭示意蕴。就电视新闻而言，叙事蒙太奇是最基本也最常用的表述手段。

蒙太奇是影视片反映现实的独特的结构方法，它贯穿于影视片摄制的全部过程之中：始于影视文字稿的构思，完成于影视片的最后剪辑、声画合成。既是思考认识的过程，也是思维物化的技术过程。从总体看，蒙太奇是摄制者对影视片结构的总体安排，包括叙述方式（顺叙、倒叙、分叙、插叙、复叙、夹叙夹议），叙述角度（主观叙述、客观叙述、主观客观交替叙述、多角度叙述），场景、段落的布局。从横向看，包括画面与画面的组合关系，画面与声音的组合关系，声音与声音的组合关系，以及这三种组合关系所产生的意义与作用。从纵向看，包括对镜头的运用和处理（如景别、角度、拍摄方式、长度等），镜头的分切和组接，切面、段落的组接及转换。电视新闻的编辑，应该把握住从文字到画面的全部内容，在编辑合成中，要使思想与形象、形式与内容、局部与整体、主观与客观诸方面有机统一，总体体现为对时间、空间的有效驾驭。

一 蒙太奇的时间、空间统摄功能

蒙太奇在电视新闻节目中对于时间、空间的统摄功能大致有六，分叙于下：

1. 选择与取舍、概括与集中

通过镜头、场面、段落的分切与组接，可以对素材进行选择和取舍，选取并保留主要的、本质的部分，省略删节烦琐、多余的部分，这样可以突出重点，强调具有特征的富有表现力的细节，使内容表现得主次分明、繁简得体、隐显适度，达到高度的概括与集中。

2. 引导观众的注意力，激发观众的联想

由于每个镜头只表现一定的内容，组接有一定的顺序，就能严格规范和引导观众的注意力，影响观众的情绪和心理，激发联想，启迪思考。这样不仅帮助观众理解片子的内容，而且引导观众的参与心理，形成主体、客体间的共同"创造"。

3. 创造独特的画面时间和空间

运用蒙太奇的方法对现实生活的时间和空间进行剪裁、组织、加工、改造，使之成为独特的表述元素——画面时间和画面空间，使画面时空在表现

领域上极为广阔，在剪裁取舍上异常灵活，在转换过渡上分外自由，从而形成不同的叙述方式和结构方式，以反映丰富多彩的现实生活。

4. 形成不同的节奏

影视画面中的节奏指的是主体运动、镜头长短和组接所完成的片子的轻重缓急。蒙太奇是形成影视片节奏的重要手段，它将画面内部节奏和画面间的外部节奏、视觉节奏和听觉节奏有机组合以体现事物发展变化的脉律，使片子的节奏丰富多变、生动自然而又和谐统一，产生强烈的传播力度。

5. 组织、综合各种语言符号

通过蒙太奇将影视整体各种语言符号（视觉语言人、景、物、光、影、色、画面和听觉人声、自然音响、音乐）融合为运动的、连续不断的、统一完整的声画结合的屏幕、银幕形象。

6. 表达寓意、创造意境

镜头的分切和组合，相互作用，以产生新的含义，即产生单个的镜头、单独的画面或声音本身不具有的思想含义，可以形象地表达抽象概念，表达特定的寓意，或创造出特定的意境。

二 电视新闻节目的应用范畴中蒙太奇的类别

已有的蒙太奇名称不下 20 种，但根据它们所表述的生活内容、心理活动的共同规律，在电视新闻节目的应用范畴，可归纳为两大类进行研究和应用，即叙事蒙太奇和表现蒙太奇。

1. 叙事蒙太奇

叙事蒙太奇又称叙述性蒙太奇，它用以交代情节、展示主旨叙事蒙太奇是按照情节发展的时间流程、逻辑顺序、因果关系，来分切组合镜头、场面和段落，表现动作的连贯，推动情节的发展，引导观众理解所反映事情的内容，其类别见表 4 - 7 所述。叙述性蒙太奇是影视片中最基本的、常用的叙述方法，更是电视新闻最主要的表述方法。其优点是脉络清楚，逻辑连贯，明白易懂。请看 2007 年 10 月 23 日，中央电视台《晚间新闻》播出的报道《嫦娥一号卫星蓄势待发》，这条新闻仅 55 秒钟，除去播音员播导语和记者出镜，还有现场和动画画面不到 40 秒，用了 9 个镜头，展示了火箭加注燃料的过程，并且还用动画模拟预想了火箭有了动力之后腾空的情景：

① 向上摇摄发射塔全貌

② 工作人员抬运吊装火箭用的铁架（全景）

③ 吊钩拉着火箭徐徐竖立（远景）

④ 火箭矗立（全景）

⑤ 火箭矗立、吊钩离开火箭（中景向上摇摄）

⑥ 火箭矗立，加注铁架向火箭靠拢（全景）

⑦ 火箭发射（俯角度中景、字幕：动画模拟）

⑧ 火箭升空（正侧角度全景、字幕：动画模拟）

⑨ 火箭奔向太空（斜侧稍俯角度全景、字幕：动画模拟）

表 4 - 7 　　　　　　　　叙事蒙太奇名称、主要内容及其作用表解

类别	蒙太奇名称	主要内容及其作用
叙事蒙太奇	平行式蒙太奇	两条或两条以上的情节线索的平列表现，分头叙述而统一在一个完整的情节结构之中，是平时所谓"话分两头"的手法
	连续式蒙太奇	是一个动作或一条情节线索的连续发展，具有层次分明、条理清楚的特点，是最主要的叙述方式
	交叉式蒙太奇	是一个平行动作或场景的迅速交替，由平行蒙太奇发展而来的，它所表现的两条以上情节线索的严格同时性是交叉的基础，有益于加剧冲突
	重复式蒙太奇	重复出现前面已出现过的各种构成元素（如人、物、场面、声音），产生独特寓意和传播效果
	积累式蒙太奇	将一系列性质相同或相近的镜头连接在一起，通过视觉的积累效果，造成强调作用

2. 表现蒙太奇

表现蒙太奇又称对列蒙太奇，它以加强内涵表现力和情绪感染力为主旨，其类别见表 4 - 8 所述。与叙事蒙太奇不同的是，它不注重事件的连贯、时间的连续，而注重画面的内在联系。它以两个镜头的并列为基础，在形式上或内容上相互对照、冲击，从而产生一种单独镜头本身不具有或更为丰富的含义，以表达某种情感、情绪、心理或思想，给观众造成强烈印象。运用这一表现手法的目的不是叙述情节，而是表达情绪、表现寓意、揭示含义。

表 4 – 8   表现蒙太奇名称、主要内容及其作用表解

类别	蒙太奇名称	主要内容及其作用
表现蒙太奇	隐 喻 蒙太奇	这是一种比喻手法，通过镜头的连接将不同形象加以并列，以甲比乙，以此喻彼，暗示一种视觉上的直喻，使内容更含蓄
	对 比 蒙太奇	以镜头之间在内容上（如生与死）、形式上（如大与小）的对比，产生相互强调、相互冲突的作用，以强化所要表现的主题
	心 理 蒙太奇	通过镜头或音画的有机组合，直接而生动地展示出人物的心理活动、精神状态（如回忆）
	抒 情 蒙太奇	通过画面组合、创造意境，使情节发展充满诗意
	理 性 蒙太奇	通过画面组合、透过对列形式，产生深刻的内在思想含义

第五章

电视新闻叙事能指、所指语境下的时空观念

诚如上一章所述，蒙太奇构成的实质内涵是时间与空间两大要素的交融，从学理上追源溯流认识时间与空间意义就显得重要和必要。

亘古至今，奔流不息的时间长河携手宇宙万物组合的空间，为地球人类注入了开天辟地求生存的灵感，世间学人贤达一致认定：一切存在的基本形式是空间和时间。时间与空间是世间万物最基本的存在形式，然而时间来无影，空间触无形，如何感知它们的存在、又如何认识它们的特质继而驾驭其造福于人类，众多科学家、哲学家、思想家努力追寻、研究，留下诸多精妙高言。

德国哲学家卡西尔认为："空间和时间是一切实在与之相关联的构架。我们只有在空间和时间的条件下才能设想任何真实的事物。"① 顺着卡西尔的思路，我们对时间、空间可以给出更为具体的阐释：时间和空间是一切事物存在的根本条件，它们标示着世间万物发展变化的形态及其特征。就时间而言，它揭示的是事物发展变化的承启延续状态；就空间而言，它揭示的是事物发展变化的瞬间多维状态。时空合一则构成世间万物发展变化的能指过程，这一千变万化的时空过程则是事物存在的真实状况，人们从时空标示的事物状态中领悟所指意义的真谛。

本章秉承先人的思想成果，结合电视新闻叙事能指、所指语境下对时间与空间概念的理解、应用并展开研究。

---

① ［德］恩斯特·卡西尔：《人论》，甘阳译，上海译文出版社 1985 年版，第 54 页。

第一节 电视新闻能指图景结构的基础：
时间、空间及过程

诸事万物的结构，其本质变化均表现为时间、空间的变化，电视新闻能指记录的正是这万千变化中最有价值的过程。所以，时间、空间及其过程是电视新闻能指图景结构的基础，这也是从时间、空间切入研究电视新闻能指图景结构的重要之所在。

已有的学理成果显示：时间和空间向来是哲学的重要概念，从逻辑的、分析的角度看，时间的确具有与空间相似和相同的特性，这使得哲学史上大多数哲学家都把时间和空间放在一起讨论。什么是时间和空间？不同的学科领域有不同的视角和看法，哲学家、物理学家、艺术家等见解各异，不尽相同。本部分的阐述重点并不是落脚在探寻时间和空间是什么这一终极命题上，而是关心最适合本研究对象——电视新闻中时间与空间能指、所指结构因素的有机对应及其体现。不言而喻，对于强调"物质现实复原"、"照相本性"的"近亲性"的电视新闻而言，还原新闻事实的能指时间与空间，便存在四个极为重要的维度[①]。如何把握时间、空间的应用规律在能指、所指语境下实现事实与意义的完美结合，深入了解学界先哲们关于时间与空间的精辟见解便不无裨益。

一 时间内涵的能指性解读

古罗马基督教神学家奥古斯汀在谈及时间时曾说道："时间究竟是什么？谁能轻易概括地说明它？谁对此有明确的概念，能用言语表达出来？可是在谈话之中，有什么比时间更常见，更熟悉呢？我们谈到时间，当然了解，听别人谈到时间，我们也领会。那么时间究竟是什么？没有人问我，我倒清楚，有人问我，我想说明，便茫然不解了。"[②] 奥古斯汀告知人们，时间存在于人际传播的交谈过程之中，交谈过程本身呈现的就是时间能指状态，时间

---

① 在狭义相对论中，时间与空间构成了一个不可分割的整体——四维时空。在数学上有各种多维空间，但目前为止，我们认识的物理世界只是四维，即三维空间加一维时间。空间由长、宽、高三维构成，时间为第四维，四维时空是构成真实世界的最低维度，彰显空间无限宽阔深邃的还有第五维——声音。

② ［古罗马］圣奥古斯汀：《忏悔录》，周士良译，商务印书馆 1963 年版，第 242 页。

存在于无所不在人们的交谈中，我们不妨将奥古斯汀的这一重要感受称之为"时间的谈话过程存在模式"，该模式同样广泛存在于电视新闻报道涉及的外交会谈、商业谈判、采访交谈中，这正是人类生存的重要形式及其时间能指图景之所在。

海德格尔在 20 世纪 50 年代初写作《什么叫做思》的时候说："什么是时间？或许会认为《存在与时间》的作者必定知道。但他不知道。所以他今天还在追问。"① 海德格尔无法阐释时间的内涵与外延问题，倒是一直将其作为问题醒目地保持着，吸引来者不断追问。J. T. 弗雷泽将自己的学术生涯贡献给这一主题，但他仍然称时间为"熟悉的陌生人"②。时间如影随形，渗透在一切"存在"之中，却难以被界定。其实海德格尔"思"的过程与奥古斯汀的"时间的谈话过程存在模式"有着本质的相似性，"思"的过程也是人类"自我交谈"的时间过程，不过此刻的时间是以隐性形态存在于人类个体的脑际间，而不像"人际交谈"的"显性时间"存在于人际之间的显性空间里。为了下文阐述的方便，这里我们将存在于人际之间的显性空间里的时间形态称为"时间的显性形态"，将存在于人类个体的脑际间的时间形态称之为"时间的隐性形态"。如果将上述两组概念演绎成为影像能指图景的话，"时间的显性形态"的能指图景是人际之间的"交流状"，"时间的隐性形态"的能指图景则是个人独处的"沉思状"，只要是发生在时间流程视野里的事物，都会为我们留下时间变化的影子，这就是能指图景结构的基础所在。

"思"是人类进入人际交流、表达思想的前提，电视新闻采访亦然。电视新闻记者在新闻现场观察、发现、选择新闻能指图景的过程，实质上是一个极其复杂的视觉思维过程，记者须得根据现场既有的新闻整体现象提炼出新闻主题（所指），并随即为主题捕捉与之相印证的能指镜头，以求得实现完整、真实传播的第一手材料。记者在按动 PLAY 录制键之前，其脑海中已按照采访的"挑"、"等"、"抢"③等时间规定的时序步骤进行独立隐性思考

---

① 吴国盛：《时间的观念》，北京大学出版社 2006 年版，第 203—204 页。

② J. T. Fraser. (1987) . *Time, the Familiar Stranger.* Amherst：University of Massachusetts Press.

③ "挑"、"等"、"抢"是指电视新闻采访过程中的拍摄要求，"挑"是指记者通过深入生活，在新闻现场进行观察、分析、综合、抽绎，将那些最能体现事物本质的、最能阐明事理且又适合拍摄的素材挑选出来；"等"是指记者在新闻现场等待最佳拍摄时机的出现；"抢"是指记者根据视觉思维的结果，不失时机地抓取事物发展过程中最富于表现力的场面与细节。

与显性操作，在此期间，时间的隐性形态显然主导着时间显性状态的发展与变化。

人类在对世界的认知进程中，分别从哲学、物理学、心理学、社会科学、语言学等多重领域对时间这一幽深莫测的对象展开探寻与研究。第一条探寻之路缘自古希腊柏拉图，经由奥古斯汀、贝克莱、康德、黑格尔直至尼采、海德格尔、弗洛伊德，都试图运用不同的心理视角去把握时间的主观性，他们探讨的是时间的隐性形态。第二条路径当从毕达哥拉斯起，历经亚里士多德、开普勒、牛顿、斯宾诺莎、莱布尼茨、爱因斯坦的构建，他们试图运用数学、天文学、物理学、生物科学作为工具去解析时间的自然性，他们探讨的是时间的显性形态。

1. 时间的物理显性能指状态

时间的显性形态也可以描述为客观时间（objective time）。客观的时间是由物体运动标志的周期变化，人类经历着暗示时间推移的各种循环现象：比如天体的斗转星移、白昼与黑夜的交替、一年四季的更迭变化等，是通过一些有规律的重复的物理现象而测量的时钟所报告的时间，电视新闻报道中播音文本占据的时间便是单条新闻的客观时间，客观时间又可以称为物理时间（physical time），相关学者的观点如表 5 - 1 所示。

表 5 - 1　　　　　　　　时间的物理形态重要论点简要述评

学者	关于时间物理状态的主要观点	本书作者简评
亚里士多德	时间是运动的数，是运动和运动持续量的尺度	指出时间体现在对事物运动的实际度量中
牛顿	绝对的、真实的、数学的时间，由其特性决定，自身均匀地流逝，与一切外在的事物无关。提出相对时间的概念，相对时间又称为表现时间、常识中的时间，是与人们的日常生活、感觉经验相联系的	假设物体按照严格的数学定律，在加速其运动的推动力作用下，沿着预定的路径在空间中运动。把时间理想化为能精确测量的维。从相对关系指出时间与日常生活的密切关系
胡塞尔	真正的时间只有一种，所谓两种时间只是看待时间的两种不同的方式，客观的方式和主观的方式，外在方式和内在的方式	强调时间只有一种形态，只是因主客观看待视角不同而产生子系统二元分类现象

续表

学者	关于时间物理状态的主要观点	本书作者简评
柏格森	提出"绵延"概念，展开对时间的崭新理解；将时间区分为真正的时间和空间化的时间，自然科学的时间都是空间化的时间，而真正的时间被我们的直接经验所把握	对"动"的强调是柏格森真正的时间概念的主要特征
爱因斯坦	相对论从理性的研究中把时间与空间联系起来了，认为物理的现实世界是由各个事件组成的，每个事件由四个数来描述	时空坐标 T 和 X、Y、Z，构成一个四维的连续空间，规范了事件结构的科学维度
海德格尔	当前与过去和将来一起构成了时间的特征，存在通过时间而被规定为在场的状态	从事件存在的当前、过去、将来形态，指出时间"在场"的规定性
霍金	时间仅仅是一种标志宇宙事件的坐标。在时空流形之外，它便不再具任何意义	以宇宙事件的坐标强调事件的物理性，进而肯定时间与事件的辩证关系

"希腊哲学家发展了系统的几何学，并把时间抬高到哲学范畴，然而，在他们看来，时间仍然是模糊不清而又神秘莫测的，它是神话问题而非数学问题。"① 在西方哲学史上，亚里士多德最早研究客观的时间，他将时间定义为"运动的数"，"是运动和运动持续量的尺度"，时间不是运动但又离不开运动，时间没有快慢，只有多少或长短，时间就像是一条无限长的数轴，"现在"则是一个一个的点，将数轴分为前后两部分，这前后便是过去和未来②。亚里士多德对物体运动的研究使他认识到了时间的极端重要性，在他看来时间就是运动，人类通过运动来理解时间，宇宙中天体的运动，或是时钟的计时都能使我们觉察到时间的变化。到 17 世纪晚期，由于牛顿的贡献，时间在宇宙规律中所起的关键性作用得以充分显现出来，他认为："绝对的、真实的、数学的时间，由其特性决定，自身均匀地流逝，与一切外在的事物

---

① ［英］保罗·戴维斯：《关于时间——爱因斯坦未完成的革命》，崔存明译，吉林人民出版社2002 年版，第 15—16 页。

② 参见吴国盛《时间的观念》，北京大学出版社 2006 年版，第 69—70 页。

无关。"① 该命题是假设物体按照严格的数学定律，在加速其运动的推动力作用下，沿着预定的路径在空间中运动。"牛顿为时间做了希腊几何学家为空间所做的事：把时间理想化为能精确测量的维。人们不再能令人信服地论证说时间是幻觉，是那些终有一死的凡人因无法把握永恒而捏造出来的思维产物，因为时间已深深地成为宇宙规律的一部分、现实基础的一部分。"② 在物理科学中，牛顿还提出相对时间的概念，相对时间又称为表现时间、常识中的时间，是与人们的日常生活、感觉经验相联系的。胡塞尔认为："真正的时间只有一种。所谓两种时间只是看待时间的两种不同的方式，客观的方式和主观的方式，外在方式和内在的方式。"③ 胡塞尔对时间问题的研究着重在两个方面：时间意识连续性的根源与客观时间的现象学来源。海德格尔一生都在追问存在的问题，他在 1962 年发表的演讲《时间与存在》开头写道："有什么理由把时间与存在放在一起命名呢？从早期的西方——欧洲的思想到今天，存在指的都是诸如在场（Anwesen）这样的东西。从在场、在场状态中讲出了当前。按照流行的观点，当前与过去和将来一起构成了时间的特征。存在通过时间而被规定为在场的状态。这种情况已经足以把一种持续不断的骚动带进思中。一旦我们开始深思，在何种程序上有这种通过时间的对存在的规定，这一骚动就会增强。"④ 海德格尔追问时间与存在的关系问题的抽象文本表述显然是费人深思、不好理解，然而进入电视新闻片段画面中去，"久远的历史资料画面"、"昨天的画面"、"刚才的画面"、"实时直播的画面"等能指图景就会清楚地告诉我们，时间是如何规范"在场"、"在场状态"等"存在"现象的"当前"、"过去"、"将来"的时间边界。按照英国科学家霍金的看法："时间仅仅是一种标志宇宙事件的坐标。在时空流形之外，它便不再具有任何意义。"⑤

　　无论是牛顿的相对论、还是亚里士多德的客观时间度量论、抑或是胡塞尔的一元集中论，其理论要义都是强调时间的物理显性状态，为人们使用与管理时间提供了理论启迪与实践指引。就电视新闻来说，霍金的以宇宙事件

---

　　① ［英］彼得·柯文尼、罗杰·海菲尔德：《时间之箭：揭开时间最大奥秘之科学旅程》，江涛等译，湖南科学技术出版社 1995 年版，第 17 页。

　　② 同上书，第 19 页。

　　③ 吴国盛：《时间的观念》，北京大学出版社 2006 年版，第 196 页。

　　④ 同上书，第 199 页。

　　⑤ ［英］彼得·柯文尼、罗杰·海菲尔德：《时间之箭：揭开时间最大奥秘之科学旅程》，江涛等译，湖南科学技术出版社 1995 年版，第 87 页。

的坐标强调事件的物理性，进而肯定时间与事件的辩证关系，告知记者在新闻现场应以三维立体的时间意识为新闻所指文本寻找对应的能指图景；海德格尔从事件存在的当前、过去、将来形态，指出时间"在场"的规定性，这正是电视新闻记者在新闻现场采录能指画面必须遵循的节律，只有保证时间节律不受干涉，才会有事件的真实，才会有能指、所指完全对应的信息的整体真实，一些电视新闻之假，首先是假在背离了被报道事件的能指时间的规定性上。牛顿、亚里士多德、胡塞尔从各自的视野强调时间的相对性与一元结构、强调时间与事件的演进关系，是培养记者注重现场事件时间意识的重要内容，进而清楚明白电视新闻的现场能指图景是现象学基本形态同时又是时间场域的具体表征，飞船升空、地震、火灾记录的新闻能指表象就是通过画面演绎传递给观众以直接的时间感知和体验。对于以时间轴线为传播顺序的电视新闻来说，如何在时间主轴上分配时间、节约时间以实现新闻事件能指与所指的有效对应，记者对时间的真实掌控至关重要，下面以台湾 TVBS 的一则电视新闻报道为例予以说明（参见表 5 - 2）：

表 5 - 2　　　　　　台湾 TVBS 对《中央电视台北配楼火灾》
报道中的时间能指

文本所指、能指	画面能指	本书作者述评
导语：大陆的中央电视台昨天晚上发生了大火，这个大火一烧就是 6 个小时，整个北京城从南到北都看得见，而损失方面可以说是难以估计了，抢救的过程当中还造成一名消防队员不幸殉职，而这场火似乎也怪不了别人，因为经过了初步调查之后，认定应该就是中央电视台内部里头的自己的员工违法施放了鞭炮引发了火势。		时间总起，"大火一烧就是 6 个小时"，交代时间跨度，表明灾情严重。
旁白：火舌不断蹿出，还有大量杂物从半空掉落，起火的中央电视台配楼电视文化中心在 M 字形中央电视台新大楼"大裤衩"旁边像根巨型火棒烧了一夜后俨然成废墟。		能指图景烈焰冲天，印证所指所言"烧了一夜后俨然成废墟"。

续表

文本所指、能指	画面能指	本书作者述评
现场采访："8点多的时候看到有人在两楼之间在放烟花，烟花放的很多。"		现场采访的声画合一能指图景，实证火灾起因：有人在两楼间放烟花。
旁白：目击者直指大火前才刚看了一场烟火，时间就在9号晚上7点多，烟火在配楼释放，1小时后楼顶开始冒黑烟，接着火苗从楼顶往下掉，借由风势从上往下烧，掉下的火苗再有三楼往上蹿。		画外音描述，画面实拍蹿烧过程，屏幕文字加注，能指翔实。
旁白：8点27分，警消接获报警，这时已经是一片火海。		时间屏幕文字表明能指图景的实证性：此刻一片火海。
旁白：9点20分，第一辆消防车赶到现场，火已经从东侧烧到西侧，照亮北京夜空，还不时有爆炸声传来。		时间屏幕文字表明能指图景的实证性：从东侧烧到西侧，照亮北京夜空。
现场采访："刚开始火很小，然后就听见砰砰砰爆炸。"		现场采访，能指影音印证初时火小。

续表

文本所指、能指	画面能指	本书作者述评
旁白：10 点钟现场已经浓烟滚滚，遍布半个京城，北京政府出动 50 多辆消防车灌救。		时间屏幕文字表明能指图景的实证性：此刻浓烟遍布半个京城。
旁白：一直到 10 号凌晨 1 点 53 分控制火势，但是大楼持续闷烧。		时间屏幕文字表明能指图景的实证性：大楼持续闷烧。
旁白：完全灭火后，时间已经逼近凌晨 3 点，中央电视台元宵祝融 6 小时，造成一名消防队员殉职，7 人受伤，相当把百亿台币打造的电视文化中心，包括六星级的文华东方酒店，得看建筑毁损情况，判断是否得打掉重建。		时间屏幕文字表明能指图景的实证性：足烧六小时，损失惨重。

　　从台湾 TVBS《中央电视台北配楼火灾》的报道，油然想起海德格尔1962 年发表的演讲《时间与存在》的劈头之问："有什么理由把时间与存在放在一起命名呢？存在指的都是诸如在场这样的东西。从在场、在场状态中讲出了当前。按照流行的观点，当前与过去和将来一起构成了时间的特征。存在通过时间而被规定为在场的状态。"[①] TVBS 的《中央电视台北配楼火灾》为海德格尔这段论述注以生动例释，在节目 1 分 54 秒的时间框架里梳理叙述了"在场"6 小时的时间脉络，细数中央电视台北配楼火灾的"在场状态"过程。《中央电视台北配楼火灾》中时间流程的影子所结构的火灾现场变化的能指图景，实实在在在证实了火灾"在场"的真实性。

[①]　吴国盛：《时间的观念》，北京大学出版社 2006 年版，第 199 页。

《中央电视台北配楼火灾》所依靠的时间能指"在场"基础，让我们再一次领悟到索绪尔"能指"意义的适用性。《中央电视台北配楼火灾》依靠的时间能指元素结构而成的火灾"在场"，可以被看作为"任何已被赋予一种意义的有形自然物"，或被视为"是意义的物质形式或物质载体"，"能指就是符号的形象，正像我们能够在视觉上感受到它那样：它能够通过姿态、素描、彩绘、摄影、电脑生成等方式表现出来"。与抽象的语言符号不同，能指性的影像符号写真于物质世界的现实，"它无需任何想象上的努力就可以从符号向现实的图景飞跃"，就如我们感受到中央电视台大火猛烈、损失惨重那样，这种能指性的"图景飞跃"将与之相生的所指意义视像化、浅表化，从而实现影像传播的能指、所指低智力复合阅读的诉求，《中央电视台北配楼火灾》就是这样一条在时间元素基础上结构而成的好新闻。

2. 时间的心理隐性能指形态

时间的隐性形态还可以描述为主观时间（subjective time）。主观的时间是存在于人类意识之中的流逝，是一种心理性现象，它来自于人的身体对外界事物或事件的感受，诸如受众对电视新闻内容、形式的感受与评价，是一种变幻不定，难以捉摸的主观时间，主观时间又可以称为心理时间（psychological time）。

在西方哲学史上，亚里士多德最早研究客观的时间，他将时间定义为"运动的计数"，而奥古斯丁则最早研究主观的时间，他开创了通过内省的方式研究时间之流的思路。主观的时间是存在于人类意识之中的流逝，由于时间性与意识的这种特殊关系，以研究意识活动并通过意识活动的结构理解世界的结构为宗旨的现象学，一开始就对时间问题情有独钟。现象学创始人胡塞尔的《内在时间意识的现象学》就是一部有关时间的现象学论著，此书也被看成是现象学方法之具体运用的典范。胡塞尔认为真正的时间只有一种，所谓两种时间只是看待时间的两种不同的方式，客观的方式和主观的方式，外在的方式和内在的方式。他认为直接的时间感知和体验具有至上的意义，客观的方式最终依赖于这种直接的感知和体验，在我们对外界物体进行测量，以标度时间之前，我们实际上已经拥有了之前之后等时间性观念，没有这些观念，我们对于时间的测量就是不可思议的。

时间形式有极强的时间性，感觉能力对时间的感知是强烈的，这正如我们每一个人几乎与生俱来就能感觉到时间的流逝一样，但由于对这个无所不在的现象的把握呈现出某种模糊性，人们往往借助于日月星辰的空间位移或者钟表对时间刻度的指示来推衍时间，时间形式的无形与神秘就更容易刺激人们的想象力。在 A. J·古列维奇看来，"时间的感觉和感知方式揭示了社会以及组成社会的阶级、群体和个人的许多根本趋向"。① 心理学研究表明，受众与电视新闻之间的本质联系是符号认知的联系，是能指、所指语境下发生的场域能指时间与影像能指时间对应的认知。不同的是新闻现场的时间感受与屏幕上展现的符号时间还是有所差异，新闻传播较之新闻事件本身总有时间上的"滞后"状态，新闻的真实性并不表现在去掉这些差异上面。所以，新闻报道须"随时随地"表明报道者的时间—空间坐标，这对受众的时间感受的提示作用进而对真实性的确认都显得十分重要。主观感受的时间有赖受众自己身临其境、自己愿意也能够加以追随的日常生活过程所进行的感知来确认。当前、过去、未来的时间存在往往在现实时间或想象时间上呈现出来。当然对这类主观时间的任何感知都有赖于受众的生命经历与生活教养。

　　"事实上，我们所有的时间经验都可以分为两类：一类是关于事件定时定位的标度时间经验，一类是关于人生短促或者无聊的慨叹，即对时间之流变的感悟。这两类经验就是两种原型时间经验，我称之为标度时间经验和时间之流经验，它们概括了人类所有的时间经验的性质。在不同的文化背景下，由这些原型时间经验衍生了各种不同的时间观念。"② 哲学家康德认为，时间固然是我们经验中不可缺少的一个成分，它其实是没有客观意义的："时间并不是什么客观的东西，它既不是实体，也不是偶发，也不是关系；它是因为人类心灵的本性而必然产生的主观条件。"③ 康德承认绝对时间观，认为我们能从思维中去除掉一切经验的因素，但却去除不了时间："如果从物体的经验的直观和物体的变化（运动）中去掉一切经验的东西，即去掉属于感觉的东西，剩下来的还有空间和时间，因此空间和时间是纯直观的，它们是先天地给经验的东西做基础的，所以它们永远是去不掉的。"④ "康德在时间观上真正划时代的意义在于将时间和空间范畴引入认识论。从前的哲学

---

① ［加］哈罗德·伊尼斯：《传播的偏向》，何道宽译，中国人民大学出版社 2003 年版，第 313 页。

② 吴国盛：《时间的观念》，北京大学出版社 2006 年版，第 8 页。

③ ［英］彼得·柯文尼、罗杰·海菲尔德：《时间之箭：揭开时间最大奥秘之科学旅程》，江涛等译，湖南科学技术出版社 1995 年版，第 7 页。

④ ［德］康德：《任何一种能够作为科学出现的未来形而上学导论》，庞景仁译，商务印书馆1978 年版，第 42 页。

家，都视时间空间问题为自然哲学（物理学）问题，没有一个意识到它们的知识论问题的基础。康德创造性地将数学作为先天综合知识的可能性问题，与时间空间问题相联系。"①

霍金把时间之箭划分为三种，即热力学时间之箭、宇宙学时间之箭和心理学时间之箭，并认为心理学时间之箭是由热力学时间之箭决定的。对此，马赫在《感觉的分析》一书中作了类似的且更为透彻的分析，他说："既然我们只要有意识，就总是有时间感觉，所以，很可能时间感觉是与那种必然同意识结合的有机消耗相联系的，我们感觉到注意力所做的功是时间。"② 他认为："如果时间感觉是与有机消耗的不断增长相结合的，或者说，是与注意力所做的功的同样不断增长相结合的，则可理解为什么生理学时间正像物理学时间一样是不可逆的，而是只能在一个方向上流逝。"③ 马赫的这段阐述说明，心理时间是由与意识结合的有机消耗所生成的人的主观感觉中的时间观念，而这一时间观念又是由物理时间决定的。日常经验告诉我们，当我们越投入某件事情的时候，其持续时间就显的越短；我们越不投入某事时，事件持续的时间也就显得越长；在知觉不敏的状态中，当我们几乎不注意我们周围的环境时，时间飞快地过去了。从莫根斯特恩（Christian Morgenstern）的这首诗中我们或许可以感性地体察到时间之于人内心体验的微妙变化：

时　间④

有一种可靠的方法，
来阻止时间的流逝：
请紧盯着你的时钟，
看指针在缓慢移动。
像一只温顺的小羊羔，
任人牵着兜着圈子。
一步一步彬彬有礼，
像一个古板的女孩子。

---

① 吴国盛：《时间的观念》，北京大学出版社 2006 年版，第 135 页。
② ［奥］马赫：《感觉的分析》，洪谦等译，商务印书馆 1986 年版，第 193 页。
③ 同上书，第 197 页。
④ ［德］Ernst Poppel：《意识的限度——关于时间与意识的新见解》，李百涵等译，北京大学出版社 1995 年版，第 64 页。

但当你打一个瞌睡，

这个假斯文的紫罗兰，

就像一只受惊的鸵鸟，

看到了黑豹般地奔跑。

现在再看看你的钟吧，

哟！怎么啦？一切都已还原：

时间又装模作样地，

一分一分，跳起了小步舞。

　　由此可见，对时间速度快慢不同的感受取决于时间本身是否进入了意识。可以这么认为，在一定的时间内所出现的事物比我们所期待的要少时，就会使我们想到时间本身，从而产生厌倦。

　　人对时间的感知能力是与生俱来的，"逝者如斯，不舍昼夜"揭示的就是人所感觉到的时间不可逆转的定向流动性。古代阿拉伯人的谚语说：时间是一切莫名其妙的东西之中最莫名其妙的东西。确实，时间问题也是最容易引起哲学家们争论的谜题，这个看似无所不在却又模糊而神秘的东西往往诱发人们的想象力，人们通过空间形象或空间位移来推衍和感知时间的存在。由此不难理解，时间缘起于物质的存在与变化。所谓时间的心理隐性形态是人们对宇宙万物变化过程的认知与体验，物体变化的内容是时间的本质，时间是物体变化的表现形式。在这个过程中，宇宙间绵延不绝的物体变化的信息始终影响着人们时间感受的形成与时间观念的变化。而作为 20 世纪以来最具影响力的媒介——电视新闻，正在一个前所未有的空间范围内传播瞬息万变的信息，改变着人类对时间的感受。信息的真伪，人们正是通过自身的时空经验，或确认或否定，这个信息认定的主观过程即为"永远去不掉的"心理时间过程。因此，从时间的存在状态维度视角研究新闻事实能指与所指的对应变化便具有本质的基础价值，时间是还原事实所指意义的本质性能指要素。

二　空间内涵的能指性解读

　　当代法国社会学家亨利·列斐伏尔对空间的概念有过这样的描述："在数百年之前，'空间'一词有着严格的几何学意义：空间概念使人想到的只是一个空的区域。在学术意义上，对空间一词的使用通常会伴随着诸如'欧几里德'、'均质的'（isotropic）或'无限'等形容词。通常给人的感觉是，'空间'在根本上是一个数学概念。"① 事实上，回顾空间概念的历史，会发现空间并不仅仅是一个数学概念，而是人类所有重要的知识领域所共同关注的一个问题。何谓空间，和时间一样，是个欲说难详但又无处不在的概念。事实上，回顾对空间研究的历史，它与时间问题一样是古往今来哲学、物理学、心理学、社会学、文学等人类所有重要知识领域所共同关注的话题。唐代诗人李白在《春夜宴从弟桃李园序》里便有明确的时空思维表白："夫天地者，万物之逆旅也；光阴者，百代之过客也。"他在《蜀道难》道出："蜀道之难，难于上青天！蚕丛及鱼凫，天国何茫然！尔来四万八千岁，不与秦塞通人烟。"更是感叹蜀道空间的险阻及其时间的悠长。李白虽是诗人，但他在感悟天地的变化中已有四维空间，即空间维度（X、Y、Z），再加上一个时间（T）的强烈意识，他的那首"朝辞白帝彩云间，千里江陵一日还。两岸猿声啼不住，轻舟已过万重山"。更是为我们描述了一个由时间、空间加声音的五维视听能指的感性空间。诗人们对时间、空间的表述能指图景似可触可摸，科学家们则阐述得逻辑抽象。爱因斯坦的相对论从理性的研究中把时间与空间联系起来，认为物理的现实世界是由各个事件组成的，每个事件由四个数来描述，这四个数就是它的时空坐标 X、Y、Z 和 T，它们构成一个四维的连续空间，通常称为"闵可夫斯基四维空间"。② 从物体的实质存在和人们对物质的感知上说，大体可从物理空间与心理空间两方面加以涵括。

1. 物理空间是事物生存的显性能指场域

在柏拉图眼里，空间是一种存在形式且表现为三种范式：第一类是"始终如一的，非被造的、不可毁灭的、既不从其他任何地方接受任何他者于自身，其自身也不能进入任何地方；任何感觉都不能感知到它们，惟有理智可以通过沉思来确认它们的存在"。③ 第二类是"可以被感觉所感知，是被造的，总是处在运动之中，在某处生成而且又在那里消逝，可以被结合着感觉的意见所把握"。④ 第三类是"永久存在不会毁灭的空间，它为一切被造物

---

① ［法］亨利·列斐伏尔：《空间的生产》，晓默编译，载《建筑》2005 年第 10 期。

② 一维空间是一条坐标轴 X，二维空间是两条坐标轴 X－Y，三维空间是三条坐标轴 X－Y－Z，四维空间是四条坐标轴 X－Y－Z－T，是在三维基础上加上一条时间轴，即 T，方向与 Z 轴同向。

③ ［古希腊］柏拉图：《柏拉图全集》第三卷，王晓朝译，人民出版社 2003 年版，第 279 页。

④ 同上。

提供了存在的场所，当一切感觉均不在场时，它可以被一种虚假的推理所把握，这其中推理很难说是真实的，就好像我们做梦时看到它，并且说任何存在的事物必然处于某处并占有一定的空间，而那既不在天上又不在地下的东西根本就不存在。对于诸如此类的存在的真实的、确定的性质，我们仅有模糊的感觉，也不能摆脱梦寐而说出真理来。因为影像并不包括其据以形成的实体，影像的存在总是像其他事物瞥然而过的影子，所以我们推断其一定有处所〔即位于空间〕，以某种方式维持其存在，否则就无从存在了。但是真正的、精确的理性揭示了真正存在的性质，认为这两种东西〔即影像与空间〕既然不同，就不可能存在于对方之中而成为同一事物，同时又是二者"。①

笛卡尔认为："空间，即内在的场所，同其中所含的物质的实体，在实际上并没有差异，只在我们惯于设想的它们的情状方面有所差异。因为，老实说，长、宽、高三向的广袤不但构成空间，而且也构成物体。他们的差异只在于：在物体中，我们认为广袤是特殊的，并且设想它跟物体变化；至于在空间方面，则我们以为广袤有一个概括的统一性，因此，我们在把一个物体由某种空间移出去以后，我们并不以为自己同时也把那段空间的广袤移去。因为我们看到，那段广袤只要保持同一的体积和形相，只要同我们赖以确定这个空间的四周某些物体保持其固有的位置，则那段广袤仍是不变的。"②

在亚里士多德看来，世界万物是由质料、形式、动力、目的原因构成的，他归结出空间具有四个方面的特征：（1）空间乃是某一事物（如果它是这事物的空间的话）的直接包围者，而又不是该事物的部分；（2）直接空间既不大于也不小于内容物；（3）空间可以在内容事物离开以后留下来，因而是可以分离的；（4）此外，整个空间有上和下之分，每一种元素按本性都趋向它们各自特有的空间并在那里留下来，空间就根据这个分上下。③

牛顿提出绝对空间与相对空间的概念，并对此解释道："绝对空间：其自身特性与一切外在事物无关，处处均匀，永不移动。相对空间是一些可以在绝对空间中运动的结构，或是对绝对空间的度量，我们通过它与物体的相

---

① 〔古希腊〕柏拉图：《柏拉图全集》第三卷，王晓朝译，人民出版社2003年版，第304页。
② 〔法〕笛卡尔：《笛卡尔思辨哲学》，尚新建等译，九州岛出版社2006年版，第105页。
③ 〔古希腊〕亚里士多德：《物理学》，张竹明译，商务印书馆2006年版，第100页。

对位置感知它；它一般被当作不可移动空间，如地表以下、大气中或天空中的空间，都是以其与地球的相互关系确定的。绝对空间与相对空间在形状与大小上相同，但在数值上并不总是相同。例如，地球在运动，大气的空间相对于地球总是不变，但在一个时刻大气通过绝对空间的一部分，而在另一时刻又通过绝对空间的另一部分，因此，在绝对的意义上看，它是连续变化的。"①

在柏拉图的三种"空间"范式观里，第一类空间包含着对宗教、灵魂研究的色彩，非本文研究范围之所在，不予置评，二、三两类则对空间的实质内容与形式表现有其精到的见解。笛卡尔和亚里士多德对于空间的认定与描述都以事物运动与静止的相对边界为依据；牛顿论证的物体因具有质量而在物体之间产生的一种相互作用的引力，则是从物体间的变量关系中认定空间系以运动形式而存在。大师们对于空间存在的认识，无不发端于物质的存在与运动之中，对本文研究电视新闻中播音文本的"所指空间"与图形文本的"能指空间"的"场域"对应都有着重要的指引意义。

2. 心理空间是事物确认的隐性能指场域

在奥古斯汀看来，空间只不过是一个相对于上帝的语言意义上的心理意象，他说道："至于位置、占有、时间和空间，并不能适切地演说上帝，而仅是隐喻和比喻的方法。故而《圣经》上说他'坐在基路伯上'（诗80：1），这是根据位置而言的；'深水覆盖地面犹如衣裳'（诗104：6）是根据占有而言的；'你的年数没有穷尽'（诗102：27）是指时间；'我若升到天上，你在那里'（诗139：8）则指空间。"② 这样的一个空间，表示着某种只有上帝才能把握的尺度、数目或重量，因为在他看来，"按照《圣经》的见证和事物本身的证据，上帝'以尺度、数目和重量安定万有（智11：20）'。"③

康德认为："空间无非是外感官的一切现象的形式，亦即唯一使我们的外直观成为可能的主观感性条件。既然主体被对象刺激的接受性必然先行于对这个客体的一切直观，所以很好理解，一切现象的形式如何能够在一切现实的知觉之先、因而先天地在内心中被给予，这形式又如何能够作为一切对象都必然在其中被规定的纯直观，而在一切经验以前就包含着诸对象的关系

① ［英］伊萨克·牛顿：《自然哲学之数学原理》，王克迪译，山西人民出版社 2005 年版，第11 页。

② ［古罗马］奥古斯汀：《论三位一体》，周伟驰译，上海世纪出版集团 2005 年版，第 167 页。

③ 同上书，第 306 页。

的原则。这样，我们就只有从人的立场才能谈到空间、广延的存在物等等。"①

进入 20 世纪以后，同是德意志民族的哲学家胡塞尔形成了深刻影响 20 世纪哲学的"现象学"理论体系。在他看来，不能将康德所提出的先验直观性，仅仅停留在时间和空间两个所谓的纯粹形式上。直观性是一种具有本原性的人类体验意识，这种体验意识经过思维活动的构造，超越体验而将自然对象转化为一种显现出来的现象，还原在人类的意识里。因此，感受直观性以及它的明证性，是一种贯穿人类整个意识活动的、可以称之为现象学的认知思维方式。那个被康德悬置了的绝对客观性，是在这样一种直观化的认知思维活动中，经由透视、造型、联想、统摄等不同的层次构造出来的，因此，"客观的空间、客观的时间以及与它们相伴随的由现实事物和事件所组成的客观世界——这些都是超验的东西。实际上，空间和实在不是某种神秘意义上的超验物。它们不是'自在之物'而只是现象学的空间、现象学的时空实在，即显现出来的空间形式、显现出来的时间形式。这些事物中没有任何一个是体验。而且在经验的客观顺序中不会遇到那种在体验中作为真正的内在性而被发现的顺序关系。它们不适合这种顺序"。②胡塞尔将高度抽象和公理化归纳的哲学，转向了一种日常生活的直观化统摄，在他看来，只有这种流动变化着的，具有当下性的直观化意识构造活动，才是人类生存活动应该遵循的普遍真理。他说："生活世界是原始明见性的一个领域。依照不同的情况，明见的被给予之物要么在感知中'它本身'是在直接的在场中所经验到的东西，要么在回忆中它本身是所回忆起的东西；直观的任何一种别的什么方式都是一种使它本身当下化的东西；每一种间接的认识也都属于这个领域，广义地说：每一种归纳的方式都有一种可直观之物的归纳的意义，即都有对某种以可能方式作为它本身可感知的东西或作为被感知的可回忆起的东西等进行归纳的意义。一切可想到的证实都要回溯到这种明见性的样式，因为'它本身'（即每一种明见性样式本身）就是作为交互主体的现实的可经验之物和可证实之物而存在于这些直观本身中的，并且'它本身'并没有什么想象中的一个基底，一般说来，如果它要求真理的话，那么它恰巧只有

①　［德］康德：《纯粹理性批判》，邓晓芒译，人民出版社 2004 年版，第 31 页。

②　［德］埃特蒙特·胡塞尔：《内在时间意识现象学》，杨富斌译，华夏出版社 2000 年版，第 8 页。

通过与这样一些明见性的关联才能够具有真理。"① 如果说晚年的胡塞尔将他的时空现象学理论拓展至生活世界的领域，试图在生活世界的现象研究中，寻找视觉和意识之本质的话，那么，他的理论遗产继承者莫里斯·梅洛－庞蒂则在此基础上，将时空现象学理论聚焦到人类身体行动的关系上，意图从这样的一个新的视野，在更深的层次上，阐释作为现象的时间、空间与生活世界。梅洛－庞蒂从身体的心理体验机制开始，仔细考察了身体自身的空间性、运动方式、综合功能诸方面与空间位置的关系，最终得出的结论说："空间不是物体得以排列的（实在或逻辑）环境，而是物体的位置得以成为可能的方式。也就是说，我们不应该把空间想象为充满所有物体的一个苍穹，或把空间抽象地设想为物体共有的一种特性，而是应该把空间构想为连接物体的普遍能力。"② 换句话说，在梅洛－庞蒂看来，空间只不过是身体的一种知觉能力，或者说，一种直观性构造世界的意识能力。因此："对空间来说，本质的东西是始终已经'被构成'，如果我们回到没有世界的知觉中，我们就不可能理解空间。不应该问为什么存在是有方向的，为什么存在是空间的，为什么在我们刚才的说法中，我们的身体没有把握处在所有方向中的世界，为什么我们的身体与世界的共存集中在体验上并产生一个方向。只有当这些事实是发生在和空间无关的一个主体和一个物体那里的偶然事件，才能提出这个问题。相反，知觉体验向我们表明，这些事实是在我们与存在的最初相遇中被预先假定的，存在就是处在。"③ 于是，空间就变成了一种身体能够感知和把握的存在，一个身体和世界共存的一般环境。由此，一个超验的空间被揭去神秘的面纱，显现为一个由知觉构造起来的现象场。

空间存在的意义之于电视新闻来说，是它记录事实、还原事实的本质之所在，发现空间、选择空间、记录空间，是电视新闻为受众传播视觉信息的起点，能指的图像空间是电视新闻节目承载所指意义的物质平台，更是实现电视新闻文本所指意义的本质真实与新闻能指图景现象真实对接的唯一形式。之于此，电视新闻业者、学者关注、研究空间的意义便不言而喻了，同时，关注、研究与之孪生的时间要素的价值亦同在其中。从空间的角度看

① ［德］埃特蒙特·胡塞尔著、［德］克劳斯·黑尔德编：《生活世界现象学》，张廷国译，上海译文出版社 2002 年版，第 265 页。

② ［法］莫里斯·梅洛－庞蒂：《知觉现象学》，姜志辉译，商务印书馆 2001 年版，第 310—311 页。

③ 同上书，第 321 页。

TVBS《中央电视台北配楼火灾》的报道也是不错的例证，六个小时里的空间正是大火不断的能指场域之所在。

第二节　电视新闻画面时间结构中的能指与所指

电视新闻的镜头时间是一个镜头的长度，它是测量一个镜头持续的实际钟表时间，而"大部分叙事预先要求一个空间的环境，以此接纳赋予叙事特征的时空转变过程"。[①] 从叙事的角度来看，电视新闻片中的镜头（画面）是时间和空间的同构体，即便是单个的定格画面都具有时间的特质，是作为时间序列中的一个标点符号。从时空结合上考察，画面向人们提供完整流畅的叙事能指空间，并在空间的延展中述写事件外部形态的能指过程。时空元素是电视新闻片结构（剪辑）的一个重要构件，电视新闻片的时空结构也就是镜头组接的时空结构。镜头可以说是电影电视最基本也最与众不同的"能指形式"，影视传播中的其他特征均由"镜头"而派生，电影理论家巴拉兹在谈到电影中镜头的能指魅力和表现力时说："电影艺术的特征之一是：我们不仅能从一个场面中的各个孤立的'镜头'里看到生活的最小组成单位和其中隐藏的最深的奥秘（通过近景），并且还能不漏掉一丝一毫（不像我们在看舞台演出或绘画时往往总要漏掉许多细微末节）。电影艺术的全新表现方法所描绘的不再是海上的飓风或火山的爆发，而可能是从人的眼角里慢慢流出的一滴寂寞的眼泪。"[②] 而在电视新闻中，镜头（画面）所体现的时空性是实现事实能指与所指对应的前提。在时间和空间坐标系上，电视新闻已无限接近于新闻本源，电视新闻通过图像、声音、文字等多种符号形态，生动具体地把一个新闻事件再现、还原出来，千里之外变成了咫尺之内，人们看到、听到刚刚发生甚至是正在发生的新闻事件，时间上的同步性与空间上的接近性使新闻事件与人们的生活密不可分，直接影响着人们的思维理念和思维方式。时间和空间对于电视新闻而言本是一个同构的概念，本节拟首先探讨电视新闻时间结构中的能指与所指，而后在下一章再对电视新闻空间结构中的能指与所指展开阐释，其目的在于对电视新闻中的时间因素与空间因

---

① ［加］安德烈·戈德罗、［法］弗朗索瓦·若斯特：《什么是电影叙事学》，刘云舟译，商务印书馆 2005 年版，第 105 页。

② ［匈］贝拉·巴拉兹：《电影美学》，何力译，中国电影出版社 1986 年版，第 16 页。

素分别进行更为细腻地剖析，而并非简单将二者孤立或分裂。

一 电视新闻时间能指的微观结构

对电视新闻时间能指结构的微观认识系指时间在单个电视新闻画面中的时间形态，它们或长或短，各自承载着不同分量的能指图景，与所指内涵实现证实性的对应。

1. 电视新闻中镜头长短的时间能指形式与其所指内涵

世界新闻摄影荷兰基金会主席丁·斯瓦特说："每天在太阳升起的地方，一些杰出的人醒来，用三只眼睛而不是两只眼睛观察世界，他们就是世界上的摄影记者，他们中间有男的，也有女的，书写着地球上人类的视觉传记。"① 在这里，镜头已不再仅仅是一组简单的凹凸玻璃，而是人眼的延伸。镜头是"摄影机（摄像机）从开始运转到停止转动这一过程中影像的一个单位。如果移动摄影机（摄像机），影像的构图就可能改变，但只要不把它同别的镜头粘连在一起，它仍旧是一个镜头"。② 镜头是影片结构的基本单位，它是电影、电视形式最为关键的能指概念之一，电影、电视最基本也是最强烈的特征均集中在"镜头"之上。"为了便于我们叙事的目的，镜头可以被定义为在电视上播放的叙事的动作的一部分，存在于切换、淡入淡出或其他结束一个镜头、引向一个新镜头的编辑程序之间。"③ 镜头和画面是两个经常相互换用的概念，一个镜头包含若干幅画面，虽然二者在具体的运用中有范围与指向上的区别，如"在涉及造型处理时多用'电影画面'，在涉及时间结构时往往又用'电影镜头'，如'画面构图好'而不用'镜头构图好'；'镜头太长了'而不用'画面太长了'"④，但在本书中镜头和画面实指同一个能指对象，那就是构成电视新闻片最基本的能指与所指的对应单元，在这里它就是一种能指时空画面。影视镜头较之于照相机镜头体现的是一种连续性和动态性，呈现出视觉能够感知到的动态连接的画面，此外在镜头中所融入的各种声响（旁白、采访、现场音等），都可视为镜头能指、所指对应的组合部分。镜头本身包含视听因素，电视新闻的影像画面将新闻事

---

① 张君昌编著：《应用电视新闻学》，中国广播电视出版社 1995 年版，第 70 页。
② ［美］李·R. 波布克：《电影的元素》，伍菡卿译，中国电影出版社 1986 年版，第 26 页。
③ ［美］伯格：《通俗文化、媒介和日常生活中的叙事》，姚媛译，南京大学出版社 2002 年版，第 124 页。
④ 许南明主编：《电影艺术词典》，中国电影出版社 1986 年版，第 312 页。

实本体的时间、地点、事件、起因、结果、人物等新闻信息要素以视觉印象的方式作用于人们的视知觉器官。1948 年，阿斯特吕克在其《新先锋派的诞生：摄影笔》一文中说道："我把今天这个新的电影时代叫做'摄影笔时代'，运用摄影机写作的时代。"① 镜头就好比阿斯特吕克提出的"摄影笔"，它如同在纸张上书写的文字或标点符号，是布局结构、影响影像叙事效果的重要因素。每一条电视新闻都由若干镜头组合排列而成，通过镜头间的组接来表达新闻的所指意涵。镜头的时间能指形式长短有别，其包容的所指意义也会因之有所不同。因此对于电视新闻的能指画面而言，对镜头的剪辑不仅要遵循影视语言的语法规则，更要注意剪接点的选择和镜头长度的需要，以达到更为有效表达所指意义的效果。

电视是以强烈的具有能指揭示力的一系列镜头来将"时间"能指具象化的，电视观众从镜头中获得新闻所指意义的现场感、同时感等。电视新闻影片的时间结构是由一格格或者一幅幅画面空间连续运动的结构，镜头是时空统一的产物，当我们把视角由单纯解析的物理画格空间（每秒 25 幅）转向播放的镜头空间时，此时的物理画格空间就因第四维元素时间的掺入而成为能指的时间与空间。此时的物理画格空间因时间使然，便进入了时序递进的能指证实与叙述状态。电视是视觉表达层面最具代表性的媒介，影视传播展示了不可回复的时间形态，电视影像将时间过程的流泻性与永恒性（时间的保留，时间上的回复）奇妙地交织在一起，满足了观众对过往时间与当时空间中所发生事情的"看"的欲望。

①镜头的叙述长短要考虑所指意义表达的需要

镜头原理往往来自于人的视觉实践，包括眼睛的生理结构和视觉感受时的心理情绪，前者是指光学镜头的技术性能的设计依据，后者则是指镜头的艺术处理。在本书的第二章"电视新闻能指、所指元素的形态分析"中已对镜头各种景别的所指意涵予以详细解读，镜头的景别因视距不同而承载厚度不一的信息含量，镜头的长度也相应有长短之别，镜头的长短实际上就是镜头时间能指形式的长度或宽度，其包容的所指意义是不尽相同的，能指的时间是通过画面的长度表现出来的，长时间的能指形式承载的含量会较之短时间的更为厚重。电视通过各种景别来调整叙述信息的"语式"，大景别镜头

① 转引自［法］马赛尔·马尔丹《电影语言》，何振淦译，中国电影出版社 1980 年版，第 216 页。

涵括的内容丰富而复杂，小景别镜头反映的内容就相对紧凑和单一，概括而言，远景景别"取其势"，近景景别"取其质其容"，由这种差异所带来的视觉冲击力会影响吸引观众注意力的程度。即使对于相同景别的镜头而言，画面中的人物关系、光线角度、声源音响等各种造型因素的不同，也会在很大程度上影响观众的注意程度和视知觉心理。视觉形象是影视语言的基础之一，"看"是观众对电视新闻能指图景的基本诉求，只有很好地运用各种不同表现内容的镜头，才能准确、真实地揭示新闻主题，契合所指意涵的表达。一般说来，镜头包含的内容越丰富，其在整个画面中停留的时间就应相对延长，以满足观众"看"的欲求和信息获取的心理期待。

②长镜头所记录能指时空与屏幕能指时空的同步性与连贯性

《辞海》云："长镜头是对一个场面或一个动作进行持续时间较长拍摄而得到的电影镜头。这类镜头除极少数作固定摄影外，大都运用推、拉、摇、移等运动摄影手段，形成相对完整与贯串始终的段落，这种拍摄方法强调镜头内部结构和场面调度作用，加强单个镜头的表现力。"① 20 世纪 50 年代意大利新现实主义电影兴起，该学派倡导走上街头，实景拍摄，用深焦距镜头跟随人物和事态的发展变化，以时空连续的镜头内部移动为主的摄影理念。法国电影理论大师巴赞在此基础上总结出与蒙太奇电影理论相对立的"长镜头"（Long Take）理论，"长镜头"又被称作"段落镜头"或"多构图镜头"，它指在一个持续时间比较长的镜头内，用推拉摇移等方式多层次多景别地展现某一被摄对象。巴赞主张运用景深镜头、移动摄影和场面调度连续拍摄的长镜头摄制影片，这些核心要素的理论基础是巴赞的"物质现实复原"的电影本体论，他强调镜头内的纪实性和多义性，认为这样才能给我们造成目睹真事的能指图景的感觉，犹如平日真人真事出现在眼前一样。长镜头在时空上具有连续性、完整性、多义性和真实性的特质，这为电影、电视的纪实传播奠定了重要的理论基石。同时，时空问题也成为巴赞美学关注的要点，他认为，电影应该包括真实的时间流程和真实的现实纵深，电影的整体性统一要求保持空间的统一和时间的真实延续，这样才能保证事实的真实可信程度。如果把空间分解了或把时间压缩了，这本身已经破坏了真实的进程，同时也就破坏了事实本身的存在，在他看来，电影空间的特征是有限

---

① 夏征农主编：《辞海》（缩印本），上海辞书出版社 2000 年版，第 84—85 页。

地记录客观存在①。巴赞最初强调的是一种长焦距（深焦距，或称全景镜头）的纪实性的镜头理论，他通过对大量意大利新现实主义影片的镜头考察认定，长焦距镜头能够扩大景深，真实地构造影像空间，并且能够在统一而完整的时空中，将处在不同焦点层次上的多个动作的能指图景同时呈现出来，避免了蒙太奇的来自人为的选择性与强制性。因此，他认为长镜头也是一种影像伦理学，它以尊重客观事实的方式尊重了观影者的地位，具有革命性的美学价值。

巴赞的"长镜头"理论并不是在推行某种幼稚的写实主义理论，他完全意识到了电影必然牵涉主体一定程度上的选择、组织和阐释，简单来说就是一定程度的变形。巴赞电影美学的要义在于：优秀的电影是电影导演或摄影师的个人视界与电影科技的客观属性在一定程度上达成精巧的平衡与和谐。长镜头理论对电视摄像产生深远影响，在电视新闻中基于写实的诉求，往往会采用长镜头来交代事件背景及周围环境。长镜头的纪实性呈现给观众一个较为完整的新闻事件和新闻现场，长镜头不仅可以相对真实地再现事物的时空自然运动，同时作为一种影像叙事手法，能在一定程度上消解画面编辑过程中主观因素对新闻信息的损耗，保证了观众视知觉感知的自然流畅。

长镜头在电视新闻画面中的运用主要体现为屏幕能指时空与镜头记录能指时空的同步性及时间能指演绎的连贯性两个方面。长镜头最大的特点是一种再现、客观的能指图景，其最大程度的满足了电视新闻对"物质现实复原"的写实要求，如奥运会等盛会的开幕演出等动人心魄的能指、所指完全复合对应的图景。拍摄技术的客观性使影像与可观照的物质世界之间建立了更直接和可信的能指图景联系。经由蒙太奇组接的屏幕时间，在一定程度上是对事件发生时间进程的一种修改与重构，蒙太奇可以压缩实际的时间进程，并调整镜头的先后顺序，而长镜头则保持了时间进程的连贯性与相对完整性。时间的连贯性保证了叙事节奏的完整及事件的真实过程，连续时间记录事件完整节奏变化所带给观众的是一种内在的心理体验。

当然，长镜头的使用固然有其诸多优势，但在电视新闻片中需视其情况而合理应用，电视画面对物理时间的"放大"效应不可忽视，此"放大"效应实际上是物理时间向心理时间的变异。记者所拍摄到的画面是为了向观众展示一个真实的时空，起到证实事实能指以对应所指意义的目的，若盲目

---

①　黄良：《镜头真与美——影视新闻传播美学》，云南人民出版社 2002 年版，第 207 页。

使用长镜头而忽视与蒙太奇的有机结合，忽视了叙事节奏和信息含量，则会使长镜头的使用显得盲目和拖沓。英国广播公司 BBC 出版的录像教材《开拍了》就对长镜头的使用对观众内心造成的时间感知做了生动浅显地描述："摄像机拍动作，会叫人感到太慢，比如这个人到屋子里拿钥匙，出来把摩托车开走，实际上不过几十秒钟的事（屏幕计时 38″），可是到了屏幕里显得长达几分钟。"电视新闻有一定的时间限制，在画面剪辑过程中应注意长镜头与分切蒙太奇的交替使用，以满足时间和节奏对观众心理的调节。

2. 电视新闻画面编辑中的能指时间

客观钟表时间与主观心理时间的主要不同是钟表时间以数量（quantitatively）测量，主观时间则以质量（qualitatively）感知和经历测量①。这个"质量"对电视新闻而言就是信息含量的多少，电视新闻片画面镜头的组合与排列其最终目的是为了满足对新闻事件所指意义内容的能指化需要。

画面编辑是电视新闻制作的后期阶段，它是根据对新闻主题思想表述的要求对镜头进行选择，然后寻找最佳剪辑点进行组合、排列的过程。在对素材影片的剪辑过程中，镜头之间、场景之间、段落之间的衔接、转换和内容的紧密结合的关系，往往都存在着一个结构与节奏的影视语言问题，对电视新闻画面的剪辑要满足内部结构的"联系性"与外部结构的"连续性"。一般来说，"编辑"指两个层面的含义：一个是纯技术层面的侧重于对画面物理效果的操作，另一个是指创作层面的意义表达。叙事理论家认为："故事事件（story events），按照定义，是依照时间顺序接连发生的。但是，讲述故事的人在叙述故事时，不一定按照时间的先后顺序讲下去；事件可按故事讲述者认为最为有效的任何顺序进行陈述。"② 电视叙述者经常采用闪前（flash forwards of the action to come：一种在现在情节发展中描述未来事件的手法），或是闪回镜头（flashback：一种在现行情节发展中插叙往事的手法），抑或是在新闻报道中切入以往事件的资料连续镜头（file footage）③ 等技法来结构电视新闻能指图景的证实（叙事）过程。剪辑是从组接镜头的角度来了解画面的特性，镜头的切换往往是通过满足画面外部结构的"证实

① 转引自［美］赫伯特·泽特尔《图像　声音　运动：实用媒体美学》，赵淼淼译，北京广播学院出版社 2003 年版，第 212 页。

② 萨拉·科兹洛夫：《叙事理论与电视》，载［美］罗伯特·C. 艾伦编《重组话语频道：电视与当代批评》，麦永雄等译，中国社会科学出版社 2000 年版，第 69 页。

③ 同上书，第 69—70 页。

性"和内部结构的"联系性"而给观众以视觉心理上的流畅感,这时候运用到的就是电影理论中的蒙太奇技法。最早令蒙太奇一词的使用超出建筑学范围的是苏联的摄影家罗德钦科,他创造了一种将照片进行拼贴的形式,并称之为"照相蒙太奇"①,当后来将电影镜头之间的历时性连接称之为蒙太奇的时候,蒙太奇的意义便从空间的扩展为时空的。时空问题是电视新闻片剪辑的一个重要因素,电视新闻片的时空结构也就是镜头组接的时空结构。

一段电视新闻影片是通过把一系列的单个镜头连接起来构成的,所以镜头的连接问题就显得尤为重要,剪辑以镜头的存在为基础,镜头的切换往往可表现为时间的移转,而不同的切换方式所表现出来的时间转移也不尽相同。一般来说,镜头的切换主要通过直接分切镜头、溶入溶出(也称"化入化出")、叠化、圈划等手法来改变叙事节奏,其中直接分切镜头在电视新闻的画面剪辑中最为常见,它是指用一个画面骤然代替另一个画面,短消息新闻由于时间所限,多可采用这种方式,对于时间较长的其他电视新闻类节目而言,其他几种切换方式也可以适当运用。在电视新闻的影像证实、叙述中,镜头(画面)所体现的时空性是实现事实能指、所指对应的前提。

二 电视新闻时间能指的宏观结构

与电视新闻时间能指微观结构不同的是电视新闻时间能指的宏观结构,其涵括两层意思:一是指节目后期对前期能指单个画面的组合性编辑处理,将其编辑成单条的新闻,实现完整的叙事能指;二是将多条新闻集合到相关栏目以完成一个相对宏大的叙事所指,如广东卫视播出的《改革开放三十年:1978—2008 中国腾飞》和 2009 年 5 月 12 日播出的《四川汶川大地震周年特辑》都是典型案例。

叙事学理论认为,任何一个叙事文本,都可以区分出叙事时间和故事时间两种时间顺序,即"任何叙事都调动两个时间性:一方面是被讲述事件的时间性,另一方面是属于叙述行为本身的时间性"。② 它们可能一致也可能不一致,时间在叙述中的二元性质被认为是时间的显著特点之一。热奈特在其叙事学论著《叙事话语 新叙事话语》中曾援引著名电影符号学家克里斯蒂

---

① 王志敏:《电影语言学》,北京大学出版社 2007 年版,第 88—89 页。

② [加]安德烈·戈德罗、[法]弗朗索瓦·若斯特:《什么是电影叙事学》,刘云舟译,商务印书馆 2005 年版,第 19 页。

安·麦茨的观点，来印证时间对于叙事的重要意义："叙事是一组有两个时间的序列……被讲述的事情的时间和叙事的时间（'所指'时间和'能指'时间）。这种双重性不仅使一切时间畸变成为可能，挑出叙事中的这些畸变是不足为奇的（主人公三年的生活用小说中的两句或电影'反复'蒙太奇的几个镜头来概括等等）；更为根本的是，它要求我们确认叙事的功能之一是把一种时间兑现成另一种时间。"① 麦茨认为，应该区分"事件所经历的顺序时间"和"阅览能指段落所用的时间"，后者"对于一个文学叙事是阅读所用的时间，对于一个电影叙事是观看所用的时间"。② 在麦茨看来"叙述的功能之一就是按另一个时间方案来制作一个时间方案"。③

热奈特、麦茨等学者均是从时间性上来考察叙事，实际上在影像叙事中，时间的修饰与空间的移转密不可分，二者共同构成影像的叙事时空。萨拉·科兹洛夫在《叙事理论与电视》一文中认为可从三个层次来认识电视叙事的特性：一是故事，也就是说"什么人碰到什么事"；二是话语，也就是说"这个故事是怎样被人讲出来的"；三是时间安排（schedule），"也就是说在电视台的时间安排的较大范围的话语中文本的位置对其话语和故事产生怎样的影响"。④ 在电视叙事过程中依次有三种时间状态在起作用：分别是被讲述之事件发生的时间、对事件进行讲述的时间和节目播出的时间，其中，节目播出的屏幕时间是最显而易见的一种时间状态。米克·巴尔将事件界定为一个过程，这个过程"是一个变化，一个发展，从而必须以时间序列（succession in time）或时间先后顺序（chronology）为其先决条件。事件本身在一定的时间内，以一定的秩序出现"。⑤ 在文学语法中，语言不可避免地有了时序，如何处理这个时序，同文学的语言叙述直接相关，文学作品中所谓的开头、发展、高潮、结尾等过程，体现的就是一种时序安排。电视新闻是对正在发生或已经发生的事实信息的报道，其叙事过程的时间形式表现为具

---

① ［法］热拉尔·热奈特：《叙事话语　新叙事话语》，王文融译，中国社会科学出版社 1990 年版，第 12 页。

② ［加］安德烈·戈德罗、［法］弗朗索瓦·若斯特：《什么是电影叙事学》，刘云舟译，商务印书馆 2005 年版，第 19 页。

③ 转引自萨拉·科兹洛夫《叙事理论与电视》，载［美］罗伯特·C. 艾伦编《重组话语频道：电视与当代批评》，麦永雄等译，中国社会科学出版社 2000 年版，第 69 页。

④ 同上书，第 47 页。

⑤ ［荷］米克·巴尔：《叙述学：叙事理论导论》，谭君强译，中国社会科学出版社 2003 年版，第 249 页。

有先后顺序的"序列"，使观众递次有序地接受传播符号所承载的信息内容。

从结构的角度看，叙事的时空双重性在电视新闻中体现为事情发生的时空和讲述事情的时空。如果注入视听人的因素，电视新闻的时空内涵则主要体现为以下三个方面：（1）事件从开始到结束整个序列过程所经历的物理能指时空；（2）叙述该事件所运用的屏幕能指时空（或称屏幕时空）；（3）电视观众观看电视新闻的心理意指时空体验。叙事理论所提到的故事时间，在电视新闻的叙事文本中可视为事件发生的物理时空。一条消息类电视新闻的时间长度大概是 60 秒至 90 秒，如何在有限的时间之内展现在某一段时间跨度中所发生、发展的新闻事件，就需要在叙述的时空形式上给予特殊处理，在电视新闻的制作过程中一般是运用叙事蒙太奇按照新闻事件发展的时间顺序、逻辑顺序、因果关系，通过分切组合镜头完成时空的压缩，完成在有限时间之内展现完整事件的目的。叙述者不必遵守物理时间性，甚至可以打乱事实原本的时间顺序根据需要而任意选择一个时间点开始叙述，叙述的过程可以花费很长的时间来延展或者仅用寥寥数语简单略过，从叙述时间的频率上可以一带而过也可以数次提及。有别于被讲述事件的时间性，叙述行为本身即构建了一个特有的时间性。"这只是'视觉节约'的问题。我们并不一定要看到一个手势或常见活动的全过程才能掌握整个动作的观念。"① 电视新闻的"倒金字塔"结构就是在导语或导语画面中概括新闻事实，或者提早告知事件的结果。时间畸变是对正常自然时间的变形处理，在电视新闻中运用的目的即提前告知观众事实的重点或结果。

第三节　电视新闻画面空间结构中的能指与所指

电视新闻除了以时间链的延展、伸长过程作为叙事动力之外，还存在一个强有力的叙事序列，即它的空间性。"电影叙事的基本单元——画面，就是一种完美的空间能指，以至于电影与很多其他叙事载体相反，始终同时表现引发叙事的行动和与其相配合的背景。"② 对于电视新闻画面而言，情况同样如此，空间能指糅进时间的流动性中，形成时空合一的状态，空间形式中

---

① ［美］斯坦利·梭罗门：《电影的观念》，齐宇译，中国电影出版社 1983 年版，第 10 页。

② ［加］安德烈·戈德罗、［法］弗朗索瓦·若斯特：《什么是电影叙事学》，刘云舟译，商务印书馆 2005 年版，第 104 页。

有浓厚的时间意识。正如前文所提到的大部分叙事预先要求一个空间的环境,以此接纳赋予叙事特征的时空转变过程,空间作为电视视觉艺术总的感染形式,是无法避免的一个主要问题。有学者认为"空间是经济系统的存在形式之一"①,电视作为现代化大众媒介,也可看作是社会经济系统的子系统,电视传播的根本属性就是传递信息,其效益是通过传播信息在一定的时间和空间中缔造出来的。电视是时空合一的信息承载形式,空间是电视节目编排和传播最直接、最基本的形态。在现实中,空间往往让人感觉容易把握,那是因为它以具体的、有形的(即占有某些空间)视觉能指状态呈现于世。

一 画面的物理能指空间是电视新闻信息存活的物质平台

画面的物理能指空间是电视新闻赖以生存的物质平台,新闻事件的发生、发展、结局都在这个平台上进行原始演绎,新闻的所指意义也在这个平台上悄然生成,画面的物理能指空间承载着电视新闻事实能指与所指的真实对应。

1. 屏幕能指空间的仿三维立体效果

屏幕空间形式的特征之一在于对象具有清晰稳定的"形",该"形"在空间整体中占据属于它的那一部分,令人的视觉可以准确把握其边界。苏珊·朗格特别强调空间的视觉性质:"构图的各种因素,色彩和形状的每一种运用,都用来创造、支配和发展这种单独为视觉存在的图画空间。"② 文学通过语言符号可以极度细腻地描绘微妙复杂的情感状态,通过逻辑文字表达颇为深奥的哲理,营造出某种意境和气氛,这实际上可视为文字描述对时间形式"形"的不明晰的克服和补充。鲁道夫·阿恩海姆在谈到文学的"线性"叙述特点时说:"像语言这样媒介是完全可以胜任的,它可使用直线性的联系去贯通整个事件,而且能够将其中每一种局部关系以一种一度的事件序列表现出来。更重要的是,它大都以一种意义丰富的结构去呈现这种序列……这种效果是通过把一个潜在的二度或三度的视觉媒介强行'压制'成一个一度的语言媒介而获得的。语言就像一块'型板',迫使被述的事物按

① [美] 布鲁斯·金格马:《信息经济学:信息工作者的经济与成本——收益分析指南》,马费成等译,山西经济出版社 1999 年版,第 216 页。

② [美] 苏珊·朗格:《情感与形式》,刘大基等译,中国社会科学出版社 1986 年版,第 86 页。

照自己的式样变成一种线性的序列。"① 以文字为载体的报刊传播是一种"线性"的叙述形态，而电视通过镜头完全可以找到某种新的时序结构，以新的蒙太奇镜头与长镜头的组合，去全方位立体地展现一个事件，这种"全方位的立体"既是能指空间的时间也是能指时间的空间。

从空间形态上来划分有二维空间和三维空间，二维空间是仅有宽度和长度的对象所显示的空间，通常指平面绘画、摄影作品；三维空间是具有长度、宽度和高度的客观现实世界，其最重要的特质是存在空间深度。在影视构图中 Z 轴成为建构屏幕空间和运动的重要元素，对 Z 轴的理解需要借用平面几何的知识。在一个二维平面里，可以给屏幕内的任何一点确定纵向和横向的坐标，即 X 轴（屏幕宽度）和 Y 轴（屏幕高度）；而在一个三维空间中，则可以用 Z 轴来表现这个点的空间深度，Z 轴就是指一个物体看起来与摄像机之间的距离有多远（虽然 Z 轴——深度维度——在电视和电影中是错觉产生的，但从美学角度上看它是最灵活的屏幕维度），这条轴线可以无限延伸，不仅向地平线延伸，而且向观众延伸，三维空间的感觉就是在 Z 轴上建立起来的②。从现有的状况讲，电视画面同样是一种平面结构的二维空间，但是借助透视、光影、色彩的变化，人物和摄影机的运动（时间），却是可以在二维的物质平面上创造出虚幻的三维空间。透视和运动是电视画面二维空间呈现三维空间虚像的主要手段。透视是被表现在电视画面中的客观景物因所处空间远近位置的不同所呈现出的视觉形象的形状、长短、大小、色彩、阴暗、虚实有规律的变化，实际的被摄体与屏幕上所形成的影像通过光学透镜所形成的透视关系可以在二维空间中表现出三维空间的立体效果，是真实再现客观世界的重要表现手段；透视的不同纵深，即不同的景深会造成不同的屏幕空间景别使得镜头空间具有丰富的层次感，在多个镜头构筑的某一空间里，景别的使用可以使同样的一个空间错落有致，从而增大单位段落的能指信息含量。景别的变化可以扩展画框固定的空间，由于镜头与被摄体的不断位移，观众与屏幕上的影像之间的距离就富于变化，使我们可以瞬间从一处移到另一处，去体验镜头展示给我们的不同的能指空间。镜头的运动也是造成电视画面三维能指空间感的关键因素，这是静止的绘画或者图片所

---

① ［美］鲁道夫·阿恩海姆：《视觉思维——审美直觉心理学》，滕守尧译，光明日报出版社1986 年版，第 364—365 页。

② 参见［美］赫伯特·泽特尔《图像　声音　运动：实用媒体美学》，赵淼淼译，北京广播学院出版社 2003 年版，第 142—143 页。

不具备的效果，摄影机与被摄对象的相对距离、镜头的长短焦距、被摄对象或摄影机移动的速度都是造成运动效果的各种因素。此外，声音也为电视的平面维度提供了丰富的张力，在时间的延续中声音的因素扩大了镜头的空间信息容量，声音丰富了镜头内的空间层次和含义，同时也丰富了镜头与镜头之间的时空关系，形成了一个具有沉浸性特质的空间连续体，能够激发观众对能指空间的心理联想机制。

2. 空间能指影像的直观性与亲在性

"必须承认'屏幕亲在'与实际的本体亲在在很多方面不可能是等值的，但它毕竟是不能分身的有限的人进行超个体、远距离传播中所能找到的、使传播者得以在接受者的感知空间中最直接地出现的最好方式了。"①电视图像的这种亲和力主要体现在："它所产生的最有特色的结果是人物特写镜头的大量使用，这些特写镜头在不同类型的节目中有比较细致的区分……新闻纪实类节目的特写镜头范围大一些，包括头部和肩部，有一定的，甚至是审慎的距离感……而在电视的特写镜头中人物的面部接近于真实的比例，从而剔除了距离感和隔膜感而使观众对他们产生了平等亲切的感觉……电视图像能够使观众产生直接交流的感觉，这种即时性可以通过多种途径获得。首先，电视节目经常使用直接交谈的方式——对着观众说话，就好像他们之间正在进行交谈一样。播音员和新闻评论员在屏幕上出现的时候，眼睛直视镜头，偶尔下垂眼睛，仿佛在同电视机前的观众进行常用的直接交谈一样……其次电视的恒在性和它的系列模式，有助于使观众形成一种电视节目会永恒存在的感觉……"②电视的基本设置使一种空间的"远距离传送"成为可能，它成为一个由光电子构成的、仿真自然的时空，能够在观众占有的空间里使一种缺席的空间变成在场的。电视镜头将时间—空间距离压缩得非常小，特别是在现场直播中，我们几乎可以"同时"、"同步"地感受某一个事件所处的"当时"、"当下"的情境。电视新闻带给受众的现场感是它突出的传播优势，现场感是主观与客观的统一，是视觉和听觉相互作用而产生的由知觉到意识、由意识到思维的完整过程。

---

① 郝朴宁、李丽芳：《影像叙事论》，云南大学出版社 2007 年版，第 111 页。

② ［英］大卫·麦克奎恩：《理解电视：电视节目类型的概念与变迁》，苗棣等译，华夏出版社 2003 年版，第 7 页。

真实感是电视新闻的另一突出特质，电视新闻传播在时间和空间形式上具有强烈的整合性与同一性，这种时空同构几乎接近于生活实践中的时空整一性质，相较于其他媒介形式电视传播在时空因素上更贴近生活本身，因而使人产生强烈的真实感。景深长镜头保证了在一段延续的时间里空间的完整性和真实性，长时间持续的段落镜头在一个相对真实和完整的空间里保证了时间流程的不间断性，景深长镜头和长时间持续的段落镜头表现出对事件把握的追求。"长"既是一个时间概念（虽然我们无法用精确的数字界定具体的时间长度），又是一个焦距概念，焦距的不同，镜头所涵括的空间容量就会有所不同。"长镜头使用持续时间较长的单个镜头，来再现时间、空间和动作，最大限度地将多元的景物信息摄入镜头，从而保证影像与被摄物之间高度真实的关系。长镜头在完整的记录过程中还经常使用景深镜头，影像空间被构筑为立体的多层次的真实存在，使观众对影像信息有更大的选择自由。"[①]

如果说电影的胶片制作和放映技术生产了一个电影院建筑场所范围内的幻觉性空间，那么，电视则在全球范围内生产了一个很难界定其基本特性的影像空间。电视构造的影像空间究竟是现实抑或是虚幻，英国学者罗杰·西尔弗斯通就此发表了自己的看法："传播的神话形式，经常以饱满的仪式来重新描述时间和空间，清楚地把多少有些神圣的时刻从日常生活的平常性中划分出来。神圣的时刻总是可以看作日常生活的一部分，可以凭借它反映、思考日常生活。事实就是这样，尽管（甚至正因为此）神话多少把日常生活中的差异强烈地标示了出来（例如巴赫金对狂欢节的讨论）。但是，神话也是日常的一部分，神话产生的文化形式不久就会通过实用的、世俗的态度与行为融入日常的轨迹中。被媒介占据的'神圣'的空间具有这种特性，而我们和它之间的关系强化了这一特性。电视中的口语化与展览式的叙述在鲜活的日常生活中有其对应与外延，当然这二者的意义都要通过它们持续不断地并置在一起才能获得。"[②] 正是在这样一种"神圣时刻"与日常生活的并置构造了当代社会的空间，其最典型的形式就是电视的现场直播。"现场直播"可以界定为话语时间和接受时间（reception-time）明显的一致——也就是

---

① 王志敏：《电影语言学》，北京大学出版社2007年版，第109页。

② ［英］罗杰·西尔弗斯通：《电视与日常生活》，陶庆梅译，江苏人民出版社2004年版，第248页。

说，叙述产品（narrative's production）及其消费之间不存在时间差距①，这使得观众有强烈的现场感和亲近感。

二　画面的心理能指空间是电视新闻信息归宿的精神终端

对于电视新闻而言，新闻报道与新闻本源在时间和空间上的接近，使受众产生由亲身介入演变出来的心理介入。电视媒介空间呈现的是一种知觉体验，它呈现为知觉层面的空间感，电视新闻画面空间既不是单纯的客观物理空间，也不是纯粹的主观精神空间，而是客观外在事实空间和主观内在事实确认选择结构而成的符号空间。记者、编辑者的心理空间作用后，集合于物理介质上，再借助声电网路传播的声画空间。它可以是偏重事实意义的"复写"式能指空间，也可以是含有人造意义的"转移"与"派生"型能指空间，电视新闻的能指空间，就是一种独特的话语空间。电视新闻的心理空间，是记者、编辑心态化和情感化了的事实影像画面空间和声音空间。这种经记者、编辑"自我意识外化"的空间，不再是客观自然事实空间的单纯再现，也不单单是展现事件和情节的环境空间和叙事空间，而是人类主观内在空间和情感世界的外化形式，是人性化空间。心理空间的影像画面，有时虽然只是空镜头、满景镜头或全景镜头，但在前后镜头语境的照应和感染下，即演化为人类内心情感空间的物化形式，一种"人化的自然"。原本写实性空间，经过变形化，亦可转化为情感空间或情绪空间。所以，记者、编辑的"自我"选择直接影响影像能指空间与自然事实空间的对应与契合，如何恪守真实以实现"物质现实复原"，是记者、编辑必须时刻谨记的戒律。

镜头实际上是将原始空间割裂成若干片段，然后再将这些空间能指片段按照某种纵向线性时间组接起来。摄像机对原始空间的这种切换使得镜头对空间产生各种能指表现力，闪回、组接、叠加、淡入淡出等空间重组构成镜头的片段式能指。W. 舒瑞安将这种空间称为"结构空间"，他在分析影视作品中的结构空间时阐释道："每个观者除了自己的生活空间和行动空间之外都还生活在特定的、由自己从认知和情感上结构化了的领域之中。属于这类领域的有想象范畴：想象是主体依据臆想、回忆、梦幻、愿望、幻象等进行的；还有外部空间里事件发生过程：事件的发生源于日常生活中、工作

① 萨拉·科兹洛夫：《叙事理论与电视》，见［美］罗伯特·C. 艾伦编《重组话语频道》，麦永雄等译，中国社会科学出版社 2000 年版，第 74 页。

上、私人场合下、业余时间里的遭遇。这类领域的组成有具体场合下结构的形态空间、行动、行为方法等，就是说，这些空间并不存在于现实，而是存在于具体场合下的个体想象之中。这类结构空间也受制于所有的影片故事情节。一部影片的进程从核心上看是由诸般结构组成的，就是说，由各个演员行动的现实交错形势，由所想象、所愿望、所梦想以及其他所臆想的状况组成的。通过淡化和回忆手法等技巧，这些在内心里想象出的结构空间便附带或急迫地、有意或无意地、公开或潜在地显现出来、表演出来。"① 事实上，这种"结构空间"并不仅仅存在于故事片或科幻片中，在电视新闻的纪实影片中也同样存在，同样能在心理上激发观众的想象力，构成一定的空间隐喻。巴拉兹就认为一位优秀的电影导演不会让他的观众随便乱看场面的任何一个部分，导演会把重点放在他认为合适的地方，按照蒙太奇发展线索有条不紊地引导观众去看每一个细节，导演不仅展示了画面，还解释了画面。对于电视摄影以及后期编辑而言，道理同样如此。

从空间的角度来看，景别是指我们感觉屏幕上的人或者物体的远近，或一个镜头包含的地方范围，即空间能指范畴。全景和特写的不同不仅在于物体呈现在屏幕上的大小的不同（图形质量相对于屏幕边框），也在于他们看上去与我们距离的远近不同。特写让我们的感官和心理上觉得所看之物要比远景离得近很多，由于我们倾向于将景别变化感知为心理和物理距离，因此我们对景别变化的反应类似于我们对日常生活中人和物的实际距离的反应。对特写的设定在全世界也没有统一的标准，例如有些国家的新闻播音员，甚至电视剧中的演员在屏幕上的特写镜头远比美国的特写镜头要来得宽松，对此的研究统称为——影像尺度学（video proxemics），也就是关于人们如何感知屏幕空间以及屏幕内作用的研究②。

行文至此，时间、空间与电视新闻事实的对应关系已经找到合理的理论归宿，其实践价值还有待检验。本文的研究从基础概念出发，结论回归实践的基础，这也是新闻学研究的重要价值之所在，下文案例恰好契合了本文研究的诉求，无形中给了些许回应与肯定。请看片例分析《人工林里来了野生鹿》（表5－3）：

---

① ［德］W. 舒瑞安：《影视心理学》，罗悌伦译，四川人民出版社1998年版，第119页。
② 转引自［美］赫伯特·泽特尔《图像　声音　运动：实用媒体美学》，赵淼淼译，北京广播学院出版社2003年版，第190页。

表 5 - 3   《人工林里来了野生鹿》时间、空间关系解读

画面能指	声音所指、能指	画面能指意义述评
	人工林里来了野生鹿。今天早晨，记者一走进拜泉县北部的这片人工林……	全景能指图景，为时间、空间的演绎准备了物质平台
	一大群野鹿就闯进了镜头。同期声："这么多啊，19只"	野生鹿成群穿越公路，生态空间与时间的天然合一，能指图景实证事实真实无疑，也是该新闻荣获国家一等奖的关键
	转过一道山梁，又一群野鹿出现了	不同的时间、空间，雪原野鹿成群，事实的能指、所指生动对应，新闻的事实张力饱满
	远远看去，雄鹿在警觉的巡视，母鹿在悠闲的觅食	野鹿成群且悠闲不惊，所指图景生动，足显人工森林生态优异。连续展现野鹿的生态图景，在微观时间、空间层面达致能指与所指的完美对应
	拜泉县以前是一个水丰林茂的地方，獐狍野鹿云集	过渡性能指图景，时间、空间由微观叙述转向宏观叙述

续表

画面能指	声音所指、能指	画面能指意义述评
	上世纪 60 年代开始，为了多产粮，大量林地被开垦为耕地	微观的时空历史图景，见证宏观时空的生态劫难
	图片字幕："上世纪六七十年代拜泉县生态环境遭到严重破坏"	微观的时空历史图景，见证宏观时空的生态劫难
	山区也变成了一片田，连小树都看不到的荒坡地。毫无节制的开垦使拜泉县生态环境遭到严重破坏	微观的时空历史图景，见证宏观时空的生态劫难
	林草原所剩无几，一万七千多条水石沟将拜泉大地切割得支离破碎。 别说长狍野鹿，连只野兔野鸡都难觅踪迹	连续 4 组能指图景，见证生态遭难的漫长时空，所指意义油然而生：警惕生态灾难，噩梦不得复返
	图片字幕："上世纪 80 年代拜泉人开始大规模人工造林" 苦于生态恶化带来的接连不断的风灾水灾和旱灾，上世纪 80 年代，八十万拜泉人开始了恢复生态的伟大壮举。二十年栽下了一百二十多万亩人工林	依然是微观的时空历史图景，见证宏观时空的变迁：退耕还林，恢复生态的伟大壮举可知可感

画面能指	声音所指、能指	画面能指意义述评
	图片字幕:"今天拜泉县已是满目苍翠。"	大面积绿化的时空能指图景,与生态遭毁的噩梦对比强烈,能指视觉冲击张力在对比中倍增
	全县森林覆盖率由2%提高到了23%。拜泉县也成了全国第一个生态建设标兵县	能指图景由历史宏观时空回至现实时空,"今天拜泉县已是满目苍翠",为野鹿生存出没准备了条件,图景真实
	生态环境好了,久违的野生鹿又回到了拜泉县	微观能指时空,回应新闻导语所言不虚,新闻能指、所指对应真实,合乎情理
	还有这只扬起大尾巴飞跑的大尾野生狐	微观能指时空下奔跑的"大尾巴野生狐"旁证野生鹿的生存条件优越
	几只狍子见到来人,更是惊慌的扬起一片雪花,一头钻进了密林深处 ——本台报道	微观能指时空下奔跑的"狍子"引人遐想:拜泉县人工森林已成野生动物的天堂

　　《人工林里来了野生鹿》（黑龙江电视台）是获得 2003 年全国电视新闻一等奖的作品。从一般层面解读获奖的因素不外乎是选题契合"环保"大主题、野生鹿的生态环境特色突出，等等。从本文研究的能指、所指，时间、空间与事实的对应关系上看，《人工林里来了野生鹿》确是一条时空跨度处理精到、能指所指对应完美、宏观微观融合自然的经典案例。试想，如若理论与实践得以良性互动，学者的研究价值便学有所值，业者操劳的灵感亦会源源如缕，佳作不断。时间与空间，时刻等待着电视新闻能指、所指完美组合的佳作上演。

　　法国哲学家福柯认为，在时间的车轮上 20 世纪承载着一个空间时代的到来，这与 19 世纪的特征恰好对立，"后者一直被时间相关的主题所纠缠，比如对历史的迷恋，对发展、悬置、危机、循环、过去、人的死亡等的关注。在福柯看来，我们正处在一个同时性（simultaneity）和并置性（juxtaposition）的时代；我们所经历和感受的世界更可能是一个点与点之间互相联结、团与团之间互相缠绕的网络，而更少是一个传统意义上的经由时间演化而成的物质存在"。① 福柯所暗示的这样一个物质存在，在我们看来，很大程度上是以电视等现代电子传媒所创造出来的。充满了宇宙空间的光电子信号，如今正在经由传播媒介的转换，变幻出形形色色的影像符号，从而构造着一个人类时间上从未出现过的具有独特性质的能指地理视觉空间。

---

　　① 包亚明主编：《现代性与空间生产》，上海教育出版社 2003 年版，第 9 页。

第六章

电视新闻视听语言的双主体结构关系

为了对电视新闻的语言符号系统有一个更完整深入的认识，本章将从语言学、心理学、哲学、生理学等多学科的视角，结合对电视新闻传播实践的实证性研究，来考察电视新闻视听语言的结构关系。

应用语言学认为：任何形式语言的应用和研究，都离不开对于语言环境的依赖。按照这一命题要求，对于电视新闻语言声画关系的认识，只有置于"多类符号综合传播新闻"这个语境中进行观照，才可能得到符合实际需要的结论。随着电视制作设备的改进和电视业者制作观念的变化，电视画面的内涵已经产生了"质"的变化：屏幕文字、电子动画、同期声的大量使用，使电视语言摆脱了单一的声画结构模式而走向语言符号与非语言符号多极整合的视听语言构成模式。然而，不可否认的是，电视新闻语言符号的构成中，前者仍然以有声的抽象语言为主体，而后者则以可视的造型语言为主体。电视新闻要"聚天下之精华"，但最终目的是"扬独家之优势"，即在额定时间内多类传播符号有机融汇，给人们以视听兼备的信息满足。电视首先是作为一种社会信息传播工具存在，而不是作为艺术欣赏工具存在。这就决定了电视新闻语言的声画构成具有主体性双重结构的特征。

所谓主体性双重结构，指电视新闻声画关系这一物质形态，是承载电视新闻全部形式与内容的主体。这一主体在传播过程中呈现双重结构层次：新闻内容逻辑表述结构层和新闻事实证实结构层。电视新闻传播实际上是"声画双主体"的，而"双主体"又是建立在肯定抽象语言在电视新闻传播中的基础性地位的前提下的。

第一节　抽象语言符号在电视新闻传播中的基础地位

抽象语言在电视传播中的地位是由电视的社会功能和抽象语言符号的传播特点决定的。就社会功能来说，电视的功能是多种多样的，主要有传播新闻、舆论监督、传授知识、提供服务、愉悦身心等。作为一种大众传播媒介，电视也提供娱乐，但它的主要任务却是传播新闻、艺术、社教、广告以及教育等各种社会信息，而社会信息的传播则主要依靠以传播抽象意义和理念见长的人类漫长社会发展中形成的语言符号来进行的，这和以画面为主或画面崇拜的电影理论完全不同。

一　抽象语言在人类认知活动中的统领作用

人是"以操纵符号系统为主的动物"。人类在漫长的劳动实践中，由于生产劳动交流的需要诞生了语言，语言反过来又影响人的思维和对世界的认知。成为人类认知和表达思想的中介。人的认知、思考、交际皆从语言开始。抽象语言在人类包括视觉感知在内的认知活动中起统领作用。

首先抽象语言作为一种符号，连接的不是事物和名称，而是概念和音响形象。后者不是物质的声音、纯粹物理的东西，而是这声音的心理印迹。也就是语言学中所谓的能指和所指。抽象语言符号实现了符号的任意性和强制性的对立统一。

正如索绪尔所说："能指和所指的联系是任意的，或者，因为我们所说的符号是能指和所指相联结所产生的整体，我们可以更简单地说：语言符号是任意的。"① 语言符号的任意性造成了语言系组成要素和层次结构的复杂性，语言系统超乎海量的字、词、句赋予语言信息传播功能以无与伦比的灵活性和便捷性。

其次，能指对它所表示的观念来说，看来是自由选择的，相反，对使用它的语言社会来说，却不是自由的，而是强制的。在任何时代，哪怕追溯到最远古的时代，语言看来都是前一时代的遗产。曾几何时，人们把名称分派给事物，正如意大利哲学家维科指出的那样："人类知识的起源，因而也是

---

① ［瑞士］费尔迪南·德·索绪尔：《普通语言学教程》，高名凯译，商务印书馆 1980 年版，第 102 页。

人类社会和文化的起源，都在于原始人的命名能力。"人类在概念和音响形象之间订立了一种契约。语言符号的强制性则使语言为全社会所共有，"语言的实践不需要深思熟虑，说话者在很大程度上并不意识到语言的规律"，①这极大地提高了传播的效率。

最后，能指的这种强制性，使得语言对于任何个人来说，都是一个先在的概念系统和组合规则。人通过这个先在的概念系统去认知世界，因此抽象语言是人认知世界的中介，人类思维的工具。不仅是认知具体的物质世界，在认知具象符号时，同样也以抽象语言为中介。正如波兰哲学家沙夫（Adam Schaff）所说："语词符号以外的所有符号，都是以反射的光发亮的。它们以某种方式替代语词符号，因而每当人们解释它们的时候，它们总是被翻译成一种语词的语言（虽然这种翻译常常采取一种省略的形式）。其所以这样，是因为我们总是用一种语词的语言来思维的……所有的符号，由于它们服务于人类的交际目的，都受了一种语词的'浸染'。"②这当然也包括视觉形象或画面造型。

哲学、认知心理学、精神分析学和有关认识结构的研究从不同的视角证明：语言是人类认知和思维表达的中介，是人类认知范式——认识结构的基础，就连人的无意识都具有语言的结构。

语言在人类的劳动实践中发展起来，反过来又和劳动共同塑造了人类，这种塑造既有物质上的塑造——促进了人脑的形成，同时也有心理和精神上的塑造。恩格斯认为："首先是劳动，然后是语言和劳动一起，成了两个最主要的推动力，在它们的影响下，猿的脑髓就逐渐变成了人的脑髓。"为了说明人的高级心理机能，苏联天才心理学家维果茨基提出了著名的工具理论。他认为，人有两种工具，一种是石刀、石斧乃至现代机器的物质工具，人运用物质工具进行劳动操作，最终脱离了动物界；另一种工具是符号、词乃至语言的精神工具，人运用语言进行心理操作。动物没有也不可能有这种工具，所以心理永远只能停留在低级水平。人有了精神工具，所以心理就发生了质变。③

受现代科学关于物质结构层次和系统论结构功能的启示，西方许多哲学家提出了认识结构的概念。"所谓认识结构，是指人们在认识特定事物之前

① ［瑞士］费尔迪南·德·索绪尔：《普通语言学教程》，高名凯译，商务印书馆 1980 年版，第 109 页。

② ［波兰］沙夫：《语义学引论》，罗兰等译，商务印书馆 1979 年版，第 173—174 页。

③ 张积家编著：《语言认知心理研究》，暨南大学出版社 2007 年版，第 381 页。

于过去的实践和认识活动中所获得并逐渐积累起来的相对稳定的概念、范畴体系的总和及其联结方式，是人们借以继续认识尚未被认识的客观事物的能动性因素之所在，它在人们认识过程中，发挥着对客体信息进行接受、整理、加工、改造、制作的能动创造性作用。"①

人类大脑是自然、社会长期进化发展起来的高度发达的物质形态，具有认识事物的潜在能力。但是它要实现对客观事物的认识，还必须具备两种条件：一是要把客体引入主体的实践和认识活动领域，使其信息作用并传导到主体的感觉器官和思维器官；二是感觉、思维器官必须按照一定的程序和规则，运转操作客体信息，把它们加工制作成同客体同构异质的观念物。这两种条件是缺一不可的。这后一种条件，就是认识结构所发挥的功能。我们有理由认为，认识结构是以语言为媒介，通过人类千百年的实践经验积累起来的，它是人类一切认识范式（包括视觉思维或曰画面思维）的基础。

法国著名精神分析学、结构主义学家雅克·拉康（Jacques Lacan，1901—1980）对无意识的分析从另一角度为我们提供了类似的论证。"无意识"是精神分析学中最重要的一个研究对象，许多精神分析学家都对它作过细致的分析。弗洛伊德认为，无意识先于语言产生，它是人的身体机能的一部分，是混乱的、任意的，既无任何结构可言，也无任何规律可循。拉康不同意弗氏的观点，他借助结构语言学的理论对无意识进行了重新界定。拉康认为语言先于主体存在，语言产生无意识。同时他还强调"精神分析在无意中发现的是在语言之外的语言整个结构"。也就是说，无意识具有语言的结构②。拉康的理论论证了主体心理结构（包括认识结构）的形成对语言结构的依赖。

总之，由于事实上人总是以符号的形式去界定和拥有自己所置身的世界，因此语言符号自从产生以后，它同时又成了人类选择现实、把握现实的一种工具。德国哲学家康德在《未来形而上学导论》一书中说："日常体验表明，我们从现实世界中所得到的感知，不是含混就是模糊，没有明确界限，很难为我们意识所掌握。只有自经过语词化，即赋予它一定概念性的意义之后，才有可能定性，为人们所认识，并在意识中固着、安顿下来。这就意味着，只有经过

---

① 裘大洋：《论认识结构问题》，《陕西师大学报》（哲学社会科学版）1995 年第 2 期。

② 梁冬华：《无意识具有语言的结构——拉康结构主义精神分析理论研究》，载《玉林师范学院学报》（哲学社会科学版）2006 年第 1 期。

语言的整理和规范，人类的知觉才能在混沌中创造有序"。①

　　具体到对画面的视知觉认知，同样离不开抽象语言的这种明晰概念，稳定认知，建构信息的作用。美国艺术心理学大师阿恩海姆终生研究视知觉心理，他十分强调直觉在人的认知中的重要作用，但也承认直觉认知和以语言为工具的理智分析两者不可分离。"人类心灵被赋予了两种认识程序，即直观知觉和理智分析。这两种能力具有同样的价值，同样是不可或缺的……直觉与理智并不各自分离地行使其作用，几乎在每一情形中两者都要相互配合。"② 在《心灵的两个方面——理智与直觉》一文中，他论述了直觉的重要性之后，紧接着说："不过，单单直觉是不够的。它提供给我们有关一个情境的一般结构，并确定了每一成分在整体中的位置和功能。但这一重要成就的获得也付出了代价。如果每一被给予的全体承担着每一次在不同情境中出现都各个相异的风险，通过概括得出一般也就是困难的，甚至是不可能的。然而，通过概括得出一般还是认识的一个主要支柱。它使我们认识到我们以前感知到了什么，我们就能够将我们一起学到的东西运用于现在。它容许分类，即在一共同题目下对不同的项进行归类。分类也就创造出了一般化概念；而没有这些概念也就不会有富有成效的认识。这样一种以统一的精神内容为基础的获得属于理智的领域。"③ 人们通过理智分析从个别的情景中将实体与事件的特性抽象出来并对之作出定义。正是在这一点上，语言才对思维有所帮助。"语言可以为每一类型提供一个清晰明确的符号，从而使得知觉意象把所有列入'编目'的视觉概念稳定下来。声音（世界）是提供这样一些语言标签（或符号）的最理想的资源……语词就像一个个指针，将那些有意义的峰尖从绵延在地平线上的山脉轮廓中突现出来。虽然这些'指针'也是一些客观呈现物，却大大增强了观看者区分和识认它们的愿望。"④

　　还有什么比上述论述更能说明抽象语言在人们看电视的认知过程中的统领作用呢。首先，抽象语言本来就是人类认知思维的统领，其次，人们看电视并不是为了反复地欣赏一个个独立的画面，而是为了获取信息。"一幅画就是一

---

① 转引自刘智《新闻文化与符号》，科学出版社 1999 年版，第 32—33 页。

② ［美］鲁道夫·阿恩海姆：《艺术心理学新论》，郭小平等译，商务印书馆 1994 年版，第 34—35 页。

③ 同上书，第 22—23 页。

④ ［美］鲁道夫·阿恩海姆：《视觉思维：审美直觉心理学》，滕守尧译，四川人民出版社 1998 年版，第 315 页。

个完整的传播"，其见景情、浮想联翩的"完整传播"概源于"词"的作用。"画面崇拜"者在运用这一名言时，往往漠视"词"在这传播环节中的关键作用，而盲目放大了画面本身的作用。画面虽然具象，但语意模糊，它们绝大多数情况下都是依靠抽象的"词"，让画面的具象内涵浮升为语义，才能准确地传播。虽然"人所感知的信息 60% 以上来自于形体（图像）对视觉的刺激"，但刺激的结果，人们往往是借助"词"来描述这种"刺激"体验的。因此，我们说抽象语言是电视新闻传播的主体是一个无可辩驳的事实，以下我们将通过对电视新闻传播实践的实证性研究再次证明这一点。

二　抽象语言在电视新闻传播中地位的实证性研究

听，是人们认识事物的重要方式之一。具象性声音使人们感受到世界万物的真切存在；抽象性声音则以历时的逻辑排列，超越时空制约，自由地表述人们对世界万物的认识，具有独特的系统叙述能力。电视新闻的声音，正是运用其具象与抽象两方面的特征，通过与画面胶着、互补，形成视听不可分割的新闻空间，从两个感知通道消除人们对事物认识的不确定性，进而使人们获得确信无疑的信息。

电视新闻声音的主体性作用，在于它的抽象语言的逻辑表述力，可以使无序的画面物象形成一个有序的佐证系统；伴随物象的同期声音，则使本为真实的新闻空间更具可感气氛，并与对应的画面语言符号赋予更明确的含义，从而使这种语言符号（画面）所指示的物象也具有了能指的性质。电视新闻的声画融合，为人们塑造了一个真正完整（声画双通道的完整）可感的物质世界，这便是声音在电视新闻中的主体性作用。

在电视新闻的传播中，播音语言以其简明、通俗、完整的表述保证着新闻内容的传播。有资料表明：1985 年 6 月 11 日至 30 日中央电视台《新闻联播》播送的 322 条活动图像国内新闻"绝大多数（92.2%）文字稿播音是独立成章，是与报纸广播无异的简明新闻"。笔者也曾做过这样的试验统计：1989 年 3 月的前 15 天，连续用电视机（关掉图像）收"听"中央电视台《新闻联播》播出的 528 条国内、国际新闻，其中除一条关于"僧乐"的消息不知所云外（只一句地点、事件导语的播报，僧乐音响贯穿这条消息的始终），其他诸条都能传递完整的信息。没听懂的一条，经查对录像资料有关僧乐的介绍是分句的屏幕文字，这是特殊传播样式。接着在 1989 年 3 月的后 16 天连续收"看"《新闻联播》播出的 543 条国内、国际新闻。这次统计是关掉了声音，只留画面（屏幕文字也遮掉），结果没有一条消息能看懂，能猜中大致内容的新闻也仅有 9 条。

还有，北京广播学院出版社出版的《1987 年全国优秀电视新闻选》，以分镜头格式介绍获得特等奖和一等奖的 47 条新闻（其中连续、系列报道 5 组）；在"解说词"一栏中，无一不是独立完整的文字语言消息；"画面内容"栏中，有的只是一言半语，读者无法知晓新闻内容的画面提示。

对中国广播电视出版社的《电视新闻专题作品选评》（1995 年 8 月出版）中的 25 篇分镜头稿本进行量化统计的结果同样显示：画面阐述都是断断续续不成情节，而它们的文字稿本对各自的新闻事件与人物都有完整的表述。这表明，这些新闻专题在播出时，其内容完全靠播音语言和现场采访语言予以传播，画面则是起给观众以证实与感染之类的作用。

随着时间的推移，电视新闻业务的进步，这一论点的通用性是否有所改变呢？笔者于 1996 年对一些电视台的新闻节目进行了实证性分析，并于 2007 年对随机录制的国内新兴的电视民生新闻的典范《南京零距离》以及中央电视台、香港本港台、台湾中视、美国 CNN 等电视台的新闻节目进行了量化分析，结果证明上述论点仍然是正确的。分析结果详见表 6 - 1、表 6 - 2。

表 6 - 1　　　　电视新闻文字稿完整情况统计（1996 年 5 月 1—15 日）

电视台及新闻名称	总条数	文字完整条数	画面能够叙述内容的条数
CBS - TV《EVENING NEWS》	255 条	245 条	无
TVBS《无线晚报》	248 条	248 条	无
翡翠台《新闻报道》	234 条	234 条	无
CNBC《商业报道》	211 条	210 条	1

表 6 - 2　　　　电视新闻文字稿完整情况统计（2007 年）

电视台及新闻名称	播出新闻条数	声音完整叙述条数	画面能够叙述内容的条数
中央台《新闻联播》2007. 11. 21	36	22	0
《南京零距离》（2005. 9. 1 消息部分）	14	5	0
本港台《本港台夜间新闻》2007. 10. 24	15	13	0
《台湾中视新闻》2006. 12. 1	31	11	1
《CNN 新闻》2006. 12. 4	17	13	1

在表 6－1 中，"画面能够叙述内容的条数"一栏均为遮挡了屏幕下方标题和同期声字幕情况下观看的统计结果。表 6－2 的这一栏目中，能看懂的十多条基本上都用了整屏字幕，或在屏幕上方、侧面打出了字幕，通过字幕内容猜测的新闻大意。字幕实际上属于可视性抽象语言，而不是可视性具象语言，即我们通常意义上的画面。因此，这个统计不仅证明了有声抽象语言在电视新闻中的基础地位，而且说明字幕——这一可视性抽象语言在电视新闻中的运用正在增多，进一步证明了抽象语言（包括可听与可视）在电视新闻中的主体地位没有丝毫动摇，反而因字幕的大量运用而更加巩固。

近几年来，媒体间的互动和资源共享成为一大趋势，而这种共享正是建立在对抽象语言系统叙述能力的共同依赖的基础之上的。例如：电视兴起了读报新闻节目，直接用语言概括或朗读报纸报道的内容；而一些报纸也经常将电视新闻中重大题材报道的文字稿或播音与同期声整理稿全文刊登。网络普及后，几乎所有电视台都建有自己的网站，来自本台电视新闻的文字稿是这些网站的重要内容之一。虽然目前流媒体的普及，许多登载在网上的新闻都配了视频，但即使不看视频，这些新闻稿仍然是要素齐全，内容完整的新闻稿件。2009 年 5 月 12 日，国家主席胡锦涛在四川汶川参加纪念四川汶川特大地震一周年活动，中央电视台《新闻联播》做了完整报道，文字稿如下：

> 5 月 12 日下午，当这个举世震惊的危难时刻过去整整一年之际，纪念四川汶川特大地震一周年活动在震中汶川县映秀镇隆重举行。中共中央总书记、国家主席、中央军委主席胡锦涛出席纪念活动并发表重要讲话。
>
> 中共中央政治局常委、国务院副总理李克强出席纪念活动。
>
> 青山寂静，倾听深切思念；岷江奔腾，激扬奋进力量。纪念活动主会场设在映秀镇漩口中学遗址。会场入口处的横幅上，黄白两色绢花映衬着"深切悼念四川汶川特大地震遇难同胞"16 个黑色大字。地震中倾倒的教学楼废墟前，安放着一个硕大的纪念表盘，时间定格在 14 时 28 分。纪念表盘西侧，矗立着一面四川汶川特大地震记事墙，墙上铭文记述了这场地震造成的巨大损失和中国人民奋起抗震救灾的英雄壮举。东侧危楼上，悬挂着"万众一心、众志成城，不畏艰险、百折不挠，以人为本、尊重科学"的大幅标语，表达了广大干部群众弘扬伟大抗震救

灾精神的坚毅决心。会场内苍柏环绕、素花掩映，气氛庄严肃穆。

映秀镇干部群众和师生代表约 1000 人在主会场对面的映秀小学板房校区参加纪念活动。

14 时 20 分许，一支小号长鸣，吹奏起婉转低回的《思念曲》。胡锦涛等党和国家领导人步入会场，与现场 300 多名出席活动的各界人士一起静静肃立。

14 时 25 分，伴随着深情的《献花曲》，20 名礼兵抬起 10 只花篮正步缓缓走向纪念表盘前，花篮分别由中共中央、全国人大常委会、国务院、全国政协、中央军委、各民主党派中央、全国工商联和无党派人士、各人民团体、四川省、陕西省、甘肃省敬献。

胡锦涛神情庄重地走上台阶，在中共中央敬献的花篮前亲手整理缎带。

当四川汶川特大地震发生的时刻 14 时 28 分到来时，鲜艳的五星红旗冉冉升起，彰显出英雄的中国人民敢于战胜一切困难、重建充满希望新生活的坚强意志。

纪念活动上，胡锦涛发表了重要讲话。胡锦涛说，今天，我们在这里隆重集会，纪念四川汶川特大地震一周年，向在地震灾害中不幸罹难的同胞们、向为夺取抗震救灾斗争重大胜利而英勇献身的烈士们表达我们的深切思念。

2008 年 5 月 12 日 14 时 28 分，我国发生了震惊世界的四川汶川特大地震，受灾地区人民生命财产和经济社会发展蒙受巨大损失。面对空前惨烈的灾难，在党中央、国务院和中央军委坚强领导下，全党全军全国各族人民众志成城、迎难而上，以惊人的意志、勇气、力量，组织开展了我国历史上救援速度最快、动员范围最广、投入力量最大的抗震救灾斗争，最大限度地挽救了受灾群众生命，最大限度地减低了灾害造成的损失，夺取了抗震救灾斗争重大胜利，表现出泰山压顶不弯腰的大无畏气概，谱写了感天动地的英雄凯歌。

胡锦涛说，在中央大力支持、灾区广大干部群众艰苦奋斗、全国人民大力支援下，城乡居民住房重建、学校医院等公共服务设施重建、基础设施恢复重建、产业重建和结构调整、生态修复等方面均取得显著成绩，灾后恢复重建取得重要阶段性成果，灾区人民正大踏步走向新生活。抗震救灾和灾后恢复重建取得的成绩，必将鼓舞全国各族人民满怀信心地把改革开放和社会主义现代化事业继续推向前进。

胡锦涛说,当前,我国正处在应对国际金融危机冲击、保持经济平稳较快发展的关键时刻。在前进道路上,我们要以邓小平理论和"三个代表"重要思想为指导,深入贯彻落实科学发展观,大力弘扬伟大抗震救灾精神,全面推进社会主义经济建设、政治建设、文化建设、社会建设以及生态文明建设和党的建设,奋力夺取抗震救灾斗争全面胜利,为实现党的十七大描绘的宏伟蓝图而团结奋斗。

胡锦涛强调,我们要继续扎扎实实推动经济社会又好又快发展,全力做好保增长、保民生、保稳定各项工作;继续扎扎实实推进灾后恢复重建工作,加大力度,加快速度,攻坚克难,力争用两年时间基本完成原定三年的目标任务;继续扎扎实实加强防灾减灾工作,全面提高对自然灾害的综合防范和抵御能力。加强防灾减灾领域及国际人道主义援助等方面的国际交流合作,为人类防范和抵御自然灾害做出积极贡献。

胡锦涛最后说,抗震救灾和灾后恢复重建的伟大实践再一次告诉我们,团结就是力量,拼搏才能胜利。全党全军全国各族人民要更加紧密地团结起来,勇敢战胜前进道路上的一切困难和风险,全面做好各项工作,以优异成绩迎接新中国成立 60 周年。

胡锦涛手持一枝洁白的菊花,缓步走到四川汶川特大地震记事墙前,将手中的白菊花献上。

李克强和刘云山、李源潮、徐才厚、令计划、王沪宁等党和国家领导人分别从灾区少年儿童手中接过一枝菊花依次走到记事墙前献花。

出席活动的各界人士也手持菊花陆续走到记事墙前敬献。他们当中,有中央和国家机关有关部门、有关人民团体的负责人,各民主党派中央、全国工商联负责人和无党派人士代表,四川、陕西、甘肃省负责人和对口援建有关地方代表,灾区基层干部群众代表,香港、澳门特别行政区政府代表和台湾红十字组织代表,有关国家驻华使节和国际组织代表。

一朵朵圣洁的菊花寄托着人们对四川汶川特大地震遇难同胞的深切思念,表达了人们用重建美好家园的实际行动告慰逝者的共同心愿。

这篇文字稿的完整体现在有胡锦涛的讲话重要段落的现场同期声、有纪念大会的相关同期声、有记者对现场的相关描述,都是抽象语言的叙述,具象的画面语言始终处于非系统叙述的证实地位。

在经过上述种种实证性研究之后，抽象语言在电视新闻中的主体性构成地位已经显而易见。然而不可忽视的是，有些理论研究根本无视电视新闻传播实践和普遍受着时间严格限制（CBS、CNN、我国中央电视台的新闻大致都控制在80秒左右一条）的特点，空谈什么"声音与视觉的同步记录……使电视画面的形象素材具有视听方面的完整性"，力图使电视新闻中画面的证实性转变成叙述性。显然，这类认识完全是对"新闻时间"缺乏基本意识，无视客观现实，闭门造车，生搬硬套传统的影视故事性声画构成规律所致。所以，在运用与研究电视语言时，用"新闻时间"、"新闻语境"的标尺来规范从业者、研究者观念与行为就显得十分重要。

须得指出的是，抽象性语言符号在电视新闻传播中的基础地位系指电视新闻的95%以上的常规传播而言，5%以下的非常规传播则指诸如大型体育赛事（如奥运）、大型文艺演出（如春晚）、大型突发灾难（如汶川地震）等重大事件的现场直播，此时电视语言声画同构，画面借助于画外解说和画内语言（人物对话、画内文字）具备一定的逻辑叙事能力。

第二节　画面"证实性主体"地位的确立和巩固

电视这种现代传播媒介从一诞生起，就是一个声画并茂、视听兼备的传播媒介，缺少声音、画面这两个视听要素中的任何一个，就不再是电视这种媒介。因而声画在电视传播中发挥的作用是同样重要的主体功能，二者密不可分，更无主次之分。在电视新闻传播中，画面语言承担的主体性功能不是叙事，而是证实新闻。

一　画面"证实性主体"地位的确立

作为"看"的特定内涵，电视新闻的画面，除了像新闻照片那样向人们展示静态的新闻空间外，更主要的是时间上的展开，以时空相兼的特点反映新闻动态（如美国航天飞机"挑战者"号爆炸的经过），使人们从事物的运动中，获得难以言状的直接（眼见为实的）感受，构成心理视象与现实的认同。电视画面所传达的新闻现场的视觉因素，证明新闻内容确实无误所产生的心理认同效应，是报纸的文字符号和广播的声音符号（当然包括电视新闻的"声音"）无能为力的。"百闻不如一见"、"耳听为虚、眼见为实"这些古老格言，说明了人们在获取信息过程中对发生信息的现场的依赖。

视知觉原理告知我们：人所感知的信息有 60% 以上来自于形体（图像）对于视觉的刺激。"观看，就意味着捕捉眼前事物的某几个最突出的特征，如天空的蔚蓝色，书本的长方形形状，金属的光泽等等。仅仅是少数几个突出的特征，就能够决定对一个知觉对象的认识，并能够创造出一个完整的式样。"电视新闻凭借图像的形象特征，可以将事件的现场气氛、人物的感情态度生动地传递给观众，让观众从"看"的过程中"创造出一个完整的式样"来，这就是图像优势带来的易受性。至此，不难理解，作为"看"的电视画面，它的直觉优势就在于不通过具象与抽象的感觉转换，就能切切实实证明新闻本源的实有状况，电视新闻的画面语言，通过对新闻现场视觉因素的记录，可以传达色彩、明暗、形状特征，空间浓度等直接视觉信息；通过视觉的统觉（对当前事物的心理活动同已有知识经验相联系、合，从而更明显地理解事物意义的现象）作用，还可以传递质感（硬度、柔度、湿度）、量感、力感、运动感及听觉、味觉和触觉等信息。通过这若干信息的整合，为人们对某一事物（新闻信息）的分析、判断提供最直接的依据，这便是电视新闻画面语言现实功能形成的心理感知基础。

基于以上论述，应该确立的电视新闻的画面语言观念是：作为"看"的新闻画面，完全有别于故事性影视画面，它的任务不是系统叙述——有限的画面时间大大限制了它系统叙述的能力。它的任务在于以具象符号的色彩、形象、动态、空间等因素与抽象的语言联袂，向人们传播完整的信息，佐证新闻的可信程度。精心选取好每一个画面，为受众提供最能反映新闻内容的典型镜头，有益于增强新闻整体传播的易受性与证实性。能否运用好新闻的重要语言——画面，是衡量记者、编辑业务素质的重要标准。我们不能因"画面"有所短，而动摇了它的地位。

漠视画面在电视新闻信息传播中的证实功能，盲目"图像崇拜"不仅会使电视新闻理论研究陷入迷茫，而且还给电视业造成了灾害性的影响，当今电视新闻中用"万能画面"唱"四季歌"的现象普遍至极，时间、地点、人物不明的相似性"资料"画面充斥屏幕，新闻画面的真伪无从确认，极大地损坏了画面对新闻真实性的证实。2009 年 6 月 7 日是中国举行高考的第一天，中央电视台《新闻联播》播发高考第一天的综合消息《高考第一天考场内外贴心服务》，在这段长达 2 分 18 秒的 2009 年度高考新闻中，对应的新闻画面中 50% 以上的时间、地点、人物对象不明。更为离谱儿的是在报道的 1 分 08 秒处，新闻播音说："南昌、长春、西宁、郑州的交警，都提前上岗，如果忘记带准考证或走错考点都可以找交警"时，对应的新闻画面是道路上一辆绿色公交车，公交车车头下端赫然挂着一面横幅，上面写着"距2008 年奥运会开幕还有 63 天"，此时此地此景，新闻时间谬误无须多言，不可原谅的是中央电视台事后的"是通讯员的稿件，加上时间紧，来不及细看"之类的解释。他们未就一贯使用"四季歌"资料画面作出深刻反思，而是就事论事搪塞了事，其表现的是专业精神的严重缺失。

二　画面"证实性主体"地位的巩固

如何巩固画面在电视新闻中证实主体的地位？实践经验的回答是：以细节充实画面内涵。一条电视新闻仅有几个镜头，无法形成情节，其传播魅力的体现，全在于对细节的运用。细节，是对人、事、景、物进行具体形象的描绘和刻画，充分发挥非语言因素的众多特点。电视新闻的画面，是新闻事实的见证。所谓真实，就是指画面所记录的细节，能够准确而又惟妙惟肖地反映实际生活中的事物特征。丰富的细节，使画面更具吸引力，人物会因为细节而更加使人难以忘怀，事情会因为细节而更加感人。笔者在前文中涉及的非语言符号的诸多特点，都是构成细节的基础因素，它们与新闻事件所构成的动作细节、形体细节、情态细节、环境细节、事态细节、色彩细节，都是记者在深入观察（采访）中所应捕获的内容。人们批评一些电视新闻简单、浅薄，就是因为只有漫不经心"推拉摇移"得来的一般画面，缺乏细节镜头与粗线条画面、声音语言的互补配合，相形之下，完整的声音必然造成人们对缺乏内涵的画面的轻蔑与否定。

对于有多组镜头的新闻纪录片（专题片），虽然其画面稍有叙事能力，但仍无情节魅力，细节画面依然是它的眼睛和灵魂。《让历史告诉未来》（中央电视台摄制）的一集中，有叙述刘伯承主动请缨创办南京军事学院的情节。当叙述到陈毅向刘伯承授旗时，声音语言是这样表达的：刘伯承同志迈着标准的军人步伐，从陈毅同志手中接过军旗，用他戎马生涯中从未有过的柔情吻了军旗的下摆……遗憾的是，画面没有刘伯承吻军旗的细节内容，取而代之的是一个原南京军事学院的空镜头。画面未能替代观众的目光对"吻军旗"这一声音语言作出反应，观众得到的仅仅是声音的完整传播，对电视传播来说，是一种画龙不点睛的缺憾。

"画无细节则空"，著名画家齐白石这一治艺灼见，对于画面寥寥但又必须以形象说话的电视新闻来说，有着触类旁通的深刻启迪，值得电视新闻从业者努力汲取。

三　正视电视新闻画面情节不完整性的制约

欲深刻领悟电视新闻画面语言的主体性证实功能，还必须深入了解电视新闻画面不完整性的制约。所谓电视新闻画面情节的不完整性，是指画面在新闻节目里，呈不连贯状态，不具备叙述事情的变化过程的能力。电视新闻的所指叙事是靠完整的文字稿播音承担的。

众所周知，在情节性影视节目中，即使是没有任何声音，画面也能够向人们讲述情节的变化过程。画面表述情节的功能，早期的电影"默片"就是最好的证明。电影画面所具有的这种情节表述能力，是制片人按照预定的情节思路，将一个个镜头合乎逻辑地组织起来，使之产生连贯、对比、联想的作用，从而成为一个完整的"故事"。画面的这种情节，就是人们熟知的"蒙太奇"手法所形成的画面与画面的承继关系。

电视新闻则不然。电视新闻是以声音（语言播音和现场语言）这条主线承担着表述"情节"（新闻过程）这一任务的。国内外绝大多数电视新闻，关掉画面，只凭听声音仍然可以获知完整的新闻内容，就是"声音主线"作用的最好说明。基于声音的主线作用，电视新闻的画面，就没有情节性影视节目的画面所要承担的"叙述"任务，用不着受情节影视节目镜头组合的逻辑规范，也用不着构建画面与画面的承继关系。作为"看"的电视新闻画面，它的任务是体现"照相本性"，以准确的画面内容证实新闻事件中涉及的人、物体、地域等新闻要素的可信性，最大限度地消除信息中的"不确定性"成分，为电视观众提供"一种显而易见的近亲性"（克拉考尔语），以满足受众"百闻不如一见"的心理欲求。上述这种特殊的"声画关系"，是"画面情节不完整性"这一特性形成的重要因素。

"新闻时间因素"是形成这一特征的另一重要因素。关于电影、电视的"时间"概念很多，这里是指一条新闻播出时所耗费的实际时间。为了增加传播的信息量，加大单位时间内的传播容量是个有效措施。以中央电视台的《新闻联播》为例，1980 年平均每天每次播出国内新闻 10 条，1984 年平均每天 17.1 条，1988 年平均每天达 22.3 条（笔者自行统计）。单条新闻的时间长度已由过去的平均两分多钟，减少至 20 世纪 90 年代初的一分钟左右。我们取一分钟作为长度标准进行深入阐述：一分钟左右的时间，口播语言可以传播一条"五 W—H"俱全的新闻，而电视新闻画面却出不了几个镜头，形成不了完整的情节，无法胜任对事理的有效传播。视知觉感知规律告诉我们：感知一个全景画面所包容的景物大致需要 8 秒钟的时间，感知一个中（近）景画面所包容的景物大致需要 5 秒的时间，感知一个特写画面所包容的景物大致需要两秒的时间。电视新闻的画面因交代新闻环境的需要，全景、中景（含近景）镜头运用占整个镜头数的 75% 以上。据此计算，一分钟左右的短新闻，最多有 8 个画面。笔者曾对 500 条 50 秒至一分钟以内长度的新闻进行定量分析，每条新闻平均仅 6.2 个画面。单条短新闻中，文字、信息密集，画面时间长度受限制的特殊性，成了新闻画面情节的不完整性这一特征。对于深度报道、新闻专题等新闻长片来说，其画面情节依然是不完整的，它们的内容叙述仍然是依赖于文字声音，请看表 6-3：

表 6-3　　　深度报道、新闻专题等新闻长片的声画结构列举简析

片名	总时长	记者出镜时间长度	演播室画面长度	现场画面时间长度	现场画面镜头个数	每分钟现场画面镜头个数	备　注
《小额贷款创业支点》	11 分 1 秒	0	60 秒	10 分 1 秒	77	7.7	中央台 2007.11.21《焦点访谈》
《老公意外露"富"妻子疑虑重重》	5 分 26 秒	0	14 秒	5 分 12 秒	24	4.6	江苏城市频道 2005.9.1《南京零距离·甲方乙方》
《下水道不畅的背后》	11 分 57 秒	30 秒	46 秒	10 分 41 秒	64	6.3	江苏城市频道 2005.9.1《南京零距离·甲方乙方》
《和平之旅》	38 分 11 秒	6 分 31 秒	10 分 54 秒	20 分 46 秒	99	6.4	CCTV2005.5.12《东方时空连战大陆行特别报道》
《购买二手房户口不能忘》	13 分 56 秒	57 秒	3 分 42 秒	9 分 17 秒	59	6.3	广州电视台《城市话题》2007.12.11
《英特尔：未来手机可感应用户情绪》	5 分 00 秒	0	50 秒	4 分 10 秒	35	7	CNNnewsfilm 新闻短片 2010.9.15

由于在长新闻节目中，经常有较长时间的记者出镜或主播在演播室介绍情况，而这两者均依赖的是有声抽象语言，因此，在统计中我们将其剔除，而将现场画面的时长和数量单列出来，单独计算每分钟现场画面长度。计算结果是每分钟现场画面最多的为 7.7 个，最少的也有 4.6 个，也就是说，即使按画面个数最少的计算，画面平均停留的时间不会超过 15 秒，在这么短的时间里，一个画面显然是不能进行完整的情节叙述的。

基于以上声画主体作用的简述，我们应该这样看待"声"与"画"的关系：在"新闻"这个特定语境中，每一种声音都影响着观众对所看见的东西的反应，每一个图像都决定着观众对所听到声音的反应。任何割裂这种"互为反应"的做法，都将使电视新闻的信息含量受到损害。因此，我们可以说，电视新闻的声画关系，是以声画各尽所长、而又相互融会的双主体特点而存在的。这种有机融会和默契互证，使新闻报道内容显得更为确凿、翔实。双通道的理想传播效果，使图像、声音各自相对的重要性得以充分显现。

第三节　电视新闻视听语言双主体关系理论辨析

本书所持电视新闻语言构成的"双主体论"发端于 1990 年黄匡宇所著的《电视新闻学》（华东师范大学出版社 1990 年 3 月版），曾有不谙系统论的学者从对立统一的主要矛盾和次要矛盾的二分法思维出发，错误认为"双主体论"不分矛盾双方的主次。

殊不知二分法只是矛盾分析的一种方法，它只体现辩证思维的特征之一，它的直接任务是认识某种矛盾。而客观现实却是由多种矛盾有机联结构成的统一整体，任何一种矛盾都不是孤立的，而是与其他矛盾相联结而存在和发展的。科学技术革命孕育的当代系统思维方式，对这种单纯的二分法思维方法提出了挑战。

一　"双主体论"是二分法和系统论的统一

系统论启示我们要认识某种矛盾，不仅要揭示矛盾着的双方以及它们的关系，而且要认识与这一矛盾相关的其他矛盾及其与这一矛盾的关系。任何一种矛盾都处在一定的矛盾系统中，因此，在认识现实的复杂矛盾时，就必须作系统分析。

系统思维是以系统观为依据把对象作为系统加以考察的一种思维方法。说得具体点，就是从系统观点出发，始终着重从整体与部分（要素）、整体与外部环境之间的相互联系、相互制约、相互作用的关系中综合地、精确地考察对象，以达到最佳地认识和处理问题的一种方法。[①]

"二分法和系统法并非人为的撮合，而是由认识对象、它们的本性及其认识功能所决定的。它们相结合，既使系统方法具有哲学的性质、特征和功能，又使二分法具有系统的性质、特征和功能；既丰富了二分法，又深化了系统法。在实际的辩证思维过程中，人们总是自觉不自觉地把它们结合起来，在统一中运用二分法和系统法，以获得全面而深刻的认识。"[②]

正如我们在前面的章节中已经指出过的那样，电视的声画并存，决定了读者在认知电视新闻所提供的信息时迥然不同于接触单纯看的报刊和单纯听的广播的思维特点。英国电视理论家格林·阿尔金说："电视不只是一种看的东西，然而也没有必要说音响和图像哪个更重要。在制作一个效果好的电视节目时，两者是相辅相成的。如果说两者中任何一个能独立发挥作用的话，那不是对它的赞扬，相反，却说明这两者还没有很好地结合起来。"[③] 科尔金这段阐述，用二分法显然无法对"音响和图像"进行矛盾的结构解析。如果从系统论切入，将"音响和图像"视之为一个系统，"音响和图像"各为一个子系统，再对子系统进行平行论证便无厚此薄彼之虞。

作为"看"的特定内涵，电视新闻的画面，除了像新闻照片那样向人们展示静态的新闻空间外，更主要的是时间上的展开，以时空相兼的特点反映新闻动态（如美国航天飞机"挑战者"号爆炸的经过），使人们从事物的运动中，获得难以名状的直接（眼见为实的）感受，构成心理视像与现实的认同，这是报纸的文字符号和广播的声音符号（当然包括电视新闻的"声音"）无能为力的。"动"，是人们对视像的第一要求，电视新闻的"画面"正好能够满足人们的这一心理欲求，百闻不如一见，这是确立"画面"在电视新闻中主体地位的根本。作为"看"的新闻画面，它的任务在于以具象符号的色彩、形象、动态、空间等因素与抽象的语言联袂，向人们传播完整的

---

① 张智光：《二分法和系统法结合是辩证思维的重要方法》，《华南师范大学学报》（社会科学版）1995 年第 1 期。

② 同上。

③ ［英］格林·阿尔金：《电视音响操作》，熊国新译，中国电影出版社 1981 年版，第 5 页。

信息，佐证新闻的可信程度。电视的听觉符号（主要指抽象音响语言）则以历时的逻辑排列，不受时空制约，能够自由地表述人们对世界万物的认识，具有画面所不具备的系统叙述能力。它通过与画面胶着、互补，形成视听不可分割的新闻空间，从两个感知通道消除人们对事物认识的不确定性，进而获得确信无疑的信息。这便是声音在电视新闻中的主体作用。坚持二分法，使我们反对把声画混同一体；坚持系统观，使我们看到声画在电视传播中各自不可替代的独特作用。

二　"双主体关系"形成的生理基础

对电视新闻中声画双主体关系的认知与观众的接受心理特征密切相关。从生理学的角度看，人对电视新闻的视听符号的冲击所产生的反应过程，完全是体内生命物质的物理化学过程，而最显著的是神经电流的传递变化过程。欲研究这一过程，则需先研究人脑的功能。

1. 裂脑研究成果为"声画双主体关系"提供的科学依据

生理学研究成果表明，人对电视新闻的视听符号的冲击所产生的反应过程，是神经电流信息的传递变化过程，思维的体内传播是靠神经电流来完成的。人体接收外界信息，主要是通过眼、耳、鼻、皮肤等组织器官。外来的各种信息（光、声、温度、机械等）刺激，首先使眼、耳、鼻、皮肤等部位的神经元发生兴奋。神经每兴奋一次，即产生一次神经冲动，眼、耳、鼻、皮肤等器官的神经细胞把刺激部位的信息传递给大脑的。大脑相应区域的神经细胞亦受到传递来的兴奋的刺激，驱动大脑物质的相应运动，形成大脑的思维活动，基于此，我们从人脑的神经的信息传递路径切入解析电视新闻声画语言双主体传播的生理基础。

①"裂脑"研究成果为电视新闻声画语言双主体符号构成的确认提供科学依据

人作为"物种"出现在地球上，已逾三百万年，语言随着人类社会的产生而产生，至今也有一两百万年的历史，但对于人脑的神经语言"裂脑"功能的认识，则还是近代科学研究的成果。本书研究的电视新闻声画语言双主体符号结构，鲜明提出"电视新闻，用语言叙述，用画面证实"的论题，皆来自"裂脑"研究成果的启迪与支撑。

"大脑由左右两半球组成"是人们共有的生理常识。但是，长期以来，人们对于大脑结构的"左右分裂"一直迷惑不解。法国医生布洛卡通过20

多年对特殊失语症的研究发现了语言障碍与大脑病变的关系，从而把语言中枢定位在左半球，于 1885 年宣布"我们用左大脑半球说话"，使得左半球的"语言优势"得以确立，而将右半球视为进化上落后的从属的劣势的半球。这种关于左半球唯我独尊的优势半球概念持续了一个多世纪，终于被大脑两半球功能专门化的新概念"裂脑"所取代。

这一观念性的转变是通过"裂脑"研究（split-brain research）达到的。裂脑研究包括裂脑动物与"裂脑人"的研究，它是用手术方法将大脑联合部（主要是指含有 2 亿根神经纤维的胼胝体）切割开，形成两个相对独立的半球，裂脑的显著效果就是中断了正常时两半球之间极其有效的、每秒高达 40 亿次的川流不息的信息传递与脑功能的整体效应，使被掩盖的功能专门化展现出来。1981 年诺贝尔生理学和医学奖获得者、美国加州理工大学心理生物学教授罗杰·斯佩里关于"裂脑人"的研究由此成为脑研究中最引人注目的突破。

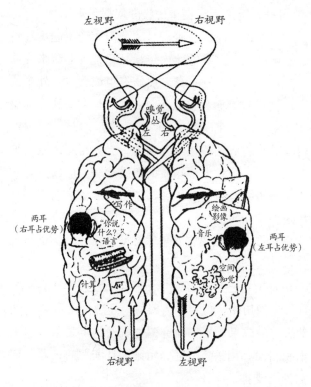

图 6-1 裂脑两半球的各自优势图示

现代脑科学对"裂脑人"研究的成果已经证实，大脑左半球的功能主要是语言和言语、计算和科学研究，侧重于抽象思维，具有连续性、有序性和分析性的特点；右半球的功能主要是音乐、绘画、舞蹈等艺术活动、空间知觉、发现隐蔽关系、想象和表达情感，侧重于形象思维，具有离散性、弥漫性和整体性的特点。有些左脑损伤的患者导致失语症，不能正常使用语言，但仍能唱歌。这就是因为左半球的语言功能产生障碍，而右半球的音乐功能能保持正常。

图 6 - 1 所示的是通过对"裂脑人"研究而获得的两侧半球不同功能的大致情况①。

两侧大脑半球的功能分化不是绝对的，它们既分工，又密切协作。以感知电视节目的叙述信息为例，左半球分管感知节目的语义和话语叙述的连贯性，右半球分管感知图像信息、理解图像叙述的意义，两者结合起来就能获得比报纸、广播更为具体、生动、形象的完整信息叙述内涵。两个半球的功能充分发挥出来并密切协作，可提高人的智慧和创造性。②

② 电视新闻的两类语言符号怎样从"裂脑"信息传递整合为一个完整信息

科学家对"裂脑人"研究的成果，为我们从人类的生理感知系统阐述电视新闻语言符号与非语言符号的"双主体"构成理论提供了科学依据。电视新闻的两类语言符号是怎样整合为一个完整信息的呢？据笔者绘制的图 6 - 2 可以作以下分析：

当受众在观看电视新闻时，他的语言信息感知系统"左脑语言优势区"和"右脑图像优势区"同时、平行启动，这既是信息交际的心理条件，又是信息理解（编码）与表述

图 6 - 2　人脑左右半球电视信息整合流程图示

---

① 裂脑图转引自王德春、吴本虎、王德林编著《神经语言学》，上海外语教育出版社 1997 年版，第 13 页。

② 研究表明，大脑两半球信息处理分工还有特例，有人处理信息以左脑半球为主，善于科学思维，称左脑型；有人自信以右脑半球为主，善于艺术思维，称右脑型；也有人主次不明显，称综合型。关于大脑两半球信息处理分工的理论依据来自〔苏〕A. P. 卢利亚：《神经语言学》，赵吉生等译，北京大学出版社 1987 年版，第 202—220 页；王德春、吴本虎、王德林编著：《神经语言学》，上海外语教育出版社 1997 年版，第 13—14 页。

（解码）的起点。"左脑语言区"的信息生成步骤是："播音感知"→"字词片段＋语义痕迹"→"词语段落"→"话语成型"→"语篇理解"→"语言叙述"→"电视新闻信息整体感知"；"右脑图像区"的信息生成步骤是："图像感知"→"图像片段＋影像辨识"→"图像确认"→"图文对位"→"图像解读"→"图像证实"→"电视新闻信息整体感知"。上述左右脑对两种不同语言符号的整合性加工，它跟大脑两半球的中枢部胼胝体神经整合系统相联系。所谓"胼胝体"，是大脑两半球的底部联合大脑两半球的神经纤维组织，对传入大脑的外部信息具有整合性加工的机能。该部位能把从各感知觉通道连续输入的视觉、触觉、听觉信息整合再现为同时呈现的整体形象，以此实现外部信息的共时多维综合，传达的语义信息瞬即沟通了"右脑图像优势区"视觉感知画面所形成的"语义痕迹"。①语义痕迹只是右脑根据视觉经验积累所形成的模糊语义关系体系，它必须借助于词语的引导才能把语义痕迹转为话语表达的清晰的思想。在播音语言的系统语言指引下，"右脑图像优势区"画面证实的语义也就得以清晰明确。我们说电视新闻画面失去了文字语篇②的连贯叙述其语义模糊的道理也就在此。

　　为便于理解，左右脑半球的信息对应传递功能还可如图 6－3 所示，"胼胝体"的整体整合功能表示为图中的黑线。

左脑：播音感知→字词片段＋语义痕迹→词语段落→话语成型→语篇理解→语言叙述
右脑：图像感知→图像片段＋影像辨识→图像确认→图文对位→图像解读→图像证实

图 6－3　左右脑半球的信息对应传递功能简图

---

①　"胼胝体"是连合左右两侧大脑半球的横行神经纤维束，位于大脑半球纵裂的底部，是大脑半球中最大的联合纤维。它们是如何在瞬息间快速整合传递两半脑的信息，目前尚无明确的成果报告，但不影响我们对大脑左半球的"语言优势"与大脑右半球的"图像优势"这一科学成果的应用。研究依据来自〔苏〕A. P. 卢利亚：《神经语言学》，卫志强等译，北京大学出版社 1987 年版，第 202—220 页；王德春、吴本虎、王德林编著：《神经语言学》，上海外语教育出版社 1997 年版，第 13—14 页；彭聃龄主编：《普通心理学》，北京师范大学出版社 2004 年版，第 64—66 页。

②　语篇是指实际使用的语言单位，是一次交际过程中的一系列连续的话段或句子所构成的语言整体。它包括播音、现场采访、屏幕文字等叙述要素。构成电视新闻语篇的三个基本要素是信息话题、信息语境和信息语义。电视新闻语篇连贯性的基础是意义类因素，即信息相关性和信息意义条理性，其具体表达为声画对应与衔接，它涉及声画语义叙述的逻辑和声画语义贯通两个方面。研究依据来自〔苏〕A. P. 卢利亚：《神经语言学》，卫志强等译，北京大学出版社 1987 年版，第 202—220 页；王德春、吴本虎、王德林编著：《神经语言学》，上海外语教育出版社 1997 年版，第 13—14 页；彭聃龄主编：《普通心理学》，北京师范大学出版社 2004 年版，第 64—66 页。

　　通过上述两半脑整合加工信息的原理我们不难理解电视新闻中两种语言符号的融合过程，这个过程是两种语言符号共时的多维综合，两种符号的语义都得到最清晰的表述。这种表述，没有主次之分，语言是给观众以逻辑理念的感知，非语言符号则借助文字的启迪，给观众以空间形象信息的实证性满足，从而使观众确认信息准确无误。我们不能视两种符号各自的叙述功能与证实功能有何主次之分，有人一听说画面在电视新闻中是作为"证实主体"而存在，就认为画面处于"次要地位"。其实，这种不同功能划分是人体生理结构不同之使然。以上阐述，就是电视新闻声画语言双主体结构的科学依据，"二元主次"悖论显然不是系统理解"电视新闻语言总系统"所辖声画子系统"电视新闻以语言叙述，以画面图证实"的科学思维方法。

第四节　"双主体"的互补机制

一　语言特征和形象蒙太奇

　　索绪尔在阐述能指的线条特征时指出，能指属听觉性质，只在时间上展开，而且具有借自时间的特征：一是它体现一个长度；二是长度只能在一个向度上测定：它是一条线。他说："语言的整个机构都取决于它。它跟视觉的能指（航海信号等等）相反：视觉的能指可以在几个向度上同时并发，而听觉的能指却只有时间上的一条线：它的要素相继出现，构成一个链条。"[①]索绪尔还说，句段关系和联想关系反映了语言结构关系的全部特性——"双重系统"。具体表现为："一方面，在话语中，各个词，由于它们是连接在一起的，彼此结成了以语言的线条性为基础的关系，排除了同时发生两个要素的可能性。这些要素一个挨着一个排列在言语的链条上面"，[②] 这些以长度为支柱的结合就是句段关系。"另一方面，在话语之外，各个有某种共同点的词会在人们的记忆里联合起来，构成具有各种关系的集合。"[③] 这种集合的形成，不是以长度为支柱的，它们的所在地是人们的脑子，是属于每个人的内部宝藏的一部分，这就是联想关系。

　　考虑到索绪尔对音响形象的解释："音响形象作为在一切言语实现之外

---

　　① ［瑞士］费尔迪南·德·索绪尔：《普通语言学教程》，高名凯译，商务印书馆1980年版，第106页。

　　② 同上书，第170页。

　　③ 同上书，第171页。

的潜在语言事实，就是词的最好不过的自然表象。"① 我们有理由把电视新闻中的"声"看作是听觉的能指，而把电视新闻中的"画"看作是视觉的能指，或是把"声"视作句段关系，"画"视作联想关系。这启示我们从以下角度看待"声画双主体"的互补机制。

所谓语言，就是一整套声音或形状。它本身并不是完全不具备那种被用做同型性再现的结构物质。例如，语言可以为每一个别概念分配一个独特的符号，把思想和经验描绘成依次进行的连续性事件。原则上说，语言同其所描绘物之间的这种形态对应同绘画是一致的，在一幅线条画中，两只狗被画成两个独立的线条样式；在电影和戏剧中，一个事件的各个阶段也是按照一种适当的次序展现出来。但从另一方面讲，语言本身的结构是极贫乏的，口语中的绝大部分词汇和拼音文字其"能指"与"所指"之间并无自然的诱导性的联系，完全等同于索绪尔所说的任意性符号，所以它的再现就不可能过多地依赖这种形态上的对应。它只能依靠为经验中的各种事实分配"标签"的办法，来完成它的大部分工作。它使用的标签大都是随意选取的，就像表示停止通行的红色信号灯是随意选取的一样。因此，阿恩海姆说："语言只有同另一种知觉媒介即作为思维之主要工具的意象相互作用时，才不至于沦为思想成形之后为它追加的标签或标记。"② "语言只不过是思维的主要工具（意象）的辅助者，因为只有清晰的意象才能使思维更好地再现有关的物体和关系"③，在电视新闻中，"意象"即为电视画面。

按照阿恩海姆的说法，在大多数情况下，语言会抵消知觉活动把事物看作"纯形式"的倾向。由于语言是按照人类的实际需要创造出来的，所以它总是暗示出事物在功能方面所属的范畴，而不是它们在外形方面的范畴，因此，它总是设法超出纯粹的表象，"语言的功能基本上是保守的和稳定的，因此，它往往起一种消极作用——使人的认识活动趋于保守和静止"。但是这正好是语言和意象形成互相依存关系的基础所在。意象一经浮出水面，就必然受到语言的诱惑，并渴盼语言的向导。我们不能把许多幅画或一幅画的许多的组成部分收集起来，然后把它们结合在一起，产生出一种新的陈述。但对于语词或表意

---

① ［瑞士］费尔迪南·德·索绪尔：《普通语言学教程》，高名凯译，商务印书馆1980年版，第101页。

② ［美］鲁道夫·阿恩海姆：《视觉思维：审美直觉心理学》，滕守尧译，光明日报出版社1986年版，第355页。

③ 同上书，第357页。

文字来说，这便是一件很容易做到的事。形象蒙太奇会展示出许多裂缝，而由语词产生的各种意象却会汇成一个统一的整体。我们可以通过对电视新闻画面叙事的不完整性的论证来加深对这一对比关系的认识。

二 从电视新闻画面叙事的不完整性看"双主体"互补

所谓"电视新闻画叙事的不完整性"，在本书第六章"电视新闻视听语言的双主体结构关系"的第二节"画面'证实性主体'地位的确立和巩固"中已有详尽阐述，本小节所要阐述的"'双主体'互补"是沿着声画双主体结构的学理思路列出纲目，提醒读者注意其互补机制构成的原理，鉴于第六章已有详尽论证，此处不再赘述。

第七章

电视新闻语言的细节语言价值

　　1998 年，在上海"跨世纪的都市电视"理论研讨会上，黄匡宇提出过重视细节的问题，当时是把它作为增强电视新闻的形式表现的手段提出来的："我们必须注意两极镜头的运用，即从特写到全景，从而产生的视觉变化比较大，这是一。第二要善于抓细节……按照接受心理学原理，要将人的注意力由无意引入有意，需要产生一种刺激和振奋。而细节正是产生刺激、引起振奋、保持观众收视兴趣的一种重要手法。"①

第一节　电视新闻细节语言的定义

　　什么是电视新闻的细节？近年来散见于各种新闻学期刊的说法有以下几种：

　　"所谓电视细节，就是构成人物性格、事件发展、社会情境、自然景观的最小单位，如果说情节是电视艺术的筋骨，那么细节则是电视艺术的血肉。"②

　　"所谓细节，一般是指作品中与人物性格、事件发展、生活情境等产生有机联系的局部或细部叙述单元。它是构成作品整体的基本要素。"③

　　"细节，顾名思义，是指那些细小的、局部的环节或情节……细节像'血肉'，是丰富情节、塑造人物性格、增强艺术感染力的重要手段。"④

---

①　载《电视研究》，中央电视台编，《跨世纪的都市理论研讨会专刊》1998 年，第 25 页。
②　高鑫：《电视艺术概论》，学苑出版社 1992 年版，第 42 页。
③　郝建军：《细节：电视纪实的魅力》，《中国广播电视学刊》1996 年第 9 期。
④　王贵平：《论纪实性专题节目的细节》，《中国广播电视学刊》1998 年第 8 期。

……

被省略号省略的一些文字也大体上由以上说法演变而来，连措辞都大同小异，故不一一列举。综观这些定义，有以下两处共同的不足：

一是均为借鉴《辞海》中对文学艺术作品细节的定义："细腻地描绘人物性格、事件发展、社会环境和自然景物的最小的组成单位。社会环境和人物性格的完整描写是由许多细节描写所组成的。细节描写要服从艺术形象的塑造和主题思想的表达，以具体生动地反映事物的特征，增强艺术感染力为目的。"① 没有充分注意到电视新闻的传播语境和特殊表意手段，失之精确外，严重者还将电视新闻与其他电视"体裁"混同为"艺术"表现手段。

二是均强调细节是一种"单位"，但我们知道，细节在文学作品中可以由整个一章或"一回"组成，也可以由一个小的自然段组成，换言之，细节单位只能以"话语"来概括，诚如吴为章教授所说"'话语'的单位可大可小，从书面形式看，最大的单位是篇章，它可以被逐级由大到小切分为若干单位"，用"单位"来定义细节，失之模糊。

笔者认为对电视新闻细节的定义，一是照顾电视新闻传播的多符号综合作用的特点；二是主要着眼其功能作出最高抽象，而不对其具体手段做描述。对其界定试作出如下叙述：电视新闻的细节是指能够突出新闻的五个 W 和一个 H 的语言符号语言和非语言符号语言，它并不仅指有冲击力的图像，还包括现场语言、播音、音响、屏幕文字等有吸引力的要素。

第二节　电视新闻细节语言的分类

从不同的标准入手，可以对电视新闻细节作出不同的分类，这里主要着眼于细节表达的符号手段，分为画面细节语言、播音细节语言、现场语言细节、屏幕文字细节四大类：

一　画面细节语言的具象描述价值

画面细节是指在电视新闻声画同步叙述的过程中，所插入的一些能引起人们深刻思考、感悟的画面。其运用目的是以制造一波三澜的叙述效果，增强叙述过程的艺术感染力，激发观众情感，使他们在观看之后留下深刻印象

---

① 《辞海》（缩印本），上海辞书出版社 1980 年版，第 1160 页。

并获取饱满的信息。新闻人物的形体动作、音容笑貌、手势眼神、服饰装束，新闻信息中自然环境中的风雨雷电、湖光山色、草土鸟兽虫，人们的习俗、习惯，活动的场所，人们生活中的各种什物，都是推动新闻事实发展，构成矛盾冲突、刻画人物性格、表现作品主题的重要手段。这一大类中又可细分为生活细节、表情细节、动作细节、环境细节等。

生活细节在这里特指从电视新闻所表现的人物的日常生活（包括工作、学习、娱乐）中选取的、集中体现人物特征的具象或抽象语言集合，它可以由各种景别的镜头组成。现实生活是千百万人正在进行着的生活，因而充满着鲜活和新意。富有个性张力的瞬间不仅存在于生活出现异变时的突发时刻，更寄寓于日常平凡的生活长河之中。

例如上海东方台拍摄的纪录片《母亲》，几乎全部用日常生活镜头向人们介绍了一位历经挫折、饱尝清苦，却有着不屈精神和坚强、坦然性格的普通女性。其中有跟踪主人公上街买菜的一组生活细节：她在小菜摊前拨弄廉价的豆苗，犹犹豫豫。在菜市上寻寻觅觅了一圈没有发现更便宜的菜又无可奈何地回到小摊前；十分艰涩、不情愿地从钱包中掏出一枚硬币；买了点豆苗后又向摊主交涉讨回找的几分零钱……这些下意识的举止、反应、情绪变化等保持了自然形态的过程记录，将这位母亲"没本事挣钱，只有靠节俭来抚养儿女"的生存状态和个性色彩，作了自然、细腻的具象描述，以浓郁的生活气息给作品贯注了一种冲击力。

表情细节是指选择伴随人物的喜怒哀乐、言谈举止、行为动作发生的，并借以表现人物内心世界的面部表情的电视画面记录，多为特写镜头。在大型纪录片《毛泽东》中，记者采访毛泽东当年的护卫长吴旭君，当吴旭君讲完毛泽东当年带病接见尼克松时，镜头推至吴的面部特写，大颗大颗的泪珠从吴的眼中涌出，顺颊而流。吴旭君的面部表情既表达出对伟人的崇敬、热爱，又有痛悼、悲哀，可谓是百感交集，难以言传。可以说，这种诉诸面部表情的心理活动，唯画面性细节镜头的描述而莫属。

动作细节这里指狭义上的体态语言，如举手投足，低眉敛目……多由中景镜头组成。在《Baby 老师，您好》一片中采访 baby 老师包起铜妻子的这个段落里，包妻讲述完因包起铜用家里的钱办业余英语学校而自己的孩子却穿不上新衣时，包妻抹泪、站起、转身走到窗前，沉默的背影久久伫立……这一连串的体态语言无声地诉说着对孩子的爱，也有对丈夫的抱怨以及因自己尽不到做母亲的责任而生的愧疚……

环境细节指从感官经验的把握上具体地反映社会场景、生活环境及时代特点，为观众创造出如临其境、如历其事的临场感，从而使整个作品更具现实复原的真实性的镜头，多为全景镜头或两极镜头组合。如记录围歼武装犯罪团伙头目行动的纪实性专题片《潜伏行动》，武警战士为追捕匪首刘进荣而潜伏在丛山密林中达62个小时，他们克服蚊虫叮咬、缺水等困难，终于击毙犯罪头目刘进荣，活捉其骨干分子20多人。特别是刘进荣出现在街头，武警狙击手对目标进行远距离射击的一个真切细节，尽管由于距离远，刘匪的相貌、表情展示得不那么清晰，射击弹着点更难以辨清，但目标随着枪响自然而然的反应轮廓，在文字稿播音的配合下仍传达出真实的形态信息，现场环境的艰难借此清楚明了地呈现在观众面前。

二 播音语言细节的意义呈现价值

播音语言细节是指用抽象语言表现的电视新闻细节，它具有与报纸、广播新闻的细节相类似的共性，因在本书之前对此已有相当多的研究叙述，在此不予展开。

三 现场语言细节的人物确认价值

现场语言是指与画面上出现的和人物同步的、用以生动地反映事实的语音细节。如2010年9月17日，中央电视台《焦点访谈》栏目播出《让假牌套牌无所遁形》，记者在破案现场采访办案民警时有段精彩的对话：记者问"当前假牌套牌出现的原因何在"时，民警回答十分到位："随着道路交通执法日益严格，执法手段越来越智能化。一些不法分子为了逃避执法检查，打起了给汽车装上假牌套牌的主意，致使这种违法现象越来越严重，而且制造假牌套牌的手法和手段也是花样翻新、不断升级，他们的目的就是为了给违章违法行为穿上隐形衣。"其中"制造假牌套牌的手法和手段也是花样翻新、不断升级"、"为了给违章违法行为穿上隐形衣"等现场同期声有现状描述，也有形象比喻，生动地表现了交通民警执法的水平与智慧。

四 屏幕文字细节的精准阅读价值

屏幕文字是电视新闻传播符号系统中不可或缺的组成部分，它与图像、声音三者互为补充，相得益彰地赋予了电视新闻直观、图文并茂的特点。近年来，屏幕文字在电视新闻中的使用率越来越高，据统计，20世纪90年代初屏幕文字在电视新闻中的使用率只有 60% 左右，到 1996 年，屏幕文字的使用率已达 100%。人们普遍认为，不用好屏幕文字的新闻是粗糙的电视新闻。屏幕文字在电视新闻中发挥细节作用主要表现为摘要新闻内容，加强观众的有意注意，突出报道重点，便于观众对报道的整体把握：制作新闻标题，简要点明新闻的主要事实；制作新闻要目，类似于报纸版面的"导读"；节目播出流程中不断以字幕形式对节目内容加以概括、点评，出现"备忘"、"参考"、"提醒"等字样，吸引观众注意，突出报道重点；新闻结束后用字幕打出本期提要，帮助观众恢复对重要新闻的记忆。

第三节 电视新闻细节语言的特征

特征，系指"一事物区别于其他事物的特别显著的征象、标志"①。对于电视新闻来说，它的细节系指有别于节目中一般声音与图像，能够在传播环节中引起受众特别注意的语言符号与非语言符号。这些符号大致呈现出以下特征：

一 具有信息语义传播的凸显性

细节对于信息传播的凸显性，是指电视新闻的画面因素所涵载的信息能明确从基底上凸显出来，形成信息的易受形态，这一特征可更好地集中观众的注意力，提高传播效益。

电视新闻的声画是以时序运动的方式传播信息，声画传播的不稳定性无疑增大了受众对信息感知与存储的难度。就声画两者的难度比较而言，由于画面含义的模糊性和播音语言逻辑表述的明晰性，显然画面信息具有更大成分的不可知性，因此，努力结构电视新闻画面的凸显性，是电视记者、编辑提高电视新闻信息质量的重要内容。

画面信息的凸显，就是要求每条新闻（以一分钟的新闻提供 10 个镜头为标准）能够提供四个左右的"可看性镜头"，其他六个系为"基底"性过场镜头。所谓可看镜头，是指信息意蕴饱满、直指新闻要素的镜头，这类镜头可以转变观众的无意注意为有意注意；所谓"基底"性镜头，是过程性、背景性的，观众对这类运动方式（推拉摇移）镜头的感知，其注意力是处于

---

① 《辞海》（缩印本），上海辞书出版社 1979 年版，第 1447 页。

"无意状态"的，此刻他们的兴趣大都是在"听"播音传递的主体信息。应该说这种以 4:6 结构而成的新闻画面还是具有可看性的。问题是目前许多画面的可看性与基底性之比在 0:10 至 2:8 之间①。造成这种画面信息缺省、无可看性，大都与记者任意推拉摇移的镜头不无关系。

"基底性"画面概念源自格式塔理论，格式塔，德文 Gestalt，中文译作"完形"，强调物象的整体性。所谓形，乃是一种组织结构，而且它伴随着人们的视觉活动密不可分。"图形—基底"关系，是格式塔基底理论最重要的内容，其实质内容是："知觉必须在对象和背景之间作积极的选择。"② 我们这里阐述的信息传播的凸显性正是强调电视记者知觉的积极选择，提高可看性画面的比例，以画面的视觉冲击力，带给观众充分的信息享受。1997 年 7 月 1 日凌晨，是香港回归祖国、主权移交的关键时刻，当英国国旗徐徐下降时，香港本港台一反众电视机构一律用全景镜头记录的常态，他们将镜头慢慢推向肃立的最后一任港督彭定康，当镜头推成半胸特写时，只见彭定康垂首失色、满脸悲戚，形象地向观众传达了彭定康此刻"无可奈何花落去"的复杂心情。此时，彭定康作为单个的图形，从会场这个底基上凸显出来，这种历史性镜头叫人久久难忘。

二　具有信息语义传播的单纯性

细节对于信息传播的单纯性，是指电视新闻的画面因素涵载信息时表现出来的简洁完善、集中的特征。这一特征可引导观众准确感受信息而不产生歧义。

格式塔构成原理认为：视觉对于简洁完美形象的追求，心理学家称之为"完形压强"，心理上追求一种平衡以改变在探索中紧张的心情，以免除各种猜想和想入非非。当然，这种视觉活动过程，遵循着一系列的原则，例如相近原则、类似原则、图底原则、共同命运原则、完形倾向性原则、闭合原则等等，连续的特性组织成为一个相对完善的结构。人们在观察物象中，根据不同的经验，以获得某种强烈的印象（有时可能会出现偏差）而记忆在自己脑海中。若物象组织结构中不具备紧张的内力（视觉力、心理力），就不存

---

① 这组比较数据系笔者 1998 年 10 月统计 20 个中外电视台的 1000 条新闻所得到的初步结论。

② 本节关于"格式塔"的内容根据尹在勤：《诗人心理构架》，华岳文艺出版社 1987 年版，第 82 页；余卓群：《建筑亮觉造型》，重庆大学出版社 1992 年版；［德］恩斯特·韦伯：《摄影构图最佳选择》，贺西安译，中国摄影出版社 1993 年版等书编写。

在"完形压强"，对视觉来说，就"不起眼"，印象上较为淡漠。

简洁完美的形象，可以是简单的几何图形、高度复杂的式样、人们熟悉的物体或其他能够迅速识别和认识的视觉式样，等等，它们的不确定性和随机变化性（无规律性）较低。某一完美简洁的形象，知道了某些部分，可以依照完形规律（各种完形都遵循一系列的原则）进行组织活动，译解信息变得轻松、简单、经济、省力。形象是一种组织或结构，不同的形象有不同的组织水平。在特定条件下视觉刺激被组织得最好、最规则（对称、统一）和具有最大限度的简单明确的形象，被称之为"简约合宜"的形象。如前文提及的电视记者对彭定康在香港回归中国，政权移交时无奈神态的特写镜头就充分体现了"简约合宜"的原理，及其信息传播的单纯性。

电视记者采访时，根据视觉的选择原理及其新闻现场的条件（光线、距离、物象、环境、时间）等要素，总是先寻找出其中容易捕捉的单纯构造或"形"加以感觉，以把握物象的主要特点，追求一个"完形"。而且随着条件而加强、减弱或修正，再逐步加深或淡薄，这就是单纯性的基本特性。视觉力求以简化、符号的形式表现深刻而丰富的内容，通过精炼集中的形式和易于理解的秩序，传达预想的意义。

单纯性，在捕捉一个复杂的物象时，视觉是把一个整体印入脑海，构成印象，或叫第一印象。如看一个人，先观察到仅是"人"，随着条件推移才能辨明是大人、小孩、男人、女人。如为男人，如条件允许，进一步仔细观察他的服色、仪态、肤色和面貌。

单纯性对于不同的年龄职业都有差别。大人重在看整体，小孩重在观察局部。如同样是看一个人，大人注意的是仪容、表情、眼神、面部整体；小孩注重的则是嘴巴，眼睛尺度，鼻子大小，脸上的痣、麻子、胡子等，是局部。根据这些基本规律，记者便可视不同情况结构出不同的细节画面。

三　具有信息语义传播的证实性

细节对于信息的证实性，是指电视新闻的声画因素所传播的新闻事实准确无误所产生的见证效应。这种见证效应可以实实在在为受众消除信息传播的不确定性。

传播学原理认为：新闻事实是由记者通过观察、调查而发现的，事实是新闻得以形成与成立的基础，新闻是在事实的基础上通过归纳而获得的，新闻依赖于客观存在的事实而存在。电视新闻的画面不仅需要尽可能地反映事实的过程，更主要的是要以实现的细节反映客观事实的本质内容，为观众对新闻事实的分析、判断提供最直接的依据①。2008 年 5 月 19 日是汶川地震的"头七"，中央电视台报道《全国为汶川地震遇难者默哀 3 分钟》时，使用了"清晨 4 时许，天安门广场人们集体肃立，向国旗行注目礼。注目国旗升到旗杆杆顶后又缓缓下降"、"14 点 28 分，胡锦涛、吴邦国、温家宝、贾庆林、李长春、习近平、贺国强、周永康等领导同志在中南海怀仁堂前肃立默哀"、"汶川灾民在废墟前垂首低泣"、"汽车、火车、舰船鸣笛，防空警报鸣响"、"行政长官曾荫权率全体公务员默哀"等细节画面，具体地向观众报道举国哀悼的沉痛。这则新闻所提供的新闻本源事实画面，使观众对灾难中的汶川倾注了更多的关爱。

如前所述，"听声见景"，新闻人物的话语、新闻现场的音响有着不可更改的佐证性，从这个角度看，它有着比画面更为可靠的真实性。现实世界是存在着丰富多样的声音。这些声音往往不是孤立存在的，而总是与特定的环境、特定的人物紧密相连，不同的声音传递着不同的信息。正是由于现实世界并非无声世界，所以画面必须在声音的辅助下方能实现对客观现实完整真实的反映。

2010 年 9 月中央电视台对全国各地政府的可持续发展成果进行连续报道。江西省南昌市政府依法执政，放眼未来，预留发展空间的气度受到官员、百姓的一致夸赞，请看中央电视台的一条新闻：

《江西南昌：为"绿色规划"筑起法制"铁篱笆"》

是盯着眼前"摘果"，还是放眼未来"栽树"？面对城区最后一块尚未开发的规划用地，南昌市毫不犹豫地选择了后者，为这座城市的可持续发展留足空间。

本台记者仝文瑜：我现在所在的地方名叫扬子洲，它就像一条鲤鱼游弋在赣江的江心，随着南昌洪都英雄大桥的通车，这里由一个交通的死角变成了联通南昌新老城区的核心地带，与此同时这里也成为投资者目光聚焦的热地。

江西万科益达房地产公司总经理鲍三中：它几面环水，拥有很好的景观资源，同时土地的体量也足够大，我相信没有一个开发企业不对这

---

① 黄匡宇 1996 年 6 月参加台湾大学新闻教育研讨会提供的论文要点。

块地动心的，当初我们也是志在必得。

南昌市国土资源局副调研员徐海平：简直是门庭若市，有的拿着意向书，有的甚至效果图都带来了，非常迫切。

本台记者仝文瑜：就是这样一块炙手可热的土地，南昌市委市政府却下了一道暂停开发，封地收储的禁令，不仅如此，南昌市人大还以《决议》的形式为扬子洲的保护，筑起了一道法制化的"铁篱笆"。

按照《决议》，从公告发布之日起，南昌对包括扬子洲在内的58平方公里的土地进行控制和储备，收储期为10年。为此，南昌每年将减少30亿—40亿的土地收益，占目前南昌财政收入的两成还要多。

南昌市国土资源局副调研员徐海平：就好像到嘴边的红烧肉生生地被放进了冰箱一样，一开始很多人都拐不过弯来。

事实上，对扬子洲等地封地收储可不是拍脑袋的决定，都是一笔账一笔账仔细算出来。

南昌市城乡规划局副局长徐静：南昌市除了扬子洲地区之外，在开发和待开发的建设用地还有将近了100平方公里，要完全消化掉它的话至少需要10年以上的时间。其实我们对扬子洲这块也做了大量的规划和研究，但总觉得不尽如人意，在没有把握的情况下，与其盲目开发，不如暂时留白，也为未来城市的发展留下空间。

要给未来留财富，不给后人留包袱。秉承着这一理念，人们很快在思想上"拐过弯来"。但要抵御利益诱惑，恪守战略储备这条红线，还需要更加有力的制度保障。

南昌市人大常委会工委主任徐永立：要挡住低水平建设、盲目开发，仅靠领导者个人和相关职能部门是远远不够的，我们人大以决议的形式对这个地区进行十年规控，这是具有法律效力的，这个可持续发展的战略就不会因为领导人的改变而改变，不会因为领导人意志的改变而改变。

截至目前，南昌共出台14个事关生态、环保、绿化、城建等方面的地方性法规。为可持续发展竖起一个个法律"保护伞"、"就好像到嘴边的红烧肉生生地被放进了冰箱一样，一开始很多人都拐不过弯来"。

这条新闻中受采访的都是领导干部，对于被"冻结"的土地使用权，他们说"我相信没有一个开发企业不对这块地动心的"、"在没有把握的情况下，与其盲目开发，不如暂时留白，也为未来城市的发展留下空间"……在表白"开发"还是"保留"的回答中，没有官话、套话、假话，构成可听可信的语言细节，使得新闻的真实性无可置疑。

第四节　电视新闻细节语言的作用

一　用以揭示新闻事件和新闻人物的本质，体现主题思想

本书在为细节定义时指出：细节语言包括有冲击力的图像和有吸引力的语言、音响、屏幕文字等。定义内涵除实指因素外，还有个虚指因素"力"。什么是电视新闻语言中的"力"呢？它是指在新闻传播过程中能够吸引观众注意力的行为、言语、文字和音响等细节语言符号。在传播过程中，它们和大量的表现力平淡的语言符号结构为一个整体。如果说，在这个整体中，大量的播音、图像语言如平静的流水，细节则如跳腾浪花，突现出信息的力度即揭示新闻事件、人物的本质之所在、主题思想之所在。细节的这种作用力从何而来呢？阿恩海姆在阐述格式塔心理学派关于视知觉的感悟力时这样说：

"我们发现，造成表现性的基础是一种力的结构，这种结构之所以会引起我们的兴趣，不仅在于它对那个拥有这种结构的客观事物本身具有意义，而且在于它对于一般的物理世界和精神世界均有意义，像上升和下降、统治和服从、软弱和坚强、和谐与混乱、前进与退让等（力）的基调，实际上乃是一切存在物的基本存在形式。不论是在我们的心灵中，还是在人与人之间的关系中；不论是在人类社会中，还是在自然现象中；都存在这样一些力的基调。我们必须认识到，那推动我们自己的感情活动的力，与那些作用于整个宇宙的普遍的力，实际上是同一种力。只有这样去看问题，我们才能意识到自身在整个宇宙中的地位，以及这个整体的内在统一。"[1]

阿恩海姆这段关于"力"的阐述可以这样用来分析"细节"在电视新闻中所占有的"力"的地位：细节的"力"不仅在外在形式上引发并维持观众的视知觉，而且将视知觉的兴奋引向对信息本质的关注，以期从信息意义中寻找"自身在整个宇宙中的地位"，这就是细节语言在电视新闻中所享

---

[1]　［美］鲁道夫·阿恩海姆：《艺术与视知觉：视觉艺术心理学》，滕守尧等译，中国社会科学出版社 1984 年版，第 625 页。

有的"力的基调"的地位。

有一条声音细节和画面细节力度皆强的新闻值得一说，它的题目是《代表民心的四次掌声》。这条消息在全国电视新闻评比中荣获消息类一等奖，请看分镜头稿（表7-1）：

表7-1　　　　　　　《代表民心的四次掌声》分镜头稿本

画　面	播音、同期声文字稿
李鹏总理讲话	国务院总理李鹏在今天上午的八届全国人大一次会议上仅用了370余字谈及中英香港问题就赢得了2800多名人大代表的四次热烈的掌声。
第一次掌声	同期声："根据中英两国政府签订的联合声明，1997年7月1日我国将恢复对香港行使主权，这是中国的神圣的权力决不允许受到任何干扰和破坏。"
第二次掌声	"中英两国在1984年签署联合声明以来在香港问题上的合作原本是好的，但是去年10月香港总督在英国政府的支持下不守信用，单方面提出对香港现行政治体制进行重大改变的方案，这种做法违背了中英两国联合声明的精神，违背了英方关于使香港政治发展同中华人民共和国香港特别行政区基本法衔接的承诺，违背了中英双方已经达成的有关谅解。香港基本法是充分发扬民主的产物，港英当局违背《基本法》的做法，其实质是为香港政权顺利交接、平稳过渡制造混乱的方案，而不是要不要民主的问题。"
第三次掌声	"我们一贯主张积极致力于香港的长期繁荣与稳定，我们希望合作，不愿意对抗，但是中国政府决不会用原则去做交易。"
第四次掌声	"现在英方又为合作制造了人为的障碍，由此而引起的一切严重后果只能由英国政府负完全的责任。"
	许多人大代表对李鹏总理的这段讲话印象极为深刻，说它代表民心，我们坚决支持政府的立场。（这是本台报道的）

这条新闻的作者林键在一篇文章中具体记叙他和同事们在新闻现场抢录声音细节和画面细节的过程：

回忆起1993年3月15日，八届全国人大一次会议的开幕式，仿佛就是昨天的事情。那一天，会议在李鹏总理那舒缓平稳的语调中已进行了一个多小时。报告开始进入外交工作部分，这标志着整个政府工作报告已进入尾声。

突然，李鹏总理的声调在稍微停顿了一下以后，异乎寻常地激昂起来。3月初，英国港督彭定康提出了第一份"政改方案"，破坏了中英香港问题谈判的基础。3月15日前，中国政府还一直没有就此明确表明立场。李鹏总理在政府工作报告中第一次明确表明了中国政府的严正立场。

我曾在各种场合多次听到过李鹏总理的讲话，从来是舒缓平稳的语调。但他在这段不到 400 字的讲话中，措辞严正激烈，情绪异常激动，迅速感染了全场代表，代表们情绪激昂，掌声雷动。从整个会场的情景看，中国政府的立场得到了代表 12 亿中国人民的人民代表的衷心支持。

我还看到，转播车上技术、音响等各工种的注意力迅速集中，密切注视着仪器表盘的运行情况，一直坐在一旁"督战"的沈纪副台长瞪起了眼睛，一边向切换导演陈征指示镜头，一边通过对讲机向场内指挥李东生、孙玉胜"口"授机宜。

通过监视器我看到，除了一号机位仍是李鹏总理的近景外，其余三个机位正在迅速调整。转播车的扩音器里不断传来现场指挥尽量压低的声音："快对准台下，抓拍鼓掌镜头！""注意台上的反应，别丢了镜头！"

在不到三分钟的时间里，掌声四次响起，持久而热烈，充分显示了代表们对中国政府在中英香港问题上所持严正立场的坚决支持！

在开幕式结束后的随机采访中，我发现代表们对李鹏总理的这段讲话有着极深的印象。当天下午 5：20 左右，我和新闻中心主任李东生谈及上午开幕式的情景，他说，李鹏总理关于香港问题的讲话是一个极好的新闻素材，应该单独提出来搞条新闻。随后，他在向杨伟光台长、沈纪副台长报告后，让我马上就此编一条新闻。我想，最能反映当时情景、最能引起人们共鸣的莫过于实况录像。我决定用最少的篇幅介绍背景，其余全部用同期音像，不做任何修饰。

新闻送审通过，临到播出才发现还没有题目。当时的新闻编辑部主任罗明与我商量起个什么题目，有："激动人心的四次掌声"、"四次掌声"、"人民的心愿"、"民心所向"、"代表民心的四次掌声"，等等。最后由杨伟光台长拍板，定为《代表民心的四次掌声》。①

林键的话使我们看到了电视记者精心捕捉、选择细节的良苦用心和敬业

_____

① 参见《中国电视奖（1993 年度）获奖新闻作品选评》，中国广播电视出版社 1994 年版，第 3—4 页。

精神。

在这条片子中，电视记者充分发挥了电视视听兼备之功能，把李鹏总理严正的神态、代表们激昂的情绪、掌声雷动的现场，通过细节语言淋漓尽致地反映出来，充分表现了中国政府的立场得到了代表12亿中国人民的人民代表的衷心支持。这是细节的形式之"力"，将观众的视知觉引入兴奋，进而细节又将观众的视觉兴奋引入信息意义的内容之"力"，即阿恩海姆所指称的"推动我们自己情感活动之力"，亦是细节魅力之所在。

实践告诉我们，宽泛的视野、空泛的描述是无法给人留下深刻印象的，只有集中在某一局部或某个点，作具体、细致的描述，才会使我们的报道深深地印入人们的脑际。1997年6月30日是香港回归祖国的临界时间，主权移交活动逐项展开。这天集结在香港的中外电视媒介多达56家，彼此同在一个新闻现场，都是采用卫星直播连续48—60小时传送信号，按说各电视媒介间不会有报道的时间差距，其实不然，媒介间传递信息的速度仍有伯仲之差。是日下午4时许，各电视台都在转播"彭定康告别港督府"的实况，在彭定康与列队的警察一一握手话别的冗长时间里，本港台在转播告别仪式的同时独辟蹊径，在屏幕左下角抠出一个画面，率先报道各方人士在启德机场等待欢迎江泽民主席抵港的新闻，开创了在一个屏幕上同时现场直播两条电视新闻的形式的先河。更值一提的是，电子特技制作的这一细节，不仅是传播形式的创新，而且在主题意义的发掘上，体现出内容的深刻与新颖。

二 提高信息传递效率，增强观众记忆深度

众所周知，细节的本质就是"放大"，通过细节的刻画，可以将人物和事件的特点加以突出，从而愈加显示出形象的生动性和真实性，揭示生活的本质，以达到提高信息传递效率，增强观众记忆深度的目的。

科学技术的进步与发展，为电视新闻的传播形式的变革提供了丰厚的物质基础，无所不能的电脑及数字特技技术，使得电视新闻语言的细节形式和表达方式变得更加丰富多彩。笔者长期观察、研究港、台电视新闻节目，令人印象十分深刻的是，港、台电视人除了认真拍摄好每一幅新闻画面外，还一丝不苟地运用动画、特技、屏幕文字等后期制作技术，制作好每一幅与图像新闻相关的画面，以准确的文字、图表等细节语言补充图像语言叙事含混的弱点，务求使画面中的具象语言与抽象语言达到最佳组合，最终保证信息得以清晰地传播。

本书"引论"提及的北约集团进犯南联盟"首日战况"的上百条新闻中，真正看得出来自战区的镜头只有三个：被炸地区大火（南斯拉夫电视台提供）、难民撤向马其顿（来源不详）、北约向马其顿屯兵（CNN 提供）。由于在全天的战局报道中多次插有人们观看北约空军军事演习的镜头，致使演习、空袭、空战画面混淆不清，那些时间不明、航线不明在天上飞来飞去的飞机，就无法向观众证实：就是北约和南联盟参战的飞机。可以这样说，众多电视机构对第一天战局的报道是不成功的。相对于港、台几个电视台报道"首日战况"的新闻来，在新闻本源图像匮乏的情况下，还是有上乘表演，他们借助电子地图、动画、电话访谈、屏幕文字注释与评述（见表 7－2）等细节语言，对第一天的战况作了准确及时的报道。

表 7－2　　　　港、台电视机构对北约 1999 年 3 月 24 日空袭南联盟

项目	本港台	翡翠台	凤凰卫视	TVBS	华视
字幕注释	25	28	22	22	24
电子地图	8	7	5	6	5
动画（含题头）	8	18	6	7	6
字幕社评	3	4	4	2	2

说明：1. 取各台早、中、晚新闻各 20 条（含重播）。

　　　2. 表中数字的单位为"次"。

港、台电视新闻同仁追求语言形式的清晰传播，表面上好像是他们有设备、重制作，实质上表明了他们对电视新闻画面语言的全新理解，是一种观念的嬗变。在他们的电视文化追求中，已不再一味崇拜图像的魅力，而是认为在当代的电视画面中，抽象语言符号是不可缺失的因素，只要使用恰当，两类语言都可以构成细节语言。为保证这一观念的实施，港、台各电视机构的新闻部中都专门设有制作组，以保证后期制作动画、字幕等细节画面之需。早在 1986 年香港电视广播有限公司新闻与公共事务部（大陆称新闻与专题）总监黄应士先生接受黄匡宇的书面采访时就称："我们尽可能做到每则新闻都有可看的画面，即使没有录像，也要配上幻灯片、图表、字幕（都是美工同事自行制作来配合新闻内容）作为辅助，一定要使信息清晰、可信。"电视新闻语言细节作为一种形式，它为提高信息传递效率，增强观众记忆深度，已经受到人们的普遍欢迎。

三 传递深度信息，增强电视新闻传播的时代感和真实性

人在长期的认识实践中形成了一定的认知图像或心理结构，形成特有的"资讯系统"。外部信息经感觉进入人脑后，所进行的不只是这些信息在人脑信息在人脑器官中的简单传递过程，而是这些信息与人脑内部的原有信息相互影响、人脑中的认知图式与心理结构对信息进行一定处理加工的过程。实践表明，人们如果对外部感知能够得出思维深处的思索，并形成强烈的对该感知的意象，就可以获得对事物的深度理解。就电视新闻而言，由于记者精心选取角度，利用自己的主观感受和对事物的独特理解，细节就被赋予了一种记者独特的心理感受和意象空间，使得画面不但蕴含了丰富的外现形式，而且为观众提供了抽象思维层面的意象。

请看曾获全国电视新闻一等奖的《"老井"已不再是那个〈老井〉》（表7-3）：

表 7-3　　　　　　　　《"老井"已不再是那个〈老井〉》

画面	播音、同期声文字稿
太行山 记者开车来到当地的农民家庭	导语：1993 年 12 月 1 日到 10 日，记者沿着当年拍摄电影《老井》的所有背景的村庄所在地——山西左权、和顺一带采访，欣喜地看到：随着农村改革的逐步深入，太行山这些昔日最为贫困的小山村，如今人民生活发生了巨大的变化，"老井"已不再是当年的那个《老井》
《老井》片头叠化农家房舍 叠化"老井"村（出题目）记者看废井口 干枯的井洞	这是电影《老井》原型村之一的左权县石峪交村，祖祖辈辈为水犯愁的庄稼汉现在用水问题已基本解决
石峪交村 水井、水桶热闹汲水 采访石峪交村党支部书记	"就这口井出水吗？""对，就这口井出水，这是第151 眼井。""水怎么样？""水还可以，基本上够用了。"
房顶电灯 电视、看电影 电话、录音机	电，不仅给"老井"村带来了光明，也带来了外面的世界，"老井"人的观念也随着改革开放飞跃出太行山
石头房、砖瓦房 成排的砖瓦房	千百年来，"老井"村的乡亲们与石头相依为命，如今，这些石头房正在被越来越多的砖瓦房所取代。万达村曾是有名的"光棍"村，现在，新一代的"旺泉"们再也不用为媳妇发愁了

续表

画面	播音、同期声文字稿
记者随大娘进家	"大娘,你们这儿拍过电影吗?""拍过,电影旺泉子上门女婿就是在我家拍的。""你打这些新家具干什么?""我大儿子结婚娶媳妇。"
王玉英家中采访	在小窑村,我们找到了巧英的原型,她的真名叫王玉英。"这些年你在什么地方包工?""河北平襄,当工头哩。""带了多少人?""一百多。""收入怎么样?""收入万把。"
记者进柳大娘家 柳大娘给记者看两个儿子和女儿照片 众人座谈	过去,在"老井"村,高中毕业生可谓凤毛麟角,时间仅仅过去 9 年,农民柳大娘家就出了 3 个大学生,尊师重教今天成了"老井"人的共识
范海文正在修车	他叫范海文,当年曾开着自己的小四轮在影片中当群众演员,今天,小四轮换成了大卡车,他也成了收入几万元的运输个体户
采访	拐儿镇信用社储蓄员:"石峪交村 1985 年人均储蓄50 元,现在人均 1000 元,全村在我社存款 35 万。"
开山炸石 记者继续进农家采	应当承认,同先进地区相比,"老井"村还不算富裕,但今日"老井"人毕竟已经摆脱了愚昧和落后,一个全新的"老井"村已经展现在我们面前

农民的生活是否幸福,细节最能说明问题。在上面所引的例子中,领导(村支书)的镜头很短,更多的是群众脸上的微笑、碗里的炸糕、飞跑的大卡车……大量生动而有说服力的细节语言形象地说明了老井村的变化是映在群众的脸上而不是挂在领导的嘴上;是镌在人们的衣食住用里,而不是写在文件材料里。电话、录音机等充满时代特色的家用电器能与小山村的人们相伴,更是真实地表明"老井"已不再是那个封闭落后的老井,主题意义自然深赋其中了。

第五节　电视新闻细节语言的采录

细节,作为电视新闻信息内核的外化形式,已日益受到新闻从业人员的关注,采录、运用理想的细节已是采编人员制作节目时致力追求的目标。如何采录电视新闻所需的细节呢？本节将从理论与实践两方面进行研究。

一 掌握"图形—基底"理论，提高记者对画面细节语义的发现能力

"图形—基底"理论的核心内容是要求记者进入新闻现场后，其"知觉"（发现）能力必须在新闻对象和新闻环境之间作出积极的选择，这是格式塔结构理论对记者提出的基础要求，也是记者在采访过程中捕获细节画面的理论依据。

记者的知觉中包括视觉、听觉、触觉、味觉等各个方面，也是人们对客观事物的形、声、质、味等信息的感觉过程。在认识事物心理过程中的感性认识阶段，它是人类生存活动获得外部信息的重要方面，而通过一定的思维、灵感，上升为理性阶段。意志则是人类在理性认识的基础上，在改造（或反作用）客观事物过程中反映的心理过程。心理现象是人脑对客观现实能动的反映，它包括人们的认识过程、意志过程。应该这样认识，无论是观众还是记者，大家的视觉感受都特别敏锐，它涉及人们的信息、思维各个环节，构成了新闻画面捕获与传播的复杂性。

根据画面细节的视觉特征，记者可从以下方面提高对"图形—基底"关系的认识，以不断提高从基底中选择图形的能力。

1. 图形与基底涉及的支配因素

电视新闻视觉瞬间的"组织"或"重构"，不是个别部分的拼凑与相加，实质上是从物象构成成分中反映出来的抽象关系。即使各种成分本身发生改变，形象反映的关系也可保持不变。由于物象反映与人们的基本生存活动和从外界获取的信息量有关，即或不联系其联想的、再现的或符号的含义，形象本身就可以给人造成某种感受。

简洁完美的形象给人以愉悦，造成与"完形"相依赖的情形；不简洁和不规则会造成紧张与烦闷。"完形压强"①会引起进取，追求内在紧张力。其中应当指出，因光、色、明暗、虚实不同，亦会产生不同的简洁完美形象。"完形压强"的变化取决于图形与基底的支配因素的变化，这些因素是：

①图形必须由基底分离出来；

---

① 完形压强：视觉对于简洁完美形象的追求，心理学家称之为"完形压强"，心理上追求一种平衡以改变在探索中紧张的心情，以免除各种猜想和想入非非。格式塔原理应用相关内容参照［德］恩斯特·韦伯：《摄影构图的最佳选择》，贺西安译，中国电影出版社1993年版等书刊。

②通常，把较小的面积看作图形，较大的面积看作基底；

③图形和基底不能同时觉察；

④邻近的相似视觉成分结合成为图形；

⑤对称和封闭的形状通常倾向于被看作图形。

这 5 个因素中①和③两个因素对于电视新闻细节画面的构成又最为重要，以下重点阐述。

2. 图形必须由基底分离出来

当我们扫视周围环境时，有大量景物进入视场，其中一些互相重叠和遮蔽。我们的知觉系统有分离和区别个别物体的能力。在由基底中区分图形时，我们也把孤立的视觉成分分配给要求它们代表的物体。图形—基底关系在复杂的现实世界中很少像在手的剪影示意图中那样清晰明显。更为常见的是必不可少的图形和作为其背景的基底两者间的区别很不明显，甚至消失。有时，不论是出于景物中视觉成分过多还是出于浅薄的技术再现，能够使得图形—基底根本无法区别，从而剥夺了图片的可辨认性和效果。

我们的知觉系统始终追求简单、规律、明晰和秩序。为此，格式塔心理学把相对于其环境能够辨认出的最简单形式物体和知觉规定作"效果"。

知觉中图形—基底关系的意义超出了纯粹的视觉差别，它包括重量差别。

图形—基底关系构成适用于视觉场的评价图案，为区别有关与无关服务。在声学上，新闻现场新闻人物的谈话可以比作相对于新闻现场群众嘈杂声音"基底"的"图形"，他们的声音仅被看作中性的环境声音。图形—基底关系是声学上叫做信号—噪声比的相似物。如果产生的音频增加到一定程度超出了人所能忍受的限度，以致新闻人物的话都不再能听到，那么图形—基底关系就改变了：基底开始与图形竞争。因为噪声增大，有了干扰，新闻人物的谈话变得很难领会。

除复杂被摄体或平庸的技术再现外，图形—基底关系还受其他因素影响。

在极少数情况下，同一景物的不同的影像成分分别作为图形和基底。原因在于每个人的性格、情绪、兴趣、知识和文化背景差别。在通过声音传递信息时，每一个不需要的信号（噪声）都构成干扰；噪声水平越低，信息传递越清晰。

有了上述理性认识带来的现场影像感悟与识别能力，接下来就是调动摄影手段，运用景别（远、全、中、近、特）的变化，准确及时捕获住信息含量饱满的细节画面。

3. 图形和基底不能同时被觉察

某些图像和几何图形在长时间观察后，会发生图形—基底关系的颠倒。这一现象最著名的例子是丹麦心理学家埃德加·鲁宾于 1915 年发表的那幅花瓶图片（图 7-1）。它既可看作衬在黑底子上的一个白花瓶，也可看成衬在白底子上的两个黑人侧面像。但是，把花瓶和人头同时看作图形是不可能的，它们只能交替出现。原因何在呢？格式塔心理学家的看法是，我们的视觉系统依据轮廓辨认物体，但轮廓线既能勾出物体右边的面或图形，也能画出其左边的面积或图形。既然本例中两种解决办法都有可能，两幅影像看来都符合逻辑，图形—基底关系本身就颠倒了。

凡是几种知觉性能都相等存在时，就会出现模棱两可的图形—基底关系。尽管它们有一定吸引力，模棱两可的图形却缺乏效果。

图 7-1　图形—基底选择测试图

说明：图中是人像对峙，还是花瓶独立，不同的视觉选择，图形与基底发生完全相反的变化。

图形和基底不能同时被觉察，反映了人们视觉选择的基本特性，平时人们行走在大街上，当他的视觉处于无意状态时，这时的视知觉印象是"什么都看得见，但又什么都没看见"，此时的视知觉只是帮助他辨别行进方位；此时若他注目于一辆汽车或一个行人，其他车辆与行人就统统"视而不见"了，这就是"图形和基底不能同时觉察"的具体阐述。

这一原理用在电视新闻摄制上，强调的是少用或不用随意性运动镜头，因为镜头运动时图形和基底的关系就更加模糊，犹如行人逛街，什么都没看见。只有用一幅幅的固定镜头画面，才能体现出记者的选择眼力，才能捕获到"定睛一看"的细节画面。

二　坚持"挑、等、抢"技法，提高记者对画面细节语素的捕获能力

电视新闻画面细节的捕获问题不仅仅是技巧问题，也不仅仅是形式问题，细节之有无及多寡，往往反映了从业人员在现场的观察能力和职业素质。我们有的记者，最热衷的是摆布、导演、补拍，其实，在电视新闻的采访摄影中，最忌讳的是摆布、导演、补拍等笨拙的拍摄手法，这些手法完全违犯了新闻的真实性原则，必须坚决摒弃。电视新闻细节的运用尤其是画面细节的运用要求记者从客观现实生活中（新闻现场中），选择最能表明事物本质的事实材料来传递信息。综合运用挑、等、抢等摄影手法，将这些信息（图形）从基底（背景、环境）中凸显出来。

1. 挑

是指记者通过深入生活，在新闻现场进行观察、分析、综合、演绎，将那些最能体现事物本质的，最能阐明事理且又适合拍摄的素材挑选出来。

"挑"的内涵十分丰富：拍摄前，挑，表现为记者对素材所进行的理性选择，是主题确立与主题物化（为画面）的内容挑选；拍摄中，是记者对新闻现场中的事件、人物、环境、时机、光线、过程（节奏）等因素的综合挑选；拍摄后，是记者对画面综合组接（编辑）内容的挑选。

值得指出的有二：一是"挑"是个综合性方法，它贯穿于电视新闻结构成型的始终；二是"挑"在拍摄过程中，兼有"等"与"抢"的内容。既是"挑"，就必须等待时机的出现，等到稍纵即逝的时机出现时，又必须"抢"方能实现"挑"的目的。

2. 等

是指记者以坚韧的作风等候拍摄时机的到来。

我们认为，等，首先是采访作风的体现，一些记者来到新闻现场没有耐心等待最佳拍摄时机的出现，往往以主观的假定性手法摆布、导演"典型时机"、"典型场面"，以"摆"与"导"的方式替代"等"的过程；等，还是记者摄影修养的具体体现，新闻现场事态的发展进程，是不以记者的意志为转移的，最富于表现力的时机，可以出现在事件发展进程中的任何一个阶段，在这个时机出现之前，要求记者在观察、分析的基础上，把握准事物发展的脉络与走向，进行预见性等候。这个等候过程要求记者排除急躁、盲目等消极心态，以积极、进击的耐心等候最佳时机的到来。采访拍摄并非有闻必录，以不停机拍摄方式替代"等候"并不一定能捕获到最佳时机与角度，因为这是"守株待兔"、缺乏"挑"的内涵的消极等待。

3. 抢

是指记者以忠于职守的职业道德力量和纯熟的拍摄技巧，不失时机地抓取事物发展过程中最富于表现力的场面与细节。

电视报道的魅力在于能忠实地记录事物运动的真实过程中的若干高潮，抢拍这些稍纵即逝的画面，不但要求记者在千变万化的新闻现场倾注全部心血，甚至还要求记者以生命换取真实永恒的形象。战场上摄影记者为了抢拍而捐躯的事件时有发生。后方拍摄突发事件，如地震、地陷、泥石流、洪水、火灾等现场也是危机四伏，随时可能使记者陷入灭顶之灾。然而，为了抢拍到决定性场面，记者必须要有不惜献身的精神"抢点到位"，以强烈的空间意识，追踪事态发展的"热点"，只有这样，才有可能获得最富于表现力的动人画面。1989 年 1 月 12 日，武汉地段内的长江新滩口江面上，两艘油轮起火燃烧，为了获得消防战士在火场战斗的近景镜头，武汉电视台通讯员程敬发，深入到正在燃烧的油轮上进行抢拍，不幸，油轮突然爆炸，程敬发以身殉职。事后从江底打捞上的录像带，忠实记录着爆炸前消防战士英勇无畏的动人场面。程敬发的大无畏精神，受到了国家广播电影电视部的表彰，为电视新闻工作者树立了一座务实求真的不朽丰碑。

还应再一次强调的是，作为具体的拍摄方法，挑、等、抢三者之间的关系是相互关联的，拍摄运用时，三者是同步进行的，"等"到时机到来时要"抢"，还要边"抢"边"挑"。

三 强化固定镜头意识，提高记者对画面细节语言的控制能力

电视新闻大都短小精悍，作为证实新闻内容的镜头语言（画面）来说，应该是准确到位，有效地消除信息的不确定性，生动具体地证实新闻的可信性。这方面，港台的电视业界做得较为出色。他们在运用镜头语言时表现出了较高的素养。在他们的新闻里，看不到随意推拉摇移、信息量甚少的画面，他们不会因为文稿播音所占时间的需要而随便铺垫画面，他们所追求的是运用准确到位的镜头证实新闻中人、事、物、时、地的可信性。基于这个追求，他们大多使用固定镜头拍摄、快切编辑的方法，体现细节在新闻中的

说服力，镜头语言准确到位，显得简练、清晰、明确，从而提高画面的可看性和信息的饱满度。笔者曾对 6 个港、台电视机构的 600 条电视新闻的连续统计分析表明：其中使用"固定镜头"新闻的比例高达 74.8%，这一数字具体印证了港、台电视业者对这一形式的追求（见表 7 - 4）：

表 7 - 4　　　　　　　　港、台电视新闻镜头运用形式统计

项目	台视	华视	中视	凤凰卫视	本港台	翡翠台
固定镜头	74	80	78	35	82	80
运动镜头	70	12	12	34	9	12
综合镜头	6	8	10	11	10	8

说明：1. 统计时间为 1998 年 12 月 1 日至 20 日。

2. 统计节日均为黄金时刻晚间新闻。

3. 样本抽取各台每天晚新闻前 5 条，累计为 100 条。

固定镜头虽是电视采访中最基本的技法，但它却要求记者有深厚的素质积累，素质差的记者往往是用随意推拉摇移的运动镜头来掩饰其采访肤浅、摄制功底不足的欠缺。欲运用好固定镜头，记者在深入采访过程中就要把握住新闻本源事实的细节镜头，只有这样，新闻画面才具有可看性。对细节的解读，使我们知道它所反映的事物与周围其他未看见的部分形成一个整体，认知细节存在的空间，而无须一定要看到与细节关联的其他部分，从而简化画面，使得细节所包含的内容更集中，画面更简洁。如台视《华视新闻》曾播出"国民党和民进党磋商参选名额"的会议新闻，记者没有流于报道会议的进程，而是凭借对于"手是行为的焦点"这一摄影形式理论的深刻理解①，抓住双方代表相互指责的多种手势和争论的同期声等一系列细节，用固定画面将双方争论的焦点报道得生动、详尽，以细节语言的形式与内容的合力，极大地增加了新闻的信息含量与可看性。

四　凸显话筒意识，提高记者对声音细节语义的结构能力

"闻声见景"，现场声音（语言、音响）是保证新闻现场真实性的重要

---

① 黄匡宇根据这条突现"手"的细节的新闻，在"眼睛是心灵的窗户"这一熟语启发下，提出了"手是行为的焦点"的判断。

因素。没有现场声音的镜头，我们可以任意剪辑并做出多种真与伪的组合。时下新闻画面的随意粘贴，皆因失却了声音在画面中的整合控制作用。造成声音在画面中的缺省，又源于记者在新闻现场的话筒运用意识的薄弱。

记者话筒意识的薄弱所造成的弊端是明显的：哑巴充斥画面，新闻缺乏可看性、可听性。记者盲目追求同期声，以采访新闻人物替代拍摄新闻现场。由于采访时心中无数，编辑时新闻人物的同期声又无法融为新闻的主体内容，加上新闻现场画面不足，为陪衬播音稿的需要，新闻人物沦为哑巴就在所难免，新闻的可看性、可听性当然随之大打折扣。

突现记者的话筒意识，其实质是如何用好话筒采录表现新闻要素的音声细节，我们认为记者可作以下努力：

淡化记者出镜意识，尽量消除传播环节的冗余信息。在电视新闻传播中，记者的有限出镜是必要的，但是要戒除综艺性节目主持人"个性"、"特点"、"风格"之类的表现欲。观众看新闻与综艺节目的视觉欲求是不一样的。就新闻来说，观众只关注新闻中的核心人物与热点内容，记者故作姿态的出镜与提问都是观众所厌恶的冗余信息。记者采访是为了引出新闻人物的新闻，记者前期的采访提问，在后期制作都是可以删剪干净的，剩下的只有观众关心的新闻现场和新闻人物，其操作模型如图 7-2 所示：

图像：播音员 + 新闻人物 + 新闻现场
声音：导　语 + 同 期 声 + 新闻播音

图 7-2　新闻人物同期声运用模型

以上模型中的声音细节要求记者采访前有充分准备，包括了解新闻背景材料，可随机应变的采访方案和提问内容；采访时以突现声音细节为前提，多维度采录过程性同期，如果新闻人物可选择时，还应采录同内容的多个对象，以备编辑时选用，亦可消除哑巴画面产生之虞。

第八章

媒介技术是电视新闻视觉能指
图景的物质基础

　　盛唐诗人王之涣的《登鹳雀楼》："白日依山尽，黄河入海流。欲穷千里目，更上一层楼。"之所以百世流芳，是因为写尽了人们对"观看"的千古追求。北宋政治家、诗人王安石的《登飞来峰》："飞来山上千寻塔，闻说鸡鸣见日升。不畏浮云遮望眼，只缘身在最高层。"实与王之涣的《登鹳雀楼》有着异曲同工之妙，短短四句写透了登高远望的快感。唐代诗人杜甫的《望岳》："岱宗夫如何？齐鲁青未了。造化钟神秀，阴阳割昏晓。荡胸生层云，决眦入归鸟。会当凌绝顶，一览众山小。"句句写向岳而望，距离自远而近，时间从朝至暮，并由望岳悬想将来的登岳，全诗没有一个"望"字，却将眼中的泰山从时间、空间的立体层面写得淋漓尽致，真有"泰山归来不看山"的不悔情致。古代诗人们诗中的"看"虽是文字文本，但视觉能指图景却跃然于眼前，且千古不衰，足见"看"的基因乃一脉相承，万世不改。国人讲"看"的诉求，以诗而述，情景处处，能指处处，经典至极。

　　当然国外也有写"看"的诗，但比起他们的哲理阐述，本书则更看重后者。阿恩海姆认为视觉是一种积极的探索工具，他在论及人们判读图形的能指意义时指出："对于生活中的实用目的来说，观看是为实践活动指引方向的基本手段。"[①] 人类进入文明社会以后发明了文字，以此为人们认知世界意义的所指表达，鉴于文本所指不能直观反映出历史的能指瞬间，满足人们

----

　　① ［美］鲁道夫·阿恩海姆：《艺术与视知觉》，滕守尧等译，四川人民出版社1998年版，第47页。

"观看"的需要，因此对画面的各种能指记录方法的探索，自远古时代始就从未止息。直至1839年，法国画家达盖尔发明了世界第一台可携式照相机，人类社会进入了影像记录时代，人们才开始逐渐享受到视觉保真记录的直接能指所带来的快乐。但是人类没有就此满足，他们还希望能指影像"动"起来，可以连续地记录影像资料，到1880年法国生理学家居勒·马莱伊发明了第一部电影摄影机，人类终于实现了用时间轨迹记录能指画面的梦想。随着摄影技术的发展，这种需要占用专门场地放映的电影方式越来越不能满足大众随意的观看要求，于是科学家们又发明了可以在家中延伸视觉能指"观看"的机器，这便是电视传播的诞生。

第一节　技术是电视新闻成长不可或缺的物质平台

传播学者一般倾向于认为活字印刷术的出现象征第一次传播革命，而将广播电视技术的产生发展，视为人类传播方式的第二次革命。每一个历史时期电视技术的进步和发展都在不断提高人们"怎么说"的能力，从世界范围来看，20世纪70年代，记者开始使用ENG录像机拍摄新闻事件，80年代末，通过便携式通信卫星连接器从世界的任何一个角落发送新闻，90年代记者们使用卫星电话和笔记本电脑制作新闻以打败竞争对手……从1930年开始，在近60年的时间内，电视技术的高度发展使它迅速将各种艺术和媒体的功用集于一身，当今全新的电视传播媒介是在近百年的技术发展基础和艺术实践基础上，逐渐包容了多种技术（和艺术）的一个结合物。它建立在无线电远程传播技术基础上，吸收了磁带录音技术、光电转换技术、晶体管技术、彩色显像技术、人造卫星技术、立体声技术、激光数字技术、有线传播技术等技术精髓，兼并了许多新的技术功能和传统以及现代的艺术门类，从而生成为高度综合、能量巨大的新型传播媒体。

与文字语言的表现不同，图像的生成方式与技术之间的关系显得更为紧密，技术的变革带来图像制作手段的多样化。电视从现代高新技术中汲取力量，极大地开拓了人类视听的广度和深度，组合出视听结合的最大优势，把客观世界中真切的人、事、物、情、景复现在世人面前。随着以电子计算机技术为代表的高科技的迅速发展，人类社会进入信息时代。著名科学家高士其指出："科学的发展史，也是一部思维发展史。在人们的社会实践中，正是思维提供了客观世界的真实情况和运动规律，从而推动了科学的发展，而科学的发展，又对人类思维的研究提出了更高的要求。"① 美国媒介理论家保罗·莱文森曾对媒介的技术进步做过相关研究，发现传播技术进步的总趋向是媒介记录越来越保真，越来越接近生活实际。从电报到电话，无声电影到有声电影，黑白电视到彩色电视，这些都是人类传播技术史上的里程碑式的进步，使媒介越来越逼近生活真实②。"从印刷文化到影像文化有一种共同性是贯穿始终的，这就是本雅明说的'技术性观视'。他指的是我们看到的东西都是透过某种技术手段呈现出来的。比方说在传统社会人们直接用'眼睛'欣赏风景，而今天我们更多通过电视、电影、照片和明信片来观看风景，而这些'媒介'都是'技术性'的。因此，这种观看行为就被称为'技术性观视'。"③ "技术性观视"（the technologized visuality）这个概念点出了视觉文化最重要的特征，即媒介技术是视觉传播的基础。以物理学为架构的电子科学技术，是传播学发展的物质基础，有何样的传播工具，就可能孕育出何样的传播观念，在研究电视新闻传播的同时关注电影、电视技术的发展历史，才有可能实现电视传播观念与传播技术的同步发展。电子技术是电视新闻成长不可或缺的物质平台，电视技术的演变和发展使信息传播的开放性在时间和空间上都达到了前所未有的程度，电视画面正在不断地提高复写世界的能力。

一　电视传播艰难的技术步履

发轫于 20 世纪 20 年代的电视传播虽然是站在电影的肩膀上脱颖而出的，但是为了实现人们"不进影院，居家观赏"的梦想，近代电子科学家们为此孜孜研发摄像和录音同步的电子新闻采集设备——ENG（Electronic News Gathering）终于在 1979 年面世，电视新闻终于有了属于自己的记录工具，有了彻底改变"影片新闻"属性的可能。

因此，当我们研究电视新闻传播发展轨迹时，从回顾其伴随技术进步的嬗变切入，不失为概览电视新闻发展历程和了解其工具性规定性的一个捷径。表 8-1《电视传播技术的演进简史》梳理的是一幅电视传播工具发生、

---

① 钱学森主编：《关于思维科学·代序》，上海人民出版社 1988 年版。

② Paul, Levinson，(1979) *Human Replay: A Theory of the Evolution of Media*，New York University Press.

③ 李欧梵、罗岗：《视觉文化·历史记忆·中国经验》（代序），载罗岗、顾铮主编《视觉文化读本》，广西师范大学出版社 2003 年版，第 3 页。

发展的生动图景：

表 8－1 　　　　　　　　　　　电视传播技术的演进简史

时　间	电视传播技术的演进简史	述　评
1884 年	俄裔德国科学家保尔·尼普可夫发现，如果把影像分成单个像点，就极有可能把人或景物的影像传到远方，不久"能使处于 A 地的物体，在任何一个 B 地被看到的电视望远镜"仪器问世，尼普可夫把这项发明向柏林皇家专利局申请专利，一年后，专利获得批准	有别于电影固定放映模式的电视传播思路得以确立，相应的技术研发从此起步
1908 年	英国的肯培尔·斯文顿和俄国的罗申克提出电子扫描原理	有别于电影胶片记录的电子记录技术原理发轫
1923 年	俄裔美国人兹瓦里金发明静电积贮式摄像管	是近代电子电视摄像术的先驱
1925 年	英国的约翰·洛奇·贝尔德，根据"尼普科夫圆盘"进行了新的研究工作，发明机械扫描式电视摄像机和接收机。当时画面分辨率仅 30 行线，扫描器每秒只能 5 次扫过扫描区，画面本身仅两英寸高，一英寸宽	电视信号传播与接收工具进入实质性研制阶段，机械与电子思路在博弈中
1928 年	在"第五届德国广播博览会"（柏林）上"尼普科夫圆盘"机械式电视机第一次也是最后一次作为公开产品展出。机械电视传播的距离和范围非常有限，图像也相当粗糙，无法再现精细的画面。尼普可夫圆盘的机械孔洞原理无法同时解决图像清晰度要求孔洞大、图像精细度要求孔洞小的矛盾	机械电视甫一亮相便走向终结，电子思路博弈胜出，电子电视得势应运待生
1929 年	美国科学家伊夫斯在纽约和华盛顿之间播送 50 行的彩色电视图像，发明了彩色电视机	面对同时代电影的强势发展，彩色影像、远距离传送势在必然
1930 年	视频监视对讲系统在美国工业生产线投入使用，以应对工厂裁员、实行车间生产的视频监视与指挥的需要。卓别林 1934 年推出的默片《摩登时代》中以工厂实景拍摄的视频管理情节便是生动的佐证	视频监视图像在 70 多年后的 21 世纪成为电视新闻的重要一手资料

续表

时　间	电视传播技术的演进简史	述　评
1933 年	兹沃里金又研制成功可供电视摄像用的摄像管和显像管，完成了使电视摄像与显像完全电子化的过程	电子电视传播系统基本成型
1936 年	11 月 2 日世界上第一座电视台在英国广播公司开播，现场直播在伦敦郊外亚历山大宫的一场歌舞节目，继而开办每天两小时的电视广播。同年，在第 11 届柏林奥运会上，柏林电视台第一次使用电视对奥运比赛作现场实况转播，通过闭路系统传送到柏林市内经过特殊配置的剧院，就全球而言，只有极少数人能看到奥运会的实况，比赛结果主要还是通过电报向全球发布，比赛新闻影片则要通过飞艇传送到全球各地。从这一届奥运会开始，奥运转播进入视听新阶段。当时 4 台摄像机拍摄比赛时况，体积硕大的全电子摄像机引人注目，它的一个 1.6 米焦距的镜头就重 45 公斤，长 2.2 米，被人们戏称为"电视大炮"	"电视大炮"制约了电视新闻采编与传播的自由，可录放像电视采访设备及其设备小型化开始成为研制的主攻目标
1937 年	二战中电视技术的研发被迫中止	面对战争，电视传播滞留于襁褓中
1951 年至1953 年	以美国无线电公司为主的一些公司开始进行录像机和录像磁带的研发，1953 年 12 月，宾得劳斯比研究所采用多磁迹的方法，率先推出了彩色多磁迹录像带及其播放系统，但播出的画面比较模糊，未能马上投入使用	录像机、录像带的研发是电视传播个性形成的重要物质平台
1956 年至1958 年	1956 年 4 月美国的安培公司率先研制出了世界上第一台实用的磁带录像机。这种录像机采用了旋转磁头和宽度为 50 毫米的录像磁带，录制节目共有三个轨道，其中两个轨道用于录制图像信号，一个轨道用于录制声音信号。1958 年初，该系统安装在美国最大的电视演播室并投入使用。从此，电视节目只能来源于电影式现场直播的被动局面结束，各国的电视台也纷纷地采用了这种办法，安培公司因此闻名于世	这是电视传播技术革命性的进步，电视图像声音的记录告别光化学胶片牵制，电视节目只能来源于电影式现场直播的被动局面从此结束
1969 年	日本的 JVC 公司，发明了使用 25 毫米宽度录像带的新型摄像机	电视采访机动、快捷，有赖于电视摄制设备小型化的实现

时 间	电视传播技术的演进简史	述 评
1971 至 1973 年	荷兰菲利普公司推出使用带宽 12 毫米录像带的小型录像机，日本索尼公司紧随其后生产出带宽 12 毫米名为 BETA 的录像带，但磁带盒为长方形。与此同时，日本 JVC 公司也推出了另一种 VHS 规格的家用录像机	技术的渐进推动影像生产设备日新月异的更替，使用观念如何跟进工具的变化至关重要
1976 年	1976 年，JVC 公司推出了第一台家用型的摄像机，其使用的是 JVC 独立开发的 VHS 格式，VHS 是 Video Home System 的缩写，意为家用录像系统。VHS 盒式录影带里的磁带宽 12.65 毫米	摄像机的操作简化，大幅降低价格，家用摄像机概念被人们所接受
1979 年	以索尼为首的 BETA 集团联合研制，率先推出集摄、录、放于一体的新型录像机，即电视记者所称的 ENG（Electronic News Gathering）	专业便携摄录设备问世，电视采访方法发生质的变化
1982 年	由 JVC 研发的 VHS－C 摄像机和 S－VHS－C 摄像机便应运而生，它和标准的 VHS 使用同样宽度的磁带，可以用适配器在普通录像机上观看，但是它的体积只有 92 毫米×69 毫米×23 毫米，比标准的 VHS 录影带又减小了很多，可以用在手持式摄像机等设备上，质量档次与 VHS 摄像机和 S-VHS 摄像机相同。另外，C 型录像带可以通过配送的转换盒在家用 VHS 录像机上播放	国内的摄像机市场也正是由此开始起步
1983 年 至 1989 年	继 VHS-C 和 S-VHS-C 型带的出现后，索尼（SONY）、夏普（SHARP）、佳能（CANON）公司又推出了 8 毫米系列摄像机，即通常所说的 V8。不久，索尼单独推出了 Hi8 摄像机，Hi8 与 V8 同样使用 8 毫米带宽的录影带，其结构更加精密，水平分辨率达 400 线，将家用摄像机的性能提升到了一个新的水平	家用摄像机小型化的脚步加快，为 DV 的问世做好了技术与使用观念的铺垫
1995 年	1995 年 7 月 24 日，索尼公司公布了第一部数码摄像机 DCR-VX1000，于当年 9 月 10 日上市销售，成为便携式数码摄像机的先锋；松下公司的 AZ-EZ1 于 1995 年 8 月 1 日发布，虽然时间晚索尼几天，但是却抢在 9 月 1 日比索尼的摄像机提前上市销售	DCR-VX1000 革命性地采用 miniDV 带作为存储介质，采用 3CCD 传感器结构，成为便携式数码摄像机的先锋

续表

时　间	电视传播技术的演进简史	述　评
1996 年	JVC1996 年底推出其迷你型机 GR-DV1	机器小型化的先行者
1997 年	佳能 1997 年才推出全面实现了动态和静态的高清晰度录放的数字摄像机 Optura（欧洲型号 MV1）。采用了 1/3 英寸总像素 38 万、有效像素 36 万的原色 CCD，镜头使用了佳能原厂的 14 倍光学变焦镜头	小型化、高画质、大变焦比等物理技术在竞争中完善，为电视新闻素材来源民间化提供了条件
2003 年	9 月 3 日，Canon、Sharp、Sony 及 JVC 四家公司联合宣布了 HDV 标准。其概念是要开发一种家用便携式摄像机，它可以方便录制高质量、高清晰的影像	高画质、低价格 DV 的问世，使民间影像记录市井化
1980 年至今	随着电视技术的迅速发展，新一代的数字式录像机、高清晰度录像机、激光视盘等均已相继问世，卫星电视、数字电视进入百姓寻常家庭	电视传播得后工业技术文明之福，人们从此进入视觉盛宴的幸福世界

　　从"电视传播技术的演进简史"中我们不难看到先辈们为影视图景的生成与应用孜孜不倦的追求，亦不难领悟电视新闻传播伴随电视摄像、录像等技术艰难的研发进程。在相当长的时间里，我们对电视新闻的研究忽略了它的技术规定性，未能清醒认知其不断进步的制作和传播技术总是在每一个阶段规定了节目摄制的可能性和适宜性。电视业者、学者当须明白：电视技术的规定性始终标示着电视新闻如何传播的可能性，只有不断改变、完善对电视新闻传播与接受技术的认知，才能实现有效的跟进。

二　电视个性设备为电视新闻的能指个性形成准备了条件

　　从 1979 年摄像和录音同步的电子新闻采集设备——ENG 面世，到 1997 年小型化、高画质、大变焦比 DV 摄录一体机的大面积普及，近 20 年间，电视新闻在逐渐完善个性记录工具的同时，也逐渐告别"影片新闻"观念的影响，逐步建立起电视新闻采访、编辑的观念，电视新闻的能指个性逐步形成，电视个性设备为电视新闻的能指个性形成准备了条件，其主要体现为：

　　1. 早期 ENG 的便携一体性提高了记者采访的随机性。ENG 系统中的摄录一体机以电子摄像、录像、录音快速生产系统取代了工序庞杂、周期长、时效差的胶片新闻生产系统，颠覆性地改变了电视新闻的采编观念与方法，实现了当日新闻当日传播的最佳传播时效。

2. 与 ENG 同时问世的高品质电子摄像、编辑、卫星传播技术的全面投入使用，使得电视新闻的信息承载样式发生根本性变化，图片、图表、屏幕文字、视频历史资料、异地远程实时联网传播等多元信息的综合运用，使得电视新闻好看、易看、实时看，看动态、看过程、看结果的个性鲜明凸显，传统的纪录片、电影片的传播观念被彻底清洗，因电视新闻传播个性的形成，人们的视觉延伸无限、人际间的精神距离缩小无限、新闻事件所指涉及的能指图景生动无限，"地球村"观念实实在在地来到人们生活中间。2008年 5 月 12 日下午四川汶川大地震发生后，成都电视台的 SNG 卫星电视直播车便在第一时间到了都江堰市聚原中学的营救现场，成都的六家电视台全部中断了电视节目的正常播出，采用卫星传送系统 24 小时并机直播，为广大市民进行即时直播现场报道，在当晚的《新闻联播》节目中，通过四川电视台的 DSNG 播出了温总理在专机上接受专访和抵达四川的消息。特别值得一提的传播案例是，卫星系统让电视观众零时空同步见证了惊心动魄抢救都江堰市被困男子张小平的全过程：被困者经历的 128 小时的痛苦等待、现场截肢、17 日晚上 23 时 56 分终于获得解救，整个救助过程，卫星全程直播，观众在电视传播的大灾大难实时过程中看到了人们自救、互救的人性光辉。

3. 随着 DV、视频应用的普及，DV、视频逐步进入电视新闻图像的视野，成为电视新闻图像来源的重要场域。其中视频图像的应用，跨越了专业电视标准的门槛，以色彩单一、图像粗糙、帧幅缓慢等相对劣势进入，唯实于它无可替代的现场真实性，诸多街道、社区事故都在视频的视野监视之下，遗憾的是这样可贵的保真能指影像，足足延后近 70 年才被电视新闻所认可，足见当技术诞生并投入运用时，要进入专业视野还必须经历了解、认识、接纳、运用、推广的漫长过程。视频监视对讲系统早在 1930 年便在美国的工业生产线投入使用，以应对工厂裁员、实行车间生产的视频监视与指挥的需要。卓别林 1934 年推出的默片《摩登时代》中以工厂实景拍摄的视频管理情节便是生动的佐证。通过卓别林 1934 年发行的默片《摩登时代》便可一窥这个"漫长过程"的概貌。

影片《摩登时代》（*Charles Chaplin in Modern Times*）中的故事发生在 20 世纪 20 年代美国经济萧条时期，工人查理在工厂干活、发疯、进入精神病院，这一切都与当时的经济危机给人们带来的生存危机有着密切的联系。《摩登时代》描写的是人和机器的冲突，背景是当时的美国工业因为转用机器而大量解雇工人所造成的失业浪潮。影片中，作为工业文明的先进设施

"视频监视对讲器"则是老板监视工人、指挥工人、训斥工人的窥视工具，工人们的一举一动随时都在老板的监视之中，工人生存的精神压力无比巨大，主角查理是这个时代的悲剧代表人物：他在不断加快的传送带式的作业线上被弄得精神失常、被卷入巨大的机器齿轮中、被出了毛病的吃饭机器在他悲戚惊恐的脸上不住扇打……这些影像无不反映了机器时代给人所带来的恐惧与打击。表8-2是《摩登时代》中工厂视屏监视的截图简介：

表8-2　　　　　　　　《摩登时代》中工厂视屏监视截图简介

 1. 视频监视镜头中的车间情景	 2. 老板办公室，身后是监视车间的大屏幕
 3. 老板通过大屏幕监看车间生产情况	 4. 老板通过大屏幕对车间下达生产指令
 5. 工人查理上班途中去洗手间"方便"	 6. 老板通过视频看见查里正在抽烟小憩

续表

| 7. 老板通过屏幕呵斥，吓得查里跳起来 | 8. 查里面对大屏幕接受老板的训斥 |

本书此处援引的片例虽是假定性的电影故事，但并不影响片例的视频技术实体的证实性，本片例旨在证明视频技术的成熟程度及其应用的最早时间。至于将视频技术用于何处，则是由使用人的视野、观念所决定。视频技术在工业生产领域使用已近 70 年才进入电视新闻传播人的视野，不能不说是新闻传播领域里的文人们对技术的陌生状态与遗憾。

第二节 DC、DV 影像为电视新闻的能指影像真实提供信息保障

进入 21 世纪，影像工业迅速崛起，影像记录从 20 世纪的专业传播及高档消遣阶段转化为当今全民影像消费阶段，视觉文化真正成为大众"书写"工具的重要组成部分。随着十几年新闻影像文化的成熟、随着 DC（数码相机 Digital Camera）和 DV（数码摄像机 Digital Video）的普及，出自社会民众的新闻数码影像（视频与照片）已经成为报刊社、电视台新闻素材来源的重要补充，基于此，"DC、DV 影像为电视新闻的能指影像真实提供信息保障"的论题浮出水面也就理所应当。

一 民众 DC、DV 影像为电视新闻突发能指图景提供信息保障

专业电视新闻记者与民众 DC、DV 记者相比，专业记者永远是少数。社会进步、经济向好、科技昌明，许多突发事件的第一时间、第一现场的电视新闻能指图景多是来自非专业的 DC 和 DV 记者之手。2008 年 5 月 12 日四川汶川地震发生时，是一位正在成都附近的青城山旅游的秘鲁游客用手中的

DV 记录了地震时那一瞬间的画面。2009 年 2 月 9 日中央电视台新大楼火灾，是社会名人潘石屹最先发出 DC 图片，随后大量 DV 及手机视频记录发布都早于专业记者。伦敦地铁爆炸（2005 年 7 月 7 日）、美国发生有史以来最严重校园枪击案（2007 年 4 月 17 日）、孟买恐怖袭击（2008 年 11 月 26 日）、美国飞机迫降（2009 年 1 月 15 日）等突发事件的 DC 图片、DV 视频的第一瞬间记录无一不是来自普通民众之手。图 8 - 1 为民众 DC、DV 记录的 2009 年 1 月 15 日美国飞机迫降于纽约哈德逊河中前后的能指图景，左图白圈中为迫降前的飞机。

图 8 - 1　美国飞机迫降于纽约哈德逊河前后的能指图景

　　事实证明，许多突发事件事后均有专业记者到场，但后续的海量报道还是离不开"民众记者"DC、DV 的能指图景记录，民众记者的平民视角往往会展示出诸多独到的事件过程和情感流露的真实能指图景而震撼人心。某些时候，无论涉事范围、报道角度、具体内容，民众记者都能拍摄到专业电视机构一时难以周全顾及的对象。事实表明，在当今全方位传播的生态环境中，DC、DV 影像确实为专业电视新闻的能指影像真实提供了鲜活、翔实的信息保障。

二　DC、DV 电视新闻传播的平民化意义

　　大众传播中影像信息的海量传播真正赋予其平民化的意义，它使视觉文化传播不再局限于知识精英的小众范围，影像视觉文化像文字扫盲一样得到一定程度的普及，视像信息传播的解读门槛也随之降低。

　　汶川地震发生时第一瞬间的视频影像、摄影图片均出自普通民众之手的现实表明，"全民记者"已非虚妄之言，诚如中国摄影家协会副主席于健

2004 年在"第七届全国摄影理论研讨会"上所言:"在视觉文化时代,摄影的本质和功能正在发生变化,照相机、摄像机在一定程度上,像笔一样,也成为人类的一种书写工具;摄取图像不再是某一部分人的专利,而成为大众日常生活的内容。"① "镜头"与"笔"等量齐观的"工具化"趋势使摄影机、照相机已经成为人们日常生活中记录信息的重要工具。用民众记者提供的 DC 图片或是 DV 视频作为电视新闻的稿源,已成为专业电视机构求真、求实、求快的重要传播手段,从中央电视台到各省市地方电视台都会出现运用来自民间记者的 DC、DV 能指影像来补充相关重大信息的缺失。诸如"DC、DV 新闻"之类的新闻栏目在各级电视台成燎原之势的情况来看,其效果充分显现了民间 DC、DV 影像的地位及专业电视机构力图扭转电视"广播化"的趋势、重铸图像传播优势的价值取向。专业电视机构重铸图像传播优势的价值取向再次证明了掌握图像传播的深刻意义,因为"图像即意义"的一览性传播特征为受众提供了能指、所指基本合一的审美愉悦。

第三节　视频影像为电视新闻的能指影像
真实提供原始保证

"图像即意义"的本义是"看","看"是人类生存的重要需求,洞察信息的流变,看信息的发生、发展过程及其结局,是电视新闻务必尽量满足人们享受信息、真实、快乐需求的第一要义。作为被"看"的新闻能指图景画面真实、准确地对应于播音所指文本的内涵,最大限度消除信息的不确定性,也是判断电视新闻传播质量的本质之所在。本节就如实记录事件发生、发展、结局全过程的视频(俗称摄像头、监视器)影像的电视新闻保真价值展开论述。

一　能指、所指的契合程度是衡量电视新闻传播真实与否的根本

阅读经验表明:面对宇宙万物,影像表述能化抽象为具象、化朦胧为清晰、化间接为直接、化冷漠为热烈,能指图形阅读的智力门槛远低于所指文本阅读的智力门槛,读图的费力程度远小于文本阅读所需的阅读、解析、重构能力。能指图像传播与所指文字传播的显著差异在于前者是以具象的语言

---

① 于健:《与时俱进,探索视觉文化时代摄影创作走势,完善摄影作品分类及评价体系》,中国摄影家协会网 http://www.artist.org.cn/web/12/9/3/200508/13723.html。

符号为载体，而后者是以抽象的语言符号为载体，二者在信息传达的过程中对受众的理解力要求与程度相去甚远。在电视新闻中，能指图景与所指文本高度契合，是衡量电视新闻传播真实与否的根本，电视直播就是能指图景与所指文本高度契合的典范，个中值得称道的范例当属美国三大电视网的电视直播节目《世界航天史上最大的惨剧，"挑战者"号升空 70 多秒后发生爆炸》，这场直播，新闻能指图景与新闻所指文本同步吻合发生，带给全球亿万观众对航天灾难事实的高度认同与悲痛，至今人们记忆犹新。

1986 年 1 月 28 日，美国第二架航天飞机"挑战者"号在进行第 10 次飞行时，从发射架上升空 70 多秒后发生爆炸，航天飞机化作碎片，坠入大西洋，7 名机组人员全部遇难，造成了世界航天史上最大的惨剧。"挑战者"号 7 名遇难的宇航员中，有一名叫麦考利夫的女教师，她原计划在"挑战者"号进入第四天飞行时，在太空向地面的学生讲两堂课，每堂 15 分钟，以此标志航天飞机走向更为实用的阶段。不幸的是由于这次意外事故而使空中课堂的计划未能实现，麦考利夫作为一名教师以身殉职。在美国新罕布什尔州的康科德中学，期待麦考利夫老师讲课的学生们从电视直播中看到"挑战者"号载着他们的老师飞向太空时，兴奋得欢呼起来。谁知 70 秒钟之后，面对"挑战者"号突然爆炸的画面，学生们不禁目瞪口呆，继而失声痛哭。电视能指画面重建的新闻事实同步于事实本身的发生、发展进程，能指、所指对应高度吻合，信息失真度为零，这就是电视直播的信息魅力之所在。

然而因栏目时限所缚，电视新闻直播在所有的电视机构都是偶尔为之，绝大多数时段都是应用采录、编辑、播出模式，而且几乎 99% 的新闻都是传播事实结果或是后续发展过程，因为涉及空难、火灾、车祸、地震、矿难、刑案等突发事件，记者均是事后才能赶到事发现场。1% 记忆犹新的事件是：1995 年夏，中央电视台记者采访归来在京郊马路上见路人懒上天桥过马路，在车流中奔跑穿越翻爬路心隔离栏网。目睹这环生险象，记者本想做一条提醒市民遵纪守法、注意交通安全的新闻，谁知刚一开镜，不幸的事情发生了：三个夺路奔向隔离带的男子有两个被疾驶而来的轿车撞抛至半空摔死在路中央……生死一秒钟，惊心动魄的血案，令人不胜欷歔。当晚《新闻联播》播出了该则报道，警示了亿万民众。如此过程与结果、能指与所指高度吻合的新闻实属难遇之作。

无论是《"挑战者"号升空 70 多秒后发生爆炸》，还是《京郊路人横穿马路被撞飞》，能指文本与所指文本的高度契合所产生的视觉文化意义是深远的。众所周知，文字符号对所指意义的表征是抽象性的，在线性的演绎过程中，受众的阅读和理解需要逐字逐句，按照文本结构顺序进行。文字语言对某事某物"像"的再现，只能依靠"词"的描述进而引发读者时空联想来实现。受众感知、理解文字蕴含的"像"的形态与意义，激发对"像"的审美情感，需要基于一定的文化知识背景与社会经验，并通过一定的思维想象加工才能获得，由于读者原有文化智力与生命经验的差异，阅读终点的"想象图景"与审美愉悦程度也不尽相同。

读图则不然，"图像即意义"的一览性传播特征为受众提供了"能指"、"所指"基本合一的审美愉悦。所谓"图像的一览性"是知觉层面的一个"能指"符号认知特征：图像传播总是直观提供事物结构形貌，具象展示事物变化范式，信息传递快速、简洁，直接作用于受众的视知觉感官体验，同时在受众头脑中直接生成相应的形象，受众能在读图的瞬间解读其"所指"的多维含义。因此，电视新闻的视像实指性能指图像所携带的所指"意义"最容易被理解，语言文字线性抽象的描述远比不上影像多义叙述形象具体。相比于文字描述的间接与模糊，影像的符号冲击力、感官知觉度、事实的实证力、心灵震撼力远远大于文字的想象描述。图像的具象化传播就是这样直入主题，简单而直白地刺激受众感官，从而引起人们的有意注意。基于图像传播的低智力准入门槛的学理，我们也就不难理解当代各种传播媒体，特别是纸质媒体充分张扬图片的传播功效的原因之所在。基于上述原理，就不难理解"能指所指的契合程度是判断电视新闻传播质量的根本"这一命题的正确性。在电视新闻的能指、所指结构中，上述"文"、"图"的高度有机融合是保证真实传播的关键之所在。

二 他山之石是可以攻玉的，监视影像是电视新闻能指要素的重要依靠

他山之石，可以攻玉，80 年前卓别林镜头下的视屏监视价值正在绩优飙升，毫无动态优势的纸媒正借助视频监视镜头化静为"动"，港台电视因竞争激烈而拼抢视频资料保"真"。随着观念与经济的变化，80 年前美国工厂生产线上的视频监视系统，如今已开始遍布街头、社区，担当起市民安居乐业、守护安全的卫士。基于街区视频所拥有的丰富的原始事实图景资料，据中新社的文字消息，截至 2008 年 12 月底，广州已有街区视频摄像头装置 24 万多个，这些装置如何发挥作用，请看中新社 2008 年的一则报道的节录：

中新社广州十二月十日电（唐贵江 陈志传 张毅涛）记者今天从广州警方获悉，过去两年中该市警方共新建视频监控点十四万个，目前该市视屏监控点已达二十四万个，基本建成覆盖全市重要场所、全天候监控的社会治安视频监控系统。

……

由于该系统的基本建设完成，有效压缩了刑事犯罪空间，当地民众对治安满意度大幅提高。据最新调查显示，市民对该系统的好评率高达百分之六十八，有七成的受访市民认为"新建、改建摄像头，形成监控网络"有成效，成为该市得到最高评价的几项工作之一。

这条消息让我们看到了视频摄像的巨大威力：广州的摄像头在两年时间里为警方发现线索五千七百多条，破获案件三千四百多宗，抓获犯罪嫌疑人四千三百多人。个中五千七百多条线索就是五千七百多个事实现场，就是五千七百多条新闻线索。

视频监视影像这块"他山之石"能否为电视新闻所用？答案是肯定的。电视业者只要以真实为第一要义，不计较视频影像像素的低劣，用其所记录的突发事件的影像，便可做出备受观众欢迎、业界认可的新闻。突发事件记者不在场的尴尬、电视新闻无法传播事发过程的被动，终将因街区视频的普及而得以破解，视频影像将为电视新闻的能指影像的真实提供原始真实的保证。请看 2007 年 6 月 3 日 CCTV – 2 播出的视频新闻《闯红灯　三起车祸三条人命》是较早使用视频监视影像的案例（参见表 8 – 3）：

表 8 – 3　　　　《闯红灯　三起车祸三条人命》分镜头文字稿本

镜号	播音稿内容	视频画面描述
1	近日我国南方大部分地区暴雨，北方部分地区也遭遇了雷雨、大风等极端天气，交通事故有上升的趋势，最近浙江平湖的交警监控探头拍到了三起致人死亡的车祸	夜色茫茫雨纷纷，交通信号灯显得特别耀眼……
2	这是监控探头拍摄到的画面，当时是晚上7点24分，在十字路口的绿灯闪烁着变成红灯之后，一辆轿车强行闯红灯，结果将一辆正在过马路的电瓶车撞飞出去，造成电瓶车驾驶员死亡	绿灯正转红灯，轿车抢灯加速，将车右侧的电瓶车撞翻在地……

续表

镜号	播音稿内容	视频画面描述
3	不久之后的一天早晨，还是在这个路口，一辆大型槽罐车肆无忌惮地闯红灯，结果将一辆正常行驶的自行车撞飞，致使骑车人死亡	斑马线上，自行车照章行走被疾驶的汽车左车头撞飞十几米……
4	这是另外一个监控探头拍摄到的画面，当时是晚上22点48分，一名行人正通过人行横道过马路，结果被一辆急速驶来的轿车撞倒，弹出去一百多米，最后经抢救无效死亡	行人走斑马线行至路中，轿车正面将行人撞倒……

新闻影像中能指图景重现了三次闯红灯造成血案的瞬间过程，所谓"宁等三分，不抢一秒"的所指意义在三次血案的能指图景中被触目惊心地还原。电视新闻的真实性因视频影像的加入而得到原始真实的保证，电视新闻因街区视频的普及运用，能指、所指得以真正的高度整合，人类与生俱来的看真、看实、看全的原始窥视欲求将得到极大满足。深圳卫视2010年7月19日播出提醒加强超市安保意识的视频监视影像新闻《超市凌晨遭抢劫》就是这样一条好新闻（表8-4）：

表8-4 《超市凌晨遭抢劫》读图指引

新闻画面	新闻文字稿	读图指引
	导语：19日凌晨，一名男子闯进了长春经济开发区一家中型超市里面持刀抢劫，抢劫过程中伤到了两名售货员，超市监控录像清晰拍下了这一幕。目前当地派出所正在向社会广泛征集破案线索。	演播室播送导语。新闻事发于2010年7月19日凌晨2点33分。以下视频监视器记录的画面左上端可看到记录的年月日和时间。

续表

新闻画面	新闻文字稿	读图指引
	19号凌晨2点33分,男子走进超市晃悠了三分钟后。	抢劫男子已走进超市里端(右上角)。请注意节目制作时添加的箭头指向男子前进的方位。
	买了一排酸奶然后离开超市。	男子右手拿着一排酸奶(注意与男子右手相接的白色物体)的正要往包里装。
	15分钟后,男子再次出现在画面中,手中拿着一把长约一尺的刀,声称要钱。	男子右手扬着刀,右侧的售货员正用手托住男子挥舞的手。
	收款员无奈打开了款箱,男子没有亲自动手,而是示意收款员把面额大的钞票挑出来。	男子右手握刀指向钱箱,收款员正在清点钞票。

续表

新闻画面	新闻文字稿	读图指引
	男子明显嫌钱不够，最终男子自己动手拿出一沓钱。	男子右手握刀，左手伸向钱箱自取钞票。
	就在男子离开瞬间，附近小区的保安走了进来，没有发现任何异常，而两名女孩也不敢吱声。	制作节目时添加的箭头指向画面右上角，可看到小区保安的右腿。
	直到男子消失在门口。	男子抢劫后，从货架一侧的出口离开（也离开了摄像头的监视区域），消失在门口。
	收款员这才说出超市被抢劫、自己的胳膊被划伤。	售货员背对监视器镜头诉说自己的遭遇。

续表

新闻画面	新闻文字稿	读图指引
	保安立刻出门查看，但男子已经消失在茫茫的夜色中。	镜头回到演播厅，以播音结束新闻，超市门外无监视器，男子逃遁茫无踪影，可见监视器画面的价值在突发新闻中弥足珍贵。

　　由于观念使然，用视频监视影像做电视新闻目前还是电视台偶尔为之的行为，随着新闻竞争的炽热、随着图像质量观念的转变，相信遍布大街小巷的"视频监视影像"这块"他山之石"将成为电视新闻资源的宝库，"视频监视影像"将源源不断地为我们的电视新闻节目增添来自新闻现场的事实全貌。

三　视频影像新闻的"能指"学理依据源自人的"窥视"本性

　　遍布当今街头的监视影像资料，虽然画面结构、像素都不尽如人意，但一旦启用却实实在在满足了人们窥探事实就里的原始欲求。弗洛伊德认为，窥视欲（voyeurism）是一种人类本能，在人们（特别是男人们）的潜意识里，都有不可遏止的窥视冲动，它不仅仅作用于变态的行为中，同时也作用于正常的看与被看的行为中①。

　　作为被看的"视像"，既是我们的眼睛，又是我们的镜子，观看"视像"的经验是对他者的窥视，也是对自我形象的寻觅。可以预言，基于人类本能的窥视欲的驱动力实在不可低估，街区视频影像将为电视新闻的传播谱写影像文化的新篇章。

　　这是因为，以"看"为核心的窥视现象发生在日常生活的各个方面，对

---

　　① ［奥］西格蒙德·弗洛伊德：《性学三论——爱情心理学》，林克明译，太白文艺出版社2004年版。在该书中弗氏道出了对人性与人类行为动机的主要看法。弗氏认为："诸如窥视、裸露及残酷的本能，是以独立于快感区的形态出现的。"

别人隐私的窥视欲望，是一种普遍的社会心理，一种集体无意识。而无意识的窥视欲常常受到意识的控制和压抑，这种意识就是政治、法律、道德和文化等社会制度和观念，为了维护社会的正常秩序和发展，这些观念和制度反对窥视他人的隐私并对窥视欲进行调解与释放①。街区视频新闻的出现，正是释放人们诟病于传统电视新闻时有失实不满的文化孔洞。当街区视频镜头成为传达真实的媒介，街区视频图景将人们的"窥视欲"具象符号化，极大满足人们窥视欲望的心理延伸，受众无可抗拒地分享着窥视欲原始本能的愉悦，由此产生的美与丑的记忆深刻性不言而喻，这就是街区视频的真实魅力之所在。

天罗地网般的视频监视值守街头，但愿在社会安宁成分增加的同时，电视假新闻、假纪录片也能与日剧减，我们期许窥视的"本真"不再因为习惯中"扮演"、补拍而失落。

第四节　动漫影像为电视新闻的能指影像真实重建虚拟情境

进入 21 世纪以来，随着电子媒介易用技术的普及，纸质媒体、电子媒体等大众媒体海量化的传播趋势日益厚重，如何改进强化媒体的传播形式、加大版面的视觉冲击力度以满足受众快速攫取信息的要求，强化版面形式传播，已经成为当代媒介提升自身竞争力的重要内容。毋庸置疑，在诸大众媒体中，电视是迄今为止承载最多形式能指元素的媒介，电视新闻借助其传播技术的优势，总是以多视角的画面能指元素，将信息以更加准确、具象、生动、易受的形式呈现在观众面前。尽可能提供生动、准确、形象的新闻视觉元素，是电视新闻节目获取最佳传播效果的起点，面对当今电视新闻中空镜头多、重复镜头多、虚假扮演镜头多、准确叙事镜头少，能指、所指严重脱节（甚至背离）的"三多一少"的尴尬局面，当代电视新闻业者在传承新闻漫画文化积累的基础上，充分吸取当代新媒体动漫（动画或漫画）传播的形式成果，开创了电视新闻节目运用"动漫"能指图形叙事以虚拟情境还原新闻事件发生、发展、结局全过程的新格局。

---

① 蒋孔阳、朱立元主编：《西方美学通史》，上海文艺出版社 1999 年版，第 267 页。

一　电视新闻动漫能指叙事的传播形式与特性

动漫（动画或漫画）作为一种有别于传统新闻叙事的叙事形式被引入电视新闻叙事当中，其信息含量和叙事模式都呈现出崭新的传播叙事价值，从内容上看，回述时政经济科技大事、描摹市井民众生活情态、凸显突发事件关节要点等无所不包；从形式上看，有真人头像漫画、漫画描摹、漫画文字组合、动画连环叙事等多种组合。本节集其能指与所指、内容与形式于一体，归纳出动漫技术在电视新闻中凸显的如下传播形式与特性：

1. 导语画面综合类动漫

所谓导语画面，系指与电视新闻导语文本内容相携、与导语播报同时空出现在屏幕上的能指图像。导语画面能配合导语文本具象地凸显新闻人物特征、强化新闻事件的能指图形，以追求信息传播效果的最大化。导语画面综合类动漫，则是指导语能指画面能够综合具象反映导语所指抽象文本的本质内涵。

表 8 – 5　　　　　　　　　　　　导语画面综合类动漫例举

导语画面		
特征	全猪动画，配以文字动漫，综合提点"毙死猪"肉类制品的类别与流向，新闻要点彰显，信息震撼力度大	动画中儿童形象幽默而无奈，屏幕文字闪动，凸显导语抽象文本的本质内涵，对"教育部"怪招的讽刺入木三分

2. 新闻事件要点凸显类动漫

表 8 - 6　　　　　　　　　　　　新闻事件要点凸显类动漫例举

事由	2008 年北京时间 9 月 25 日 21 时 10 分 04 秒，翟志刚、刘伯明、景海鹏搭乘神舟七号载人飞船，从酒泉卫星发射中心发射升空。27 日 16 时 41 分，翟志刚打开舱门，身着国产舱外航天服，进行我国首次空间出舱活动，并成功取回放置在舱外的试验品

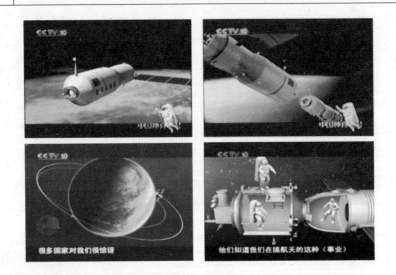

述评	动漫虚拟描摹，画面中，载人飞船与火箭的脱离、飞船绕行地球的轨迹，航天员出舱活动等等过程因摄像机无法捕获图像，通过动漫的动态描绘则一一还原，能指信息准确、突出

　　新闻事件能指要点凸显类动漫，系指在报道综合性新闻中，选择新闻要点中涉及的人物或事件，以动漫形式赋予能指视觉冲击力，凸显新闻事件的内核、解析新闻事件的抽象内容，以保持信息传播的准确到达率，从而提升信息的可读性与可信性。

　　3. 新闻事件过程描述类动漫

　　新闻事件描述类动漫，系指在报道事件性新闻中，动漫以连环叙述的形式讲述新闻的发生、发展、结束的全过程，将抽象的文本叙述转变为具象的视觉能指叙述，降低传播门槛，帮助受众准确接收、理解信息所指意义本质之所在（表 8 - 7）。

表8-7　　　　　　　　新闻《上海地铁一号线屏蔽门出命案》动漫例举

新闻事由：上海一个男人坐地铁的时候，被夹在月台幕门同列车中间，之后跌落路轨死亡。事发在昨日下午3时许，一名男乘客在上海体育馆站企图挤入地铁，不过当时车厢太多人，他无法入内，被夹在月台幕门和正开动的列车之间，当列车启动的时候，这名男乘客从月台的缝隙跌落路轨，身受重伤，工作人员及时将伤者由路轨救上月台，不过他在送抵医院之前已经死亡。

——2007年7月15日香港翡翠台报道

1. 男子候车	2. 列车进站，乘客满满	3. 男子企图挤上列车

4. 男子被关在列车门外	5. 男子被屏蔽门关住	6. 男子夹在列车与门之间

7. 列车启动，往下跌落	8. 男子掉下路轨	9. 男子被严重夹伤……

《上海地铁一号线屏蔽门出命案》的能指图景，借助动漫技术还原了地铁屏蔽门夹人致死的全过程，简练而完整地重建新闻事件现场，既充分满足了观众"看"事故发生、发展、结局的能指全过程，又回避了现实图景的血腥、死亡等刺激元素。

4. 平面媒体借鉴类动漫

平面媒体借鉴类动漫，系指电视新闻借鉴平面媒体的漫画新闻报道新闻，凭借电视画面的"运动"特性，可以将单幅的漫画表现为全景、中景、特写，让单幅静态漫画"动"起来，为静态的画面增添动态的"看"能指元素。平面媒体的漫画新闻历史悠久、底蕴深厚，不失为电视新闻跨媒体补充新闻视觉能指元素的重要来源（表8-8）。

表8-8　　　　　　　　平面媒体借鉴类动漫例举

事由	2007年4月6日，台湾年代新闻口播当日《苹果日报》关于某继父对女儿性侵案的报道，提醒社会关注少年的健康成长
画面	
特征	运用纸媒漫画，以全景为起点画面，继而中景、近景、特写镜头连续运动，填补"读报新闻"的具象视觉能指元素

二　电视新闻动漫能指叙事价值分析

通过本节第一部分对电视新闻动漫叙事的传播形式与特性的简要阐述，我们不难得到更深刻的理论联想。动漫新闻是以叙事手法简洁、造型方法鲜明的能指图景传播新闻，其本质意义与价值是维护了电视传播的能指本性，极大地丰富了电视非语言符号的表达，提高了电视新闻的可视性和易受性。作者研究积累的资料表明，在当今的电视新闻节目中，动漫新闻已经成为新闻叙事过程中替代缺省新闻能指画面的重要手法。笔者认为，用动漫形式叙述新闻，是电视新闻传播历程中具有标志性意义的突破与创新，动漫新闻传播的符号信息价值、新闻保真价值、佐证价值和注意力价值已逐一呈现。

1. 图像能指信息的叙事价值

时处新媒体逐渐普及的当今，科学技术的进步为传播形式与传播内容的完美整合提供了条件，尤其是无所不能的数字技术，为电视新闻传播的形式演进提供了丰厚的物质基础，极大地丰富了电视非语言符号（图像）的能指叙事价值，令电视新闻的语言形式嬗变得更加丰富，提高了电视能指画面的可视性与可塑性。众所周知，信息传播获得的价值大小与传播效果与运用的传播符号有着密切的关系，各类传播媒介只有充分发挥自身的符号优势，才能获得信息传播的最佳值。就电视节目而言，能指元素结构的"可视性"是它最突出的特点，非语言符号（图像、图形）是节目内容的主要载体之一，以单一的语言符号（播报、屏幕文字）为主要载体来进行新闻叙事，显然有悖于电视节目的"可视"本性。传播学界关于受众信息接受能力的研究表明：非语言符号与语言符号各自传播同一具体信息时，非语言符号更能消除观众对信息理解的"不确定性"，这是因为具象的非语言符号比抽象的语言符号具有更丰富的信息涵盖量。面对电视新闻传播日益严重的"广播化"、"抽象化"的现象，维护电视的传播本性，发挥电视节目的能指"可视"优势，达到电视节目"好看、易看"的传播效果，已是当代电视制作人追求的根本目标，因为，"图像可以促使文字意义的回归"[①]之符号价值原理已成业界的共识。

致力追求"好看、易看"的电视本性固然理想，要付诸传播实践却并非易事，症结何在？我们可以用索绪尔的"能指"、"所指"结构模型来解析电视新闻的文本与画面对应转换的两难关系（参见表8－9）：

表8－9 电视新闻的文本与画面对应转换难易要点表解

项　目	电视新闻的文本与画面对应转换难易要点		
所指能指	新闻意义（所指）	新闻意义画面（能指）	新闻意义播音（能指）
对应符号	新闻文本阐述（易）	对应意义画面（难）	对应意义播音（易）

透过索绪尔的"所指"、"能指"二分法理论不难发现：电视新闻的各种符号成分之间的形式关系，理论上都是可以在语言结构符号中找到对应的结构关系的。现实的难处是，用原始新闻镜头结构而成的画面，其"能指"内涵难以与新闻文本结构中"所指"的抽象语义信息一一对应，无法起到"具象凸显新闻人物特征、强化新闻事件要点、追求信息传播效果最大化"的作用，动漫符号则不然，上文的新闻片例《上海地铁一号线屏蔽门出命

---

① ［美］保罗 M. 莱斯特：《视觉传播——形象载动信息》，霍文利等译，北京广播学院出版社 2003 年版，第 448 页。

案》，就是用连环动漫画面（能指）配合新闻文本（所指）清楚的叙述了男子急抢登车坠亡的全过程。

实践表明，为了填补由于摄像机无法触及的新闻现场画面，而造成的新闻能指信息空洞贫乏的缺陷，其中极为有效的叙事手段就是动漫形式的运用。动漫以其联想、重构、趣味的叙事手法模拟再现新闻现场的信息，从根本上改变了现今电视新闻中"空镜头多、重复镜头多、虚假扮演镜头多、准确叙事镜头少"的被动格局，此为动漫符号能指信息价值的本质体现。

2. 新闻能指信息的保真价值

真实是新闻的生命，新闻报道无论何时都必须坚守客观、真实、严肃的原则，本书研究的电视新闻动漫叙事形式，是在成熟的"漫画新闻"符号体系基础上，发掘动漫符号的能指叙事功能，旨在运用动漫造型语言符号承载新闻报道中5个W（何人、何事、何时、何地、何因）的核心信息，达到完整、完美叙述、证实新闻事实之目的，而并非传统观念认为的动漫只是一种新闻娱乐化的表现、消遣手段。电视镜头是无法"回顾"业已发生的事实，而新闻内容又大量包含着"过去时"的内容，为了保证新闻的可视性，记者和编辑多是采取补拍再现、角色扮演、现场重现等诸多手法来填补重要能指信息的疏漏与缺失，尽管这些侵害新闻真实性的假定表演镜头常会标注"模拟重演"的字样，其依然容易"以假乱真"，造成观众心理上的认同错位，最终诱导受众对新闻真实性的误读。动漫形式对新闻的解读与传递则不然，成熟的"漫画新闻"文化早为广大受众所熟知、认同，绝无误读之虞。当代的"电视动漫新闻"形象直观、幽默诙谐，避免了新闻播报中平铺直叙的贫乏和空洞，更能令受众耳目一新。

新闻能指画面与新闻所指文本构成的声画"双主体结构"是新闻保真的最佳模型，在画面欠缺的情况下，以动漫画面替补维持其抽象、具象叙事符号"双主体结构"的完整性，同样可以帮助受众在接受文本信息的同时，通过动漫画面完成对新闻场景信息的心理认同。动漫画面的内容依据源于新闻文本，动漫画面的技法发端于清末的"新闻漫画"，其保真价值不容置疑，以动漫形式传播新闻，从根本上否定了扮演、重现等各假定性传播手法对新闻真实性的伤害，使电视新闻在传播过程中充满真实性、趣味性和服务性。

3. 新闻能指信息的现场满足价值

"现场"，是新闻事件赖以生存的时间、空间的物质基础，"现场满足"则是受众对信息传播过程的精神追寻。"百闻不如一见"、"耳听为虚，眼见为实"这些古老格言印证了人们对"现场"的心理依赖诉求。电视新闻是对现实生活中既已发生或正在发生事实的时空"现场"的"真实复制",它通过二维镜头画面,整合所指文字、能指图像等叙事元素,真实地还原现实世界的三维空间。电视新闻在新闻事实叙述过程中,单纯的"口播"往往无法满足完整叙事的信息需求,而能指图像对新闻事实的客观记录与描述,则具有"眼见为实"的证实作用。因此,通过运用新闻现场画面、新闻照片、漫画描摹、动画演绎等其他图形叙事素材来证实与增强新闻信息的现场感,电视新闻在消除各种信息的不确定性过程中有着"百闻不如一见"的优势。

"电视新闻画面有别于故事性影视画面,它的任务不是系统叙述——有限的画面时间大大限制了它系统叙述的能力。它的任务在于以具象符号的色彩、形象、动态、空间等因素与抽象的语言联袂,向人们传播完整的信息,佐证新闻的可信程度。"① 这里提到的"画面"系指来自于新闻现场的能指图像,电视新闻画面承担的传播任务是记录新闻事件的物质现实而突出新闻现场的真实性。实际上,本书所研究的动漫叙事也可纳入电视新闻的图像叙事的"意义本真"的范畴之中。动漫作为一种能指图像表示形式,将新闻本体中的"人、事、时、地、因"真实地"描摹"到"意义具象化"的新闻情境之中,这种描摹的新闻情境,是基于记者对新闻现场完整而充分地调查与采访之后进而对新闻事实的还原性描摹。从本质上看,新闻动漫叙事具有真实性与可信性,与新闻现场画面具有相似效力的新闻叙述效果和信息证实价值。

阿恩海姆将视知觉对于"现场"信息的感知概括为"力"的发掘程度,线条轮廓、油画、舞蹈、戏剧、电影所表现出的"力"程度不一,但产生的"心理意象"(认同想象)却无本质差异②。据此笔者认为,动漫作为电视新闻的另一种形态的能指图像叙事样式,有着与电视能指图像相似的特质:形象直观、简单明了、易受性强。动漫所构筑的新闻描摹情境无异于将观众带到新闻现场,在新闻文本准确无误的前提下,激活观众的"心理意象"(意指认同想象),得到"眼见为实"的现场认同,产生图像体验和心理想象相融合的一致性,从而达到抽象信息传播的信息现场证实、现场满足的目的。

---

① 黄匡宇:《电视新闻:用语言叙述,用画面证实》,《现代传播》1997 年第 4 期。

② 参见［美］鲁道夫·阿恩海姆:《视觉思维:审美直觉心理学》,滕守尧译,四川人民出版社 1998 年版,第 408 页。

世界各国（地区）有关未结案诉讼几乎没有照片与电视图像报道的先例，在台湾亦不例外，2007 年 4 月 4 日台湾各电视台在报道马英九因"特别费"出庭应诉的消息时，全部是借助"动漫"手法还原庭审过程来满足受众对于新闻现场的视觉欲求。

4. 新闻能指信息的注意价值

传播要有对象，吸引对象的第一步是引起注意，使对象朝向和集中于一定的事实、问题、知识、观点、形象、声音，等等。只有打开"注意"这道门，才谈得上认同、联系和保持传播状态[①]。注意力的背后是观众对信息"求真"、"求知"的心理需求。如何聚集、驾驭受众的注意力，提高电视新闻的注意价值，是电视新闻从业人员长久、广泛关注的话题。传播者总是希望尽量克服观众在收看电视新闻时的随意性，提高观众对电视节目的视觉维持，希望节目在尽可能短的时间内抓住观众的无意注意（指事先没有预定目的，无须意志参与，不需要做主观努力的注意），进而转无意注意为有意注意（根据人的意识需要，把精力集中在一定的事物上）。动漫新闻的能指注意力价值主要集中在两个方面，其一是可视性与视觉凝聚力上；其二是观众的易受性与费力程度上。

其一，从可视性与视觉凝聚力上来看，长期以来，动漫一直与娱乐"联姻"而与新闻"无缘"，原因在于动漫本身带有的休闲、娱乐、放松的特点，动漫作为一种叙事手段被引入电视新闻节目中来体现了严肃新闻通俗化的叙事理念，满足了受众对电视新闻"好看、易看、好听、易懂"的心理需求特征，对提高观众对新闻的注意力是很有用的。在新闻本源能指画面（新闻现场画面）缺失的情况下，单纯的口播新闻容易造成观众的视觉倦怠，新闻图像缺失的屏幕，易造成观众走神和心理上的反感，信息的到达率大大降低。电视新闻节目要想轻易地被观众接受，就要在电视新闻的传播叙事过程中增加图像叙事的比率，使信息更加具象和生动，从而达到强化心理信息映像、凝聚注意力的目的。动漫新闻简洁明了的叙事风格和轻松明快的表现形式，在一定程度上大大增强了观众的注意程度，变观众收看节目的随意性为集中性、介入性，从而有效地提高了电视节目的收视率与传播深度。

其二，从易受性与费力程度上来看，电视新闻叙事有别于广播和报纸对

---

① 陈力丹：《马克思恩格斯的传播心理观》，《现代传播》1994 年第 3 期。

信息的诠释，广播主要以声音调动听众的听觉系统，进而感知"听"的内容；报纸是侧重于人的视觉系统，通过阅读，进而思辨，感知"看"的内容。而电视则是通过声音叙事表现，以能指画面描写再现，将各种可能的传播元素和叙事符号掺糅融合，充分调动人的视觉、听觉、知觉、感觉等感官系统，全方位地感知"所听"、"所看"、"所知"、"所感"。正是电视的这一特性，决定了电视新闻必须在同一时间尽可能多地利用屏幕文字、新闻画面、图表、特效等叙事形式向观众全方位、多角度地呈现新闻信息。令观众享受"视"、"听"、"读"三位一体的信息享受，满足观众对电视新闻节目"好看、易看、好听、易懂"的要求。

实践表明，强化电视的易视、易懂性，是牵引、维持观众注意力的良方。传播学原理认为，新闻内容能否被观众成功接受，不仅取决于新闻内容的选择，更在于新闻在传播过程中对叙事形式和传播符号的准确把握，只有尽可能运用能指图像增强电视易受性以降低观众观看新闻的费力程度，才能有效地增强受众对信息的注意力与满意度。施拉姆将一个人选择信息的制约因素归结为"信息选择的或然率"方式[①]：

$$\frac{报偿的保证}{费力的程度} = 选择的或然率$$

该公式表明报偿（人的满意程度）的保证越大，费力（时间支出、精力消耗等）的程度越小，选择的或然率就越大。这个公式能通俗地理解为：观众对电视新闻产品的选择很大程度上取决于是否能以最省力的方式获取最完整的新闻信息。纽约大学心理教育学家詹里姆·布鲁诺经研究发现：人类的记忆10%来自于听觉，30%来自于阅读，80%则是通过视觉和实践获得[②]。从整体感知的角度来看，人所感知的信息有60%以上来自于形体（图像）对于视觉的刺激。电视新闻可以凭借动漫形象直观、信息明了的特质，将新闻事件中5个W的核心信息，乃至现场气氛、人物情感生动、具象地传递给观众，让观众从"看"的过程中，经过自己的联想和理解"创造出一

---

　　① ［美］威尔伯·施拉姆、威廉·波特：《传播学概论》，陈亮等译，新华出版社1984年版，第114页。

　　② ［美］保罗 M. 莱斯特：《视觉传播——形象载动信息》，霍文利等译，北京广播学院出版社2003年版，第447页。

个完整的式样"，这就是动漫在视觉上信息注意价值的体现。

在数字时代，将想象的画面和真实的现实结合起来，从而产生了一种更复杂的视觉信息①。正如鲍得里亚所言："在今天这个电子传媒高度发达的时代，人们与远近事物的关系已经发生重大改变，无所不在的电子传媒向人们呈现的已经不是现实本身，而是超现实。"② "真实不再只是自然的自在之物（如山川和海洋），它还包括了人为生产（再生产）出来的'真实'（模拟实景等等），它不是变得不真实或荒诞了，而是变得比真实更真实了，成了一种'在幻境式的（自我）相似'中被精心雕琢过的真实。"③ 统观动漫影像为电视新闻的能指影像真实重建虚拟情境，皆因当代动漫数字科技基础的推动，为化解新闻画面的现实问题创造了契机，动漫能指叙述可裂变的创造性与传播意义的可集合性，为新闻能指画面与新闻所指文本的灵活对应提供了极大的可能与自由，科学技术与传播手段的完美整合，赋予了电视新闻画面崭新的生命，为满足受众日益高涨的视觉消费需求创造了条件。从媒体的传播形式视角观照，电视新闻动漫叙事的总体价值显现的是视觉元素的革命性蜕变。

综观华语电视市场，在海峡对岸的台湾电视新闻节目中，已经将"动漫"这一生命力极强的视觉形式运用于时政、民生、经济、科技新闻等各个领域，视觉元素极其丰富的"动漫"形式运用，已经成为台湾电视相互竞争、自我完善、争取受众的重要手段。回眸大陆，电视新闻"动漫"也开始出现在报道台湾新闻的 CCTV－4 "海峡两岸"、深圳卫视的"直通港澳台"、凤凰卫视的"时事直通车"等节目中，这一现象，不只是对台湾电视新闻节目中"动漫"形式的有效借鉴，其重要意义应视之为全国电视传播观念的观念变革，可以预言，随着形式观念的渐变、制作技能的普及，"动漫"的传播叙事价值将在全国更多的电视新闻节目中显现。

未来学家托夫勒在其著作《第三次浪潮》中曾说："在第三次浪潮的信息环境中，人们要计算机去思考难以想到甚至从没有过的东西。新的理念、

---

① Gunther Kress & Theo Van Leeuwen (2006)，*Reading Images: the Grammar of Visual Design*，London & New York: Routledge, p. 217.

② Derrick de Kerckhove (1991)，*Brainframes: Technology, Mind and Business*，Utrecht Netherland: Boach & Keuning. p. 92.

③ ［美］道格拉斯·凯尔纳、斯蒂文·贝斯特：《后现代理论：批判性的质疑》，张志斌译，中央编译出版社 2001 年版，第 154 页。

新的理论、新的技术见解也许会由此而产生。"① 时至今日，他的预言在
"电视新闻画面"的动漫精巧运用中得到了印证。

加拿大传播学者马歇尔·麦克卢汉著名的"媒介信息论"（The medium
is the message）道出了媒介的本质就是传递信息。"所谓媒介即是讯息只不
过是说：任何媒介（即人的任何延伸）对个人和社会的任何影响，都是由于
新的尺度产生的；我们的任何一种延伸（或曰任何一种新的技术），都要在
我们的事物中引进一种新的尺度。"② "媒介即讯息"所论证的是：媒介和技
术对人们的影响不只是物理上的，更是深层心理上的；人类对任何传播媒介
的使用所产生的冲击力，远远超过它传播的特定内容。在他看来，任何媒介
形式都可被看作是人体的延伸，即"媒体延伸论"，比如广播是耳朵的延伸，
电视是耳朵和眼睛的同时延伸等；在此基础上他还提出了"媒介即按摩"
（The medium is the massage）的说法，意思是既然媒介延伸人们的感官，那
么这些器官就会受到信息的不断刺激和按摩。麦克卢汉认为，"技术的影响
不是发生在意见和观念的层面，而是坚定不移、不可抗拒地改变人的感觉比
率和感知模式"③，所以"任何新媒介都是一个进化的过程，一个生物裂变
的过程。它为人类打开了通向感知和新型活动领域的大门"④。

---

① ［美］阿尔温·托夫勒：《第三次浪潮》，朱志焱等译，三联书店 1984 年版，第 18 页。
② ［加］马歇尔·麦克卢汉：《理解媒介——论人的延伸》，何道宽译，商务印书馆 2000 年版，
第 33 页。
③ ［加］埃里克·麦克卢汉、［加］弗兰克·秦格龙编：《麦克卢汉精粹》，何道宽译，南京大
学出版社 2000 年版，第 239 页。
④ 同上书，第 422 页。

第九章

电视新闻事实能指、所指的对应与悖逆

　　真实性不仅是新闻实践的根基问题，也是新闻理论研究中最为重要的范畴，悖逆真实性的新闻显然毫无意义。新闻与事实的关系，犹如地基与楼房以及大地、空气、水与人类的关系，是唯一的生存关系，"没有基础就没有楼房，这道理人人都懂，但是，楼房建起以后，谁也不注意埋在地下的'基础'了。大地、空气、水对人类来说，莫不如此，走在路上，坐在车上，很少有人想到大地的重要，一旦身体悬空或者坐上宇宙飞船，大地的重要性就显示出来了。同样，人们只有在空气稀薄的高山上，在缺水的特殊环境下，才懂得空气和水的重要。把科学的新闻理论比作一座大厦，真实性就是它的基石，真实性与楼房的基础，与大地、空气、水具有同样的特点：有它不显，无它不行。新闻报道真实准确，看不出真实性的重要性，新闻一旦失实，问题就出来了。失实很少，真实问题不为人注意，失事严重，出现'信任危机'。新闻的功能不能正常发挥，真实性的问题就会引起普遍关注"。①真实地反映事实，反映客观事物的发展变化，这是由新闻的社会客观性决定的，是任何新闻媒介都必须遵守的基本法则，电视新闻也不例外。在新闻传播的"大厦"中，真实性是基石，新闻价值、新闻规律以及新闻事业的性质、作用等等无不是建立在真实性这个"基础"概念之上。然而，正是因为其太过基础，且"隐形"在整个新闻传播的过程中，我们真的要将其弄得明白透彻却非易事。业界、学界对新闻真实性的相关问题历来有持续性讨论，本书并不试图参与其中，而仅就电视新闻事实能指、所指对应与悖逆的问题展开论述。

---

① 蒋亚平、官健文、林荣强：《新闻失实论》，中国新闻出版社 1986 年版，第 9 页。

第一节　新闻真实性的理性判断

真实性作为新闻的必备条件，构成所有媒体传播基础的共性，同时它又是寓于一定媒介新闻传播的个性之中，并通过各种媒介特质得到丰富和表达。不同媒介形态的不同技术平台和信息传播符号系统使得各种媒体在再现新闻事实的具体样式上表现出各自的媒介特征。就电视新闻的真实性而言，因电视传播视听兼备的叙事特点而具有独特的规范性。真实性在电视新闻传播过程中的体现可涵括为内容和形式两个层面：从内容上讲，电视新闻传播必须是以客观存在（正在发生或已经发生）的所指"事实内核"为依据的信息；从形式上讲，电视新闻传播的事实涉及构成能指影像画面的时间、空间等"形式事实"的规范。电视新闻不同于报刊新闻，报刊新闻忠实于内容层面的"事实内核"便可，而电视新闻除了要满足"事实内核"的全部要求之外，还必须恪守"形式事实"层面的时间、空间等能指要素所构成的"事实现场"的要求，对过去式的扮演、补拍等手法都是对事实本质的伤害。从电视的媒介渊源来看，活动影像纪录的源头——电影的诞生就源于人们对现实生活复写再现的兴趣和需求，其纪录本性是纪实影片立足"现实"追求"真实"的根本，电视新闻脱胎于纪实影片，在对现实的真实记录方面与之一脉相承，尔后又形成了自己的个性。

"真实"的前提是事实，关于什么是事实？在罗素看来很难有一个简明的界定，他在 1922 年为维特根施坦的《逻辑哲学论》一书所作的导论中明确指出："严格地说，事实是不能定义的。"[①] 1948 年他在《人类的知识》一书中进一步指出："'事实'这个词照我给它的意义来讲，只能用实指方式来下定义。"[②] 再次肯定对"事实"是难以作出严格的科学定义。新闻界一般认为"事实就是实实在在发生的事情和确实存在过的情况"，这是新闻理论中的定义，也是新闻实践中人们判断事实的标准。但是一旦深究探讨，却是各种立场和标准，这缘于"事实"对象本身蕴含着多方面、多角度、多层次的内容。笔者拟从事件真实、过程真实、符号对应的真实三个层面来探讨

[①]　［奥］维特根施坦：《逻辑哲学论》，郭英译，商务印书馆 1962 年版，第 12 页。
[②]　同上书，第 176 页。

电视新闻的真实性问题①。

一 事件真实：新闻事实是进入大众传播视阈的本源事实

若撇开一些描述性的说法，诸如《申报》的"新闻则书今日之事"之类，我国新闻学术史上第一个给新闻下定义的人是徐宝璜②。对于何谓"新闻"，徐宝璜认为："新闻者，乃多数阅者所注意之最近事实也。"③ 对此，他解释道："新闻须为事实，此理极明，无待解释……苟非事实，即非新闻。若登载之，是为假冒。"④ 至于"最近"和"阅者"两个要素，则是用来解决何种事实可被报道登载而成为新闻，说明"新闻固需为事实，但不必事事皆新闻"⑤ 的基本道理。据此，徐宝璜的"新闻者乃多数阅者所注意之最近事实也"，就有了双重含义：在显性层面，它是一个操作标准，意在说明什么是新闻及如何选择，解决不必事事皆新闻的问题；在隐性层面，它是一个哲学命题，即事实是一个客观存在物，它可以被人注意从而被选择，但不可被办报之主者——编辑、记者更改、制造或歪曲，否则就不是事实，也就不是新闻⑥。陆定一则从新闻的本源论述"新闻事实"，认为新闻就是新近发生的事实的报道，"报道"的介入，就把新闻纳入生产和传播的动态过程，此论述比之徐宝璜的显然更接近新闻生产和传播的实际。陆定一以辩证唯物主义的反映论为基础，一方面认为事实是新闻的来源，没有事实就没有新闻；另一方面认为新闻不只是事实，而是事实的报道或反映，他的《我们对于新闻学的基本观点》正是按照这样思路来说明"新闻本源"即回答为何要尊重事实与"新闻如何能真实"即如何尊重事实这两个在新闻报道中所面临的问题。陆定一所谓的事实报道也就已然不只是事实存在与否的判断，更不是徐宝璜所谓的事实和意见的分离，而是包含了事实选择、报道动机、目

---

① 叙事理论家将叙事作品划分为三个层次：故事（story）、话语（discourse）和叙述（narrate）。就电视新闻而言，故事指被叙述的内容（所指），即新闻事实；话语指用于叙述故事的声音及新闻画面语言（能指）；叙述则指产生新闻话语的行为或过程，即电视新闻画面能指与事实所指的对应、结合过程。

② 黄旦：《中国新闻传播的历史建构——对三个新闻定义的解读》，《新闻与传播研究》2003年第 1 期。

③ 徐宝璜：《新闻学》，中国人民大学出版社 1994 年版，第 6 页。

④ 同上书，第 10—11 页。

⑤ 同上书，第 12 页。

⑥ 黄旦：《中国新闻传播的历史建构——对三个新闻定义的解读》，《新闻与传播研究》2003年第 1 期。

的，以及事实的分析、评判等价值范畴的内容；更重要的是，陆定一在对定义的阐释中分析了事实与新闻的关系："事实是第一性的，新闻是第二性的，事实在先，新闻在后。"① 由此可见，徐、陆二人的最大不同，在于徐宝璜的定义建立在经验直观基础上，犹如 20 世纪 20 年代前的美国报人一样，相信事实不是对世界的陈述而就是世界本身，几乎没人怀疑外界真实存在的可靠性②；陆定一定义的重心是"报道"，主要解决在"新近发生的事实报道"中，究竟是"依照事物的本来面目去解释它，而不做任何曲解和增减"，还是反之③。范长江对新闻的定义是"新闻是广大群众欲知、应知而未知的重要事实"，"欲知"是指群众所关心的事物，这是从群众出发；"应知"则是从领导的角度考虑，群众应该知道的事物；"未知"是记者还要考虑其未知的方面和程度④。徐宝璜是以"事实"为中心，而范长江则是以"群众"为重心，前者重客观，后者重主观。与陆定一异曲同工，范长江也重视对待事物的情态问题，面对新问题，范长江进而思考：如何反映和报道新的社会现实，如何看待报纸功能和任务的变化，范长江试图通过经验的总结，找出一条能解决上述问题的方法，用他的话说："一张报纸、一个记者，其基础在群众，前途也在群众。"⑤

对于"新闻"的界定长期以来学院派和经验派均从各自的立场、视角及研究旨趣等方面予以阐述，虽然人们的看法并不完全一致，但对新闻的认知大致可以归纳为以下两种：一是认为客观存在的新闻事实、新闻信息（指未经新闻传播媒体认识、反映、报道的具有新闻价值属性的事实或信息）就是新闻；二是认为只有用一定符号记述、记录、再现、描述、陈述出来的新闻事实或新闻信息、并且处于传播形态才能称为新闻⑥。本书所认为的新闻是正在发生或已经发生的进入报道状态的具有社会价值的信息，是被大众媒介所承载经由传播渠道被大众所知晓的事实信息，是进入了大众传播视阈的本源性事实。任何新闻必须要有事实存在在先，而后才会有对新闻事态的报道，这是事实与新闻事实的逻辑联系，不论传播媒介

---

① 陆定一：《陆定一新闻文选》，新华出版社 1987 年版，第 2—11 页。

② Schudson, M.（1978）. *Discovering the News*. New York：Basic Books, Inc. p. 6.

③ 黄旦：《中国新闻传播的历史建构——对三个新闻定义的解读》，《新闻与传播研究》2003年第 1 期。

④ 范长江：《通讯与论文》，新闻出版社 1981 年版，第 314—321 页。

⑤ 同上。

⑥ 参见杨保军《新闻真实论》，中国人民大学出版社 2006 年版，第 2 页。

如何发展，传播手段怎样先进，"新闻是对客观事实的反应"是永恒的社会共识。

从哲学层面上讲，本源事实可以看作是"自在客体"，若用新闻语言来概括则是"原始事实"。正如罗素所言："事实的意义就是某件存在的事物，不管有没有人认为它存在还是不存在。"① 这种事实是不依赖于人的意识而独立存在的，它是一个纯粹的"自然物"，未经人工符号的修饰。"事实"与"非事实"相对，"所谓事实，不言而喻，就是在思想意识之外实际存在的事物，是不依赖思想意识而存在的事物；非事实则是仅仅存在于思想、意识之中而在思想、意识之外并不存在的事物，是实际上不存在而只存在于思想中的事物"。② 新闻报道从内在要求上讲应排除所有非事实性的表达，一切非事实性的信息在本质上都不是新闻信息，不应该作为新闻的有机组成部分。马克思、恩格斯所说的"根据事实来描写事实"、不是"根据希望来描写事实"、"完全立足于事实"来报道事实的新闻原则③，强调的正是新闻的事实性真实，新闻必须完全立足事实、引用事实，并以事实为根据进行判断，得出的结论仍然是明显的事实（即具有真理性的判断）④。受众对新闻的基本诉求就是事实的真实再现，"对于读者来说，事实本身是最重要的，事实的原貌是最重要的。记者的主观感受和舞文弄墨都不是他们在索取信息时需要的东西"。⑤ 由于新闻是对真实存在的"自在客体"的报道，这就从本体上决定了事实性真实是新闻实现真实表达的最根本和首要的特性。

所谓事件真实，即电视新闻进行拍摄和报道的事件源于客观事实，是一种本源事实性存在，而不是媒体主观构想意义上的"媒介事件"，新闻的本质是一种事实信息，新闻报道对所涉事件的记录，首先必须建立在对象（人、物、环境等构成事件的要素）已经发生、确实存在的基础之上，新闻事实的每一个要素都符合事实的本来面目，而不是媒体主观构想意义上的

---

① ［英］罗素：《人类的知识：其范围与限度》，张金言译，商务印书馆1983年版，第177页。

② 王海明：《伦理学原理》，北京大学出版社2001年版，第34页。

③ 参见《马克思恩格斯全集》，第42卷，人民出版社1979年版，第413—414页，转引自杨保军《新闻真实论》，中国人民大学出版社2006年版，第100页。

④ 同上。

⑤ 高钢：《新闻写作精要》，首都经济贸易大学出版社2005年版，第100页。

"媒介事件"①，它是生活中的原生态，"是对新闻事态变化的符号再现"②，是没有经过传播者人为组织安排或导演干涉的本源事实。

二　过程真实：电视新闻的真实性体现为事件时空的真实

所谓新闻真实是过程性真实，系指新闻真实只能在新闻传播过程中得到实现。这种过程性包含两个大的方面：一是指宏观的过程性，主要是指新闻真实实现于完整的传收过程中，甚至实现于一定的历史过程中；二是指微观的过程性，主要是指新闻真实实现于新闻传播本位主体的报道过程中③。新闻真实涵括了新闻传播的整个过程，其中包括宏观意义上的事件真实、主题真实（即上文所提及的新闻事实是客观存在的本源事实）以及再现真实的环节。"再现真实"是新闻真实性的核心环节，依据新闻文本的信息真实还原新闻事实的本真面目就变得至关重要，对于进入报道过程的新闻而言，其内容的真实体现为与新闻事实的符合程度，即新闻报道所涉时间、地点、人物、事情、原因和经过等每一个具体事实（元素）必须合乎客观实际。

以"原始事实"为前提的"新闻事实"是进入符号再现、反映过程中的事实，作为认识客体的"新闻事实"是经由参与到新闻报道实践活动中的主体（记者、编辑）建构的产物。新闻业是公共生活的一个重要组成部分，新闻媒体选择什么作为新闻，又如何去报道这些新闻，是在一定的社会组织架构下进行的，"因为社会态度和职业规范对新闻工作者产生社会化的影响，所以新闻工作者必然会采访、选择并传播那些被认为是具有趣味性或重要性的事件"。④主体在实践过程中对本源事实的某一方面、某一角度地选择以及对新闻符号表现手段或呈现方式的选择，都会受主体个人认知水平的影响而发生变化。

新闻事实是通过文本描述出来的事实，而对事实的发现及选择过程是新

---

① 施拉姆的传播学研究是这样界定"媒介事件"的："丹尼尔·波尔斯丁用历史学家的眼光来观察当代生活，在一些年以前就察觉到，当前的历史开始充满他称为'有意安排的事件'——主要是制造来供媒介作报道的事件。换句话说，不是随着新闻的潮流行动，灵巧的人学会了怎样去推动新闻本身。"（参见［美］威尔伯·施拉姆、威廉·波特《传播学概论》，陈亮等译，新华出版社1984年版，第272页。）有文论根据施拉姆的阐释，将"灵巧人"（记者、策划人、媒体等进行活动策划和报道行为的主体）制造这种"新闻"并进行报道的公共关系活动称为"传媒假事件"，（参见陈力丹、周俊：《试论"传媒假事件"》，北京大学学报（哲学社会科学版），2006年第6期，第122页。）意即传媒报道的事实虽然存在，但这种存在却是由传媒为自身"私自需要"而建构的，是一种"策划"的真实，并不是新闻真实性真正意义上的"新闻的潮流行动"的真实，即客观对象真实。

② 杨保军：《新闻真实论》，中国人民大学出版社2006年版，第99页。

③ 同上书，第105页。

④ ［美］盖伊·塔奇曼：《做新闻》，麻争旗等译，华夏出版社2008年版，第173页。

闻文本构成的第一步，进入大众传播渠道的事实必须经过选择，在特定的时空条件下人们只能在万千"自在客体"中选择那些被认为是有信息传播价值的"原始事实"。"新闻是一种文化形式，是被结构了的、制造公共意义（public meaning-making）的一种或者一系列类型（genre）。"① 新闻学理论中有关新闻报道的"5W1H"概念，意指进行新闻报道时应考虑6个元素：When（何时）、Where（何处）、Who（何人）、What（何事）、Why（何故），How（如何），这六个元素直接影响着新闻事实构成的真伪。新闻工作者的经济地位、政治立场、宗教信仰、经验阅历、新闻敏感度的强弱等差异成为影响事实选择出现千差万别的原因。"说一则新闻报道是一个故事，恰如其分，即非贬低新闻，亦非指控它为虚构，而是要提醒大家：就像所有的公共文献一样，新闻是被建构了的现实，拥有它自己内在的有效性。"② "原始事实"是客观、自在地存在的，而由传播主体对新闻事实反映、报道而生的再现真实则带有主观的色彩，是主观对客观的一种反映，是认识论意义上的真实，是主观与客观相结合的产物。

新闻是"重构事件真相"的过程，新闻事实是经由传播主体选择后重构事件真相的叙述性传播，片段或微观事实的选择与组织是重构的基本方式，新闻的内容和意义在这个建构过程中产生。"再现真实"是有关新闻真实性的核心环节，亦是本书探讨的重点问题。对于电视新闻来说，除了声音、文字提供的信息必须真实准确外，还要求画面真实精确，并与声音、文字提供的信息相符，即摄影机与声音文字指称的对象是一种共时空的存在。因此，在所有内容要素的真实中，时空真实是最具有电视特色的新闻真实性要求。在电视新闻的叙事过程中，叙述手法与构建新闻事实之间的关系体现为能指画面与所指主题的结合，这种方式决定了电视新闻工作的组织构成。在上述的这种常规化的再现过程当中，电视新闻试图提供一种现时性的叙事方式，诉诸观众的视听感觉，令其有"身临其境"的感觉。叙事真实要求新闻不仅在报道的内容上与指称的客观存在相符，而且在选择微观事实轻重缓急的权重性、前因后果的逻辑性方面也应与客观事实相符。简言之，这种重构应从事实的总和及事物的联系中去把握，而不是在重构中造成叙事的过程歪曲。

---

① 转引自迈克尔·舒德森《新闻生产的社会学》，[英] 詹姆斯·库兰、[美] 米切尔·古尔维奇编：《大众媒介与社会》，杨击译，华夏出版社2006年版，第167页。

② 同上书，第165页。

三　符号对应的真实：电视新闻事实是被能指、所指结构的符号事实

符号是世间所有文本的物质载体，电视新闻在所指、能指的对应结构中成型、成义、达意。文字、图像、音响、结构等符号元素是电视新闻报道的事实物化的基础媒介，新闻事实是被能指、所指结构的符号事实，符号对应的真实程度，直接制约着新闻成品事实的真实程度。电视新闻在结构过程中，"事实必须经过整理才可以成为一个可以被人理解的'故事'。因此，表述（这个故事）的过程也就反映了新闻广播者及其团队和他们的专业顾问所认为的最合理、最可信和最充分的解释。毕竟，所知的事实必须被翻译为一些可理解的音像信号，组织成为一种话语。电视不可能向观众传送一些事件的'原始历史'素材，它只能传送一些经过选择的图片、故事、资讯性的谈话或讨论"。① 因此，"新闻叙事的过程是一个将事实符号化、意义化的过程，也就是意义的生产过程。新闻叙事就是通过判断、选择有新闻价值的事实并与舆论导向要求的配合等，生产出一个有意义的有关国家和社会的符号世界"。②

电视新闻声画语言双主体平行结构体现为声音与画面各成系统，是系统思维的完美结晶。"画面证实主体"与"声音叙述主体"是"电视新闻语言符号系统"下两个相对独立的子系统。"画面证实主体"是一个片段性的人物、事件等新闻要素的能指图景证实系统，其系统价值与意义在于满足受众对于新闻现场与事实的确认、确信、满足人类接受信息的原始视觉窥视快感的欲求，绝无影视剧中完整"叙述"信息意义的负担；"声音叙述主体"是一个信息意义完整的所指意义叙述系统，其系统价值与意义在于保证信息传播的准确、完整、简练。

在符号对应的实际组合中，电视新闻的所指文本的真实性把握相对容易，只要新闻立场、观点、态度、方法符合客观事实的走向，就不会造成南辕北辙的失实，就能相对客观地保证新闻的真实性；电视新闻的能指图景把握则不然，一个不当的角度、一个不经意的干涉之类的具体操作都可能得到与所指文本的真实意义背离的画面，而且这种背离图景还不易为记者编辑所觉察（可参见本节后面的案例分析）。因此，论及"符号对应的真实是新闻

① 转引自［英］斯图亚特·艾伦《新闻文化》，方洁等译，北京大学出版社 2008 年版，第 106—107 页。

② 何纯：《新闻叙事学》，岳麓书社 2006 年版，第 36 页。

事实被能指、所指结构的符号事实"这一论点时,强调符号问题归根结底表现为能指、所指的对应关系,新闻事实是被能指结构的符号事实,符号所承载的信息真伪程度,直接制约着真实性的结构走向,颇具操作指引价值。表9-1"汶川地震中逝去的陈坚"所指、能指语义对应分析,具体印证了本论点的合理性与可行性。

表9-1　　　"汶川地震中逝去的陈坚"所指、能指语义
对应分镜头稿本①

能指画面与所指文本	能指所指的语义
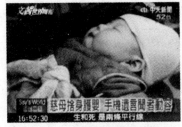 1. 旁白:生和死是两条平行线。  2. 旁白:凡人无法跨越。  3. 旁白:而活下去虽是一道单选题,但最终的答案却往往由不得自己。	为表达"生和死是人们无法跨越的平行线"这一总起性"所指",三组画面下方植入了如下能指型阐释文字:"慈母舍生护婴,手机遗言闻者动容"、"勇者无惧超脱人我,真爱无价跨越生死"、"废墟受困72小时 陈坚:我要活下去",使得文字文本的所指、能指的意义浑然一体。与能指性屏幕文字相配的母亲舍生救下的甜睡中的婴儿、痛失亲人的伤泣等宁静与震撼对比强烈的画面更是使"生死都是爱"的博大所指得以生动的视像传达。所指文本的动情意义通过能指图景的生动浮现,真实的人性、人情得到最真实完美的符号统合,能指、所指结构的符号事实与新闻事实得以高度对应。

---

① 截图来自台湾中天电视台2008年5月24日播出的"文茜的世界周报"。

续表

能指画面与所指文本	能指所指的语义
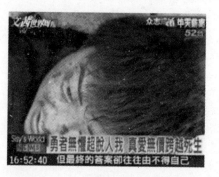 4. 陈坚同期声：我必须要坚强，为他们每一个深爱我的人，一定要完完全全的活下去。	具体到新闻人物陈坚，救援现场一瞬间，陈坚坚毅的表情能指，生动对应着他的"所指"心声："我必须坚强，为每一个深爱我的人，一定要完完全全的活下去。"能指性同期声感人心魄，事实实证力度强大。
 5. 旁白：被人发现的时候，陈坚已经在倒塌的建筑中被压了整整三天，没吃没喝没法动弹，怀孕三个月的妻子是支撑他坚持下去的最大动力。	陈坚被压在废墟中，没有吃喝整整 72 小时，镜头不可能叙述他坚持下来的漫长时光，仅此水泥板下挂着盐水的能指画面就足以对应"真爱动力无限"的所指内涵。
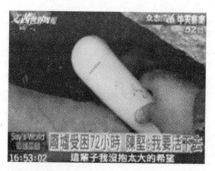 6. 陈坚：这辈子我没抱太大的希望，只要我们两个和和睦睦的过日子，过一辈子就行。	被废墟紧压的陈坚通过电话向妻子表达"过一辈子"的愿望，生死攸关时刻的表白（所指）在声画合一的画面（能指、所指）中得以最真实的表达（整合），声音能指细节感人肺腑。

续表

能指画面与所指文本	能指所指的语义
 7. 旁白：执子之手、与子偕老，平凡人的平凡愿望在当时的情况下却是个奢求。	"废墟压顶"的画面能指，人们自然对应于"救援艰难"的所指。"执子之手也是奢求"的解说（所指），更使现场的困境（能指）升华为悲壮的情感诉求（所指）。能指、所指整合的传播意义远远超越了新闻内涵本身。
 8. 旁白：救人行动从日正当中进行到明月高挂，只听见陈坚的痛苦呻吟也越来越大。	画面中高挂的明月、痛苦的呻吟都是催人泪下的"能指"元素，活生生地对应着"救人行动从日正当中进行到明月高挂"的"所指"内涵。
 9. 救援人员："慢点，哎哟，趴下！" 　陈坚："哎哟，哎哟！" 　救援人员："他腿一定胀了。" 　救援人员："对对，再推一下就可以了，就出来了。" 　救援人员："你已经出来了，已经没事了，陈坚！"	画面中救援人员的身影遮蔽了废墟中的主角（陈坚），陈坚与救援人员的现场话语构成动态的所指与能指的合一。虽然现场画面杂乱，难见新闻人物真面目，但他们的现场同期声，既是所指意义的传达，又是能指的证实，二者对应互证。

续表

能指画面与所指文本	能指所指的语义
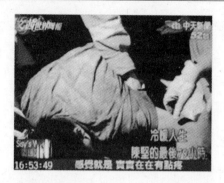 10. 陈坚："不行了" 救援人员："感觉怎么样，听得到，你觉得怎么样？" 陈坚："感觉就是实实在在有点疼。" 旁白：但这份疼痛的感觉却是陈坚最后的记忆。	现场能指于陈坚被从废墟中救出，同期声诉说着陈坚的疼痛（所指），更使人们牵挂着陈坚康复的未来（悬念意义的所指），能指、所指对应。
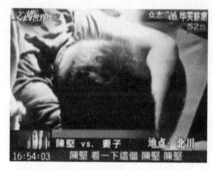 11. 救援人员： "陈坚，看一下这个，陈坚，陈坚！" 救援人员："没反应咯，陈坚！" 救援人员："都坚持到最后了，你这傻子！" 救援人员： "再看一下，没有了，真的没有了！" 救援人员："陈坚，你听到不，你不是说你的老婆还在外面等你吗？"	担架上陈坚寂寥无声，被压 70 多个小时后虽被救出，可最后还是走了。充满爱心爱意的现场声音表白着人们深深的遗憾。所指、能指声画合一对应。

续表

能指画面与所指文本	能指所指的语义
 12. 旁白：电视里的身影变成了陈坚对妻子最后的告别。	地震救援诸多遗憾与失去丈夫的悲哀写在陈坚妻子脸上，屏幕文字"苦难生命定格，陈坚送医半途咽气"具体表白这一遗憾（所指），陈妻痛苦木然的表情是能指对应于"遗憾"的所指。
 13. 旁白：苦难虽为灵魂烙下伤痛的印迹，但悲悯的人性在破碎的大地上却更显光辉。	所指的尾声，强调"悲悯的人性在破碎的大地上却更显光辉"这一所指，空旷的地震废墟（能指空镜头）启迪所指联想，所指得以对应。新闻事实的意义在符号事实的完美对应中得到升华。

第二节　能指、所指语境下事实的对应与悖逆

与新闻真实相对立的是虚假新闻，如何保证新闻再现环节的真实性实际上就是一个反"假"求"真"的过程。美国学者约斯特在"假新闻不是新闻"的论述中表示："真实性就是判别真正新闻的准绳"，"新闻是对所发生的事情的一种报告，或者是对某种存在状态的一种报告，如果这件事根本就没有发生过，或者这种状态根本就不存在，那么这个报告就是伪造的，它既然是伪造的，就不能算是新闻。有些虚构的、捏造的、假的事情，可能以新

闻的姿态出现，但它总不失为一种欺蒙，这种欺蒙有时出于故意，有时出于被骗和误解，但不管怎样，这些完全荒谬的产品，我们尽可以用各种名称叫它，而不能称它为新闻。"①

一　新闻虚假现象概析

综观新闻失实的种种表现，究其内容，可归结为隐瞒事实的虚假、夸大事实的虚假、颠倒事实的虚假、混淆事实的虚假、歪曲事实的虚假、捏造事实的虚假 6 大总类 22 分类，其具体内容、特征见表 9 - 2：

表 9 - 2　　　　　　　　　新闻虚假现象、特征一览表析②

总　　类	分　类	特　　征
隐瞒事实的虚假 　（隐瞒事实的虚假，指的是真实的密封，虚假的显现，就是说把真实的事实给掩盖起来，表现于外的全是与真实不相符的虚假，与事实相去甚远的虚假。）	隐瞒缺陷的虚假	只讲正面、不讲负面，只讲优势、不讲劣势，报喜不报忧
	隐瞒错误的虚假	诡辩，推卸
	隐瞒阴谋的虚假	口蜜腹剑，花言巧语
	隐瞒罪恶的虚假	减小罪证，销毁罪证，编造伪证，嫁祸他人
夸大事实的虚假 　（夸大事实的虚假，指的是真实的隐匿、虚假的膨胀。夸大事实的虚假，它不隐瞒事实，不否定事实。相反，它承认事实，并且过分地"热爱"和"肯定"事实，并在此基础上给这一事实加进许多杜撰的东西。因此，夸大事实的虚假与隐瞒事实的虚假是截然不同的。）	言过其实的虚假	夸大优缺点、夸大美丑、夸大善恶、夸大成绩与缺点
	夸诞大言的虚假	言过其实至荒唐，如亩产万斤、麦粒大似玉米粒
	骄傲自大的虚假	自吹自擂、抱残守缺、孤芳自赏
	虚张声势的虚假	狐假虎威、小题大做，集荒唐性、异常性、夸张性于一体
颠倒事实的虚假 　（颠倒事实的虚假是指对真实的否定、虚假的替换，亦即否定真实的事实，用虚假的事实来补遗。被否定的事实是真实的，用来补缺的事实是虚假的。）	以假充真的虚假	颠倒真伪、欺世盗名、以假替真
	以非充是的虚假	错误代替正确、诬忠为奸、"文革"遗风
	以思想充现实虚假	思想与现实颠倒、唯心、倒着头看世界

---

① 童兵：《比较新闻传播学》，中国人民大学出版社 2002 年版，第 85 页。
② 本表参照高帆《虚假论——真实背向的理性沉思》，辽宁人民出版社 1994 年版，第 92—137 页相关内容编制。

总　　类	分　类	特　　征
混淆事实的虚假 （混淆事实的虚假，指的是真实的错位，虚假的认同，就是说在认识中将两个真实的东西调换了位置，误此为彼，由此产生虚假。）	指鹿为马的虚假	视不同类为一类、强词愚民、将此说成彼、是赤裸公开的虚假
	混淆思维与存在的虚假	把精神当作物质、将梦想混同为现实、相信迷信
	混淆现象与本质的虚假	把现象当作本质、制造假象、装疯卖傻、狡猾
歪曲事实的虚假 （歪曲事实的虚假，指的是真实的变形、虚假的整容。就是说，真实的东西变样走形后，用虚假的东西来加以"整理修饰"，从而使真实的东西变得面目全非。）	主观渗入的虚假	先入为主、认识失真、真实变形、"一点论"代替了"两点论"
	片面夸大的虚假	夸大一面缩小另一面、把片面夸大的心理倾向内化为"都"，形成"都认识"
	背景制约的虚假	指基于知识背景的偏见变形、无知失真
捏造事实的虚假 （捏造事实的虚假，指的是真实的虚无，虚假的充塞，也就是说，所陈述的事实，都不是真实的，所有的内容——现象、根据、过程等，都是虚假的。）	无中生有的虚假	凭空捏造、捕风捉影、主观臆断、假传人言、制造伪证
	任意联系的虚假	牵强附会、无关联系的虚假（如888 = 发发发），相关联系的虚假（如求吉兆）
	胡说八道的虚假	无根据胡说、昏话谎话、信口开河、吹牛皮
	精编细造的虚假	表面合情理、有根据，欺骗性大
	阿Q精神的虚假	自我麻醉、自我满足、自我心理平衡

表9-2所示6大总类22分类虚假现象在大众传播实务中不乏所见，通过表9-3《近年来部分国内外新闻媒体失实/虚假报道一览》便可见一斑：

表9-3　　　　　　近年来部分国内外新闻媒体失实/虚假报道一览

时　间	媒　体	事　　件	本文作者述评
2008.3	美国有线电视新闻网（CNN）、福克斯电视台、英国广播公司（BBC）、泰晤士报、德国卢森堡广播电视（RTL）等西方主流媒体	3月14日西藏骚乱事件后发生美国CNN、英国BBC等西方主流媒体枉顾暴力犯罪事实、无视无辜民众惨遭涂炭，从自身的政治利益和价值判断出发，恶意颠倒事态黑白的虚假报道。	颠倒事实的虚假。系政治立场使然，新闻整体性所指失实，反复使用的只有拉萨街头滋事分子打砸抢烧的能指画面，在有限的画面里贴进无限的政治利益，足显西方媒体颠倒黑白、混淆是非的政治偏见。

时　间	媒　体	事　件	本文作者述评
2007.10	陕西省林业厅举办的新闻发布会	陕西省安康市镇平县农民周正龙将一幅老虎画折叠后，置于距离镇坪县城关镇文彩村十五公里的神州湾的马道子林区的杂草灌木丛中，分别于 2007 年 9 月 27 日和 10 月 3 日用数码相机、胶片相机从远近不同的位置对虎画进行拍摄，照片洗出后周正龙于 10 月 12 日参加了陕西省林业厅举行的新闻发布会，当场获得两万元人民币奖金。在社会各界的质疑声浪中，周正龙继续造假，2008 年 4 月初他用事先制作的木质虎爪模具在镇平县北草坡的雪地里，捺印假虎爪痕迹后拍照，企图继续行骗	捏造事实的虚假。信息整体性所指、能指全面失实，陕西省林业厅举办的新闻发布基于能指性假老虎照片，在此基础上衍生的信息必然彻头彻尾虚假，个中系区域经济利益、抑或官场部门利益、还是其他利益使然不得而知。唯有清楚的是：能指性图景，既有现场证实性又有实指揭露性，此为影像能指图景的双刃功能
2007.7	北京电视台	2007 年 7 月 8 日，北京电视台生活频道"透明度"栏目播出了《纸做的包子》报道，引起社会广泛关注，事实上该报道是"透明度"编导炮制的虚假新闻。2007 年 6 月中旬北京电视台生活频道《透明度》栏目临时人员訾北佳（化名"胡月"），先后两次找到朝阳区太阳宫乡十字口村 13 号院，以为工地民工购买早点为名，要求做早点生意的外地来京人员卫某等人为其制作包子。訾北佳自带了从市场上购买的肉馅、面粉和纸箱，授意卫某等人将纸箱经水浸泡后掺入肉馅，制成包子，用自带的家用 DV 机拍摄了制作过程并进行了影音剪辑，利用欺骗手段获得播出	捏造事实的虚假。从事件构想到细节实施，皆为真实的虚无（纸屑肉馅为"记者"设计）、虚假的充塞（纸屑肉馅及包子制作过程），全部所指内容、能指影像彻头彻尾虚假
2006.6	《大庆晚报》	《大庆晚报》摄影记者刘为强于 2006 年发表题为《青藏铁路为野生动物开辟生命通道》的新闻图片，被全国多家媒体转载，并获得中央电视台"影响 2006·年度新闻图片"评选铜奖。后经查证核实，以及本人确认，系 PS 合成图片	捏造事实的虚假。能指画面中不能经受噪音惊吓的藏羚羊成群穿越正值列车通过的架空旱桥，此乃精编细造的虚假，能指表面合情理、有根据，欺骗性大

续表

时 间	媒 体	事 件	本文作者述评
2007.5	台湾三立电视台	三立电视台制作"二二八"事件特别报道"走过一甲子，二二八专辑"，被指控将 1948 年国共战争纪录影片移花接木，打上"血染基隆港，码头屠杀纪实"的标题当作 1947 年"二二八"事件中国民党军队在台湾基隆屠杀台湾原住民的画面，受到岛内社会各界的强烈抨击	混淆事实的虚假。将毫无能指影像留存的二二八事件移花接木于上海血案纪录影像，以不同类为一类、将此说成彼，是赤裸公开的虚假，足显民进党为政党利益不择手段的卑劣
2007.3	台湾无线卫星电视台 TVBS	3 月 26 日 TVBS 播出了一则令人震撼的新闻：画面上出现一名涉嫌中多起枪击案的黑道分子周政保，他因为不满自己老大的为人处世，于是拿着火力强大的枪支在镜头前向他的老大示威。后经查证，这卷影带系 TVBS 驻南投的记者史镇康所拍摄，他是在 23 日接获线索指出周政保要爆料，于是 24 日记者依约到汽车旅馆进行采访，但是到了现场才发现黑道分子和摆在桌上的枪支，TVBS 记者自导自演，帮助黑道分子拍摄"宣传"影带	捏造事实的虚假。这是记者为自身利益无中生有的虚假，面对枪支现场，追求有杀戮气氛的能指影像图景捕风捉影、主观臆断、假传黑道分子恐怖言行，为黑道制造伪证，客观上制造了社会动乱信息，能指图景视觉冲击力大，社会危害亦大。TVBS 总经理因此引咎辞职，略显媒体的责任心
2006.8	英国路透社	2006 年 8 月路透社宣布，取消驻巴黎摄影记者哈吉的合同，因为他所发出的以色列军队进攻黎巴嫩真主党基地的照片经过加工处理。有问题的照片之一首先遭到网友检举，指以军空袭贝鲁特所造成的爆炸烟雾，其颜色较实际可能出现的情况更深，面积也更大。路透社鉴定结果承认，此照片确实经过编辑软件修改。后来又有一张哈吉拍摄的照片遭人质疑，这是一幅以军 F–16 战机在黎巴嫩上空进行空袭的画面，照片说明声称军机正在发射飞弹，但网友指出这架军机其实是在投掷烟幕弹或诱饵弹，以误导地对空飞弹的攻击。不仅图说做假，哈吉还在照片上动手脚，以软件复制诱饵弹发射的痕迹，令读者以为该机正在发射多枚飞弹	肆意篡改能指影像的细节部分，系捏造事实细节的虚假，具有极大的混淆事实、掩人耳目的欺骗性。不过记者、编辑的小聪明永远难逃广大受众的火眼金睛

续表

时　间	媒　体	事　件	本文作者述评
2004.9	美国哥伦比亚广播公司（CBS）	2004 年 9 月时值美国总统大选前夕，CBS 招牌新闻节目"60 分钟"王牌主播丹·拉瑟在报道中出示美国总统布什在服兵役期间受到优待的备忘录，结果经过鉴定之后，证实文件根本就是伪造的	歪曲事实的虚假。系丹·拉瑟对布什的主观渗入的虚假。丹·拉瑟因此辞职，足显政治对媒体自由的制约，美国亦然
2003.5	美国《纽约时报》	《纽约时报》被踢爆一名叫做布莱尔的年轻记者专门捏造假新闻，比如这名记者虽人在纽约，却利用手机和计算机假装从美国各地发回新闻，顺便报假账贪污，《纽约时报》事后调查发现，布莱尔发的 72 则新闻中，有 36 则是捏造和抄袭	捏造事实的虚假。小记者为个人的经济利益变换发稿地点与方式，足见诚训素质的重要
1989.4	日本《朝日新闻》	一名日本朝日新闻记者报道冲绳县附近的海里生长着一株据说是世界上最大的珊瑚树，这株树在水下 15 米深处，高 4 米，直径最大 8 米，是日本的国宝。1989 年 4 月 20 日，该报刊出记者本田佳郎拍摄的彩照表明，珊瑚礁上有英文字母"KY"的字样，这引起人们的强烈关注。有一家媒体对此很怀疑，派潜水员寻找物证，结果发现"KY"是本田佳郎为了制造轰动效应，自己在水下用摄影架刮出来的	捏造事实的虚假。记者为强化能指视觉的冲击力凭空捏造"KY"字样制造伪证

综合上表的简要分析：新闻失实的直接原因是记者、编辑的选择使然，更深层的原因则是新闻工作者的经济地位、政治立场、宗教信仰、经验阅历、新闻敏感强弱等各种的差异造就的社会生态环境、媒介从业者个人素质和职业操守等因素。对于电视新闻而言，因为有摄像机镜头对现场画面的记录，故新闻完全虚构化的报道要比报纸、广播、网络等其他媒体少得多，电视的图像传播依靠科技手段，记录现实生活中的人和物，本身具有逼真性的特点，也就是说通过电视图像所反映的人和景物活动，能复现现实或更加逼近现实。然而，电视新闻的失实报道还是时有发生，一旦发生，其恶劣影响

较之报刊则有过之而无不及。如上文所举各案例：2007 年 5 月台湾三立电视台在纪念"二二八事件"的专题节目中将 1948 年国共内战时期的战争纪录影片移花接木地当作 1947 年"二二八事件"中国民党军队在基隆屠杀台湾原住民的画面，受到岛内社会各界的强烈抨击；2007 年 7 月北京电视台生活频道"透明度"栏目播出了《纸做的包子》报道系该栏目临时聘用人员自编自导的虚假新闻，一经播出在社会上引起轩然大波；2008 年 3 月西藏骚乱事件后发生美国 CNN、英国 BBC、德国 RTL 等西方主流媒体枉顾不法分子的暴力犯罪事实、无视无辜民众惨遭涂炭，从自身的政治利益和价值判断出发，恶意颠倒事态黑白的虚假报道。此外，还有部分电视台自编自导自报的"电视行动"、对过去时态的"情境再现"、过分渲染细节的"组合"事实等种种不良现象虽然在失真方面具有隐蔽性，但从长远来看对电视媒体公信力的损害却相当大。20 世纪八九十年代中国的香港、台湾的电视新闻节目因经常扮演突发事件的画面而导致信息可信度持续下降是前车之鉴。因此，有必要从理论上廓清对电视新闻真实性的认识，在实践环节理清真实与虚假的界线，明确界定电视新闻与其他电视假定性节目的区别，以确保电视新闻客观记录、真实报道的优势，这在媒介竞争日趋激烈的大众媒体多元时代有着重要意义。

二　电视新闻当谨防"媒介事件"对新闻采访报道基础原理的反动

"媒介事件"可发生在各媒介，唯独在智力门槛最低、影响面积最大的电视新闻中流弊最盛，研究其悖逆原理，防范其对电视新闻的健康发展意义不小。

新闻理论规定：新闻所报道的事实是确有其人其事，而且具备全局、本质及发展趋势的真实性。可见，新闻理论在报道对象的真实性层面只界定了哲学存在论意义上的真实，而虚置了主体。但在实践中，肩负着事实选择责任的媒体却是实际的执行主体，这就无形中将媒体这个具象主体等同于"人们"这一宽泛的抽象主体。此外，辩证唯物主义认为，主观是能够通过实践改造客观并使客观达到主观的目的要求的，是"人们"改造着客观世界。于是，在主体认同错位的情况下，对于新闻媒体能不能干涉事实也就只有模棱两可了。这在计划经济时代没有多大问题，因为那时候媒体是"人民的"事业单位，不是利益主体，但在市场经济条件下，媒体从过去单纯的党政机关的一个部门转变成为市场中的利益主体，传统新闻理论的模糊地带造成了新闻职业伦理的空白点，给媒体以大众之名"打造事实、干涉事实"，行谋私利之实开了方便之门。近些年来我国盛行的由传媒公开策划、编造、导演，并作为新闻进行报道的媒介行为钻的就是这个空子。

假事件（pseudo-event）一词由美国历史学家丹尼尔·布尔斯廷在其著作 *The Images: A Guide to Pseudo-Evens in America* 中提出，他将假事件界定为经过设计而刻意制造出来的新闻，并指出了假事件具有人为策划、适合传媒报道等特征①。布尔斯廷提出的假事件与公关界的"新闻策划"（这里的新闻策划与新闻传播界讨论的同名概念有本质区别）内涵一致。公关界所谓的"制造新闻"系指："专业公共关系人员经过精心策划，有意识地安排某些具有新闻价值的事件在某个选定的时间内发生，由此制造出适于传播媒介报道的新闻事件。"② 对于电视新闻而言，"传媒假事件"不仅能够低成本批量生产"独家新闻"，并且与事件的发生同步记录现场画面也成为举手之劳。一般情况下，记者恰好目击新闻的几率是非常小的，新闻的消息来源与报道者不会重合。而"媒介事件"的特点是媒体兼具消息来源和报道者的双重角色。然而，消息来源与报道者的分离应该是新闻传播活动的常态，这种重合是媒体的角色错位。陈力丹在《试论"传媒假事件"》一文中将"传媒假事件"的消息来源与报道者之间的重合归结为显性重合和隐形重合两个层次：消息来源与报道者的显性重合是在"传媒假事件"的策划和发生阶段，该事件本来不会发生，而是经由传媒直接策划和发起，并由该传媒报道，这时传媒作为消息来源的角色是显而易见的；消息来源与报道者的隐性重合是指传媒并没有直接参与策划和发起某个事件，但对所截取的事件场景进行了导演和重新建构，这时传媒不是该事件发生阶段的消息来源，而是该事件报道阶段的消息来源③。因为"事件"的主题与"现实"都是按照记者谋划逐一上演的，加之民众出镜兴趣的空前高涨，大都能配合记者将"新闻"表演得"惟妙惟肖"，相对于"等、挑、抢"采访模式下得来的新闻，这种"媒介事件"的表演式新闻实乃"得来全不费工夫"。

美国社会学家威廉·盖姆森提出的"传媒包裹"理论（media package）

---

① Daniel Boorstin (1985), *The Images: A Guide to Pseudo-Evens in America*, New York: Atheneum. pp. 11 – 12.

② 转引自陈力丹、周俊《试论"传媒假事件"》，《北京大学学报》（哲学社会科学版）2006年第 6 期。

③ 同上书，第 123—124 页。

可以很好地阐释传媒是如何导演"媒体事件"的。盖姆森认为，一个事件若想得到传媒长期的关注，必须包括"框架"（frames）、"象征"（symbols）、脚本（scenario）三个因素，共同组成一套完整的包裹。框架是这个事件的核心概念，影响人们对该事件的认识和立场，左右该事件在传媒和其他公共场域里的发展方向与生命周期。这个框架要以具体、简洁、有利的象征来体现，并通过传媒的一系列脚本推动事件的发展。一套传媒包裹在成形、发展并与其他包裹竞争而取得社会显著性的过程中，框架能引起文化上的共鸣；象征能吸引积极的赞助者，形成社会互动；脚本作为传媒内部操作方式提供事件的情节和场景①。盖姆森主要考虑的是一般社会组织如何利用传媒包裹来促使某个事件得到传媒的长期关注，对与传媒自身而言，或因纪实观念丧失，或因利益驱使，许多电视机构、电视栏目、电视新闻就这样出卖了自己的媒介纪录本性，成为"传媒假事件"的强力推手，由电视台发起或中途介入导演摆布的事件屡见不鲜：如中央电视台组织并追踪报道《我的长征》、《南京零距离》定期组织进社区活动并作报道、湖南卫视《晚间新闻》包装推出藏族流浪歌手等。这些"新闻"都是由电视台建构某种事实后进行的报道，而不像新闻策划只是宏观分析时局后任由记者在采访过程中发现新闻选择安排采访报道、忠实地表现客观事实。如上文提及的《我的长征》，不仅"重走长征路"电视行动是媒体主体一手策划的，且行动本身又是被报道的对象，没有这次行动便不会有诸如"放电影"、"建希望小学"、"慰问老红军"等一系列"事实"发生，笼统地称其为"电视行动"实际上是模糊了新闻与"真人秀（表演）"的界限。虽然组织者一再宣称这次行动不是"真人秀"，而是一次公益行动，但正如其他所有"传媒假事件"一样，在冠冕的旗帜之下，媒体宣传自己，树立品牌，争取收视率才是其终极目的，这实质上是市场逻辑对电视新闻纪实伦理的本质侵蚀，亦是对电视新闻传播基本要求的否定与反动。

无论是遵循新闻职业规范还是维护电视纪录本性的尊严，都应该对"传媒假事件"现象进行批判。因其拍摄的对象不再是"未经改动的物质现实"，记录的意义便值得怀疑；传媒大肆报道自己建构的事实，会遮蔽人们了解真实世界的视野，损害新闻的整体真实，最终使新闻媒介的功能与可信

---

① William A. Gamson (1989), Media Discourse and Public Opinion on Nuclear Power: A Constructionist Approach, *American Journal of Sociology*, vol. 1.

度受到严重的伤害。因此，在新闻报道的过程中，传播方（记者、编辑、媒体）对所报道对象只有选择的权利而没有事前臆想、事中干涉和事后变造建构的权利，保持其客观性与本源性，真实地记录生活现实，对于新闻报道来说具有本体论的意义。

三　"情境再现"从本质上挑战了电视新闻时空的真实性

"情境"，在电视新闻里是能指场景的物质世界，是一个可触可感的时间性空间，它承载全部新闻事实发生、发展、结局的过程。"情境再现"的本质是将时过境迁的新闻事实"重演"，这一观念、行为就从本质上挑战了电视新闻时空的真实性。缘何不可"情境再现"，理路一一阐述如是。

"我们能够创造一种新的事实，在人与自然、社会的实践交往中，就是一个不断创造新的事实的过程。但人却不能改变一件既有的事实，改变后的事实乃是新的事实，已不是原来的事实。因此，事实一旦产生，便具有相对的不变性。恩格斯说过，'事实本身……不管我们喜欢与否……照样要继续存在下去'。斯大林说：'事实是不能违拗的。'金岳霖先生在他的《知识论》中也说：'事实是我们拿了没有办法的。所谓修改事实，只是使得将来与现在或以往异趣而已。'我们可以在知识形式中改变一件事实的内容，但不能把经过改变的事实还当作是原来的事实。也正因为人在把握客观事实的过程中，有可能在认识中改变事实的本来面目，对事实的判断、陈述才有真和假的问题。认识的真假问题，不是事实的'责任'，而是认识者的问题。"① 艺术的真实是扮演、纪实的真实是记录。中国电影研究学者单万里曾经做过这样的陈述："我们常用'虚构'这个汉语词汇来翻译英文 fiction，在《没有记忆的镜子》一文以及论述纪录电影的其他英文著述中，与'虚构'相关的英文词汇非常多，比如 construction（构建），production（制造），stagement（搬演，更为常用的是从法文直接搬来的 mise-en-scène）；又如 ela-bo-ration（精心制作），manipulation（操纵），simulation（模拟）；再有就是一大堆以 re（重新）为前缀的词汇：reconstruction（重构），reenactment（重演），reinterpretation（重新诠释），relive（复活），repetition（重复），repre-sentation（再现），reproduction（再造）等等。通常情况下，我将这些词统译为'搬演'，之所以采取这种简单的做法，不是因为汉语词汇不够丰富，而

---

① 参见杨保军《新闻事实论》，新华出版社 2001 年版，第 8 页。

是不想使读者（包括我自己）陷入语言的圈套，不想引起更大的混乱。《现代汉语词典》对'搬演'的解释非常清楚：'把往事表演出来。'过去的事情无法自动复原，只能用'搬演'的手段加以再现。不论使用怎样的手段进行再现，也不论再现的手段巧妙还是笨拙，'搬演'的本质不变。出于形象化表达的需要，纪录片在表现过去发生的事情时往往需要'搬演'，这也许就是通常所说的'虚构'的含义。"① 德国的电影理论家齐格弗里德·克拉考尔在其重要著作《电影的本性——物质现实的复原》一书中的基本立论是："电影按其本质是照相的一次外延，因而也跟照相手段一样，跟我们周围的世界有一种显而易见的近亲性。"② 克拉考尔提出的电影是"物质现实的复原"，揭示了："电影使我们看到了我们在电影发明以前没有或甚至未能看到的东西。它通过物质现象的各种心理—物理的对应有效地帮助我们去发现这个物质的世界。我们力图通过摄影机来经验这个世界……电影可以说是一种特别擅长于恢复物质现实的原貌的手段。它的形象使我们第一次有可能沉醉于组成物质生活之流的各种物象和事件。"③对"物质现实的复原"是电视新闻应该恪守的本分，电视新闻报道对所涉事件的记录，一方面必须建立在被拍摄的对象（人、物、环境等构成事件的要素）已经发生、确实存在的基础之上；另一方面影像具体地传达了物理时空过程的准确信息，直接诉诸人的感官，就像生活中感知的那样，容易使观众产生"眼见为实"的感觉。因此，这种记录本性使电影很早就有着主体自觉，并把被拍摄对象是不是客观真实、拍摄主体的介入与否作为真实记录（纪录片）和假定虚拟（故事片）的分水岭。以巴赞与克拉考尔为代表的电影纪实理论家提出的电影"照相本性论"至今仍然是纪实影片的金科玉律。该理论认为：电影"是照相的延伸"，而照相跟未经改动的现实有着一种明显的近亲性，由于这种对未经改动的现实的偏爱，影片和照相一样，倾向于强调偶见的事物，应该充满着天然的生活气息，倾向于暗示人生之无涯，无论经过怎样的选择都不可避免地要含有若干含糊的和复杂的不尽之意。因此，电影不能像其他艺术那样，"在物像及其复制品

---

① 单万里：《认识"新纪录电影"》，载林少雄主编《多元文化视阈中的纪实影片》，上海学林出版社 2003 年版，第 287 页。

② ［德］齐格弗里德·克拉考尔：《电影的本性——物质现实的复原》，邵牧君译，中国电影出版社 1981 年版，第 3 页。

③ 同上书，第 380 页。

之间有一个人存在"，而应该是"物质现实的复原"①。由于我国传统新闻理论立足于"媒体工具论"，对媒体主体性的认识远没有影视纪实理论那么清晰。我国的纪录影片、电视新闻均发端于报刊的事前策划思维，因此导致影视报道的事件频频失实就不足为怪了。

电视新闻报道除了现场直播和记者在场的突发新闻外，大量的新闻都是时过境迁的"过去时"报道，包括时空要素在内的新闻真实性要求其只能用采访播音等声音语言追述，而画面只能借助图表、照片、实物、空镜头等，绝不能进行事件的重演补拍。但近年来，在我国的电视新闻节目中，"情景再现"却成了"时髦"的手段。从中央电视台的《新闻调查》，到凤凰卫视中文台的"凤凰大视野"，以及湖南卫视的《晚间新闻》、江苏电视台的《南京零距离》等一些有影响的新闻节目都出现了"情境再现"的影子。"情境再现"或称"真实再现"，其实就是请当事人或其他人重演事件进行补拍，10年前在电视新闻理论的探讨中已经对"补拍"进行过批判，这两年"重出江湖"且愈演愈烈，明显是受到了电视纪录片再现手法风行的影响。对于纪录片能否重演拍摄曾经发生过的事情历来争论不休。我国近年来有一种观点认为："真实再现"是对电视语言的丰富和补充，可以使纪录片更好看，并且没有突破纪录片最后的防线——非虚构②。在市场经济条件下，这种观点颇受推崇，中央电视台播出的不少大型纪录片都使用了再现手段，有的甚至几乎完全是再现。但这并不能意味着电视新闻也能如此，因为电视新闻和纪录片虽同属纪实类影片，但两者早在第一次世界大战期间新闻影片刚出现时就开始分野，新闻影片朝着以最快的速度报告最新鲜和最值得关注的事实方向不懈努力，其意在"事实"，并讲求时效，力求简洁；而纪录片意在人文历史价值，不追求时效和简练，更注重情节。两者的目的、功能各不相同。新闻肩负着"社会雷达"的功能，因此，在电视新闻中，传播任何一条消息，都处在具体的时间与空间定位之中，必须遵守"新闻中每一个具体事实都必须符合客观实际"的规定。为满足观众"眼见为实"的心理要求，承担了证实功能的新闻画面自然也来不得半点虚假，而"再现"的"非虚构"并不等同于"完全真实"，因为"真实永远不会是一般人理解的那个排除了人

---

① ［德］齐格弗里德·克拉考尔：《电影的本性——物质现实的复原》，邵牧君译，中国电影出版社1981年版，第24—26页。

② 罗敏、胡雯：《纪录片：真实再现？美丽的谎言？》，http：//media.icxo.com/htmlnews/2006/08/03/893255_ 0.htm。

的主观主义倾向的真实。世界上任何事物，包括艺术家们推崇的真实，一旦离开了人的主体性，就失去了意义"。① 根据当事人复述或其他方式来组织重演再现的新闻画面，"情境再现"是对事件内容涉及的时间、空间进行变造作假，已经不是"同一条河流"中的"事实"，其真实性必然令人怀疑。对于假定性的传播样式/内容（如小说、诗歌、电影、音乐、戏曲等），人们总是抱着欣赏的心理状态来品味这些文艺作品所传递的美学价值，这类假定性的传播样式体现为一种虚构的审美效应和虚幻的结构美感，是源于生活而高于生活的艺术表现手法，也是一种理想化的美学空间。然而，对于新闻来讲，真实就是美，人们对信息的审美体验表现为对真实性的心理认同。

哲学原理明示：空间和时间是物质存在和运动的基本形式，二者不可分割，都是客观实在的。如果试图将人物行为、事件发展从本来的时间或空间中分离出来，那么"此时此地"也就不成其为"此时此地"了。古希腊哲学家赫拉克利特早有告诫"人不能两次踏进同一条河流"，因此任何新闻事件都是不可再生和还原的信息资源，"情境再现"是一种历史和现实在时空上的错位。摄像机记录的只是人们重演历史事件的过程，而不是事件本身。担任"演员"的人不管是不是当事人，都已经脱离历史下的时空，而进入了假定的现实的时空中，摄影机和被摄体在时空上不同步却正是电视剧的摄制立场。正因为如此，1994 年播出的《9·18 大案侦破纪实》虽然把事件原汁原味地搬上屏幕，拍摄手法采取新闻采访式的追踪拍摄，连演员也是真实人物自我角色的扮演，但决不宣称自己是"新闻专题片"而称"电视连续剧"。如今完全用再现手段重演真实事件的电视节目已经正式放弃了"故事化新闻节目"或"新闻演绎"的称谓，而成为一种新的节目类型——电视栏目剧。这种确认正是对其时空假定性的一种承认，也还了电视新闻一个清白，但其他纪实和再现手段都使用的节目则仍然有待于明确的规定和划分。纪录片在这方面已经遭遇了尴尬，现在就连主张纪录片可以再现的人也不得不承认："有的纪录片为迎合受众，品位受到质疑。它把再现的趣味功能强化了，却忽略了再现的还原功能"②。

曾几何时，戏剧性"扮演"之风席卷世界各国各地区的电视新闻屏幕，

---

① ［美］H. G. 布洛克：《现代艺术哲学》，滕守尧译，四川人民出版社 1998 年版，第 100 页。

② 罗敏、胡雯：《纪录片：真实再现？美丽的谎言？》，http://media.icxo.com/htmlnews/2006/08/03/893255_0.htm。

但很快发现"扮演"以假乱真的弊端重重。正因为"再现"挑战了新闻的真实性，美国三大电视网早在 1989 年就对各自晚间黄金时段的名牌新闻节目不用这种"情境再现"手段的专门承诺，其中 NBC 新闻部还宣布所有节目均不采用"重演"方式。美国《职业新闻工作者规范》和《广播电视新闻主任协会工作守则》也都对此做出了严格的规定。几乎同时，我国香港、台湾的诸多电视台也体验到"扮演"给观众认定新闻事实带来种种真假混淆的困惑因而又重返使用照片、漫画来显现能指图景的"老路"上来。看来，我们不仅要批判在电视新闻中跟风滥用"再现"手段，而且还亟待对这一手段在电视纪实类节目中的使用进行规范，划清使用和不使用这种手段的节目界限，使电视新闻工作者有明确的行为准则，使观众有清晰的节目期待，从而更好地维护电视新闻的真实性。

四 警惕电视新闻采访过程中的隐性能指叙事失实

必须明确的是，新闻作为一种涵化的建构，仍然是建立在主观达之客观的基础之上的，因此应该也能够在叙事中反映真实。那种认为新闻只能是"符号真实"而随意建构的观点，其实是陷入了不可知论的泥沼。事实上，叙事和真实性之间本身有着连续性和形式上的共通性。"叙事不只是一种可能成功描述事件的方式；它的结构内在于事件本身之中。一种叙事性记述远非它所牵涉的事件的形式变形，而是它们的基本特征中某一种的拓展。"① 反映客观事实的新闻更应当循着事理逻辑来组织叙事，而不可无视它，更不可背离它。

对于电视新闻来说，强调叙事真实具有特别的意义。在文字传播中，新闻虽然经过记者、编辑的涵化，但对读者而言，仍需经过读解并在想象中"重构"，具有更多的理性成分。电视借助声像符号对新闻事件进行现场同步记录报道，营造出了强烈的现场感，"眼见为实"的思维逻辑往往使观众将"新闻"等同于"事实"，更趋向于感官直觉，致使叙事隐形失实不易被觉察。然而，电视新闻叙事同样是一种压缩性操作，由于多种符号传播，包括文字稿、同期声、镜头、特技和画面选择组合等更多环节的重构过程比报纸和广播更复杂，有限的时间注定了电视新闻展现给观众的仅仅是事件中一个个片段的真实和人工的组合。在现实中事实的片段有的是主要事实片段，有的是次要甚或装饰性片段。毫无疑问，主要事实片段事关全局，决定了新闻

---

① ［美］D. 卡尔：《叙事与真实的世界：为连续性辩护》，王利红译，《世界哲学》2003 年第 4 期。

价值的大小，没有它就构不成新闻报道；次要或装饰性事实片段充当补充、丰满报道的角色，如果改变这种主次结构，那新闻就可能被扭曲失真。但在现实中装饰性事实片段在审美价值上往往会超过主要事实，在视觉文化转型、感官消费时代，电视有时难以抵挡夸大装饰性细节乃至掩盖主体事实的诱惑，结果导致过于追求画面煽情，强调情节和冲突，追求趣味性和吸引力，而逃避事物复杂的一面，忽略或低调处理缺乏视觉吸引力的要素，这就可能使电视新闻在追求视觉刺激中变成一面"哈哈镜"。例如，报道一起汽车和载有残障儿童的校车相撞的事件，事情本身并不严重，也没有人受伤，但在救护车灯的闪烁和刺耳的警笛声中，受到惊吓睁大双眼的孩子的特写反复出现，并被安排在开头，而没有人受伤的信息放在最后一句带过，结果新闻被安排在几乎头条的位置播出，一件生活小事被膨大扭曲，就连采制的记者和摄像师也不得不承认这是毫无价值的不道德的新闻①。

2008 年 9 月 30 日中央电视台记者采发的新闻《胡锦涛视察小岗村》就是采访过程中，因人为干涉被采访对象、记者对现场的掌控不当而造成能指隐性失实的典型之作，其分镜头稿本如表 9 - 4 所示：

表 9 - 4　　　　　　　　　《胡锦涛视察小岗村》分镜头稿本

镜号	所指文本稿内容	能指画面内容	能指隐性失实点评
1	国庆前夕，胡锦涛总书记又专程前往安徽省考察农村改革和发展情况，而小岗村就是总书记此行的第一站。		空镜头，介绍性能指镜头，可随手拈来，不存在失实之虞。
2	30 年前，滁州市凤阳县小岗村 18 位村民率先实行"大包干"，迈出了我国农村改革的第一步。9 月 30 日上午总书记前往小岗村考察。		群众性实景能指镜头，情绪表现真挚、自然。允许组织方事先对参与群众有所交代注意事项，不属干涉、摆拍虚构之列。

① ［美］约翰·H. 麦克马那斯：《市场新闻业》，张磊译，新华出版社 2004 年版，第 105 页。

续表

镜号	所指文本稿内容	能指画面内容	能指隐性失实点评
3	在30年前带头"大包干"的18位村民之一关友江家里胡锦涛亲切地和村民拉起了家常，乡亲们也把小岗村这些年发生的新变化告诉总书记，和大伙儿的所愿所盼都告诉了总书记。		能指画面"组织"痕迹明显，除胡锦涛情感自然外，其他人正襟挺腰，明显拘谨。总书记右后侧的老妇人垂头自顾、总书记右前侧的小孩无所事事状，均成为座谈会的干扰因素。
4	同期声（胡锦涛）：在这里呢，我想明确地告诉乡亲们，以家庭承包经营为基础、统分结合的双层经营体制是党在农村基本政策的基石，大家可以放心。		镜头推近总书记，背后的妇人随之放大，妇人垂头自顾的木然神态显然有损座谈会的气氛。活动组织者将男女老少拉上场，看似兼顾全面，实质为造成严重的能指性隐性失实埋下动因。
5	同期声（胡锦涛）：我们现有的土地承包关系将保持稳定并且长久不变。（群众鼓掌）		总书记讲话鼓舞人心，群众鼓掌自发、自然。群众虽被"组织"，但临场的情感流露还显真挚，显性的能指失实图景还是传递出隐性的真实情感。
6	同期声（胡锦涛）：同时我们还要赋予广大农民更充分的土地承包经营权，也就是说允许农民通过各种方式来实现土地承包经营权的流转，发展适度规模经营。		近景镜头构成的能指图景具有情感放大功能。老妇人垂头自顾，始终不曾看总书记一眼，写透了老妇人心中的木然，哪怕总书记就在眼前也无丝毫感动，这样的能指图景隐性失实已呈极点，有伤新闻主体。
7	同期声（胡锦涛）：那么在这里呢，我也明确地告诉相亲们，我们将会随着我们国家经济的发展和财力的增加大幅度增加对农村和农民的投入，以促进农业发展、农民增收、农村繁荣。		从能指画面中的人物关系上看，老妇人安排在总书记身后，属于次要陪体位置，由于老妇人的形体木讷、神情呆滞，始终没有或轻松、或专注的神态与总书记相呼应，陪体的破坏因素因此凸显无遗。

续表

镜号	所指文本稿内容	能指画面内容	能指隐性失实点评
8	同期声（胡锦涛）：中央对于提高农民的收入是高度重视的，我们将会采取一系列有效的政策、措施，积极推动社会主义新农村的建设，改善农村的生产生活条件，不断提高农民群众的生活水平。		如果说总书记身后的妇人因呆滞而破坏气氛，桌前小孩则因听不懂大人们的话题倍感无聊而将会议气氛破坏殆尽。小孩时而伸腰、时而驼背，坐立不安地变换姿势，也始终不看总书记一眼，破坏动因明显。
9	同期声（胡锦涛）：我们也希望大家齐心协力把农业生产搞上去，把农村的文化活动搞丰富，把村庄的环境搞整洁，使得我们农民的日子一天比一天更好。（群众鼓掌）		不知组织者是怀着何样的观念组织这样一场座谈会，桌面的花生、瓜子、水果谁都未曾动手、动口，无所事事的小孩也知道那是不能吃的。整个能指图景中还有多少成分是真的呢？

也许是会议组织者的习惯性思维所致，也许是中央电视台时政记者的习惯动作所致，总书记亲民、爱民视察小岗村的轻松活动变成了刻板拘谨的尴尬局面。画面中，除总书记泰然亲民的情怀、言谈举止是真的，30年前带头"大包干"的18位村民之一关友江家的房子、院墙、土地是真的外，人群、桌椅、果食等人、物的时空关系都因座谈会的需要而被变造，都是时空变动中的假象，以至于造成镜头下的能指画面大面积、长时间的隐性失实。本书将其谓为"能指隐性失实"是指与会人员不同程度的情感失实，而这些情感失实又未曾显性（直接）投射在能指画面的表层，须得我们从能指人物的相互关系中解读出来，如垂头自顾、神态木然、始终未曾看总书记一眼的妇人，又如百无聊赖、坐立不安，也是自始至终不看总书记一眼的无知小孩。在当今的时政新闻中，摆拍也许一时还难禁绝，但像《胡锦涛视察小岗村》这样的蹩脚摆拍画面还是可以避免的，从机位的场面调度上稍作调整就可以将妇人、小孩移至画外，即便回避不了老妇人，再给总书记近景镜头时，也可运用景深关系将老妇人的图像模糊些许，作为中央电视台的记者为何死盯着一个并不理想的机位，而且用无限景深一拍到底？

在《胡锦涛视察小岗村》中，所指文本精炼扼要、意义明白，而能指画面却因电视记者的画面观察、选择能力欠缺而导致隐性失实。有道是，新闻叙事的过程是一个将事实符号化、意义化的过程，也就是意义的生产过程。新闻叙事就是通过判断、选择有新闻价值的事实并与舆论导向要求的配合等，生产出一个有意义的有关国家和社会的符号世界。对于新闻能指影像画面的采编制作者而言，真实离不开学理的指引。

五　让崇尚扮演的"纪录片"另立"伪区"门户

纪录片崇尚扮演似已形成当代的一种风潮，"伪纪录片"手法的流行便是明证。何谓"伪纪录片"，顾名思义，这是一个"伪"字当头的概念。"百度知道"是这样定义的："'伪纪录片'的英文是 mockumentary，也就是 mock 和 documentary 的结合，它常被归类为一种纪录片或电视节目类型，通常带有喜剧的嬉闹性格，但也有非常严肃的伪纪录片。虽然它和纪录片一样都记录着真实的生活，但实际上却是虚构的，运用讽刺或仿拟的方式来分析社会上的大事件或问题，挑战着人们对于既定事实的认知，以及对于纪录片里的核心命题'真实'的观念。在伪纪录片里，常常使用历史资料画面或者人物访谈（大头讲话）来讨论过去的事件，要不然就是以真实电影的方式（干涉、介入）去跟拍事件里的当事人。"

可见，"伪纪录片"本质是虚构、扮演、粗糙、混淆真实。"伪纪录片"是随着影视技术、设备平民化而崛起的一种社会现象，是玩家对电影故事专业生产的揶揄。

专业生产的影视故事明明白白告知观众，它们是精益求精地将"假"的弄成"真"的，脍炙人口的电影故事《阿凡达》便是弄假成真的典型之作，且不说故事情节是如何的"胡编乱造"，加上恢弘的 3D 技术在"真二维"的平面巨幕上演绎着"假三维"的立体空间，《阿凡达》便以科幻经典故事"以假乱真"获取到全球人们的追捧，这也是所有"影视故事"百余年来的追求结果。

用"伪纪录片"手法讲虚构故事，也许因其接近原生态的粗糙而博得市场的暂时关注，据 2010 年 8 月 31 日《羊城晚报》报道："上周北美市场有两部新片大规模公映，其中，投资仅 180 万美元的伪纪录片手法拍摄的《最后一次驱魔》以 2130 万美元的惊艳成绩问鼎冠军，经典的《阿凡达》加长版却以 400 万美元的票房排在票房榜第 12 位。"消息还说"伪纪录片电影已是北美影坛一个新的流派，虽然这种拍摄手法比较粗糙，但给予观众一种逼近于现实的震撼力，所以能够屡屡在市场上取得票房胜利。"粗糙的伪纪录片真的从此驰骋天下？从电影技术的进程推论，求精永远是人类追求的终极目标，伪纪录片冒头不过是久食精粮人们偶尔用粗粮调节一下"口感"的现象罢了。

言及至此，想到打着真实纪录却时时"弄虚作假"扮演的"纪录片"，何不光明正大地亮出"伪"字旗号、专辟自己的"伪区"门户？号称纪录片之父的弗拉哈迪在所谓世界第一部纪录片《北方纳努克》中猎鱼的扮演就开了"伪"字号的先声，后来的"伪记录"不无以鼻祖弗拉哈迪的"伪记录"祭为依据。我们认为，因剪裁时空、摆弄镜头而博取名利不是纪录片生产的正道。我们推崇为一组镜头原生态记录而跋涉、蹲守的唯物精神。崇尚扮演的"伪纪录片"应该不再鱼目混珠，应该有勇气另立自己的"伪区"门户。

第十章

电视新闻语言构成的纷争与整合

电视新闻语言构成的研究在我国 20 世纪末有过整整 10 年的纷争，审视电视发展过程中的"声画关系"之争，其方法意义与实用价值至今依然重大。美国视觉传播学者罗伯特·C. 艾伦和道格拉斯·戈梅里指出："任何一个新学科成熟标志之一就是对学科研究的方式方法、成就和缺点的清醒认识。"① 在本书以上各章节论述较为充分的基础上，再将历史上较有代表性的各方意见摘编整合，构成一个学术争鸣章节，不无意义。"方法比结论更重要"②，历史与现实的对照，往往更易把握住对电视新闻语言构成要素的判断与选择。

第一节　电视新闻:用语言符号叙述,用非语言符号证实

一　电视新闻语言构成纷争概说

1997 年 8 月，《现代传播》发表了黄匡宇的论文《电视新闻：用语言叙述，用画面证实》③，这是一篇阐述电视新闻语言因素相互关系的文章，个中核心观点"电视新闻语言符号的双主体构成"源于笔者 1990 年出版的专著《电视新闻学》④。书中的观点在当时并未引起人们的关注，倒是成文发表于

① ［美］罗伯特·C. 艾伦、道格拉斯·戈梅里：《电影史：理论与实践》，李迅译，中国电影出版社 1997 年版，第 1 页。

② ［德］莫里茨·盖格尔：《艺术的意味》，华夏出版社 1999 年版，第 258 页。

③ 见《现代传播》1997 年第 4 期，文稿的原题是《论电视新闻的语言关系》，发表时编辑改为现题。

④ 黄匡宇：《电视新闻学》，华东师范大学 1990 年版。

《现代传播》后有了反响。1998 年 4 月《现代传播》（第二期）刊发了一组文章，它们的标题是：《电视新闻"语言"的寻根与回归——刍议强化电视新闻的语言文字功力》、《电视声画分离——兼与黄匡宇先生商榷》、《略论电视新闻中的声画同构》等三篇文章。后两篇文章与黄匡宇观点相左，本书将在第二节对此展开讨论。

电视新闻声画之争的话题延绵不断，可能跟人与生俱来的"恋画"情结密不可分，加上派生过电视的电影观念的长期影响，许多人完全混淆了假定性声画关系和纪实性声画关系的本质差异，甚至连《南方电视学刊》的编辑也这样断言："声画原本是电视的左右手，各有千秋，在电视传播中声画孰为重、孰为轻，这在传播学研究领域恰如鸡生蛋还是蛋生鸡这个问题一样古老，多年来，主声说与主画说在《现代传播》这块悬挂着传播学研究旗帜的阵地上，屡燃战火，交锋的结果，东风西风轮流坐镇，而荧屏上依旧是声光色各显神通，正如母鸡一如既往地下着蛋，而鸡蛋一如既往地孕育雏鸡。"①这段话是《南方电视学刊》为刊发《强化画面意识，实现声画的最优化结合》一文而加的编者按。其实，这是一篇声画概念混乱（如将整屏屏幕文字混淆为"画面"），更无"声画优化结合"的意见，有的只是"强化画面意识"的长衫下漏出的"小"——画面至上。

真的"声画关系"似"蛋鸡关系"那么复杂难辨吗？其实只要用符号学的原理进行统摄与整合，概念就会更加明晰，分歧也因之缩小甚至消失。

根据符号学的基本内容及其被人们交叉运用的状况，可作出图 10—1：

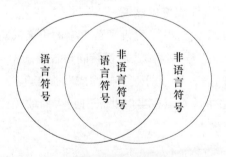

图 10-1　两种语言符号重叠传播示意图

---

① 参见《南方电视学刊》2000 年第 1 期，该刊责任编辑陈小莉为一篇主张画面意识文稿所加的"编者按"。

根据图 10 - 1 符号重叠传播的原理及电视新闻所涉及的语言因素，可做出图 10 - 2：

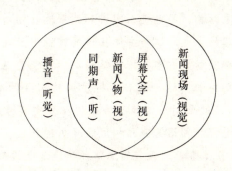

图 10 - 2　电视新闻视听符号合一传播示意图

电视新闻视听符号的合一传播早已成为电视从业人员及电视理论工作者的共识。分歧则源自对画面的准确认识与否。什么是画面呢？

"电视画面是指通过光电讯号的摄录系统，在一段时间内不间断地拍摄的形象素材。"① 这是一个较有代表性的概念，其内涵只涉及"形象素材"。这一概念反映了人们在电视传播尚不发达、电视传播符号单一的 20 世纪 80 年代的认识。随着电视制作设备的改进和电视业者制作观念的变化，电视画面的内涵已经产生了"质"的变化：屏幕文字、电子动画、同期声的大量使用，使电视语言摆脱了单一的声画结构模式而走向语言符号与非语言符号多极整合构成模式。时至今日再用"声画关系"来讨论语言文字与图像的组合关系已不合乎现代电视语言的潮流了——这一潮流的主流便是符合当代人理性求深的电视"谈话节目"的诞生与快速发展——"蛋鸡莫辨"论更是类比方法的错误思维的反映。试想，讨论问题的方法都错了，还会有正确结论吗？

黄匡宇 1989 年提出的电视新闻语言符号"双主体构成"论已在争论与思考中逐步完善成熟，相信在不久的将来会成为电视业界、学界的共识。

二　主体论文：《电视新闻：用语言叙述，用画面证实》②

本书第六章第二节"画面'证实性主体'地位的确立和巩固"使用该

---

① 朱羽君：《电视画面研究》北京广播学院出版社 1989 年版，第 1 页。

② 黄匡宇：《电视新闻：用语言叙述，用画面证实》，《现代传播》1997 年第 5 期。

论文的大部分内容，为便于连贯阅读，论文内容择要摘录如下：

（一）电视新闻语言的符号系统及主体性双重结构

所谓主体性双重结构，指电视新闻声画关系这一物质形态，是承载电视新闻全部形式与内容的主体。这一主体在传播过程中呈现双重结构层次；新闻内容逻辑表述结构层和新闻事实证实结构层。这便是电视新闻语言声画主体的主体性双重结构特征。这一特征，排斥偏执一耳的"主画说"与"主声说"，强调电视新闻的采制与传播行为必须在多类符号综合表述的语境中进行，从而确立起电视新闻语言声画构成的鲜明特点。

1. 电视新闻文字（播音）语言的主体性功能是逻辑叙述

听，是人们认识事物的重要方式之一。具象性声音使人们感受到世界万物的真切存在；抽象性声音则以历时的逻辑排列，超越时空制约，自由地表述人们对世界万物的认识，具有独特的系统叙述能力。

电视新闻的声音，正是运用其具象与抽象两方面的特征，通过与画面胶着、互补，形成视听不可分割的新闻空间，从两个感知通道消除人们对事物认识的不确定性，进而使人们获得确信无疑的信息。尽管电视新闻汲取了报纸、广播媒介单通道语言的精华，但它的声音是在双通道的传播中显示其优势的。电视新闻声音的主体性作用，在于它的逻辑表述力，可以使无序的画面物象形成一个有序的佐证系统；伴随物象的同期声音，则使本为真实的新闻空间更具可感气氛，并与对应的画面语言符号赋予更明确的含义，从而使这种语言符号（画面）所指示的物象也具有了能指的性质。电视新闻的声画融合，为人们塑造了一个真正完整（双通道的完整）可感的物质世界，这便是声音在电视新闻中的主体性作用。

从电视新闻诞生之日起，从业者参照电影的"解说"概念，就将电视新闻"文字"误称为"解说词"——《电视艺术词典》将"解说"释为"剧中以客观叙述者的角度直接用语言来交代、介绍剧情或发表议论的一种方式"。几十年来，围绕着这个错误称谓，不少人以电影的"解说"理论为据，将新闻要素齐全、结构完整的电视新闻文字稿，"论证"为"交代背景材料"、"深化主题"、"阐述意义"的解说词，造成了基本概念的失误。

2. 电视新闻的文字稿是新闻要素齐全的新闻

"任何理论研究都是从研究对象的实际出发，反过来又作用于对象的变迁与完善。"这一唯物主义的认识是完全适用于电视新闻声画语言研究的。

我们认为，几十年来，由于生搬硬套电影的"解说"理论，电视新闻的文字研究一直是脱离了电视新闻的传播实际的。前文中我们先后以 7 组 2080 境内外的电视新闻关掉画面可以获得完整的新闻内容为据，说明了"声音"（文字）的逻辑叙述功能。

要端正"解说"观念的错误影响，还必须进一步认识图像（画面）在电视新闻中证实新闻的主体性地位；在电视新闻中，由于时间所限（信息时代，为求得单位时间内的最大信息含量，迫使电视新闻向短的方面发展），不可能用画面叙事，叙事任务必须由文字（声音）承担。

综上所述，应该得出的结论是，电视新闻的文字不是解说词，它是新闻要素齐全、结构形式完整的新闻样式，是构成电视新闻的骨干因素。它的准确概念应该称之为电视新闻的文字稿，或简称为文字稿、报道词。

（二）电视新闻画面语言的主体性功能是证实新闻

1. 画面语言证实性功能的确立

作为"看"的特定内涵，电视新闻的画面，除了像新闻照片那样向人们展示静态的新闻空间外，更主要的是时间上的展开，以时空相兼的特点反映新闻动态（如美国航天飞机"挑战者"号爆炸的经过），使人们从事物的运动中，获得难以言状的直接（眼见为实的）感受，构成心理视象与现实的认同。

作为"看"的电视画面，它的直觉优势就在于不通过具象与抽象的感觉转换，就能切切实实证明新闻本源的实有状况，"非语言的符号（图像等），它们携带的信息常常不需要任何语言来表达，一幅画就是一种完整的传播"。电视新闻的画面语言，通过对新闻现场视觉因素的记录，可以传达色彩、明暗、形状特征，空间浓度等直接视觉信息；通过视觉的统觉（对当前事物的心理活动同已有知识经验相联系、合，从而更明显地理解事物意义的现象）作用，还可以传递质感（硬度、柔度、湿度）、量感、力感、运动感及听觉、味觉和触觉等信息。通过这若干信息的整合，为人们对某一事物（新闻信息）的分析、判断提供最直接的依据，这便是电视新闻画面语言现实功能形成的心理感知基础。

作为"看"的新闻画面，完全有别于故事性影视画面，它的任务不是系统叙述——有限的画面时间大大限制了它系统叙述的能力。它的任务在于以具象符号的色彩、形象、动态、空间等因素与抽象的语言联袂，向人们传播完整的信息，佐证新闻的可信程度。精心选取好每一个画面，为受众提供最能反映新闻内容的典型镜头，有益于增强新闻整体传播的易受性与证实性。能否运用好新闻的重要语言——画面，是衡量记者、编辑业务素质的重要标准。

2. 正视电视新闻画面情节不完整性的制约

所谓电视新闻画面情节的不完整性，是指画面在新闻节目里，呈不连贯状态，不具备叙述事情的变化过程的能力。众所周知，在情节性影视节目中，即使是没有任何声音，画面也能够向人们讲述情节的变化过程。

电视新闻则不然。电视新闻是以声音（语言播音和现场语言）这条主线承担着表述"情节"（新闻过程）这一任务的。国内外绝大多数电视新闻，关掉画面，只凭听声音仍然可以得到一完整的新闻，就是"声音主线"作用的最好说明。基于声音的主线作用，电视新闻的画面，就没有情节性影视节目的画面所要承担的"叙述"任务，用不着受情节影视节目镜头组合的逻辑规范，也用不着构建画面与画面的承继关系。作为"看"的电视新闻画面，它的任务是体现"照相本性"，以准确的画面内容证实新闻事件中涉及的人、物体、地域等新闻要素的可信性最大限度地消除信息中的"不确定性"成分，为电视观众提供"一种显而易见的近亲性"（克拉考尔语），以满足受众"百闻不如一见"的心理欲求。上述这种特殊的"声画关系"，是"画面情节不完整性"这一特性形成的重要因素。

单条短新闻中，文字、信息密集，画面时间长度受限制的特殊性，成了新闻画面情节的不完整性这一特征。对于深度报道、新闻专题等新闻长片来说，其画面情节依然是不完整的，它们的内容叙述仍然是依赖于文字声音。
（原文 5500 字）

第二节 "声画同构"说无视电视新闻语言的时间制约

在"声画关系"之争中出现了一种貌似调和，实际上与"声画结合"异名同质的观点——"声画同构"说，其主要论文有刊载于《现代传播》中 1998 年第 2 期的《电视声画不再分离》和《略论电视新闻中的声画同构》，以及刊于《南方电视学刊》2000 年第 1 期的《强化画面意识，实现声画的最优化结合》，三文表述有异，但其对基本概念的认识和论证方法如出一辙，故此一并提出，作为树立笔者观点的对立例证。

一 "声画同构"论的主要观点
在指出其诸多谬误之前，我们先概述一下三篇文章的主要内容。

1. 《电视声画不再分离》（作者：马莉）

近十多年来，随着电视传播技术的日益成熟——对电视新闻而言，具有划时代意义的是 ENG 摄录一体机的出现，使声、画同步记录成为可能，而西方现代纪实观念的涌入，使建立在摄录技术进步基础上的声画同步记录，以其呈现客观世界更为真实的优势获得了迅速深入的普及，有关电视新闻性节目中"声"、"画"的内涵已经悄悄发生了变化："电视画面……它一开始就同时包括生活中的形象在时空中的运动和时空中的声响，不能同时记录形象和环境声音的，不是真正的电视画面"；"从声画结构看，同期声讲话是一种有声画面，应属直观形象系列（亦即图像系列），但是，从表意形式看，它却属于语言系统（亦即解说系列）。在这样的画面中，人物动作和声音同步出现，作为一种复合形态，它兼有了图像与解说的双重功能"；"字幕是一种独特的表现元素——画面的接收方式和语言的解读方式。"至此，"声音"因不再载负所有进入电视传播的语言文字符号而失去了等同于语言文字的地位，画面在包容进声音形象后又获得了字幕的加盟，"声"、"画"的内涵复杂化了。

在电视新闻传播中，"声"、"画"两个通道最基本、最主要的功能都是富有真实感地传达信息，这两个通道上的信息在相互支撑、相互参照、相互推动中共同构建完整的信息、意义系统。有人可能会说，这一观点只不过是"声画结合"论的原地踏步，的确如此，只是现在看来，对这个基本观念还有个再认识的问题，而近年来电视新闻性节目的某些显著变化有助于我们深化认识。

"对观众来说，一部影片的真实性程度取决于他们能在多大程度上接受影片表现真实世界的方式"这一道理同样适用于电视新闻，尤其指出，同期声讲话从画外音解说中分离出来，这本身就传达出事实其实受到尊重的信息。它的出现卸去了画外音解说过重的主观表述的包袱，使后者日益显示出客观冷静的特征。字幕参与叙述，一般也呈现出与画外音解说相似的风格。画外音解说、同期声讲话、字幕共同构成新闻的语言文字部分，构成方式的变化最终影响到表达方式的变化，从而使电视新闻中通过语言文字传达的信息更立体、密集、生动，更具有客观性、可信性。

与语言文字载负信息方式的变革相交而言，近年来画面（带现场声）运输信息能力的提高和自由度的增强表现得更为明显，这从根本上改善着画面的叙述能力。作为纪实的标志之一，长镜头很早就进入新闻节目并被广泛地使用着。长镜头使事实发展过程的（部分）序列受到尊重，以其时空展现的相对完整性使画面上原本比较模糊的信息产生有意义的关联，显示了画面自身组织信息进行局部叙述的能力。以长镜头为基础，画面在语言文字的帮助下，努力改善着整体叙述能力，这主要表现在对"过程"的捕捉和营造上，前者如新闻专题《潜伏行动》对武警小分队围捕、击毙黑社会头目过程的完整跟踪记录；后者如消息《北京二环路通车》，记者乘车在二环路上跑一圈，把相应路况、车行情况既通过语言，同时也通过画面呈现出来。画面局部、整体叙述能力的增强一定程度上改变着观众的收视状态，调动起观众的参与心理，使他们主动地去发现、判断、接收画面信息，提高了新闻传播的效力。

为什么偏偏最近一段时间有人重提电视新闻传播以语言为主的话题呢？这恐怕与近年来电视新闻发展的某些趋势有关。趋势之一是，电视新闻在"深、快、短、广"方面努力伸展着自己的触角，在没有可能采集到或篇幅容量不允许大量使用相关影像素材的情况下，充分发挥声音通道的优势，对主要信息进行传播；趋势之二是，重视电视家庭收视随意性强的特点，让声音通道运输较为完整的新闻内容，不怕与画面相配合时出现"冗余"信息。基于上述两个趋势，一些人得出了电视新闻几乎全部能够"听懂"的看法。但是他们无疑忽视了对电视新闻发展而言更为重要的第三个趋势，那就是集中体现电视报道特色的现场短新闻、现场报道的蓬勃发展，特别是重大新闻现场直播的迅猛崛起。这三种报道方式集中发挥着现场画面给电视新闻带来的独家优势，以生动鲜活的影像增强着电视新闻"看"的价值。如果说电视新闻是以前两个趋势增加声音通道的利用率，以此显示其兼容其他媒介传播优势的雄心的话，那么，我们同样有理由相信，电视新闻因后一个趋势对画面功能的充分挖掘而培育着自身独特的魅力。（原文5500字）

2.《略论电视新闻中的声画同构》（作者：杨竞）

电视新闻节目是视听兼备的传播媒介，其中，声音与画面构成统一体，也构成一对矛盾。电视新闻中，声与画的结构和叙事功能，成为电视研究工作者多年来反复争论的一个问题。1997年《现代传播》上刊登了《重提一桩历史公案》（永生文）和黄匡宇先生关于这个问题研究的新文章，对这一问题再次给予关注。黄先生主要提出，语言在电视新闻中发挥逻辑叙述的主体性功能，画面为新闻提供的是证明功能。对于这一观点，笔者有一些不同认识，在这里，希望就这一问题共同研讨。

传播学认为，符号是传播信息的载体，信息传播实质上是符号的传播，所谓符号就是"确定另一事物（它的解释者）去特指一个它所特指的对象（它的对象）的任何事物"，或说是"某一种对某人来说在某一方面或以某种能力代表某一事物的东西（皮尔士）"，符号"运载信息、显示或储存信息"。电视传播同样是一个符号的传播过程，符号可以包括语言符号和非语言符号，电视传播作为一种大众传播，基本上采用的是语言符号系统。所谓语言符号，是人类在信息交流过程中逐渐形成的，通过一定语义和语言在一定逻辑（语法）中构成的一个符号系统，"电视媒介所使用的图像、音乐、字幕等符号，归根结底是语言符号系统在视觉、听觉等方面的不同表现而已"。如电视中的图像是观众通过图像符号展示的特定含义，按一定的认知规则，即按画面语言去"阅读"的，因此，从符号学意义上说，画面、文字、有声语言等都属于语言符号范畴，永生在《重提一桩历史公案》中提到，"任何媒介的传播，都不过是语言符号传播的延伸"。从而说明，语言（这里其实在指有声语言）在新闻节目起到了主体作用，我认为是对两个层面的"语言"的词的误解。很显然，我们所讨论的声音与画面，准确表述应为"画面（图像）语言"和"文字（有声）语言"，因为电视的"画面语言"也不再是客观事物本身，每幅画面都包含了人类约定的内容，有强烈的指称意义，具有表意功能和逻辑结构。因此，画面语言与哲学层面的"语言"有着种属关系，是两个层面的问题也无可比性。从永生及黄匡宇先生的文章所论述的内容看，显然，我们讨论的是第二层面。即画面语言和有声语言的关系问题，也就是视觉符号系统与听觉符号系统的关系。

当我们澄清了"语言"的明确指称和含义之后，才有可能在同一范畴内进一步阐述画面语言与有声语言各自在电视新闻节目中所起的不同作用和功能。

系统论认为，任何一个元素都是内部诸要素和外部各部分共同构成的一个有机联系体，系统大于部分之和，电视新闻节目构成一个符号系统，包括视觉和听觉符号，它们又分别作用于受众的不同感官，产生相应的刺激反应，并在大脑不同部位产生兴奋灶，但最终形成于头脑中还原出的符号信息，是一个完整的总体信息，形成人们对某一事件的认知，电视媒介正因为拥有更多的信息通道，传递出更为完整、综合的信息，才使电视比其他以往的传播媒介更有效果，这是一个不可分割的整体，其效果也不是视觉、听觉效果的简单相加，而是整合。因此我认为，电视新闻节目中声音与画面是一个不可分割的整体，虽然它们有不同的表意功能，指称功能，逻辑功能，使如果作为一个受众对新闻信息的整体把握，则是两者的综合。

电视新闻由于时间的要求（短、快），不可能像故事片那样为人们提供一个逻辑完整的画面组合（其实故事片也是相对完整），它只能在有效时间内选择关键画面来表述其意义，但画面的指称意义不容置疑。比如在《克林顿坚持对伊拉克动武》的新闻报道中（《新闻30分》1998年2月），其画面为克林顿讲话的一个固定镜头，几乎没有动作、没有剪辑和景致变化，同期声对大多数中国观众也是不知所云（也证明有声语言的传递受到阻障大于画面）。人们只有通过解说，才知道克氏在说什么，干什么，可以说核心信息来自有声语言，但画面的意义是否可以忽略呢？不能，因为画面仍为整体新闻传递着有声语言所不具有的信息，最终形成的信息总量远远大于只听声音而关闭图像所得到的。

我们也可以进一步分析，这条新闻运用有声语言通过听觉通道向人们传递了"克林顿在对伊拉克武器核查危机上的态度"这样一些信息，由于听觉信息传递只具有单一线性，人们在接受时往往缺乏选择性。而画面却是以平面信息场向受众传递信息，对这条兴趣点不同的受众完全可以通过画面接受到不同信息。我们假设有一位并不关心时政，而只对克林顿私生活感兴趣的人在收看这条新闻时，他能通过图像注意到克林顿近来气色如何，是否被"性骚扰"的绯闻缠扰得无精打采或疲惫不堪。而一位服装设计师也许只会关注克林顿近来的服装变化。这些信息来自画面所提供的视觉信息，而可能忽略听觉信息，那么这条报道对这些人来说，其核心信息或支持信息是来自于画面而不是声音。这正是因为画面信息构成不同兴趣点的信息场。所含信息量大于有声语言的线性信息量，使观众可以有了选择性。因此，即便在一条几乎无逻辑意义和叙述功能的画面所构成的新闻中，我们仍然不能简单地认定有声语言的重要性大于画面语言。这也说明有声语言在信息载量上的弱势。一个完整的新闻所含信息，是画面与声音信息的同构。

以上我们举出了这样一个极端的例子来说明，声音和画面相互不可或缺，因此它们有不同的信息承载含义，其他画面所提供的不是仅指称含义，每一组画面的编排，也都存在着逻辑性，即使一条新闻中只有三五幅画面，但仍有其逻辑意义，如果违反，带给观众的感觉是画面的跳跃和视觉信息的断裂，这种逻辑关系包括空间关系，时间关系。由于画面的表现潜能远远大于文字的表达力（文字的精确性限制了。其表现潜力，而画面的指称范围相对广义），因此，几幅连续画面的逻辑构成，包含更多的逻辑上的省略，但并不影响其信息的基本完整，只是指称含义较广，明确性不如文字语言，但如果有声（文字）语言没有画面的支持，其任何逻辑省略，都会带来语义理解的迷惑或误读。这就是为什么声语言表述要相对完整的原因。这使整个新闻信息的涵义更为明确，但也不能否定画面信息的指称和逻辑意义。

总之，新闻节目的时间要求，需要在单位时间内传递更多的有效信息，画面为其提供一个较广范围的信息场，有声语言为之明义和精确，两者共同作用，形成一个完整、准确的信息表述，画面与声音各有其逻辑意义。

声音与画面的同构关系有一个特殊的情况即同期声。在今天的电视新闻报道中，同期声的运用越来越受重视，1996 年中国电视新闻奖一等奖节目无一例外都运用了同期声。同期声可以说最能体现声音与画面的同构关系，失去任何一方，另一方都显得毫无意义，同期声之所以越来越受重视和肯定，正表明电视新闻只有声画的密切结合才能达到信息传播的最佳效果。只有将画面，声音以及其他电视语言符号作为一个有机的整体来看待时，电视新闻节目才具有其全部价值。（原文 3700 字）

3.《强化画面意识，实现声画的最优化结合——兼与朱光烈、黄匡宇先生商榷》（作者：凌燕）

该文开篇明义："本文仅就朱、黄二位先生的若干观点和论据提出一些异议。本文所谓声画，沿用朱先生的解释，即声是指电视传播中的有声语言和文字材料，画是指电视传播中活动的和不活动的画面。"

"在朱先生的文章里，将北京广播学院朱羽君教授有关电视声画关系的论述'电视画面……一开始就同时包括着生活中的形象在时空中的运动和时空中的声响，不能同时记录形象和环境声音的，不是真正的电视画面'称为'声画结合论最出色的阐释'，并认为'这是一段非常规思维，画面是视觉的，声响是听觉的，怎么可以混在一起统称为"电视画面"呢？'显然，朱光烈先生主张声音和画面应当分割来看待。众所周知，电视画面是合成了声画两方面因素的综合体。血液和肉体当然可以是各自独立的两种物质，但是一旦共同存在于同一身体，再要将他们分割开，就无异于夏洛克的无理要求了。同样，声音和图像原是两种各自独立的载体，然而，一旦它们共同存在于电视画面，就是不可分割的了。更何况观众观看电视是感知觉各种器官综合作用的结果，视听器官不仅难分伯仲，各种器官甚至可以发生通感或移觉作用。一盘做好的菜无论怎么分割，也不可能再得到独立的糖盐、再尝到纯粹的甜咸。正因为如此，电视新闻界从来只有最佳电视新闻奖，而不会像电影一样设立最佳音效或最佳摄影奖。"

凌燕认为，对于电视节目的制作者来说，信息的传播是通过声音和图像两种载体共同实现的。对于电视观众来说，视听信息的接受是同时进行，不可分割的。虽然有时仅仅通过视或仅仅通过听单渠道也可理解和接收来自信源——电视台所传递的信息，但那并不是电视传播的本质，就像残疾的人没有双臂也可以跑动，没有双腿也可以行走，并不能证明人类不需要双腿或双臂。从某种程度上说，自有同期声的电视摄录机出现后，声画甚至不存在综合的问题。

某个节目收视率高低受很多因素影响，社会思潮、欣赏趣味、主持人的人格魅力，等等，一定时期内某一节目收视率高并不能代表整个电视节目的发展趋势和电视的本质。再者，谈话节目固然在增多，但请不要忘记，这是在摄像机前、是在荧屏上的谈话，如果谈话节目仅仅是因为语言的魅力，谈话何不在报纸、杂志或广播电台中进行，可见，谈话节目的盛行同样证明了电视画面的无穷潜力。的确，擅长展示现场实况和人际交流正是电视区别于电影的主要特征，而人们之所以要在电视上看谈话，是因为现场谈话节目不仅可以利用语言表达、通过听觉深化新闻报道，还能通过生动直观的图像把谈话的特定环境、说话人的眼神、表情、手势、体态、服饰、举止、交流双方的位置、距离等全面展现给观众。真情实景、现场音响、加上谈话方式亲切自然，更能增强观众的身临其境之感，并且充分尊重观众，调动观众自主的本体意识，通过自己的眼睛、耳朵从屏幕上观察、判断、理解传播内容，使观众的认知活动获得更为广阔的感知与判断空间，从而更易获得最佳的传播效果。崔永元如果将老百姓请到电台"实话实说"恐怕就没有今天的崔永元了。因为这种隔墙有耳的收听方式现场感弱，既让人难辨真假，也很难激起听众的参与感。

即便是人际传播，也未必是以语言为首要因素。施拉姆指出：在两人面对面的传播中，65%的社会含义是通过非语言符号传达的。美国社会心理学家艾伯特·梅拉比安也曾就面对面交谈的有效印象提出一个著名的比率公式：词语或言语（所说的话）占73，声音（说话的方式）占383，面部表情、动作举止占55。众所周知，当面部表情与语言发生矛盾的时候，人们往往更相信面部表情的真实性。电视谈话节目的主要魅力正在于此。

经常收看电视的观众会发现，电视新闻时常是炒报刊广播新闻的冷饭，很多电视记者经常借助查阅和收听报刊广播新闻来寻找新闻线索，很多社会新闻，尽管其他媒体已经有了多次报道，电视的报道仍旧能够引起观众的注意，原因何在？就在于电视画面的直观和形象性是报刊广播的报道所无法代替和匹敌的。

黄匡宇先生在《电视新闻言论节目本性的失落与回归》一文中提出过一个"有力"的事实论据，就是香港翡翠台每天早间的"社评摘要"节目。这个节目"将当天各大报纸有影响的社论、评论要点摘录成'屏幕文字'言论"。翡翠台的节目在内地只有广州地区可以接收到，但从凤凰卫视陈鲁豫主持的《凤凰早班车》中也可以看到类似的风格。这个节目也是以口语化的主持方式摘播各大报纸要闻。黄先生以这类节目证明语言在电视新闻传播中的主导地位，但在黄先生的这段表述中有这样一句话，"节目制作精良，屏幕文字的字体、字号、字形、字色、衬底都十分讲究"，这无意中又证实了画面的作用。观看这类节目并不仅仅是收听新闻，而是要听其言，观其"形"，从画面中主持人的神态表情，行为举止，及屏幕文字的编排上获悉主持人、电视台乃至官方的立场、观点和态度。笔者以为，制作这类信息快餐式节目的初衷是为了让观众在短时间内获得大量最新的信息，满足电视传播传递信息的首要功能。但这并不意味着对画面的排斥，如果制作技术条件等都不再成为限制，如果有相应的新闻现场人物的画面，无论是新闻节目制作者还是观众都会选择画面。电视载体是有着巨大包容性的，它从一开始就没有排斥过语言的力量，为了实现迅速传递最新信息的功能，在没有画面的情况下，可以采用口播新闻，但若是某一晚的《新闻联播》节目全部采用口播的形式，或是翡翠台的新闻是每天全档"社评摘要"、凤凰卫视每天全档《凤凰早班车》，可以想象观众是不会接受的。

电视是融合声光色等多种手段为一体的、最具后现代特征的信息载体，而后现代的主要特征就是打破各种界限和取消中心。无论是在理论研究领域还是实践领域，都应当致力于实现多种传播符号的综合效应。

正如在生活中，人们总是同时使用眼耳，而不细究它们谁更重要一样，声画结合才是符合人们的生理和观察理解事物的思维方式的电视传播方式。无论是主声说还是主画说，二元对立思维的产物，不可避免存在矛盾。声音不应只是画面的解说，画面也不能仅是声音的图解和实证。声画没有谁更重要的问题，不同的节目类型，所占比重不同。无论在具体节目中，谁占比例大，都是各自相对独立的一种表现手段，二者结合应当达到 1 + 1 > 2 效果，而我国许多电视新闻节目中声画常常相互重复，甚至相互牵制，解说只能按画面上能直接得到的信息就事论事，不能拓展画面之外的信息，画面也只能按解说提供的信息进行验证，甚至以过多的解说干扰对画面的观看和理解，形成噪音从而减损原有信息量。前一段时间，国内球迷曾对我国资深电视体育新闻主持人宋世雄提出尖锐的批评而看好黄健翔，就是因为电台体育节目解说出身的宋世雄没能较好地掌握解说的时机与度，经常对画面中能够得到的信息进行说，以冗余信息制造噪音，从而影响球迷观众的观看。

综上所述，电视是人类视觉与听觉器官的同时延伸，语言符号与非语言符号共同构筑的电视新闻的传播空间。在实际工作中，电视工作者应当本着更真实、形象地传递最大信息量的原则，针对具体的节目类型和现有条件尽可能使声音、画面等各种表现手段达到最优化的结合，从传播学的理论角度来说，更应树立和强化画面为本、声画结合的意识。（原文 6400 字）

二 "声画同构"说的时空语言失误分析

上述三文共有的失误何在呢？

1. 概念用语模糊，所指能指错位

概念是人们对事物本质的认识，是逻辑思维的最基本的单元和形式。概念的模糊，将导致思维与对象的偏离。"声画同构"论者出于表述己见的需要，让现行概念负载了过多的非本质内涵，这种指称对象的泛化和模糊化，导致原来意义的丧失和各种歧义的产生，实际上已将讨论导向了声画之外，而非声画之内。

如凌燕为了自己论述的方便，不惜曲解朱光烈先生的原意"本文所谓声画，沿用朱先生的解释，即声是指电视传播中的有声语言和文字材料，画是指电视传播中活动的和不活动的画面。"歪曲之处何在，读者只要对照一下朱先生《"声画结合"论批判》（上）（载《现代传播》1999 年第 4 期）中的原文就一目了然了——"本文中所谓电视中画面是指电视传播中活动的和不活动的画面，所谓电视中的语言是指电视传播中的有声语言和字幕文字"。《电视声画不再分离》则干脆将声画混为一谈。声与画的本义，各权威工具书的解释为：声音，"一般指人耳能够感觉到的震动……人耳能感觉到的是空气的变化，这种变化起因于物体的震动，并在空气中形成机械波"[①]。

---

① 《中国大百科全书·物理卷》，第 925 页。

"电视声音是观众通过电视喇叭听到节目中各种声音的总称……可分为语言，音响和音乐三大类。"①

"电视画面：电视屏幕框架内所记录的，并能传达一定信息的具体可视的图像。"②

这些定义清楚地划定了声音与画面的界限——从物理本性上，一个是可听的机械波，一个是可视的光电信号，本性之间存在着天壤之别，然而在《电视新闻不再分离中》被引作论点的一句话却宣称："从声画结构看，同期声讲话是一种人声画面，应属直观形象系列。"这里原作者与引作者都明显地将声画本性歪曲了。

最混乱的概念则是语言。在争论中，这一概念就从来未清晰过，并且与声音、播音等纠缠不清。这应该说其根源是语言学研究对于语言概念的不规范性所致，例如：房德里耶斯："人们对语言所能下的最一般定义是一种符号系统……符号可以有不同的性质，因此，语言也有好几种，任何感觉器官都可以用来创作一种语言，有嗅觉语言，触觉语言，视觉语言和听觉语言等。"③

可见概念有宽泛的，又有狭义的，因此讨论语言问题的一个重要前提，是随时对之加以定义说明，避免所指误差。从广义的语言来讲，声音与画面都是语言；从狭义的语言来讲，画面中有有声语言，也有文字语言；就有声语音来讲，电视新闻因有画外播音，又有画内同期语言。这启示我们如果真想争论出什么，那么就必须跳开母概念，从子概念、更低级的概念上开始。这就是笔者在1990年出版的《电视新闻学》中就提出的、在本书中所要完善的电视新闻符号学系统分析方法的理论出发点。《略论电视新闻中的声画同构》一文实际上已经在运用这一方法论了——如该文第二段有这样的表述："画面语言与哲学层面的'语言'有着种属关系，是两个层面的问题，也无可比性。从永生及黄匡宇先生的文章所论述的内容看，显然，我们讨论的是第二层面。即画面语言和有声语言的关系问题，也就是视觉符号系统与听觉符号系统的关系。"可惜作者在接下来的论述中说："我们所讨论的声音与画面（从行文看，应为画面与声音——引者注），准确表述应为'画面

---

① 《中国广播电视百科全书》，第168页。

② 同上书，第161页。

③ ［法］约瑟夫·房德里耶斯：《语言》，岑麟祥等译，商务印书馆1992年版，第10页。

（图像）语言'和'文字（有声）语言'，因为电视的'画面语言'也不再是客观事物本身"。里面对图像、文字、画面、语言诸概念层叠运用，使人对其意有雾里看花之感。这一点，只要认真阅读过本书有关章节的读者都能一目了然。又如，在同文中，不是以视觉符号系统与听觉符号系统相统率，而是沿用多义且歧义的"声""画"概念及其表意，形成了诸多自相矛盾的表述。

2. 片面强调画面传播优势，漠视"词"在画面中的核心地位

词，是构成语言的基本单位，也是思维活动得以展开的工具。语言学原理告诉我们："符号活动所得到最惊人的成果就是语言。人们运用语言不仅能够表达感觉世界中的一切现实存在，表达某些隐蔽起来的事实，甚至可以表达那些无可感觉的无形观念。正是凭借语言，人类才能进行思维、记忆，才能描绘事物，再现事物间的关系，揭示各类事物间相互作用的规律。"[1] 这一原理，亦是画面赖以传播的基础。

"一幅画就是一个完整传播"，这一称颂画面魅力的名言，其实质不是对画面信息本身的判断，而是深刻揭示了画面信息传播与语言的本质关系：画面信息传播系由人们凭借对生活经验的联想、记忆与理解而进行，这一系列联想、记忆、理解所运用的工具就是"词"。"一幅画就是一个完整的传播"，其见景生情、浮想联翩的"完整传播"概源于"词"的作用。

"声画同构"论者漠视"词"在这传播环节中的关键作用，而盲目放大画面本身的作用。如《电视声画不再分离》中说："作为纪实的标志之一，长镜头很早就进入新闻节目并被广泛地使用着。长镜头使事实发展过程的（部分）序列受到尊重，以其时空展现的相对完整性使画面上原本比较模糊的信息产生有意义的关联，显示了画面自身组织信息进行局部叙述的能力。"《略论电视新闻中的声画同构》则说："由于画面的表现潜能远远大于文字的表达力（文字的精确性限制了。其表现潜力，而画面的指称范围相对广义），因此，几幅连续画面的逻辑构成，包含更多的逻辑上的省略，但并不影响其信息的基本完整，只是指称涵义较广，明确性不如文字语言，但如果有声（文字）语言没有画面的支持，其任何逻辑省略，都会带来语义理解的迷惑或误读。"；《强化画面意识，实现声画的最实现声画的最优化结合》中说："常看电视的观众会发现，电视新闻时常是炒报刊广播新闻的冷饭，很多电视记者经常借助查阅和收

---

① ［美］苏珊·朗格：《情感与形式》，刘大基等译，中国社会科学出版社 1986 年版，第 5 页。

听报刊广播新闻来寻找新闻线索，很多社会新闻，尽管其他媒体已经有了多次报道，电视的报道仍旧能够引起观众的注意，原因何在？就在于电视画面的直观和形象性是报刊广播的报道所无法代替和匹敌的。"

笔者无意贬损画面对人们视觉的吸引力，但我们务须明白的是：画面虽然具象，但语意模糊，它们绝大多数情况下都是依靠抽象的"词"，让画面的具象内涵浮升为语义，才能准确地传播。虽然"人所感知的信息60%以上来自于形体（图像）对视觉的刺激"，但刺激的结果，人们往往是借助"词"来描述这种"刺激"体验的。诚如阿恩海姆所言："语言可以为每一类型的思维提供一个清晰明确的符号，帮助维持感觉世界固有的秩序。词语就像一个个指针，将这些有意义的峰尖从绵延在地平线上的山脉轮廓中凸显出来。"词，怎么可以被电视人漠视呢？

3. 用同期声的结构功能论证"声画同构"，漠视传播时间的制约

"声画同构"论以同期声的广泛运用来印证声画界限的消失——"从声画结构看，同期声讲话是一种有声画面，应属直观形象系列（亦即图像系列），但是，从表意形式看，它却属于语言系统（亦即解说系列）。在这样的画面中，人物动作和声音同步出现，作为一种复合形态，它兼有了图像与解说的双重功能"（《电视声画不再分离》中引用钟大年《电视片解说的功能及形式》中的话，见《电视声画论集》，人民出版社1993年出版，第306页）——因而"电视是融合声光色等多种手段为一体的、最具后现代特征的信息载体，而后现代的主要特征就是打破各种界限和取消中心"。

应该说，"声画同构"（姑且借用此词）作为电视传播符号的一种构成样式，无可厚非，关键问题是在于我们如何去运用这一样式。片段性地使用同期声，已是当今电视新闻传播结构的重要样式，其模型可表示为图10-3：

图像（文　字）播音员 + 新闻人物 + 新闻现场
播音（同期声）播音稿 + 同 期 声 + 播 音 稿

图10-3　当代电视新闻传播结构的重要样式

由于是片段使用同期声，播音文字和同期声文字在后期合成时融为一个完整的"文字语言"稿，这种样式的新闻体现出简洁、明快、生动的特点，颇受传受双方的欢迎。

但是"声画同构"论者所追求的"声画同构"不是片段式的，而是全

程式的，其理论依据是："电视画面……它一开始就同时包括生活中的形象在时空中的运动和时空中的声响，不能同时记录形象和环境声音的，不是真正的电视画面。"① 这一界定何谓"电视画面"的认识是片面的，其失误是只关注了采访过程对声画的同步采录，而漠视了电视新闻播出环节对于时间的限制。

实践表明，电视新闻播出的每一个时段，都是将单位时间内的信息量放在首位，声画对位模式的新闻结构简练，每个单条所占时间适当是各台保证信息量的主要传播样式。全程式声画同构的电视新闻，大都因记者与新闻人物的现场访谈和过程报道耗时过长而慎用。一般而言，它只适用于重大新闻事实和新闻题材，或关注度极高的新闻人特等表现对象，如我们在前面有关章节举过的实例——《空中联欢会》以及中央电视台 1993 年 3 月 15 日《新闻联播》中播出的《代表民心的四次掌声》等。

据黄匡宇对广东卫视和辽宁卫视 1999 年 6 月两台"全省新闻联播"播出的新闻统计表明，两台共播出新闻 165 条，全程式声画同构的新闻 3 条，只占播出总条数的 1.8%。

电视传播的每个环节都是可以研究的，但当要对电视传播作出"画面"的实质性界定时显然是应该以"播出"这终极环节为主要研究对象，因为播出环节的"声画现象"才是电视节目声画关系的本质体现，它全方位体现出记者、编辑的理论素质与业务素质。声画同构论者的研究，未能准确把握电视新闻传播过程的这一主要环节，其认识之谬误显而易见。

4. "声画同构"论研究方法根本失当

《电视声画不再分离》和《略论电视新闻中的声画同构》各自只用一条新闻片例（单一现象）来支撑每篇近 5000 字的论证，显然力度不够。《强化画面意识，实现声画的最优化结合》则使用比喻、联想、段间大跳等文艺的表现手法进行论证，虽胜于文采，却输于学理的严密。现象学方法论提出："现象学方法，它既不是从某个第一原理推演出它的法则，也不是通过对那些特定的例子进行归纳积累，它依附于现象，存在于人们对这些现象的领会过程之中，不是存在于它们那偶然的、个别的侧面之中，人们既不能通过演绎，也没有通过归纳来领会这种本质，而只能通过直观来领会这种本质。"

---

① 《电视声画不再分离》引用朱羽君《屏幕上的革命》里的观点，参见《电视声画论集》，人民出版社 1993 年版，第 306 页。

笔者在《电视新闻：用语言叙述，用画面证实》一文中采用的数量统计分析法正是"现象学"方法的具体运用：笔者通过对上千条中外电视新闻语言现象的考察，得出了"在电视新闻的传播中，播音语言以其简明、通俗、完整的表述保证着新闻内容的传播"这一本质性结论。1 条与 1000 条，数量之差，亦是方法之差，现象学方法论强调的是研究对象的广泛性，只有建立在广泛现象的基础上，其理论方可摆脱空谈之误而走向实用，走向成熟。总之，电视新闻视听双主体结构的理论成果是建立在对各种体裁、长度的电视新闻的观察研究基础之上的，具有广泛的适用性。而"声画同构"论则只适用于个别的特例。孰真孰伪，不难辨别。

第三节 "声画结合"论要害是崇拜画面语言①

一 主体论文：《"声画结合"论批判》（作者：朱光烈）

（一）楔子：画面崇拜由盛至衰发展，我的电视观念

本文中所谓电视中画面是指电视传播中活动的和不活动的画面，所谓电视中的语言是指电视传播中的有声语言和文字材料，所谓电视的画面崇拜是指对画面在电视传播中意义的不适当夸大乃至迷信，从而忽视了语言在电视传播中基础地位的或明或暗的观念。

电影艺术大师伊文思说过，画面是电影的主体，解说词只是加强画面的效果。伊文思的这句话不仅对中国的电影学术界，而且对中国的电视学术界有着重大而深远的影响。在整个 20 世纪 80 年代电视传播以画面为主的观念如千真万确的真理大行于中国电视界，而且一直影响到了 90 年代。1991 年初，当时提任中央电视台副台长的洪民生先生在第三次全国电视音乐交流会上的讲话中重申了电视传播"以画面为主，声音加以配合"的观点②。

我是在 1988 年一次研讨会上首先提出电视传播以语言为主的。1990 年我发表论文《对一个定论的异议——电视传播中语言与画面功能的比较研究》③（以下称《异议》）系统地阐述了我的观点。这篇文章引起了广泛的批

---

① 本节内容来自朱光烈的论文《"声画结合"论批判》，原文刊《现代传播》1999 年第 5 期。

② 洪民生：《繁荣电视音乐，为屏幕增光彩》，《电视研究》1991 年第 3 期。

③ 同时载《广播电视业务》1990 年第 1 期，《电视业务》1990 年第 1 期，后者发表时有压缩。本人的论集《现代文化批判与新现代化道路》（北京广播学院出版社 1994 年出版）收入前文，《电视丛书：电视声画论集》（人民出版社 1993 年出版）收入后文。

评。90 年代初，主流电视学术界以"声画结合"论取代了画面为主论，受损的画面崇拜在"声画结合"论的掩盖下以潜流的形式存在。1991 年在中央电视台召开的舟山声画关系研讨会对我的观点进行了激烈的批评。第二年，林杰谋发表《厚此薄彼的比较方法不可取——与朱光烈同志商榷》① 一文批评我的文章不公正，"厚此薄彼"，"厚"语言，"薄"画面，至今，众多对我的批评者实际上都持这种逻辑。

北京广播学院朱羽君教授是中国电视学术的开拓者之一，在电视界久负盛名：1991 年她在舟山电视声画关系研讨会上发言说："电视画面不同于电影画面，其中最重要的特征是，它一开始就同时包括着生活中的形象在时空中的运动和时空中的声响，不能同时记录形象和环境的声音的，不是真正的电视画面"②，这可能是"声画结合"论最出色的阐释。"画面为主"论先入为主的观念还是给朱教授设置了最后价值障碍，电视屏幕框框的障碍，把本不属于电视屏幕之内的声响也拉进了电视屏幕之内的画面中来。

1998 年 5 月 18 日，朱教授在凤凰中文台的一次研讨会上发言中，提出了"电视是人际传播"的观点，并用主要篇幅谈到了编辑应当保留谈话的连贯性，而不应当随意剪辑，破坏谈话的气韵。很明显她这里讲的"人际传播"就是语言传播，由此可以推论出这样一个结论，语言是电视传播的基础。实际上，朱教授的发言使她已经进入了电视传播以语言为基础的理论阵地，只是她没有说出这句话来。

为什么说电视传播以语言为基础？

（二）实证分析

我在论述电视传播以语言为主的时候曾经指出，电视是可以听懂的，但关掉声音只看画面电视是看不懂的，这两年有的收音机专门设计了电视音响系统收音开关，我有几次深夜打开收音机不经意地在调频 9.00 波段上收听到中央电视台完整的节目语言和音响的广播，内容听得清清楚楚。但是，一旦电视出了故障，听不到声音，只有画面，我们就看不懂电视。这种观众实际的收视状况是电视传播以语言为基础最有力的论据。

黄匡宇先生在《电视新闻：用语言叙述，用画面证实》一文中提供了这样一些数据：1986 年 6 月 11 日到 30 日共 20 天中央电视台《新闻联播》节

---

① 参见《电视研究》1991 年第 2 期。

② 《电视丛书·电视声画集》，人民出版社 1993 年版，第 306 页。

目播送了 322 条具有活动图像的国内新闻：1989 年 3 月的前 15 天连续用关掉图像的电视机听中央电视台《新闻联播》播出的 528 条新闻，其中除一条以外，其他各条都能完全听懂。没听懂的一条打有字幕，用字幕代替了播音，在这个月的后 16 天里《新闻联播》播了 543 条新闻，黄先生关掉电视机的声音，只看画面，结果没有一条能看懂，能猜中大致内容的也仅仅 9 条。黄先生还实验了 4 家境外电视台的近一千条新闻，画面能够叙述内容的一条没有。

　　贝斯特（Beihtel）等人早在 1972 年把观众收看电视的整个过程用录像机摄录下来进行分析，发现观众收看电视时对屏幕的注视率很低，10 岁以下的儿童 52%，11—19 岁的少年占 68.80%，成年人占 65.3%。娄迟（Lorch）和安德森（Anderson）等人 1979 年作了一次心理学实验，被试者是儿童，一组有吸引人的玩具可玩，一组没有玩具，两组看了同样的电视片，分别加以测试，结果发现，玩具组被试者视觉注意量为 44%，无玩具组视觉注意总量为 87%，但是理解测试表明，两组的成绩没有差别①。玩具组相差一半的画面没有看而理解程度并没有降低。那么孩子们凭什么获得电视传播的信息？恐怕无须证明，凭的就是有声语言。安德森（Anderson）等人 1981 年还作过一次实验证实，电视节目中的谈话要比画面更容易理解，因此也更容易引起注意②。

　　下面的材料可以说明在接受信息和理解信息方面语言优于画面的进一步证据。梅林戈无（Meringoff）1980 年曾经作过这样一个实验，实验材料是插图故事书和电视片，两种材料所呈现的是同一个被试者所不熟悉的故事，被试者为 9—13 岁的 48 名儿童，他们分成两组，一组读书，另一组看电视。实验后考察了被试者对故事内容和人物的理解以及对事件的推理，结果发现读书组的被试者回忆起较多的故事里的词汇，能够对故事内容进行总体认识，根据个人经验对故事进行较好的推理，而且能够根据故事情境提出问题和评论故事。看电视组记住比较多的人物动作，对于故事进行中的时间和地点的差距估计的比故事里的短，在推理的时候他们更多地依靠看到的内容。1983 年贝阿革拉斯 - 卢斯（Beagles-Roos）和盖特（Gat）也作过一个实验，方法同上，只是故事书材料被广播材料所代替，结果发现被试者在故事中的

---

①　张令振：《认知心理学关于电视问题的研究》，《心理学斟究》1989 年第 2 期。
②　同上。

语言识别，在故事内容的推理等方面，广播组也都胜于电视组①。

以上实验材料涵盖了电视传播的绝大多数类型的节目，所论证的不是个别的电视传播，而是较为全面的电视传播的接受规律。

（三）语言为什么能够构成电视传播的基础

（本节内容是语言哲学分析，从略）其要点为：语言与画面相比具有不可比拟的系统复杂性和有序性，因此它的传播信息功能也就具有了画面不可比拟的优势。语言的诞生对于人类文明的发展的意义怎么估计都不过分。人们学会了制造工具固然重要，但是传播方式的进步更为重要。新近有报道说，不仅猩猩而且有些鸟类都会制造工具，有的动物也有简单的语言行为，但是他们没有复杂的语言进行纵向传播，不能把他们的经验一代一代传承下去，积累起来形成社会进步。而人类则不同。人类不仅学会了制造工具，而且学会了依靠复杂语言进行传播，把经验一代一代传承下去，发展下去，推动了自身的进步。文明社会人的交流、他们的经济、文化、军事、教育、科学等一切社会活动和社会发展，都是借重于语言进行的，文化、教育、科学都是用语言构成的，人类的一切传播都是建立在语言传播的基础之上的，电视也不例外。不仅人类语言诞生之前只能靠形体动作进行传播，而且据报道猴子等动物特别喜欢看活动的电视画面，如果以为电视传播可以以画面为主，或者虽然说法不同但是依然是画面崇拜都是十足的天方夜谭，这种观念如果成为现实就意味着人类进化到今天突然"返祖"，返回到了猿人时代，猴子时代。

"声画结合"论不具有普遍意义，不具有理论品格

进入20世纪90年代提出"声画结合"论之后，"声画结合"论就成了不证自明的真理，电视人普遍予以承认，"声画结合"发挥电视传播双通道的优势，很好。不承认"声画结合"论难道"声画分离好吗？"但是这种直观的感言代替不了理论的分析。

（四）"声画结合"论天天通到"鬼打墙"。不是"声画结合"，而是"声画同在"

"声画结合"论提出将近十年了，但是时至今日它天天都会遇到"鬼打墙"，电视传播中存在着大量意义不大和意义不明甚至根本没有意义的画面，

---

① 参见［美］凯特·穆勒《电视的影响和儿童电视病》，中国广播电视出版社1988年版，第10—17页。

譬如各种谈话节目、讲课节目、报告会直播节目以及报道经济增长的节目（配上根本不能说明经济增长的生产场面画面）中的画面；电视传播中还存在一些"万能画面"，譬如报道工业生产配上不知道哪年哪月什么工厂机器转动的画面，报道农业生产配上不知哪年哪月什么地方麦浪滚滚的画面，等等。电视传播中总是根除不了所谓"声画两张皮"现象，所谓"声画结合"论在这里遇到了"鬼打墙"而翻了车，而且我们天天都可以看到不少的这种翻车的"交通画事故"，谁也没办法绕过那没完没了的"鬼打墙"，"翻车"的频率早就应当收入吉尼斯世界纪录了。何也？这是因为画面和语言的传播功能严重的不匹配，画面永远不可能在很多情况下紧随语言共同完成传播任务，电视传播可以做到声画结合，但是远不能消除声画分离即"声画两张皮"的现象，因此可以说，"声画结合"论不可能成为电视传播领域普遍有效的理论。声画双通道好极了，可惜这个画面本事太小老拖后腿，经常使（"双通"的理想）不能实现，没用的画面甚至有时还干扰语言的传播，但是奇怪的是进入20世纪90年代电视人的本事却见长，据说可以使电视传播，"声画不再分离"，但是时至今日我们看到的仍然是只听声音不看画面可以听懂电视的普遍现象，而且随着谈话节目的日益增多此种现象日益增多，可能有人会说，电视传播当然要有声音和画面了，如果只有语言没有画面那还能叫电视吗？"声画不再分离"、"声画结合"有什么不对？在我看来，电视传播里的声音（语言）和画面最普遍的关系不是"声画结合"，不是"声画不再分离"，而是"以语言为基础"的"声画同在"，"同在"既包括了"结合"、"不再分离"，也包括"两张皮"，以及介于两者之间的、不同程度的若合若离的状态，而观众经常毫不客气地撕破了那个"结合"和"不再分离"美妙的情景，把其中的画面抛掉，只要他们最需要的语言。从观众那里看，"声画不再分离"甚至在很多情况下的"声画结合"只是一种浪漫畅想而已，我们透过这几个字可以看到站在传者立场上的画面崇拜者们诗一般的朦胧醉意。

　　理论是什么？理论是对研究对象的抽象，抽象之后的理论必定可以普遍的解释研究对象，即具有普遍意义，"声画结合"论无法普遍地解释电视传播现象，它不具有普遍意义，不具有理论品格。与此相反，"以语言为基础"论却具有这种普遍意义和理论品格，它没有遇到过"鬼打墙"的记录——当遇到"声画两张皮"的时候，观众谁也不会把画面当回事儿扔掉，把语言所传播的信息认为正宗。

（五）我们的研究应当坐在哪条"板凳"上？我的研究立场

早在 20 世纪 80 年代有位老同学就开玩笑一般地"教训"我说："你根本没有干过广播电视怎么能去研究广播电视？"无独有偶，到了 20 世纪 90 年代，当发生了关于语言与画面问题的争鸣之后，另一位对我持批评态度的老同学对我说，"你到电视台干干就明白了。"现在看来，我的这两位无话不谈的老同学无意之中把这次关于语言与画面的争鸣在"立场"上的对立活脱脱地端了出来。

只要到电视台看过就会发现，那里的机器主要都和画面制作有关，在电视业务中采访、编辑、制作的种种环节从表面上看主要都是与画面打交道，无怪乎画面崇拜可以在电视界通行无阻，无怪乎我的老同学要提醒我到电视台去干干。在语言与画面争鸣中我曾经多次申明：声画结合是对的，从编辑操作层面看，从专家欣赏分析的层面看，从艺术欣赏的层面看，声画结合很是必要的，有意义的，电视传播自然不能搞声画对立。但是，我的争鸣之友却怎么也不肯认同我的以语言为基础的观点。异端者可以包容正统，正统者却无论如何不肯承认异端——历史常常发生这种不公平的"战争"。问题出在研究的层面不同，异端就是突破原有的体制，走向另外的层面，但是他知道和不肯放弃原有的层面，他需要借助于原有层面的研究成果，以完善自己的认识；而正统者没有意识到走出原有体制的必要。声画结合处理得好很不容易，需要很好的艺术感觉和业务技巧，但是应当说，"声画结合"论是编辑机前操作层面的东西，是操作的一种要求。然而，走入传播学的层面之后，为了研究电视传播的本质，就不能仍然把屁股坐在编辑机前的"板凳"上，而应当坐在普通观众家庭电视机之前的"板凳"上，从电视传播活动最基本的领域普通观众在家里收看电视的状况那里开始他的研究进程，并以此为基础。

那么，普通观众在家里是如何看电视的呢？美国学者曾经把家庭看电视的全过程用录像机录下来加以分析，发现观众看电视有很多伴随活动，玩、看书、打闹、吃饭、睡觉，等等。中国观众穷，还会有做饭和一些其他家务活动，那么，体制外的学者又是怎样研究电视的呢？日本社会学家藤竹晓在为《电视的冲击》一书写的序言《我怎样看电视》里写过，他在这本书里的思想都是在有很多伴随活动的条件下收看电视时萌发的，他从来不通过一个人静静地看录像去研究电视①。

---

① ［日］藤竹晓：《电视的冲击》，李江林等译，北京广播学院出版社　　年版，第 10—17 页。

　　这些年来，我们总是强调以受众为中心，对于电视实务界那些无视观众、不管收视效果的种种行为常常不以为然，但是我们电视学者自己怎么样呢？有谁有着藤竹晓一样的意识和立场？实际上很多学者都有一条编辑机前的"板凳"，被同化为编辑，于是画面崇拜观念油然而生；电视学者应当首先向编辑记者学习，但是，接着就应该超越他们，没有这种超越就没有学者的社会地位，没有存在的必要，这不是学者自视高编辑记者一等，而是社会分工不同所要求的。为了寻找自己的社会地位，电视学者首先就必须走进普通观众家庭，或者在自己家里以一个普通观众的心态去收看和研究电视，即坐在普通观众的"板凳"上，只要这样做了，以语言为基础的结论就不难出来。以编辑的"板凳"否定观众的"板凳"；以操作的立场否定传播学的立场。全部的分歧基本上源于此——"板凳"问题或"立场"问题。我的争鸣之友往往批评我脱离实际，什么"实际"？是编辑的"实际"还是观众的"实际"？

　　研究电视的最基本视角应当是观众的"实际"，也即电视研究的"以受众为中心"，这不仅对电视的传播学研究是必需的，而且对电视的业务研究和实际工作也是必要的。道理很简单，我们办电视是给千千万万普通观众在家里看的，不只是为极少数电视专业人员分析画面用的，一切业务研究都必须从研究千千万万普通观众在家里看电视的实际情况出发。从这里出发，听觉的意义明显上升，视觉的意义明显下降，亦即：在电视传播里语言的意义明显上升，画面的意义明显下降。在我看来，编辑的操作视野遮蔽了我的争鸣之友的眼界，使他们无法看到或不予承认编辑室以外的世界。

　　（六）"声画结合"论研究的双重错位

　　《电视丛书·电视声画集》（洪民生主编，周经副主编，人民出版社出版）之"声画关系篇"中前三篇文章依次是，朱羽君教授的《屏幕上的革命》、朱景和先生的《残缺美与和谐美　读不懂的解说词　听不见的音乐》和钟大年教授的《画面重要，还是解说词重要》。朱羽君文认为电影摄制的机械技术造成了声画分离，电视制作中的声画分离来源于此。电视技术是电子技术，在制作中可做到声画同步记录，做到声画结合，组成包括画面和声音在内的场信息结构。朱景和文分析了电视片中画面与语言的互补关系，解说词是视听同步特殊文体，可以或应该合理残缺，但是由于有画面的配合而能够听懂，并产主完美效果。钟大年文具体分析了画面和语言的功能，其分析大致与笔者一致，但是它的结论却是画面与语言都重要，两者不应分出高下。这三篇文章写得都很精彩，以我的眼力所及，应视为"声画结合"论的代表论文，但是从中我们可以看出"声画结合"论研究的双重错位：

第一，三篇论文完全是从研究者和电视节目制作者亦即传者的立场出发的，而对于观众如何接受电视的话一句都没有提及，虽然它们的研究也具有某些传播学的意义，但是它们不是以受众为中心，而是以传者为中心，暴露了"声画结合"论研究的根本错位。

第二，三篇论文研究对象都是艺术类电视作品，有《望长城》等十来部纪录片和专题片，还有电影故事片《伤逝》，电视连续剧《红楼梦》和电视文艺晚会《拥抱太阳》等，而对作为电视传播中最重要、最能反应它的根本特性的新闻节目、谈话节目、教育类节目、信息类节目以及生活类节目没有任何分析，而恰恰在这些节目里"声画两张皮"的现象经常发生，声画结合经常不能实现。电视传播里是有艺术，但极为次要。仅仅把电视作为艺术来研究不符合本文关于电视主要不是艺术欣赏工具而主要是社会信息传播工具的电视观念，是很片面的，是另一种错位，这种错位显然与电影观念影响有关，实际上在它们分析的作品里就有电影作品，这暴露了在三位作者观念里是影视不分家的。朱羽君教授虽然发现了在制作方面电视与电影的不同，但是她没有继续发展这种发现，在电视与电影根本性质上加以区别，从而最终摆脱电影观念的影响（顺便说一下，即使电影传播也是以语言为基础的）。

（七）"声画结合"：一句并不"真实"的"大实话"

（本节是关于正确与真实的哲学关系论述，正确不等同于真实，"声画结合"有一定的正确性，但是并不真实，从略）

（八）"映象思维"与安泰之死

电视的出现对人类社会发生了巨大的冲击，没有画面的电视是广播，正是由于有了画面电视才有了如此大的威力，从这个视角说，电视的威力就是电视画面的威力。于是有些学者热衷于画面语言（蒙太奇）和映像思维的研究，认为画面不仅可以表达形象思维，而且具有抽象意义，蒙太奇具有语言一样的句子结构，外国更有浪漫的异想天开者爱森斯坦试图用画面拍摄《资本论》但是却没了下文。别说那样艰深的《资本论》，就是浅陋的文章如本文恐怕都是不可能用画面来拍摄的，不信者可以一试。陈卫星先生在《影像的边界》一文中这样介绍了国外关于"映象思维"的研究，影像"可能对信息带来一种异质的因素，并产生意想不到的结果"，影像"是一个生产性手段"，它"完全可能"在"发送者和接受者之间制造信息障碍，制造新信息，改变信息的纬度，改变信息的数量和质量"，影像"创造了一种没有边界和实践厚度的存在"，"内化成为一个影像—现实—意识形态三位一体的概念"。我以为，所有这些都没有改变这样一个事实：当语言被抽出之后，画面或者根本无法传播有效信息，或者传播的信息极其有限，所有这些优势都将不复存在，画面了不起的本事是依赖了语言的。希腊神话中有一个名叫安泰的神，是大地的儿子，借助母亲的力量在大地上战斗英勇无敌，后来被赫拉克勒斯举到空中杀死了。电视传播里的画面就是安泰，语言就是画面的"大地"母亲。

（九）语言与画面要不要分开来研究？我的研究方法

"声画结合"论认为，电视传播声画结合之后可以形成独特的"电视语言"，这种"电视语言"与"电影语言"没有什么本质上的不同，它是有机的、完整的，人为地分开来研究以画面为主还是以语言为主是多余的，错误的。后现代学术研究强调整体性把握，反对两极对立。但是许多中国学者没有注意到这样一个问题：社会的发展是不断分工的发展，科学的发展是不断分科的发展。虽然 20 世纪出现了综合发展的大势，但是综合发展是建立在广泛的分析发展的基础之上的。中国之所以近代以来落后了，其文化上的原因就是古代原始状态的综合思维方式没有在后来的发展中得到分化发展，近代科学终于没有产生，民主、自由的价值观和社会制度也没有产生。事物要取得发展，学术要进入整体把握，首先要有分析纬度上的发展。电视学者们以整体把握拒绝对于电视传播中语言与画面的分析研究，正是中国传统文化偏于原始状态的综合思维方式的反映。事物都具有可分性和不可分性。学术研究的整体把握是一种抽象过程，是对研究对象的诸要素的共同规律的抽象，而不是笼统地大概地说上一通就可以完事大吉。为此就必须对它们进行分析，分析研究是任何学术研究的基础，只有在深入分析的基础上才可能达到学术上有效的整体把握（不同于操作的整体把握），即抽象，没有分析就根本没有科学和学术可言。所谓分析，就是把组成对象的各个要素。各个方面分开以后加以考察和比较，以及把对象以外的有关要素可以联系考察。分析必须服从逻辑，分析和运用逻辑是分不开的。"声画结合"论者满足于笼统的"整体把握"而拒绝分析研究必将阻断研究向分析和抽象这两端发展，不能张扬学术思维，只能把学术做成夹生饭，"声画结合"论之所以不具有普遍意义和理论品格，原因就在这里。

（下略论及各种研究方法失衡的文字 1600 字）

方法就是科学本身，譬如数学就是一个方法体系。对于科学和学术来说，只有有了正确的方法才可能产生正确的结论，方法一旦错误，结论就无从谈起：有时方法对了也可能得出错误的结论，这是因为在论证过程中的某个环节出现错误造成的，但是它的错误是局部的，是容易克服的，而方法的错误则是整体的，不易解决的，方法比结论更重要。学术活动最重要的意义不是某种结论的提出，而是正确的、先进的方法的创造、运用，笔者期望本文能够在电视传播研究方法方面与读者有所交流。

（十）观念应当适应时代的发展

电视传播是一种文化产业，在中国它已经进入市场，而谈话类节目由于成本极低等原因极利于竞争。画面崇拜观念可能对于中国电视产业发展具有潜在的负面影响。主持人节目在几十年之前就出现了，我不知道有没有例外，主持人节目都是谈话节目，克朗·凯特形成那么大的影响，主要凭的是什么，不是画面，而是语言。主持人节目早已经把电视传播以语言为基础的命题明明白白地展现出来了，但是，我们的电视学术界却长期没有发现这个命题。顽固的画面崇拜观念阻碍着电视学术的发展和对实际工作的正确指导。

中国改革开放已经走过 20 个年头了，社会发生了天翻地覆的变革，这个变革波及社会的各个方面。市场的动力是根本的力量，市场的发展是无情的，决不会因为学者们的喜欢与否而有所改变。传统的电视理论和业务建设（包括专业教学科研，业务研究进修，业务总结等，下同）的基础是在计划经济时代建立起来的，以传播者为中心是那个时代的产物，画面崇拜与这种观念有关；这个基础必将在市场经济时代被根本改造。目前，电视实务界已经进入了市场，离开了那个基础，而我们教学科研工作呢？明显落后了。观念应当适应时代的发展，面对媒介产业化的新时代，我们应当继承一些仍然有用的东西，抛掉一些旧的东西，改造一些旧的东西，学到一些新的东西，创造一些新的东西。画面崇拜从来就是不能成立的，在媒介产业化的今天，我们更需要承认语言才是电视传播的基础，在今天重新提出以语言为基础的论题就是适应这种时代发展的努力，这个论题的提出不是没有意义，而是意义很大。

（十一）业务建设的基础转移

人类文明产生以来，历代的文化名人无不强调学习语言的极端重要性和极大的难度。语言是人类一切传播的基础，电视也不例外。由于画面崇拜的长期存在，在语言与画面两者之间，几十年来我们的电视理论和业务建设总是把重点放在了画面研究、学习之上，对语言的研究教学，对不起，委托给基础课罢了，如何结合电视传播的特点研究语言运用的努力，不能说没有，但是很不够，这单从课程设置上就可以看出来，现有的电视传播理论和业务建设是本末倒置。用人单位长期反映广播学院毕业生后劲不足，而大量非电视专业的毕业生到了电视台不用多长时间也可以适应工作，而且往往被认为有后劲，后劲不足这种长期以来的弊病之所以克服不了，一个非常重要的原因就是面对一些新兴专业我们还没有找到它们的真正基础，在电视传播的专业教学中必须把语言的教学和训练放在基础地位上大大地予以加强，以解决"后劲不足"这个长期以来形成的痼疾。

（十二）超越"无根应用学"

在广播电视教学科研领域里我们几乎天天都会遇到所谓应用学科的障碍。我们经常强调广播电视学科的应用性质，我们可以承认广播电视学科的应用学科性质，但是操作规范并不等同于应用学科。完整的、真正的应用学科应当在实际操作研究之前有一个为实际操作研究寻找基础的部分。拿电视传播来说，完整的、真正的应用学科首先必须从普通观众收视状况的研究出发，编辑的操作研究必须以此为基础，把编辑部的大门关起来的研究，只是编辑工作的操纵层面的研究是无源之水，无本之木，无法建立起完整的、真正的应用学科。这种应用学科是缺乏基础的"半拉子工程"，可以称之为飘忽于半空的"无根应用学"，由于它失去了可靠的基础很可能出现偏差。

随着改革开放的发展，中国已经形成了官方意识形态、大众文化和精英文化三足鼎立的多元文化格局①。广播电视学科可以成为应用学科，也可以通向精英文化。精英文化是一种不求急功近利的"正确"应用，只求对长期学术积累的"真实"追求。历史这样告诉我们，大的用处偏偏出在当时不追求业务应用的纯学术研究之中。这种纯学术才属于精英文化。以本科和研究生教育为主的大学，不同于高职教育，更不同于训练班，它的文化定位应当是精英文化。（对于从事精英文化来说，这样的大学应当说一声，舍我其谁？）当然这样的大学里也不应当忽视应用研究，但是它的基点应当是精英文化，精英文化定位表明一种精神，一种追求，一种区分是非的基本标准。上述三种文化之间没有一条绝对的界限，研究对象的文化定位不等同于，不

---

① 朱光烈：《珠江经济台在多元文化格局形成中的意义》，《现代传播》1996年第5期。

决定着学术研究的文化定位，电视传播本质上是大众文化，但是电视研究可以是精英文化。要看清一个事物，就必须与它保持一定的距离；要做学问，就必须与研究对象保持一定的距离。我们需要突破。正确乃应用的局限，在专业的边界上入乎其内，出乎之外。为此需要扩大视野，理论深度和意义的大小与视野的大小成正比。广播电视教学科研界大多弥漫着单纯操作研究的迷雾——一种致命的痼疾——了。我们不可以讥笑"玄学"和"高深理论"，相反，我们需要"玄学"和"高深理论"。（原文21000字）

二 从"画面崇拜"现象看电视语言研究方法失落与回归

朱先生的文章洋洋洒洒从12个方面瞄准"声画结合"论开火，由于是紧扣基础理论，所以处处中"的"。紧接朱先生的话题，于是有了以下感言：

罗兰·巴特曾指出："我们处于影像文明这个说法似乎不太正确——我们仍然，且更加处于书写文明中，书写与言语形式仍然是资讯传播的主要架构。"此话一语中的，切中肯綮——它表明了语言（包括书面语和口语）在以"报道新近发生的事实"为主要功能的新闻传播中的主导作用。

显然，这一命题对于大众传媒中的报纸（或其他非图片性新闻印刷媒介）和广播来说并不难以理解——在报纸新闻传播中，除了少量新闻照片以外，文字（即书面语言）是报纸的绝对主导传播符号；在广播新闻传播中，除了少量的同期声（也可能包括现场口语）和背景音乐音响以外，口语是广播新闻传播的绝对主导传播符号。为何在电视新闻传播中，这一命题在理论界和实务界却一直存在着较大的争议呢？20世纪90年代后期以来，声浪甚高的"声画结合"论的要害何在呢？

影响巨大的德国哲学家海德格尔认为："单纯正确的东西还不是真实的东西。惟有真实的东西才把我们带入一种自由的关系之中，即与那种从其本质来看关涉于我们的关系之中。照此看来，对于技术的正确的工具性规定还没有向我们显明技术的本质。为了获得技术之本质，或至少是达到技术之本质的近处，我们必须通过正确的东西去寻找真实的东西。"海德格尔一生花了大量精力研究技术的本质问题，技术所追求的是效益，因此必须正确。但是正确与否一般靠直观便可以确定，海德格尔说："正确的东西在眼前的事物那里总是确认为某种大实话。"毛泽东也说过："感觉到的东西，我们不能立刻理解它，只有理解了的东西才更深刻地感觉它。""声画结合"之所以被传播学者称为一句并不"真实"的大实话，就是因为它是一件很容易

"感觉到了的"有限"正确的东西",因为它是"眼前的事物",但是,众所周知,认识事物必须越过"大实话"式的"正确"到达可能被认为是不正确的"真实",由"感觉"上升到"理解"。为此,这就必须经过由表及里、去粗存精的过程,而这个过程就是对认识对象进行分析比较的过程。"声画结合"这句"大实话"的流行,与人们习惯的直观思维息息相关。它一方面来自于人们与生俱来的对画面的敏感——人们认识事物的顺序往往是从具象世界进入抽象世界。更主要的方面是来自业界根深蒂固的"电影情结"。"从电视闯入国门之后,电视的研究一直被电影的影子笼罩着……中国的电视理论,是用胶片写成的,而不是用磁带写成的。因为,在电视理论的字里行间,处处散发着冲印药水的味道"① ——"声画结合"论的理论根源可以一直上溯到克拉考尔那里,持证者无论如何善于变换辞令,但概而言之,无非仍是从"电影是一种通过机械把现实记录下来的艺术"、"电影是照相的延伸"(克拉考尔)等电影理论蜕壳而来,其要害是画面崇拜。我们在本节中将要引述的朱光烈先生的《"声画结合"论批判》从观众直观、学者调查和心理学实验三方面论证了电视传播以语言为基础的结论,并从语言哲学和历史文化角度分析了深层原因。指出,"声画结合"论用为一种操作要求是对的,但它更是不足的,是面对编辑机的操作理论,不具有传播学的基础,在实际工作中天天翻车,是"无根应用学",是一句并不"真实"的"大实话",从而对"声画结合"论作了较为深刻的鞭笞。

"科学方法是通向绝对知识或真理的唯一入口","科学的统一仅仅在于它的方法而不在它的材料"②,朱光烈先生《"声画结合"论批判》更重要的价值还在于在它的下半部分突出地强调了研究方法对从事广播电视理论研究的重要性,特别是加强基础理论研究的必要性。

当一个新事物刚刚出现的时候人们对它的认识总是片面的。英国哲学家和电视节目主持人麦基在《思想家》一书里说过,电视是与广播放在一个管理体制之中的,在电视形成个性的时期,为了形成个性,电视工作者就特别强调画面,这是可以理解的。麦基说,但是,电视工作者有个错误的假设,以为电视是一个视觉媒介,这不对。表达思想的最好办法是"谈话",当听觉被电视工作者所重视了的时候电视就走向了成熟。电视诞生之初的认识片

---

① 丁海宴:《电视艺术的观念》,北京广播学院出版社1997年版,第5页。

② [英]卡尔·皮尔逊:《科学的规范》,李醒民译,华夏出版社1999年版,第4页。

面性带来了许多错误的术语，譬如把电视片中的画外语言称之为解说词，把电视中的语言和其他音响统称之为电视的伴音，甚至"电视"本身就是一个片面性的称谓。今天无须改变这些习惯性术语，但是我们应当从观念上对它们内涵外延的失当有所认识，以跟上发展了的时代，这也就是朱先生在文章中所强调的："画面崇拜从来就是不能成立的，在媒介产业化的今天，我们更需要承认语言才是电视传播的基础，在今天重新提出以语言为基础的论题就是适应这种时代发展的努力，这个论题的提出不是没有意义，而是意义很大。"

朱先生的文章指出："由于画面崇拜的长期存在，在语言与画面两者之间，几十年来我们的电视理论和业务建设总是把重点放在了画面研究、学习之上，对语言的研究教学，对不起，委托给基础课罢了，如何结合电视传播的特点研究语言运用的努力，不能说没有，但是很不够，这单从课程设置上就可以看出来，现有的电视传播理论和业务建设是本末倒置。"这对我们的新闻教育，尤其是电视专业教育提出了及时的鞭策。目前，电视传播里的语言运用有很多问题需要研究，譬如，如何把握谈话现场，如何做到既深刻又通俗，既简洁又有意义，既通俗又不啰唆，既幽默又不油滑，以及语言如何与画面相互辉映，充分发挥电视的语言"双主体"传播优势，等等。面对电视传播的新发展，我们到了该清醒的时候了。既然电视传播以语言为基础，既然电视传播主要靠"说"去竞争，我们就必须把理论和业务建设的重点转移到语言方面。"电视传播专业的学生和进修生，在第一线工作的编辑记者应当从播音专业的学生天天练习发音和播音那里获得启发，大大加强口头传播技能的训练，新闻敏感、表达才能主要不应该也不可能通过画面处理训练过程去培养，而是应当通过语言传播特别是口头语言传播训练过程去培养的，这种语言传播的训练应当成为专业训练的基础。"① 当然，我们说影像思维也必须训练，"声画结合"作为一种技术操作要求，也必须研究和学习，但是，这种研究和学习应当建立在语言研究和学习的基础上，影像的研究和学习不可能构成出影像思维和声画结合研究和学习自身的基础。

如何克服新闻教育尤其是电视专业教育这一现存的本末倒置状况，答案还得从观念和方法的转变上去寻找。

一方面，我们必须变把编辑部和教研室的大门关起来的研究为从普通观

---

① 朱光烈：《"声画结合"论批判》，《现代传播》1999 年第 5 期。

众收视状况出发也就是从实际出发的研究，变飘忽于半空的"无根应用学"为完整的、真正的应用学科。另一方面要致力于电视研究的崇高追求，克服"只是满足于体制内的应用研究，而不能发展到体制外的文化研究"，从而把电视研究提升到精英文化层面。

　　这些命题值得理论界和实务界来共同关注。

第十一章

电视新闻语言研究的语形、语义、
语用空间大有可为

　　瑞士逻辑学家鲍亨斯基这样描述皮尔斯和莫里斯的基于逻辑学的符号学理论："符号学的主要观点——它也是符号学分门别类的基础——可以简述如下。当一个人向另一个说些什么的时候，他所用的每个词都涉及三个不同的对象：首先，这个词属于某个语言，这表明它同该语言中其他词处于某种关系之中。例如，它可以处于句中的两个词之间，或处于句首，等等。这些关系叫做句法关系，它们把词与词连接起来。其次，这个人所说的话具有某个意义：他的那些词都有所意谓，它们要向别人传递某些内容。这样，除了句法关系之外，我们还得研究另一种关系，即那个词同它所要意谓的东西之间的关系。这种关系叫做语义关系。最后，这个词是由一个特定的人向着另一个特定的人说的，因此，存在着第三种关系，即该词与使用它的人们之间的关系。这些关系叫做语用关系。"[①]

　　笔者认为，上述对符号学的分类，为我们进一步研究电视新闻语言，提供了可供借鉴的思路。下面试从语形、语义和语用三方面对电视新闻语言的相关要素及结构规律做对应性剖析。

第一节　电视新闻语形关系浅析

　　此处的"语形"，在普通语言学中，一般称作"语法"。电视新闻的语形研究，系建基于现代语法学。欲了解电视新闻语形概念及语形细分，必先

---

①　［美］鲍亨斯基：《当代思维方法》，童世骏等译，上海人民出版社 1987 年版，第 35 页。

了解"语法"。在日常用语中，"语法"有两个意思：一个指客观存在着的语言的结构规律；另一个指研究语言结构规律的科学，即语法学说（或"语法学"）和语法著作。"语法"的这两个意思之间有密切联系，就是：语言的结构规律是语法学的研究对象，而语法学则是对语言结构规律所作的科学解释与抽象，把对语言结构规律所作的科学解释记录下来、发表出来，就成为语法著作。

根据语法学研究的成果，我们试从语法的抽象性、民族性和归递性三方面探索它们在电视新闻语言中的语形结构形式。

一　语法的抽象性

抽象性是语法最基本的特征。语法就是对一个语言中各种语法单位的组合关系、聚合关系、功能类型等的抽象概括。人们所使用的句子千差万别、数不胜数。但是，无限多的个别具体的语句中，词的结构方式、短语和句子的结构规则等却是有限的。这些结构规则、语法形式、语法手段、语法范畴和语法意义都是从个别和具体的语言材料中抽象出来的。比如，从"教师教书、学生读书、农民种地、工人做工、商人经商"这些具体的语句中，可以概括抽象出"主谓结构"的语言结构类型。尽管上述具体语句所表达的意思各不相同，但是，它们都是由前后两个部分组成的，前一部分是陈述对象，后一部分是陈述前的一部分，不仅结构形式相同，而且结构关系也相同，所以可以概括为一种抽象类型。有人说，语法好比几何学，就是指语法的这种抽象性。世界上所有语言的语法都具有抽象性，所以，学会一种语言的语法，就可以把一种语言的词汇合乎规则地组织起来，从而生成出无限的具体语句。这也是语言中具体的词汇成员数量巨大、具体的语句数量无限，而语法单位的类别、语法结构的形式却数量有限的原因。抽象的语法结构可以叫做"类型"（type），它们是从出现在言语交际中的具体"实例"（token）中概括出来的，并非语法学家的凭空想象。正因为如此，所以，掌握了一种语言的语法结构类型，就能说出/听懂从未说过/听过的具体语句，用以表达或理解丰富复杂、千变万化的意思，使语言交际得以顺利圆满地进行。

例如在电视新闻中，视听语言表达的新闻内容千变万化，但其声画结构形式，可以抽象为两大类："声画合一"和"声画对位"两大类。

1. 声画合一

这是指声音和画面同时指向一个具体的新闻形象的结合形式。它的特点是声画同步发生、发展，视听高度统一，使画面和声音具有最高的保真性。

声画合一，在电视新闻中又有两种形式：它们可以是画内音响空间与视觉空间的统一（如同期声与画面的统一），可称之为"画内声画合一"；也可以是画面空间与画外音响空间的统一（如播音语言与画面的统一），但它们必须是在时间上的同步，也就是说，必须指向同一时间内音响与画面的同一对象，可称之为"画外声画合一"。

画内声画合一主要表现为画面物像及其声音的合一。各种器物音响作为背景，使新闻现场气氛浓郁；各式人物的声音，使新闻内容更为真切可信。同期语言声音的运用的方式大致有：①新闻人物的声画合一。在新闻某个环节中插（切）入，作为一条新闻内容的组成部分；②以记者的身份出镜头报道；③以记者的身份进行现场采访，记者、被采访者声画合一。这一类声画合一的质量，取决于记者和被采访者的水平，如果谈话、提问、回答都恰到好处，新闻内容为之增色，报道效果甚佳；如果是各方（或一方）语言不得要领，将使传播节奏显得拖沓、内容涣散。考虑到新闻节目的时限，在单条新闻中，同期声要用在"点"子上，切不可过滥。

请看一条短新闻成功运用同期声的片例。《空中联欢会》（表 11－1）这条新闻获 1993 年中国电视新闻消息一等奖。

消息背景：江泽民主席出访归来，在飞机上和随行人员及飞行乘务员联欢。

表 11－1　　　　　　　　　《空中联欢会》分镜头稿本

画　　面	同期声
专机上，空姐在合唱，江泽民主席等热烈鼓掌 主持人	（歌声、掌声） （同期声）各位观众，我们现在是在欧洲一万米的高空，作为主持人，我有幸主持并向大家报道一场别开生面的联欢会。
江主席手握空姐的话筒唱歌 字幕	（同期声：江泽民主席唱歌） （此时此刻）是葡萄牙午夜12:30，北京时间7:30，葡萄牙在静静地熟睡，北京在悄悄地苏醒。刚刚结束了美国、古巴、巴西、葡萄牙四国之行的江泽民主席与随行人员正用歌声、笑声洗掉了十几天积下的疲劳，带着友谊飞向北京。
钱其琛副总理讲笑话 主持人	（同期声：钱副总理讲笑话） （同期声）钱其琛总理的诙谐和幽默引来了机舱内阵阵笑声和掌声。

续表

画　　面	同期声
江主席与大家共唱《歌唱祖国》	这是一个难忘的不眠之夜，正如外交部部长刘华秋所说的，机舱里凝聚了世界上最欢乐的人群，14 天的紧张出访，传播了友谊，增进了了解。此刻，专机正满载着出访的成果，载着歌声和笑声飞向祖国。这是中央台报道的。

这条新闻的特色是：同期声贯彻始终，较完整地记叙了一个新闻事件。由于是同期声，所表达的联欢气氛保真度高，热烈、感召力大。需要注意的是，同期声全程播，耗时长，只有重大新闻方可慎用。

2. 声画对位

这是指声音和画面围绕着同一个新闻内容中心，在各自独立表现的基础上，又有机地结合起来的表现形式。这一形式在电视新闻中得到广泛使用。据笔者对 CCTV《新闻联播》节目的多年跟踪统计，采用这一形式播出的新闻占总播出条数的数据变化不大，显现这一语言结构样式的稳定性。

表 11 - 2　　　　　　　CCTV《新闻联播》声画对位情况统计

序号	时　　间	平均每天播出新闻条数	声画对位播出条数占总条数
1	1989 年 7 月全月	29 条	63.5%
2	1996 年 5 月前半个月	31 条	62.8%
3	2009 年 11 月全月	30 条	65.1%

声画对位，其声音与画面不同步显现，不是给人以"看图识字"的简单感知。"声画对位"传播，是利用声音和画面不同步产生的信息差距，充分调动人们视听两个感知通道的"注意力"，引起声画信息叠加联想，加大感知深度，产生一加一（声加画）大于二（声画）的传播效果。这恰如两张颜色相同的透明色纸，当它们叠加时，得到的是更深的通透颜色。

二　语法的民族性

不同语言的语法之间既具有人类语言共同的语法结构规律，同时每种语言的语法又具有鲜明的民族性特点。汉语语法的民族性特点是在同其他语言的比较中得出的。例如：汉语语法中语序和虚词的运用非常重要。印欧语常用词尾的形态变化来表示句法功能的变化。汉语是 SVO 型语言，陈述句的一般顺序是：主语＋动词＋宾语。日语是 SOV 型语言，陈述句的顺序是：主语＋宾语＋动词，等等。语法的民族性指的就是一种语言的语法在结构规则上表现出来的独具的特点。当语言学家讨论"汉语语法的特点"、"英语语法的特点"时，可以说就是在讨论语法的民族性。

各种语言的语法都有一些独具的特点，这就要求研究它的人处理好普遍性（人类语言的共性）和民族性（具体语言的个性）之间的关系。由于公开否认普遍性的并不多见，因此，处理这个问题的关键是在承认普遍性的前提下，如何探求民族特点的问题。方光杰曾就此提出"把民族特点纳入语言共性的体系中去研究"的方法论原则。

电视新闻是属于上层建筑的范畴，它的意识形态特性必然要反映在其语形特点上，东西方电视新闻语形既有共性的一面，亦有各自的个性，对此，一如我们发展社会主义市场经济要吸收借鉴资本主义市场经济的一切先进的管理经验一样，必须以开放务实的态度随时关注、跟进、创新西方电视新闻界的语形演变。努力出精品，既是电视新闻从业者的追求，也是广大观众的希望。何谓电视新闻精品，除了内容上的经典外，形式上的精巧特别重要。在许多学术、业务的讲座中，我多次强调过这样的观点。在内容既定的前提下，形式是大于内容的。电视新闻语形，诸如声画组合的数量程度、模式的运用、多类的符号的综合运用显得特别重要，没有好的形式，内容再好也难得"无远弗届"！但是必须声明的是，我并非纯"形式派"。从唯物辩证法的内容和形式不可分割的观点出发，在电视新闻语形研究上也就有一条大家必须遵守的一般原则，这就是意义和形式相结合的原则。这一条是语法研究方法论中最重要的。从语言学的语法学史上看，尽管大家都承认意义和形式不可分割，但是，一进入实际操作，国内外的语法研究都大致经历了几个阶段：从重意义轻形式到重形式轻意义再到形式和意义并重。我们必须明确，"形式和意义并重是语法研究的基本原则、重要原则，至于操作过程中，如果是从生成（表达）的角度出发，一般是由意义到形式，如果是从分析（理解）的角度出发，通常是由形式到意义。总之，都应该坚持意义和形式互相结合、互相验证。"[①]

一条新闻按什么方式进行采录？记者为后期合成提供哪些素材？编辑、播音按什么思路组合素材？这一系列问题都是电视新闻语形研究的题中应有

[①] 吴为章：《新编普通语言学教程》，北京广播学院出版社 1999 年版，第 281 页。

之义。我国各级电视台新闻采编活动虽也分工明确，有一定章法，但总体看尚不规范，还待完善。

他山之石，可以攻玉，反观日美、欧洲及港台经济发达国家、地区的电视台，他们的新闻采编播都较讲究模式，而且动作方式都较接近，有关内容诠释、简介如下：①

1. 海外电视新闻模式常用词汇注释

导言：一条新闻的开头，在记者剪辑的新闻带播放之前由主播播出，同时，在电视机屏幕上出现主播的头脸、上半身画面。

以下是新闻录影带上的声音与画面的部分

旁白与画面：记者将新闻稿逐字念出，过音于录音带，并剪辑所拍摄的画面（或视觉屏幕文字）于其上，通常音与画互相关联，表达一致的意义。

原音与画面：如果新闻画面好看得不言而明的话，就不要画蛇添足，多加旁白。尽可能让画面表达新闻的意思。旁白仅用以补充画面的资讯或显示不明白的画面而已，若觉得单用默片不适切，则可以加入原音，会显得有趣，有冲击力。

访问：访问是电视新闻中常见的要素，用于引用受访者（新闻人物、专家学者、其他人物）的话语，说明事实或表达意见。

过桥：记者在新闻报道中间出现于摄影机前，向观众解释新闻内容，特别是用于转接，如连接两个不同的地点或串接两个访问片段，使观众不至于觉得突兀意外。要特别提醒的是，使用（过桥）的技术时，一定得加入连接前后音画之意涵的旁白，才能达到起承转合的目的。（过桥）运用得适切的话，可以产生戏剧性效果，进而凸显新闻的内容。

现场结语：记者在一则新闻的结尾出现于摄像机前，向观众做简短的结论。它与（过桥）不同之处是记者在使用后者时并不下达结论，仅做转接的用途。现场结语的特质主要有以下几点：

①现场结语是简短的，不超过 15 秒或 20 秒。

②其主题狭窄，限于一个或两个内容要素。

③记者本人与特殊的新闻现场皆在摄影机前出现。其镜头表现了记者与新闻事件的邻近关系。

④现场结语不应该重述新闻中已报道过的资讯。现场结语要加入资讯。

① 参见黄新生《电视新闻》，远流出版事业股份有限公司 1994 年版。

观众要看的不是记者的脸蛋。

⑤背景不应该太热闹，而影响观众对记者报道内容的注意。

⑥记者的穿着要得体。

2. 海外电视新闻的基本编辑模式

模式一：

语 言 符 号：导言＋旁白＋访问＋过桥＋访问＋现场结语
非语言符号：主播＋场景＋人物＋记者＋人物＋记　　者

模式二：

语 言 符 号：导言＋旁白＋访问＋旁白
非语言符号：主播＋场景＋人物＋场景

3. 海外电视新闻的变型编辑模式

一则电视新闻的组合除了上述的方式外，尚有其他的变型，可视实际需要加以运用。以下所举的变型是经常见到的。

现场引语：即一则新闻开头是由记者出现于摄影机前，在事件背景场所的衬托下向观众做报道。现场引语凸显的是记者出现于新闻现场，尤其是突发新闻的现场，如火灾、水灾、飞机失事，等等。其组合可以是：

语 言 符 号：导言＋现场引语＋访问＋现场引语
非语言符号：主播＋记　　者＋人物＋记　　者

冷开头：它是一段音效，通常长度不超过 10 秒钟，置于组合的开头，表示戏剧的音调。其戏剧性是源于音效中的话语或情感。其后，接着记者的旁白。换句话说，冷开头是以原音领先记者的旁白，如战场的枪炮声、轮船进港的汽笛声、酒保用调酒器调酒的声音，都可以引发观众的注意力，具有先声夺人的效果。其组合可以是：

语 言 符 号：导言＋原音＋旁白＋访问＋旁白
非语言符号：主播＋画面＋画面＋人物＋画面

主播旁白：在一般的情形下，新闻画面的录影带会有记者的过音旁白，以声音（旁白）与画面同步播出，可是有时候记者写了新闻稿，剪妥画面影带，却不加过音，而让主播新闻稿播出。其组合是：

语 言 符 号：导言＋主播旁白
非语言符号：主播＋现场画面

主播旁白夹访问：新闻录影带只有受访者的声音与画面（有时候是两个不同的受访者）夹在主播的导言与主播的结语之间。要注意的是，访问的片段是简短的，不要拖延费时。其组合是：

语 言 符 号：导言＋访问（录影带之片段）＋主播结语
非语言符号：主播＋受访人物（一或二人）＋主　　播

4. 海外电视新闻"现场立即报道"基本编辑模式

由于电视科技设备的突飞猛进、电视台之间的新闻竞争激烈、卫星现场传送技术的普及应用，使得"现场新闻立即报道"广为流传，与前述的装配组合的新闻大不相同。"现场新闻立即报道"的做法是重要的新闻事件或突发新闻，插入正在播映的正常节目或固定的新闻节目中出现记者在新闻现场的采访报道，传达一种紧急的、立即的、迫切的气氛与感觉，是一般新闻组合所难以做到的。

新闻装配组合是着重新闻记者采访之后，依据新闻稿过音的旁白传达信息给观众，而"现场新闻立即报道"则在传达信息的同时，凸显记者或主播报道信息的能力。因此，"新闻现场立即报道"对新闻的呈现方式异于"装配组合"方式。前者的一般做法是同主播在播报棚内、播报台先报出新闻导言，接着画面切到现场的记者报道，再由主播和现场记者对谈。其基本的方式是：

语 言 符 号：导言＋现场报道＋主播与记者对谈
非语言符号：主播＋记者与画面＋主播与记者

有的时候，现场新闻立即报道是同主播从影棚播报台向新闻现场的记者、新闻人物做访问，其方式如下：

语 言 符 号：导言＋主播访问＋访谈片段
非语言符号：主播＋主　　播＋记者与新闻人物

三　语法的递归性

"递归性"（recursion）是数学和数理逻辑的一个基本术语。它被引进语言学后，专指"重复使用同一条规则以便生成无限的新语句和无限长（理论上可能的）的句子"的功能。语法作为具有这种功能的机制是指：语法结构规则可以重复使用；无论是重复使用相同的结构规则，还是交叉使用不同的结构规则，都可以组合成新的或复杂的语句。后者，例如汉语的"选他做代表"就是由"动宾结构（选他）"和"主谓结构（他做代表）"套接而成的一个复杂结构——"兼语结构"。"正因为语法的组合结构一层套着一层，所以同样的结构规则可以重复使用而不致造成结构上的混乱。同样的结构可以层层嵌套，借用数学的术语来说，这就是结构规则有'递归性'"。①

为便于理解，针对上述原理可讲个小故事：小孩子爱要求成人讲故事，但成人却感到不胜其烦，就编了这样的"故事"来对付："从前有座山，山上有一个庙，庙里有个老和尚，老和尚对小和尚说，从前有座山，山上有一个庙，庙里有个老和尚，老和尚向小和尚说，从前有座山……"小孩当然很快就知道成人是在愚弄他，而不是在讲什么故事。但这个故事却说明了语言的递归性，它的结构可以循环往复，一环套一环，一直到无限。

以上在讲"民族性"时，我们列举了一系列境外电视新闻的结构模式。这些模式结构体现出循环往复的特点，正好又证明了我们要说的递归性原则。

第二节　电视新闻语义研究举隅

一　什么是语义研究

英国语言学家杰弗里·利奇曾指出："研究意义的语义学对研究交际极为重要；由于交际在社会组织中越来越成为决定性因素，认识和理解交际的需要也就越来越迫切"、"语义学也是对人类思维进行研究的中心点，如思维过程、认识和概念化，所有这些都与我们运用语言来划分和表达对世界的认识错综地交织在一起"。从这两个方面来看，语义学都处在对人类进行研究的焦点上，也就是说语义学是各种矛盾的思潮和各类研究学科的汇合处。哲学、心理学和语言学对语义学都有着浓厚的兴趣。但由于其出发点不同，它

---

① 叶蜚声、徐通锵：《语言学纲要》，北京大学出版社 1992 年版，第 115 页。

们的兴趣不尽相同。心理学关心的是对人类思维的理解；语言学注重对语言及各种具体语种的理解；哲学则侧重于对我们的认识方式、正确的思维规律和真理与谬误的评价等问题的研究。研究电视新闻语义学的目的，旨在于以声画两大类符号传达清晰的信息意义，保证传播效果。

"意义"这个词和它的相应的动词"意指"是英语中争议最多的术语之一，语义学家常常花费很多时间来推敲"意义的各种意义"，认为这是研究语义学的必要前提。1923 年 C. K. Ogden 和 I. A. Richards 出版了也许是有关语义学的一部最有名的著作，书名就叫《意义之意义》。在这本书的第188—187 页上，他们从理论和非理论的不同观点出发，制订出了"意义"这个词的 22 种定义。利奇在其著作《语义学》中为我们摘录了几种①：

一种内在的特征、词典加在一个词之后的其他词、一个词的内涵、一个体系中任何一个事物的部位、某一事物在我们未来经历中的实际后果、符号使用者实际所指的事物、符号使用者应指的事物、符号使用者自认为所指的事物、符号解释者（a）所指的事物；（b）自认为所指的事物；（c）认为符号使用者所指的事物。

Ogden 和 Richards 列出这些定义的目的是想说明对意义这种基本概念存在不一致的看法是怎样导致混乱和误解的。但是他们期望会有这样的一天：通过他们的著作和其他途径公众将受到教育，"语言对思想的影响将为人们所理解，由语言的谬误所引起的种种阴影将会损失"，他们认为从此人们便能获得"更有成效的解释方法"，获得"一种会话艺术，并使用这种艺术使会话更生动有趣"。

我们在前面的章节中已经阐明，声音和画面是电视媒体实现传播的必不可少的两个基本要素，两者相辅相成，密不可分。因此，要提高电视新闻的影响力和渗透力，就必须在这两个方面下工夫。这里我们先讨论电视新闻文字稿的语义问题。

利奇把最广义的"意义"划分为七种不同的类型，并将重点定在逻辑意义或理性意义上，另外六类意义是内涵意义、社会意义、情感意义、反映意义、搭配意义和主题意义。这一研究成果是完全适用于电视新闻文字稿语义的探讨的。

一般认为，理性意义（有时叫做"外延"意义或"还原"意义）是语

---

① ［英］杰弗里·N. 利奇：《语义学》，李瑞华等译，上海外语教育出版社 1987 年版，第 1 页。

言交际的核心因素，即理性意义对语言的基本功能来说是不可缺少的，而其他类型的意义却并非如此。内涵意义是指一个词语除了它的纯理性内容外，凭借它所指的内容而具有的一种交际价值。在很大程度上，"所指"这个概念与理性意义相重叠。社会意义和情感意义被看作是与产生话语的环境有关的交际的两个方面。社会意义是一段语言所表示的关于使用该段语言的社会环境的意义。社会意义能包括一段话语的言外之意。语言如何反映讲话人的个人感情，包括他对听者和他所谈事物的态度，叫做情感意义。在存在多重理性意义的情况下，当一个词的一种意义构成我们对这个词不达意的另一种意义的反应的一部分时，便产生反映意义。搭配意义是由一个词所获得的各种联想构成的，而这些联想则产生于与这个词经常同时出现的一些词的意义。反映意义、搭配意义、情感意义和社会意义这四个意义与内涵意义之间比它们与理性意义之间具有更多的共同之处；它们都具有同样的不限定、可变化的特性，并且都有能作程度和范围的分析，而不能用那些孤立的"不是这个便是那个"的方式进行分析。这五种意义都可以用联想意义这一名称来概括。最后一个意义范畴是主题意义，这种意义是说话者或写文章的人借助组织信息的方式（语序、语调手段、信息焦点的安排）来传递的一种意义。

上述术语，可以概括为表 11 – 3①：

表 11 – 3　　　　　　　　　　"意义"的七种类型

1. 理性意义（或"意义"）		关于逻辑、认知或外延内容的意义
理想意义	2. 内涵意义	通过语言所至十五来传递的意义
	3. 社会意义	关于语言运用的社会环境的意义
	4. 情感意义	关于讲话人、写文章人的感情和态度的意义
	5. 反映意义	通过经常与另一个次同时出现的词的另想来传递的意义
	6. 搭配意义	通过经常与另一个次同时出现的词的联想来传递的意义
7. 主题意义		组织信息的方式（语序、强调手段）所传递的意义

二　电视新闻中的语义研究

下面我们通过片例《印航客机失事致 159 人死亡》（表 10 – 4）分析解电视新闻与"语义"的关系。

---

① 此表出自转引文稿，出处欠详，特向原作者致谢。

表 10-4　　　　印航客机失事致 159 人死亡（2010 年 5 月 22 日）

序号	播音稿	镜头画面
1	导语：当地时间今天早晨，印度航空公司一架载有 166 人的波音 737-800 客机在印度西南部港口城市芒格洛尔国际机场着陆时冲出跑道坠入深谷，客机解体并引发大火，造成 159 人死亡，只有 7 人幸存。这是印度最近十多年来最严重的一起空难事故。目前，失事客机的黑匣子已经找到。	
2	失事客机是从迪拜飞往印度芒格洛尔的，机上乘客全部是印度籍。	
3	芒格洛尔机场位于山区，跑道修建在群山中间的一块高地上面，跑道尽头不是草坪缓冲带，而是一个坡地。印度航空专家表示，这个机场需要精确降落导航系统。	
4	最近，芒格洛尔机场所在地区一直下雨，能见度差，路面湿滑。	

续表

序号	播音稿	镜头画面
5	幸存者说，飞机最初是平稳着陆，但 15 秒后机身突然剧烈抖动，然后折成两段，几名乘客从断裂处逃生。印度当地媒体报道说，客机着陆时偏离跑道，撞上了一个雷达杆，坠入山谷解体。	
6	这次失事客机所属的印度快线公司是印度航空公司旗下一个低成本运营的航空公司。	
7	由于近几年公司业务增长较快，机队规模迅速扩大。据印度媒体报道，失事客机两名飞行员都是外籍飞行员。	

片例《印航客机失事致 159 人死亡》的导语告知我们，"印度航空公司一架载有 166 人的波音 737 - 800 客机在印度西南部港口城市芒格洛尔国际机场着陆时冲出跑道坠入深谷，客机解体并引发大火，造成 159 人死亡，只有 7 人幸存。这是印度最近十多年来最严重的一起空难事故。"这是新闻要告诉受众主要事实，它是新闻的基本层次，是"理性意义"的逻辑意义认知层次。

《印航客机失事致 159 人死亡》往下图文相织，言及失事客机的航线、机场位于山区高地上面且跑道尽头不是草坪缓冲带、机场所在地区下雨能见度差且路面湿滑、幸存者说飞机最初是平稳着陆但着陆时偏离跑道坠入山谷解体等过程性声画描述，从"理想意义"的层面满足了受众了解失事飞机的内涵、情感、社会诸多意义，这可谓是语义表述第二个层面，告知人们航空灾难往往源于"小事"，空港安全大事当从小事入手保障旅客的生命安全，这既是这条新闻的语义意义之所在，更是新闻的社会意义之所在。

电视新闻的多符号构成也造成了语言结构的多层面语义表述的端口，记者、编辑只有养成立体视角、多维思维的从业素养，方能在电视新闻语言的语义驾驭上获取理想的成果。

第三节　电视新闻语用研究导引

一　把语用学导入电视新闻研究

什么是电视新闻语用学？换言之，如何进行电视新闻的语用研究？把普通语言学的语用概念引进电视新闻研究，是否属于生搬硬套？在回答这些问题之前，让我们对一般"语用学"的概念及国内外研究现状作些简单的交代。

"语用学（Pragmatics）即语言实用学，是语言学的一个新领域，它研究在特定情景中的特定话语，特别是研究不同的语言交际环境下如何理解语言和运用语言。"[①] Pragmatic 一词，源于希腊语 pragma，意思是行为、事情。在英语中，Pragmatics 可以译为语用学，这指的是语言学的一个分支。它与句法学、语义学相对等。句法学是研究人是怎样说话的，着重解释语句的构成，从形式上加以说明；语义学研究人说的是什么，着重解释语句的意思，从意义上加以说明；"语用学研究人说话的目的，着重解释语句形成的条件，从使用效果上加以说明"。[②]

语用学作为语言学的一个相对独立的分支得到国际学界的承认可以说有三个标志。一是 1977 年《语用学杂志创刊》，二是 1983 年第一本语用学教科书问世，三是 1986 年"国际语用学会"正式成立。可见世界语用学的兴起和发展也是不太久的事。20 世纪 80 年代以来，国际上出版的学术专著中，较有影响的是英国学者 S. C. Levinson（1983）《语用学》（*Pragmatics*），G. N. Leech（1980 年）《语义学和语用学探索》（*Explorations in Semantics and*

---

① 何自然编著：《语用学概论》，湖南教育出版社 1988 年版，第 3 页。
② 参见吴为章《新编普通语言学教程》，北京广播学院出版社 1999 年版，第 302 页。

Pragmatics）和（1983 年）《语用学的原则》（*Principle of Pragmatics*）。在国内，从 1980 年起《国外语言学》杂志就开始介绍国外的语用学，如胡壮麟（1980 年）的《语用学》，程雨民（1983 年）的《格赖斯的"会话含义"与有关的讨论》。《外语教学与研究》、《外国语》、《现代汉语》等外语院校的学报也相继刊登了一系列翻译、综述、评介语用学的文章，数量很大，无法一一列举。这类文章中最集中的是格赖斯的"合作原则"和会话含义，奥斯汀和舍尔的"言语行为"理论（许国璋先生（1979 年）生前亲自摘译了奥斯汀的《论言有所为》）另对指示（deixis）、预设和会话结构等问题也都有涉及。随着国外语用学研究的进展，新的理论和新的观点也都能及时在国内得到推介，例如把会话含义的推导跟认知结合起来的"相关论"（沈家煊，1988）、把说话过程看作选择顺应语言的"语言顺应论"（钱冠连，1991）以及最近新出现的"新格赖斯会话含义理论"（徐盛桓，1993—1995）和以"语义元素"为依据的"跨文化语用学"（范文芳，1995）。何自然编写的《语言学概论》作为国内语言学系列教材之一，1988 年由湖南教育出版社出版，内容几乎囊括了 Levinson《语用学》一书的各个部分，也增加了一些其他内容和汉语例子。1989 年由广州外国语学院发起召开全国第一届语用学研讨会，现已召开多届。该学院还与国际语用学会建立联系，在国内设立了语用学研究资料中心。北京外国语大学也组织召开过语用学专题研讨会。这些活动都对推进我国的语用学研究起到积极的作用。①

比照于何自然对于"语用学"的定义，我们说，研究电视新闻语言的实用规律，即研究电视新闻传播符号在特定情景中特定意义（把静态的"语言"研究转入动态的"言语"研究）的理解和运用的学科，可以被称作电视新闻语用学，无疑是成立的。

为理解从语言到言语的转换，我们先来回顾一下我国著名语言学家方光焘提出的有关语言和言语问题的四点看法：首先，应该注意在区分语言和言语的同时，要把二者联系起来；其次，不要忘记言语一方面是语言的具体运用，但同时语言又是从言语中提炼出来的；再次，必须承认思想内容和表达形式是不可分割的，但也应该记得两者并不是同一物；最后，语言是宣传工具，同是又是交际工具，片面地强调任何一方面都是不对的，我们应该注意

---

① 参见许嘉璐等主编《中国语言学现状与展望》，外语教学与研究出版社 1996 年版，第 345—346 页。

两方面的紧密结合。

依据上述观点，吴为章教授曾用以下一图列出语言和言语的区分①：

> 语言：一般、抽象、系统、工具（言语运用的工具）
> 言语：特殊、具体、运用、基础（语言存在的基础）

二　电视新闻中的语境和语用定义问题

从根本上说，电视新闻语言是语言的运用，是一种言语行为，对它的研究属于言语的语言学，也可以称之为语用学。探讨电视新闻语用规律，首先要明确的就是电视新闻"言语"的特殊内在规定性，即它的的话语个性——它是怎样说话的？这种特性首先决定于其语境的制约。

1995 年，林兴仁在《修辞学习》当年第 3 期上发表《论电视主持人三语境》一文，提出电视的总语境就是："电视主持人（或电视播音员）通过电视发射装置对电视接收机前面的广大观众谈所要说的话。"林兴仁认为，从这个电视总语境中可以派生出电视主持人的三种语境（或叫三个场合）：第一语境，就是主持人本身的语境，即电视主持人或播音员之间交谈或单独向观众谈话的语境。这是电视节目中的核心语境，是主体语境。第二语境，即电视主持人与现场参与的群众（包括邀请来的嘉宾）之间交谈的语境。这是电视节目中的辅助语境，或叫做副语境、侧面语境。第三语境，即第一语境和第二语境合在一起，作为一个整体，共同面对电视机面前的观众。在这个语境中，电视主持人、现场参与者、现场嘉宾共同作为一方，跟实际不能见面、不能对话的观众作设想中的模拟式的对话。在区分了电视的三种语境之后，林兴仁指出：正因为有上述语境的存在，"才形成了电视语体，才有了电视语体的一系列表达手段的特点，才有了电视主持人语言的风格特征"。文章还讨论了从语言、内容、气氛和环境角度适应电视三语境进行交际一些原则。1997 年，吴郁在《语言文字应用》当年第 4 期上发表《直面主持人语言现实＝研究主持人语言规律》中提到主持人传播语境应包括：传媒语境、时代语境、栏目语境、节目语境；她认为："主持人语言中存在的很多问题，都能在语境诸种关系的把握上找到原因。"

---

① 参见吴为章《新编普通语言学教程》，北京广播学院出版社 1999 年版，第 46 页。

实际上，广播电视语言的语境问题，其实就是广播电视话语的特性问题。吴为章指出："就广播电视语言运用来看，讨论语境问题，首先，从传者角度看，有两个前提应该明确：一是，广播电视语言是电声的大众传播，不是面对面的直接交流；二是，就传播形式的总体看，就面对收音机、电视机前的广大受众来说，交流不是双向的，没有立即的、直接的正反馈。其次，从具体节目看，传者在创立一个节目时，应当考虑的因素至少包括：①主题（话题、范围）选择 ②动机（意图、目的）选择 ③受众分析④传播形式（嘉宾参与、热线电话、对话形式、有无角色区分）⑤篇章构思（板块/专题、独白/对话、结构方式：时空/逻辑）⑥风格选择（文/白程度、庄/谐程度、正式/非正式）⑦话语组织：词、句、句群、片断、篇章的选择与连贯⑧语音造型：柔质/硬质……"①

那么，到底该如何定义电视新闻的"语用"呢？结合笔者对电视新闻的定义"电视新闻，是借助电视媒体对某些变动的事实的及时报道"，我认为电视新闻的"语用"可以概括为："新闻工作者借助电视媒体对广大观众的说话"（这样的定义，之所以不以受众为主体是因为在目前的传播语境之中观众的确还只是属于从属、被动的话语接受者地位）。诚如鲍亨斯基所说："词是由一个特定的人向着另一个特定的人说的，因此，存在着第三种关系，即该词与使用它的人们之间的关系。这些关系叫作语用关系。"词，既然是"由一个特定的人向另一个特定的人说的"，那么据我看来，语用关系，理所应当包括社会关系在内，所以，探讨电视新闻的语用问题，不可避免要涉及价值标准、社会心理、文化规范等诸多方面的问题，而不仅仅是电视媒介与语言学的交融。全面叙述这一问题，需要用一整本书的篇幅。

---

① 参见吴为章《新编普通语言学教程》，北京广播学院出版社 1999 年版，第 84—86 页。

参考文献

一 中文文献 194 种

1. ［奥］马赫著：《感觉的分析》，洪谦等译，商务印书馆 1986 年版。

2. ［奥］维特根施坦著：《逻辑哲学论》，郭英译，商务印书馆 1962 年版。

3. ［奥］西格蒙德·弗洛伊德著：《性学三论——爱情心理学》，林克明译，太白文艺出版社 2004 年版。

4. ［德］Ernst Poppel 著：《意识的限度——关于时间与意识的新见解》，李百涵等译，北京大学出版社 1995 年版。

5. ［德］W. 舒瑞安著：《影视心理学》，罗悌伦译，四川人民出版社 1998 年版。

6. ［德］埃特蒙特·胡塞尔著，［德］克劳斯·黑尔德编：《生活世界现象学》，张廷国译，上海译文出版社 2002 年版。

7. ［德］埃特蒙特·胡塞尔著：《内在时间意识现象学》，杨富斌译，华夏出版社 2000 年版。

8. ［德］恩斯特·卡西尔著：《人论》，甘阳译，上海译文出版社 1985 年版。

9. ［德］康德著：《纯粹理性批判》，邓晓芒译，人民出版社 2004 年版。

10. ［德］康德著：《任何一种能够作为科学出现的未来形而上学导论》，庞景仁译，商务印书馆 1978 年版。

11. ［德］克劳斯·黑尔德著：《时间现象学的基本概念》，靳希平等译，上海译文出版社 2009 年版。

12. ［德］库尔特·考夫卡著：《格式塔心理学原理》，黎炜译，浙江教育出版社 1997 年版。

13. ［德］马克斯·韦伯著：《文明的历史脚步：韦伯文集》，上海三联书店 1988 年版。

14. ［德］齐格弗里德·克拉考尔著：《电影的本性——物质现实的复原》，邵牧君译，中国电影出版社 1981 年版。

15. ［德］尤根·哈贝马斯著：《交往与社会进化》，张博树译，重庆出版社 1989 年版。

16. ［法］A. J. 格雷马斯著：《结构语义学：方法研究》，吴泓缈译，三联书店 1999 年版。

17. ［法］阿芒·马特拉、米歇尔·马特拉著：《传播学简史》，孙五三译，中国人民大学出版社 2008 年版。

18. ［法］博格森著：《时间与自由意志》，吴士栋译，商务印书馆 1958 年版。

19. ［法］保罗·利科：《哲学主要趋向》，李幼蒸等译，商务印书馆 1988 年版。

20. ［法］笛卡尔著：《笛卡尔思辨哲学》，尚新建等译，九州岛出版社 2006 年版。

21. ［法］亨利·列斐伏尔著：《空间的生产》，晓默编译，载《建筑》2005 年第 10 期。

22. ［法］克里斯蒂安·麦茨著：《想象的能指：精神分析与电影》，王志敏译，中国广播电视出版社 2006 年版。

23. ［法］克里斯丁·麦茨等著：《电影与方法：符号学文选》，李幼蒸译，三联书店 2002 年版。

24. ［法］罗兰·巴尔特著：《符号学原理》，王东亮等译，三联书店 1999 年版。

25. ［法］罗兰·巴尔特著：《符号学原理——结构主义文学理论文选》，李幼蒸译，三联书店 1988 年版。

26. ［法］罗兰·巴尔特著：《神话——大众文化诠释》，许蔷蔷等译，上海人民出版社 1999 年版。

27. ［法］马赛尔·马尔丹著：《电影语言》，何振淦译，中国电影出版社 1992 年版。

28. ［法］莫里斯·梅洛－庞蒂著：《知觉现象学》，姜志辉译，商务印书馆 2001 年版。

29. ［法］热拉尔·热奈特著：《叙事话语　新叙事话语》，王文融译，中国社会科学出版社 1990 年版。

30. ［古罗马］奥古斯汀著：《论三位一体》，周伟驰译，上海世纪出版集团 2005 年版。

31. ［古罗马］圣奥古斯汀著：《忏悔录》，周士良译，商务印书馆 1963 年版。

32. ［古希腊］柏拉图著：《柏拉图全集》第三卷，王晓朝译，人民出版社 2003 年版。

33. ［古希腊］亚里士多德著：《物理学》，张竹明译，商务印书馆 2006 年版。

34. ［荷］米克·巴尔著：《叙述学：叙事理论导论》，谭君强译，中国社会科学出版社 2003 年版。

35. ［加］埃里克·麦克卢汉、［加］弗兰克·秦格龙编：《麦克卢汉精粹》，何道宽译，南京大学出版社 2000 年版。

36. ［加］安德烈·戈德罗、［法］弗朗索瓦·若斯特著：《什么是电影叙事学》，刘云舟译，商务印书馆 2005 年版。

37. ［加］哈罗德·伊尼斯著：《传播的偏向》，何道宽译，中国人民大学出版社 2003 年版。

38. ［加］马歇尔·麦克卢汉著：《理解媒介——论人的延伸》，何道宽译，商务印书馆 2000 年版。

39. ［美］D. 卡尔著：《叙事与真实的世界：为连续性辩护》，王利红译，《世界哲学》2003 年第 4 期。

40. ［美］H. G. 布洛克著：《现代艺术哲学》，滕守尧译，四川人民出版社 1998 年版。

41. ［美］W. J. T. 米歇尔著：《图像理论》，陈永国等译，北京大学出版社 2006 年版。

42. ［美］阿尔温·托夫勒著：《第三次浪潮》，朱志焱等译，三联书店 1984 年版。

43. ［美］爱德华·萨丕尔著：《语言论——言语研究导论》，陆卓元译，商务印书馆 1985 年版。

44. ［美］保罗 M. 莱斯特著：《视觉传播——形象载动信息》，霍文利等译，北京广播学院出版社 2003 年版。

45. ［美］保罗·利文森著：《软边缘：信息革命的历史与未来》，熊澄宇等译，清华大学出版社 2002 年版。

46. ［美］伯格著：《通俗文化、媒介和日常生活中的叙事》，姚媛译，南京大学出版社 2002 年版。

47. ［美］布鲁斯·金格马著：《信息经济学：信息工作者的经济与成本——收益分析指南》，马费成等译，山西经济出版社 1999 年版。

48. ［美］查尔斯·科斯特尼克、戴维·D. 罗伯茨著：《视觉语言设计：职业传播者策略》，周勇译，中国人民大学出版社 2005 年版。

49. ［美］戴卫·赫尔曼主编：《新叙事学》，马海良译，北京大学出版社 2002 年版。

50. ［美］道格拉斯·凯尔纳、斯蒂文·贝斯特著：《后现代理论：批判性的质疑》，张志斌译，中央编译出版社 2001 年版。

51. ［美］盖伊·塔奇曼著：《做新闻》，麻争旗等译，华夏出版社 2008 年版。

52. ［美］赫伯特·泽特尔著：《图像 声音 运动：实用媒体美学》，赵淼淼译，北京广播学院出版社 2003 年版。

53. ［美］拉里·A. 萨姆瓦、理查德德·E. 波特、雷米·C. 简恩著：《跨文化传通》，陈南等译，三联书店 1988 年版。

54. ［美］李·R. 波布克著：《电影的元素》，伍菡卿译，中国电影出版社 1986 年版。

55. ［美］理查德德·格里格、菲利普·津巴多著：《心理学与生活》，王垒等译，人民邮电出版社 2003 年版。

56. ［美］鲁道夫·阿恩海姆著：《视觉思维——审美直觉心理学》，滕守尧译，光明日报出版社 1986 年版。

57. ［美］鲁道夫·阿恩海姆著：《艺术与视知觉》，滕守尧等译，四川人民出版社 1998 年版。

58. ［美］罗伯特·C. 艾伦编：《重组话语频道：电视与当代批评》，麦永雄、柏敬泽译，中国社会科学出版社 2000 年版。

59. ［美］洛雷塔·A. 马兰德罗、拉里·巴克著：《非言语交流》，孟小平等译，北京语言学院出版社 1991 年版。

60. ［美］尼古拉斯·米尔佐夫著：《视觉文化导论》，倪伟译，江苏人民出版社 2006 年版。

61. 〔美〕斯坦利·梭罗门著：《电影的观念》，齐宇译，中国电影出版社 1983 年版。

62. 〔美〕苏珊·朗格著：《情感与形式》，刘大基等译，中国社会科学出版社 1986 年版。

63. 〔美〕特里·K. 甘布尔、迈克尔·甘布尔著：《有效传播》，熊婷婷译，清华大学出版社 2005 年版。

64. 〔美〕威尔伯·施拉姆、威廉·波特著：《传播学概论》，陈亮、周立方、李启译，新华出版社 1984 年版。

65. 〔美〕威尔伯·施拉姆著：《大众传播的责任》，程之行译，台北：远流出版事业股份有限公司 1992 年版。

66. 〔美〕约翰·布雷迪著：《采访技巧》，范东生等译，新华出版社 1986 年版。

67. 〔美〕约翰·菲斯克等编撰：《关键概念：传播与文化研究辞典》，李彬译注，新华出版社 2004 年版。

68. 〔美〕约翰·菲斯克著：《电视文化》，祁阿红等译，商务印书馆 2005 年版。

69. 〔美〕约翰·H. 麦克马那斯著：《市场新闻业》，张磊译，新华出版社 2004 年版。

70. 〔日〕藤竹晓著：《电视社会学》，蔡林海译，合肥：安徽文艺出版社 1987 年版。

71. 〔瑞士〕费尔迪南·德·索绪尔著：《普通语言学教程》，高名凯译，商务印书馆 1980 年版。

72. 〔瑞士〕皮亚杰著：《结构主义》，倪连生等译，商务印书馆 1984 年版。

73. 〔苏〕A. P. 卢利亚著：《神经语言学》，卫志强、赵吉生译，北京大学出版社 1987 年版。

74. 〔苏〕奥夫相尼柯夫、拉祖姆内依主编：《简明美学辞典》，冯申译，知识出版社 1985 年版。

75. 〔匈〕贝拉·巴拉兹著：《电影美学》，何力译，中国电影出版社 1986 年版。

76. 〔意大利〕乌蒙勃托·艾柯著：《符号学理论》，卢德平译，中国人民大学出版社 1990 年版。

77. ［英］阿尔弗雷德·诺思·怀特海著：《过程与实在——宇宙论研究》，杨富斌译，中国城市出版社 2003 年版。

78. ［英］安德鲁·古德温、加里·惠内尔编著：《电视的真相：电视文化批评入门》，魏礼庆等译，中央编译出版社 2001 年版。

79. ［英］保罗·戴维斯著：《关于时间——爱因斯坦未完成的革命》，崔存明译，吉林人民出版社 2002 年版。

80. ［英］彼得·柯文尼、罗杰·海菲尔德著：《时间之箭》，江涛等译，湖南科学技术出版社 1995 年版。

81. ［英］彼得·沃德著：《电影电视画面——镜头的语法》，范钟离等译，华夏出版社 2005 年版。

82. ［英］大卫·麦克奎恩著：《理解电视：电视节目类型的概念与变迁》，苗棣等译，华夏出版社 2003 年版。

83. ［英］哈里斯·华兹著：《开拍啦》，徐雄雄、陈谷华、李欣编译，中国广播电视出版社 2006 年版。

84. ［英］利萨·泰勒、安德鲁·威利斯著：《媒介研究：文本、机构与受众》，吴靖等译，北京大学出版 2005 年版。

85. ［英］罗杰·西尔弗斯通著：《电视与日常生活》，陶庆梅译，江苏人民出版社 2004 年版。

86. ［英］罗素著：《人类的知识：其范围与限度》，张金言译，商务印书馆 1983 年版。

87. ［英］马尔科姆·巴纳德著：《理解视觉文化的方法》，常宁生译，商务印书馆 2005 年版。

88. ［英］培根著：《新工具》，许宝骙译，商务印书馆 1984 年版。

89. ［英］斯图尔特·霍尔编：《表征——文化表象与意指实践》，徐亮等译，商务印书馆 2003 年版。

90. ［英］斯图亚特·艾伦著：《新闻文化》，方洁等译，北京大学出版社 2008 年版。

91. ［英］特伦斯·霍克斯著：《结构主义和符号学》，瞿铁鹏译，上海译文出版社 1987 年版。

92. ［英］伊萨克·牛顿著：《自然哲学之数学原理》，王克迪译，山西人民出版社 2005 年版。

93. ［英］詹姆斯·库兰、［美］米切尔·古尔维奇编：《大众媒介与社会》，杨击译，华夏出版社 2006 年版。

94. 包亚明主编：《现代性与空间生产》，上海教育出版社 2003 年版。

95. 蔡骐、欧阳菁：《符号学与电视研究》，《湖南城市学院学报》2006 年第 4 期。

96. 蔡琰、臧国仁著：《新闻叙事结构：再现故事的理论分析》，《新闻学研究》第 58 期。

97. 蔡子谔著：《视觉思维的主体空间》，花山文艺出版社 1990 年版。

98. 陈力丹、周俊著：《试论"传媒假事件"》，《北京大学学报》（哲学社会科学版）2006 年第 6 期。

99. 陈力丹著：《符号学：通往巴别塔之路——读三本国人的符号学著作》，《新闻与传播研究》1996 年第 1 期。

100. 陈力丹著：《马克思恩格斯的传播心理观》，《现代传播》1994 年第 3 期。

101. 陈卫星著：《传播的观念》，人民出版社 2004 年版。

102. 陈旭光著：《艺术的意蕴》，中国人民大学出版社 2000 年版。

103. 陈绚著：《新闻道德与法规：对媒体行为规范的思考》，中国大百科全书出版社 2005 年版。

104. 陈阳著：《大众传播学研究方法导论》，中国人民大学出版社 2007 年版。

105. 崔林著：《中国电视新闻语言的现实危机与研究转向》，载刘宏主编：《电视学》（第二辑），中国传媒大学出版社 2008 年版。

106. 崔文华著：《全能语言的文化时代——电视文化研究》，北京师范大学出版社 1998 年版。

107. 邓理峰著：《理解媒介现实的两种范式》，《现代传播》2008 年第 3 期。

108. 丁和根著：《论大众传播研究的符号学方法》，《新闻大学》2002 年第 4 期。

109. 董小英著：《叙述学》，社会科学文献出版社 2001 年版。

110. 范长江著：《通讯与论文》，新华出版社 1981 年版。

111. 傅正义著：《电影电视剪辑学》，北京广播学院出版社 1997 年版。

112. 高帆著：《虚假论——真实背向的理性沉思》，辽宁人民出版社 1994 年版。

113. 高钢著：《新闻写作精要》，首都经济贸易大学出版社 2005 年版。

114. 桂诗春编著：《应用语言学》，湖南教育出版社 1988 年版。

115. 郭鸿编著：《现代西方符号学纲要》，复旦大学出版社 2008 年版。

116. 郝朴宁、李丽芳著：《影像叙事论》，云南大学出版社 2007 年版。

117. 何纯著：《新闻叙事学》，岳麓书社 2006 年版。

118. 胡智锋、江逐浪著：《"真相"与"造像"——电视真实再现探秘》，中国广播电视出版社 2006 年版。

119. 黄旦著：《中国新闻传播的历史建构——对三个新闻定义的解读》，《新闻与传播研究》2003 年第 1 期。

120. 黄匡宇著：《电视新闻：用语言叙述，用画面证实》，《现代传播》1997 年第 4 期。

121. 黄匡宇著：《电视新闻学》，华东师范大学出版社 1990 年版。

122. 黄匡宇著：《电视新闻语言学》，中国广播电视出版社 2000 年版。

123. 黄良著：《镜头真与美——影视新闻传播美学》，云南人民出版社 2002 年版。

124. 黄新生著：《电视新闻》，台北：远流出版事业股份有限公司 1994 年版。

125. 黄雅堃、黄匡宇著：《电视新闻声画叙述双系统构建的观念革命》，载胡智锋、董小玉主编《求异与趋同——中国影视文化主体性追求与现代性建构》，西南师范大学出版社 2008 年版。

126. 蒋孔阳、朱立元主编：《西方美学通史》，上海文艺出版社 1999 年版。

127. 蒋孔阳主编：《二十世纪西方美学名著选》（下），复旦大学出版社 1988 年版。

128. 蒋亚平、官健文、林荣强著：《新闻失实论》，中国新闻出版社 1986 年版。

129. 李彬著：《从片段到体系：西方符号学研究一瞥》，《国际新闻界》1999 年第 6 期。

130. 李彬著：《符号透视：传播内容的本体诠释》，复旦大学出版社 2003 年版。

131. 李岩著：《符号学 VS 新闻学》，《中国传媒报告》2005 年第 2 期。

132. 李幼蒸选编：《结构主义和符号学》，三联书店 1987 年版。

133. 李幼蒸著：《理论符号学导论》，社会科学文献出版社 1999 年版。

134. 梁国伟、侯微著：《数字电视的媒介形态》，中国电影出版社 2008 年版。

135. 林少雄主编：《多元文化视阈中的纪实影片》，上海学林出版社 2003 年版。

136. 刘宏主编：《电视学》（第二辑），中国传媒大学出版社 2008 年版。

137. 刘润清编著：《西方语言学流派》，外语教学与研究出版社 1995 年版。

138. 刘永富著：《论真假——兼论真善美的统一》，西安交通大学出版社 2002 年版。

139. 刘智著：《新闻文化与符号》，科学出版社 1999 年版。

140. 鲁苓著：《语言·符号·结构——索绪尔结构语言观探析》，《湖北大学学报（哲学社会科学版）》1996 年第 4 期。

141. 陆定一著：《陆定一新闻文选》，新华出版社 1987 年版。

142. 罗岗、顾铮主编：《视觉文化读本》，广西师范大学出版社 2003 年版。

143. 罗敏、胡雯著：《纪录片：真实再现？美丽的谎言?》，http://media.icxo.com/htmlnews/2006/08/03/893255_0.htm。

144. 罗以澄、黄雅堃著：《论动漫在电视新闻传播中的叙事价值——以两岸三地的华语电视新闻节目为例》，《现代传播》2007 年第 3 期。

145. 罗以澄著：《罗以澄自选集：新闻求索路》，复旦大学出版社 2004 年版。

146. 马成立著：《信息选择学》，辽宁人民出版社 1991 年版。

147. 迈克尔·舒德森著：《新闻生产的社会学》，载［英］詹姆斯·库兰、［美］米切尔·古尔维奇编《大众媒介与社会》，杨击译，华夏出版社 2006 年版。

148. 毛泽东著：《毛泽东选集》第二卷，人民出版社 1964 年版。

149. 孟华著：《符号表达原理》，青岛：青岛海洋大学出版社 1999 年版。

150. 倪梁康主编：《面对实事本身——现象学经典文选》，东方出版社 2000 年版。

151. 欧阳照著：《电视新闻传播言说真实的表现辨析》，《当代传播》

2008 年第 5 期。

152. 潘秀通、潘源著：《电影话语新论》，中国电影出版社 2005 年版。

153. 潘知常主编：《传媒批判理论》，新华出版社 2002 年版。

154. 彭漪涟著：《事实论》，上海社会科学院出版社 1996 年版。

155. 彭聃龄主编：《普通心理学》，北京师范大学出版社 2004 年版，第 65 页。

156. 钱学森主编：《关于思维科学》代序，上海人民出版社 1988 年版。

157. 任悦著：《视觉传播概论》，中国人民大学出版社 2008 年版。

158. 单万里著：《认识“新纪录电影”》，载林少雄主编《多元文化视阈中的纪实影片》，上海学林出版社 2003 年版。

159. 沈锦惠著：《社群之知 VS 客观之知：从电子口语看电子新闻》，《新闻学研究》第 82 期。

160. 宋昭勋著：《非言语传播学》，复旦大学出版社 2008 年版。

161. 隋岩著：《符号传播的诡计》，载刘宏主编《电视学》（第二辑），中国传媒大学出版社 2008 年版。

162. 孙宝国著：《中国电视新闻节目形态研究》，新华出版社 2008 年版。

163. 孙德宏、王确著：《新闻的审美传播》，《新闻与传播研究》2008 年第 2 期。

164. 孙东海主编：《广播电视实用辞典》，中国国际广播出版社 1993 年版。

165. 童兵著：《比较新闻传播学》，中国人民大学出版社 2002 年版。

166. 汪天文著：《时间理解论》，人民出版社 2008 年版。

167. 王德春、吴本虎、王德林编著：《神经语言学》，上海外语教育出版社 1997 年版。

168. 王海龙著：《视觉人类学》，上海文艺出版社 2007 年版。

169. 王海明著：《伦理学原理》，北京大学出版社 2001 年版。

170. 王占馥著：《思维与语言运用》，广东教育出版社 2003 年版。

171. 王志敏著：《电影语言学》，北京大学出版社 2007 年版。

172. 吴国盛著：《时间的观念》，北京大学出版社 2006 年版。

173. 夏征农主编：《辞海》（缩印本），上海辞书出版社 2000 年版。

174. 熊澄宇编选：《新媒介与创新思维》，清华大学出版社 2001 年版。

175. 徐宝璜著：《新闻学》，中国人民大学出版社 1994 年版。

176. 许南明主编：《电影艺术词典》，中国电影出版社 1986 年版。

177. 杨保军著：《新闻事实论》，新华出版社 2001 年版。

178. 杨保军著：《新闻真实论》，中国人民大学出版社 2006 年版。

179. 杨钢元著：《自由心灵间的传播法则——论具象传播中的真实系统与认知结构》，《国际新闻界》2004 年第 6 期。

180. 杨河著：《时间概念史研究》，北京大学出版社 1998 年版。

181. 于健著：《与时俱进，探索视觉文化时代摄影创作走势，完善摄影作品分类及评价体系》，中国摄影家协会网，http：//www. artist. org. cn/web/12/9/3/200508/13723. html。

182. 余志鸿著：《传播符号学》，上海交通大学出版社 2007 年版。

183. 俞建章、叶舒宪著：《符号：语言与艺术》，上海人民出版社 1988 年版。

184. 张凤铸著：《电视声画艺术》，北京广播学院出版社 1997 年版。

185. 张国良主编：《20 世纪传播学经典文本》，复旦大学出版社 2003 年版。

186. 张君昌编著：《应用电视新闻学》，中国广播电视出版社 1995 年版。

187. 张绍杰著：《语言符号任意性研究——索绪尔语言哲学思想探索》，上海外语教育出版社 2004 年版。

188. 张宇丹、孙信茹著：《应用电视学：理念与技能》，云南大学出版社 2003 年版。

189. 张韫磊、勒福堂著：《专题摄影》，辽宁美术出版社 1997 年版。

190. 赵万里著：《科学的社会建构：科学知识社会学的理论与实践》，天津人民出版社 2002 年版。

191. 赵玉明主编：《广播电视简明辞典》，中国广播电视出版社 1989 年版。

192. 周传基著：《电影·电视·广播中的声音》，中国电影出版社 1991 年版。

193. 朱羽君、殷乐著：《生活的重构——新时期电视纪实语言》，北京广播许愿出版社 1998 年版。

194. 朱羽君等主编：《中国应用电视学》，北京师范大学出版社 1993

年版。

二 英文文献 30 种

1. Bell, Allan (1991), *The Language of News Media*, Oxford: Blackwell.

2. Casey Man Kong Lum (2006), *Perspectives on Culture, Technology and Communication: The Media Ecology Tradition*, NJ: Hampton Press.

3. Charles A. Hill, Marguerite Helmers (2004), *Defining Visual Rhetorics*, London, Erlbaum.

4. Daniel Boorstin (1985), *The Images: A Guide to Pseudo-Evens in America*, New York: Atheneum.

5. Denis, McQuail & Sven, Windahl (1993), *Communication models for the study of mass communications*, New York : Longman.

6. Derrick de Kerckhove (1991), *Brainframes: Technology, Mind and Business*, Utrecht Netherland: Boach & Keuning.

7. Earl Babbie (2001), *The Practice of Social Research*, Australia : Wadsworth Thomson Learning.

8. Fowler, Roger (ed.) (1987), *A Dictionary of Modern Critical Terms*, London and New York: Routledge & Kegan Paul.

9. Gaye, Tuchman (1978), *Making News: A Study of Social Construction of Reality*, New York: The Free Press.

10. Gunther Kress & Theo Van Leeuwen (2006), *Reading Images: the Grammar of Visual Design*, London & New York: Routledge.

11. Halliday, M. A. K (1975), *Learning how to mean: explorations in the development of language*, London: Edward Arnold.

12. Hartley, John (1982), *Understanding News*, New York: Methuen & Co.

13. Herbert Zettl (1997), *Television Production Handbook*, Belmont, Calif. : Wadsworth Publishing Co.

14. J. T. Fraser (1987), *Time, the Familiar Stranger*, Amherst: University of Massachusetts Press.

15. John, Fiske (1987), *Television Culture*, London & New York: Methuen.

16. John, Fiske. & John, Hartley (1985), *Reading Television*, New York:

Methuen.

17. Joshua, Meyrowitz (1985), *No Sense of Place*, New York: Oxford University Press.

18. Michael J. Toolan (1988), *Narrative: A Critical Linguistic Introduction*, London & New York: Routledge.

19. Mitchell, W J. T (1994), *Picture Theory*, Chicago, IL, Chicago University Press.

20. Morley, David (1992), *Television, audiences and cultural studies*, New York: Routledge, 1992.

21. Paul, Levinson (1979), *Human Replay: A Theory of the Evolution of Media*, New York University Press.

22. Reid, Ian (1992), *Narrative exchanges*, London and New York: Routledge.

23. Schudson, M (1978), *Discovering the News*, New York: Basic Books, Inc.

24. Shearon A. Lowery & Melvin L. DeFleur (1995), *Milestones in mass communication research: media effects*, New York: Longman.

25. Silverstone, R (1994), *Television and Everyday Life*, London: Routledge.

26. Smith, Ken (2005), *Handbook of visual communication: theory, methods, and media*, Mahwah, N. J., L. Erlbaum.

27. Stuart, Hall (2002), *Representation: Cultural Representations and Signifying Practices*, Sage Publications.

28. Tobin, Y (1990), *Semiotics and linguistics*, London; New York: Longman.

29. William A. Gamson (1989), Media Discourse and Public Opinion on Nuclear Power: A Constructionist Approach, *American Journal of Sociology*, vol. 1.

30. William E. Ryan & Theodore E. Conover, *Graphic communications today*, Thomson Delmar Leanring, 4 edition.

后　记

确定《当代电视新闻语言学》这个选题时，本想去掉"新闻"这个限定拓宽一下视界。难道还涉足尚无语言章法的电视综艺、电视剧？思量再三，还是恪守"新闻"这块纪实性宝地说些更有使用价值的话为上策。其实，本书的"新闻"视野已经囊括了以纪实为本体的电视纪录片、电视专题片在内，既然是不涉及假定性的电视综艺、电视剧之类，恪守电视"新闻"语言就更有专一的意义。以笔者四十余载电视新闻从业、研究的体验认为，真正能做好电视新闻消息与专题的记者编辑，继而去做电视纪录片之类似无蒺藜挡道。电视新闻记者编辑也好，电视纪录片编导也罢，吃透电视新闻语言叙事规律当为第一要务。

《当代电视新闻语言学》因为暨南大学讲师黄雅堃博士的加盟，使得索绪尔、罗兰·巴尔特等语言先师的理论精华进入本书而显现出学理依据的丰满；黄博士对于数字动漫、视频监视影像语言研究的成果则为本书赋予了不枉虚言的当代特色。

10年前我出版过《电视新闻语言学》、2010年2月我出版了《当代电视新闻学》，其中精彩观点、精华段落本书都有择要应用，个中涉及陈新华、谭新鹏、丁玲华诸弟子奉献过的劳动，在此一一言谢。本书所有引文皆一一脚注为鉴，个别漏注还望诸位海涵。

黄匡宇

2011年春识于华南理工大学新闻与传播学院